19 最新青林法律相談

事業承継の法律相談

SEIRIN LEGAL COUNSELING

和田倉門法律事務所
髙田　剛　［編著］
石井　亮

青林書院

はしがき

　非上場会社において事業承継は切迫した問題です。しかし，現実に事業承継を実行に移すためには，様々な課題を解決する必要があります。最も典型的な課題は事業承継に伴う税負担ですが，それ以外にも，経営者の判断能力の低下，株式の分散，潜在的な反対株主の存在など，各社の状況に応じて解決すべき課題は多種多様です。

　事業承継に関する書籍の多くは，税負担を軽減するために必要となる株式の評価方法，税制上の各種措置などを解説するものです。このような税務上の知識が事業承継を実行するにあたって不可欠であることは間違いありません。しかし，実際の事業承継の現場では，税務上の知識だけで足りず，民法，会社法の知識が必要になることも少なくありません。

　そこで，本書は，税務上の知識だけではなく，民法，会社法の知識を提供することを目指しました。本書の前半は民法・会社法の，本書の後半は税法の基礎的な知識を提供するものです。その試みが成功したかどうかはわかりませんが，悩みが尽きない皆様の事業承継に少しでもお役に立てると幸いです。

　平成30年8月

　　　　　　　　　　　　　　　　　　　　　　　　　髙　田　　　剛
　　　　　　　　　　　　　　　　　　　　　　　　　石　井　　　亮

編著者・執筆者紹介

〔編著者・執筆者所属事務所〕

(執筆順)

和田倉門法律事務所
　〒100-0004　東京都千代田区大手町1-5-1大手町ファーストスクエア　イーストタワー19階　　URL：http://wadakura.jp

金井公認会計士・税理士事務所
　〒104-0032　東京都中央区八丁堀3-26-9 VORT八丁堀10階
　URL：https://www.ksp-consulting.co.jp

佐野比呂之税理士事務所
　〒336-0018　埼玉県さいたま市南区南本町2-1-2プラザマツヤビル3階　　URL：http://sanohiro-tax.com

東京共同会計事務所
　〒100-0005　東京都千代田区丸の内3-1-1国際ビル9階
　URL：http://www.tkao.com

編著者

髙田　剛（たかだ　つよし）弁護士
和田倉門法律事務所　パートナー弁護士／東京大学薬学部卒／2000年弁護士登録／会社法，金融商品取引法を専門とし，特に経営権に関する紛争について戦略立案及び訴訟に数多く従事する。最近の著作として，『実務家のための役員報酬の手引き〔第2版〕』（商事法務，2017年），『取締役・執行役ハンドブック〔第2版〕』（商事法務，2015年・共著），『非公開会社のためのやさしい会社法』（商事法務，2015年）がある。

編著者・執筆者紹介

石井　亮（いしい　りょう）弁護士・税理士
和田倉門法律事務所　パートナー弁護士／早稲田大学法学部卒／2005年弁護士登録／税法を専門とし，多数の税務争訟に従事するだけでなく，税務調査対応，法務・税務が交錯する分野でのコンサルティングに従事している。最近の著作として，『非上場株式の評価ガイドブック』（ぎょうせい，2017年・共著），『新実務家のための税務相談（会社法編）』（有斐閣，2017年・共著），『資産・事業承継対策の現状と課題』（大蔵財務協会，2016年・共著）がある。

執筆者

（執筆順）

石井　亮（いしい　りょう）
　和田倉門法律事務所　弁護士・税理士
　Q1，Q4，Q8，Q40，Q51，Q67，Q69

我妻　崇明（あがつま　たかあき）
　和田倉門法律事務所　弁護士
　Q2，Q6，Q7

加藤　伸樹（かとう　のぶき）
　和田倉門法律事務所　弁護士
　Q3，Q5，Q9，Q10，Q20，Q22～Q24

梅原　梓（うめはら　あずさ）
　和田倉門法律事務所　弁護士
　Q11～Q19

生野　聡（しょうの　さとし）
　和田倉門法律事務所　弁護士
　Q21，Q25～Q28，Q32，Q33，Q35

髙田　剛（たかだ　つよし）
　和田倉門法律事務所　弁護士
　Q29，Q34，Q37，Q38

編著者・執筆者紹介

野村　彩（のむら　あや）
　和田倉門法律事務所　弁護士
　Q30，**Q31**，**Q36**，**Q45**，**Q46**，**Q61**

原木　規江（はらき　のりえ）
　和田倉門法律事務所　税理士
　Q39，**Q41**，**Q42**，**Q44**，**Q50**，**Q63**，**Q68**

金井　義家（かない　よしいえ）
　金井公認会計士・税理士事務所　公認会計士・税理士・中小企業診断士
　Q43，**Q47**〜**Q49**，**Q52**，**Q55**，**Q57**

佐藤順一郎（さとう　じゅんいちろう）
　東京共同会計事務所　公認会計士・税理士
　Q53，**Q58**，**Q64**

鈴木　寛（すずき　ひろし）
　東京共同会計事務所　税理士
　Q54，**Q56**

佐野比呂之（さの　ひろゆき）
　佐野比呂之税理士事務所　税理士・行政書士・CFP
　Q59，**Q60**，**Q62**，**Q65**，**Q66**

平野　圭吾（ひらの　けいご）
　東京共同会計事務所　税理士・米国公認会計士
　Q70

凡　例

(1)　各設問の冒頭に **Q** として問題文を掲げ，それに対する回答の要旨を **A** でまとめました。具体的な説明は **解　説** 以下に詳細に行っています。

(2)　判例，裁判例を引用する場合は，本文中に「☆1，☆2……」と注番号を振り，設問の末尾に ■**判　例**■ として，注番号と対応させて「☆1　最判平4・10・20民集46巻7号1129頁」というように列記しました。なお，判例等の表記については，後掲の「判例・主要雑誌等略語」を用いました。

(3)　文献を引用する場合，及び解説に補足をする場合には，本文中に「＊1，＊2……」と注番号を振り，設問の末尾に ■**注　記**■ として，注番号と対応させて，文献あるいは補足を掲記しました。文献は，原則としてフルネームで次のように表記をし，主要な雑誌等は「判例・主要雑誌等略語」を用いました。

　　〔例〕著者名『書名』（出版社，刊行年）頁数
　　　　著者名「論文」掲載誌○○号／○○巻○○号○○頁

(4)　法令名は，原則として，①地の文では正式名称で，②カッコ内の引用では後掲の「法令等略語」を用いて表しました。

　　本文解説は，現行民法の規定を主として，「民法の一部を改正する法律」（平成29年法律第44号）及び「民法及び家事事件手続法の一部を改正する法律」（平成30年法律第72号）による改正法については，①設問中に民法改正の項目を設けて解説する方法，②現行法の条文に改正法の条文をに併記する方法，③本文中の現行法の条文に「＊1，＊2……」と注番号を振り，設問の末尾に ■**注　記**■ として，改正内容を掲記する方法を用いて解説しています。

　　「民法の一部を改正する法律」（平成29年法律第44号）及び「民法及び家事事件手続法の一部を改正する法律」（平成30年法律第72号）による改正法は，「新民法」（カッコ内では「新民」）と表記しました。

(5)　本文中に引用した判例，裁判例は，巻末の「判例索引」に掲載しました。

(6)　各設問の☑**キーワード**に掲載した重要用語は，巻末の「キーワード索引」に掲載しました。

凡　例

■判例・主要雑誌等略語

大	大審院	訟月	訟務月報
最大	最高裁判所大法廷	税資	税務訴訟資料
最	最高裁判所	金判	金融・商事判例
高	高等裁判所	金法	金融法務事情
地	地方裁判所	判時	判例時報
家	家庭裁判所	判タ	判例タイムズ
支	支部	法学	法学教室
判	判決	労判	労働判例
決	決定	資料版商事	資料版商事法務
審	審判	裁判所HP	裁判所ホームページ
民録	大審院民事判決録	LEX/DB	LEX/DBインターネット（TKC法律情報データベース）
民集	最高裁判所（大審院）民事判例集		
下民集	下級裁判所民事裁判例集	WLJ	ウエストロー・ジャパン判例データベース
家月	家庭裁判月報		
行集	行政事件裁判例集	判例秘書	判例秘書INTERNET
高民集	高等裁判所民事判例集	TAINS	税理士情報ネットワークシステム
裁判集民	最高裁判所裁判集民事		

■法令等略語

一般法人	一般社団法人及び一般財団法人に関する法律		法律
		憲改	日本国憲法の改正手続に関する法律
一般法人則	一般社団法人及び一般財団法人に関する法律施行規則	公証	公証人法
		公証手	公証人手数料令
印税	印紙税法	公選	公職選挙法
会社	会社法	国外送金等調書法	内国税の適正な課税の確保を図るための国外送金等に係る調書の提出等に関する法律
会社計算	会社計算規則		
会社則	会社法施行規則		
家事	家事事件手続法		
商	商法	国外送金等調書法施行規則	内国税の適正な課税の確保を図る
金販	金融商品の販売等に関する		

凡　例

	……ための国外送金等に係る調書の提出等に関する法律施行規則
国外送金等調書法施行令	内国税の適正な課税の確保を図るための国外送金等に係る調書の提出等に関する法律施行令
国外送金等調書通達	内国税の適正な課税の確保を図るための国外送金等に係る調書の提出等に関する法律（国外財産調書及び財産債務調書関係）の取扱いについて（法令解釈通達）
個人情報	個人情報の保護に関する法律
財基通	財産評価基本通達
消税	消費税法
所基通	所得税基本通達
所税	所得税法
所税令	所得税法施行令
信託	信託法
税通	国税通則法
相基通	相続税基本通達
相税	相続税法
相税則	相続税法施行規則
相税令	相続税法施行令
租特	租税特別措置法
租特則	租税特別措置法施行規則
租特通	租税特別措置法（相続税法の特例関係）の取扱いについて（法令解釈通達）
租特令	租税特別措置法施行令
地税	地方税法
中小承継	中小企業における経営の承継の円滑化に関する法律（中小承継円滑化法）
中小承継施行規則	中小企業における経営の承継の円滑化に関する法律施行規則
登税	登録免許税法
任意後見	任意後見契約に関する法律
非訟	非訟事件手続法
法基通	法人税法基本通達
法税	法人税法
法税令	法人税法施行令
民	民法
民保	民事保全法

目　次

第1章　事業承継と民事法 ——————————— 1

Q1 意思能力の有無と事業承継への影響……………………………〔石井　亮〕/3
　意思能力とは何でしょうか。意思能力の有無はどのように確認すればよいのでしょうか。意思能力がなかった場合，事業承継対策にどういった影響が生じるのでしょうか。

Q2 未成年者の行為能力………………………………………………〔我妻　崇明〕/8
　未成年者に対して贈与を行いたいのですが，何か特別な手続が必要でしょうか。もし，必要な場合には，どのような手続が必要ですか。遺言によって贈与する場合はどうでしょうか。

Q3 成年後見制度………………………………………………………〔加藤　伸樹〕/14
　成年後見制度とはどのようなものですか。成年後見開始に至る手続の流れ，費用はどのようなものですか。成年後見が開始した場合，後見人による本人の財産の処分はどの程度認められますか。本人の能力が低下した場合にも，事業承継のために財産処分を柔軟に行えるようにするには，どのような方法がありますか。

Q4 民事信託……………………………………………………………〔石井　亮〕/21
　民事信託とは何ですか。民事信託を利用することにどのようなメリットがあるのでしょうか。また，課税関係はどうなりますか。

Q5 錯誤無効……………………………………………………………〔加藤　伸樹〕/25
　事業承継対策のために行った行為（贈与，売買，遺産分割等）により，想定外の税金が発生してしまいました。錯誤を理由に行為を無効にすることはできますか。また，無効となった行為に関する税金の申告行為について，錯誤無効の主張はできますか。

Q6 負担付贈与…………………………………………………………〔我妻　崇明〕/34
　私は，子に財産を贈与する予定ですが，その代わりに子には私の妻の面倒ぐらいは見てほしいと思っています。そのように受贈者に義務づける贈与は可能ですか。どこまで義務づけることができるのでしょうか。

目　次

Q7■贈与と貸付……………………………………〔我妻　崇明〕/38
　事業承継に関する税務調査の場面で，金銭交付の趣旨が贈与か，貸付金かが争われることがあると聞きました。贈与か貸付金かで，課税上，どのような違いが生じるのでしょうか。両者の区別基準も教えてください。

Q8■名義預金・名義株……………………………………〔石井　亮〕/44
　名義預金・名義株とは何ですか。名義預金・名義株に該当するとどうなるのでしょうか。名義預金・名義株に該当するかどうかはどうやって判断すればよいのでしょうか。

Q9■公正証書……………………………………〔加藤　伸樹〕/50
　事業承継における公正証書の利用方法として，どのようなものがありますか。公正証書を利用する場合の手続の流れ，費用はどのようなものですか。公正証書を利用するメリットはどのようなものですか。

Q10■生命保険の勧誘に伴う責任……………………………………〔加藤　伸樹〕/57
　生命保険は，事業承継においてどのように活用されていますか。専門家が，事業承継対策のために依頼者に生命保険を勧める場合に，依頼者に対して責任を負う場合がありますか。責任を負わないようにするために，どのような点に留意する必要がありますか。

Q11■相続法改正の内容……………………………………〔梅原　梓〕/64
　相続法が改正されましたが，改正内容はどのようなものでしょうか。実務への影響としてはどのようなものが考えられるでしょうか。

Q12■親族・相続人の範囲……………………………………〔梅原　梓〕/74
　親族・相続人の範囲を教えてください。親族の中に養子がいる場合に注意すべき点はありますか。

Q13■相続財産の範囲──生命保険・死亡退職金……………………………………〔梅原　梓〕/80
　相続財産の範囲はどのようなものですか。事業承継を行う際に，生命保険金や死亡退職金を活用することがありますが，その取扱いはどのようになりますか。

Q14■法定相続分と具体的相続分（特別受益）……………………………………〔梅原　梓〕/85
　法定相続分，指定相続分，具体的相続分，特別受益とは何ですか。生命保険，死亡退職金と特別受益との関係はどのようなものになりますか。

Q15■遺産分割……………………………………〔梅原　梓〕/92
　遺産分割の概要はどのようなものですか。方式に決まりはありますか。相続発生後いつまでに行う必要がありますか。

Q16■遺言の様式，効力，撤回……………………………………〔梅原　梓〕/98

遺言の概要はどのようなものですか。遺言でどのような定めを置くことができますか。遺言の撤回はできますか。
遺言の効力はいつ発生しますか。

Q17 遺留分と生前贈与, 有償譲渡 ……………………………〔梅原 梓〕／*104*

遺留分とは何ですか。生前贈与がある場合, 遺留分侵害は必ず生じますか。被相続人が相続人に財産を有償譲渡した場合に遺留分が問題となる場合はありますか。

Q18 遺留分の放棄 ……………………………………………〔梅原 梓〕／*111*

遺留分は放棄することはできますか。放棄する場合の手続はどのようなものですか。事業承継が問題となる相続の場合に適用される遺留分に関する特別な規律はありますか。

Q19 遺留分減殺請求の効果・消滅 …………………………〔梅原 梓〕／*120*

遺留分減殺請求権を行使した場合, 相続財産の所有関係はどのようなものになりますか。遺留分減殺請求権の行使に期間制限はありますか。

第2章 事業承継と会社法 ─────────── *129*

Q20 株式会社, 合同会社, 一般社団法人 ………………〔加藤 伸樹〕／*131*

依頼者に対し, 事業承継対策のために法人の利用を提案しようと考えています。利用する法人の形態につき, 株式会社, 合同会社, 一般社団法人のそれぞれについて, 特徴, メリット, デメリットを教えてください。

Q21 株式の持合い ……………………………………………〔生野 聡〕／*140*

株式の持合いとは何でしょうか。株式の持合いがなされている場合に, 事業承継の際に, どのような点に注意すべきでしょうか。株式の持合いがなされている場合の, 株式の評価においてどのような点について注意すべきでしょうか。

Q22 株式の共同相続 ………………………………………〔加藤 伸樹〕／*144*

株式が共同相続された場合, 相続人はどのようにして株主としての権利を行使すればよいですか。共同相続された株式に関する権利行使について, 会社は, どのように対応すればよいですか。

Q23 株式の信託 ……………………………………………〔加藤 伸樹〕／*150*

事業承継対策のために, 株式信託を利用するメリットはどのようなものですか。どのような利用方法がありますか。株式信託を利用する場合の留意点はどのようなものですか。

Q24 従業員持株会 …………………………………………〔加藤 伸樹〕／*158*

目　次

事業承継対策のために，従業員持株会を利用するメリットはどのようなものですか。従業員持株会を利用する際の留意点はどのようなものですか。

Q 25■種類株式……………………………………………………〔生野　聡〕／167

種類株式には，どのようなものがありますか。事業承継の場面においては，種類株式をどのように活用することができますか。また，種類株式を用いて事業承継を行う場合の留意点としてはどのようなものがありますか。

Q 26■定款による属人的定め…………………………………………〔生野　聡〕／172

定款による属人的定めとはどのようなものでしょうか。定款による属人的定めと種類株式とはどのような違いがあるのでしょうか。事業承継の場面において，属人的定めをどのように活用することができますか。

また，定款において属人的定めをおく場合に，どのような点に注意が必要ですか。

Q 27■相続人等に対する売渡請求……………………………………〔生野　聡〕／176

相続人等に対する売渡請求とは，どのような制度でしょうか。相続人等に対する売渡請求制度を導入する場合の手続及び相続人等に対する売渡請求を行使する場合の手続は，どのようなものでしょうか。相続人等に対する売渡請求制度を導入する場合には，どのような点に注意が必要でしょうか。

Q 28■株式の譲渡……………………………………………………〔生野　聡〕／181

事業承継にあたって，株式の譲渡を行う場合には，どのような手続が必要となるでしょうか。また，株券発行会社において，実際に株券が発行されていない場合には，どのように処理をすればよいでしょうか。

Q 29■新株の発行……………………………………………………〔髙田　剛〕／188

父から相続によって私と3人の姉が会社の株式を4分の1ずつ相続し，経営は私が行っています。姉は会社の経営には興味はなさそうですが，次世代への承継を念頭に，私の持株比率を高めておきたいと考えています。そこで，増資を行い私が新株を引き受けたいのですが，手続面での留意点を教えてください。

Q 30■自己株式の取得………………………………………………〔野村　彩〕／194

納税資金を準備するために，発行会社による自己株式の取得を検討しています。特定の株主からのみ自己株式の取得を実行することができますか。また，他の株主に対価の額を知られないで自己株式の取得を実行することができますか。

Q 31■現物出資と現物分配…………………………………………〔野村　彩〕／199

現物出資，現物分配の活用事例を教えてください。また，実行する際の注意点を教えてください。

Q 32■株主の権利……………………………………………………〔生野　聡〕／204

株主の権利には，どのようなものがあるでしょうか。事業承継の場面において，少

数株主を残した場合には，どのような点に注意が必要でしょうか。

Q 33 ■少数株主のキャッシュアウト ……………………………〔生野　聡〕/214

事業承継において少数株主のキャッシュアウトを行う場合において，どのような手法が考えられますか。例えば，株式併合によるキャッシュアウトの手続はどのように行うのでしょうか。また，キャッシュアウトの結果，一株未満の株式（端数株式）が生じることとなりますが，このような端数株式について，どのように処理をすればよいのでしょうか。

Q 34 ■役員報酬・役員退職金 ……………………………………〔髙田　剛〕/222

事業承継を視野において，次男を取締役に登用して相応の役員報酬を将来にわたり保証するとともに，報酬の一部はストック・オプションか株式報酬として渡しておきたいと考えています。また，現在取締役をしている長男は取締役を退任させ，退職慰労金を支給したいと考えています。法的手続と注意点を教えてください。

Q 35 ■株主総会の招集 ……………………………………………〔生野　聡〕/228

株主総会の招集はどのように行えばよいでしょうか。株主総会の招集手続又は決議内容に瑕疵があると，事業承継においてどのような影響があるでしょうか。

Q 36 ■株主総会議事録・取締役会議事録 ……………………………〔野村　彩〕/236

事業承継対策を実行するにあたって，様々な場面で株主総会決議，取締役会決議を行う予定です。株主総会決議，取締役会決議に係る議事録を作成するにあたって注意すべき点を教えてください。

Q 37 ■組織再編手続 ………………………………………………〔髙田　剛〕/241

会社法で認められている組織再編手法（①合併，②会社分割，③株式交換，④株式移転），及びこれらの組織再編手法と類似の効果のある手法について，手続の概要と留意点を教えてください。

Q 38 ■MBO …………………………………………………………〔髙田　剛〕/249

私は妻子がいずれも会社の経営に興味がないため，当社の事業は当社の取締役陣に継いでもらおうと考えています。その方法と留意点を教えてください。

第3章　事業承継と税法 ────────────────── 253

Q 39 ■相続税・贈与税の概要 ……………………………………〔原木　規江〕/255

息子への事業承継の時期を検討中です。相続開始前に後継者に資産を生前贈与する場合と，相続する場合とでは，税金はどのくらい異なりますか。相続税と贈与税の課税対象や納税義務者，税額の計算方法など概要を教えてください。

目　次

Q 40　居住者の認定 ……………………………………………〔石井　亮〕/265
　居住者とはどういう者をいうのでしょうか。また認定は，どのように行うのでしょうか。

Q 41　相続時精算課税 ……………………………………………〔原木　規江〕/269
　贈与税には，暦年課税のほかに，相続時精算課税という制度があると聞きました。相続時精算課税とはどのような制度ですか。この制度を利用する場合の要件やメリット・デメリット，注意点はありますか。

Q 42　相続税と贈与税の相関関係・最適暦年贈与 ………………〔原木　規江〕/276
　相続税の方が贈与税より税率が低いということは，生前贈与などしないで相続ですべての財産を譲り受ける方が課税上，有利なのではないでしょうか。生前贈与する方が有利となる場合はありますか。ある場合は，どのような場合でしょうか。

Q 43　みなし贈与課税の範囲とリスク ……………………………〔金井　義家〕/282
　「みなし贈与課税」とは何でしょうか。具体的に事業承継のどのような場面で，課税されるリスクがあるでしょうか。

Q 44　遺産分割のやり直し，遺留分減殺請求権と相続税 ………〔原木　規江〕/288
　遺産分割後に，財産評価に誤りがあったことが判明し，遺産分割をやり直したいと考えていますが，可能ですか。既に，相続人全員で相続税は申告及び納付していますが，やり直し後に，相続税の更正の請求や修正申告をすることはできますか。
　また，遺贈を受けた財産について，他の相続人から遺留分減殺請求を受け，裁判所の調停で和解しました。この部分に係る相続税額を還付してもらうことはできますか。その財産の一部は，中小承継円滑化法に基づく認定を受け，相続税の納税猶予を受けていた株式が含まれます。この場合に適用関係はどうなりますか。

Q 45　持分なし医療法人への移行と課税関係 ……………………〔野村　彩〕/296
　持分のある医療法人が持分なし医療法人へ移行する場合，贈与税又は法人税などが課税されるリスクはありますか。

Q 46　非上場株式の評価方法 ……………………………………〔野村　彩〕/301
　財産の評価にあたり，取引相場のない株式は，どのように評価されるのでしょうか。

Q 47　評価通達によらない評価（総則6項） ……………………〔金井　義家〕/306
　相続税評価額を評価通達によらずに算定すべき場合とはどのような場合でしょうか。具体的にどのような事例がありますか。

Q 48　純資産価額方式の株価引下げ ……………………………〔金井　義家〕/311
　純資産価額方式の株価引下げには，どのような方法が考えられますか。また総則6項との関係はどのようになりますか。

目　次

Q 49 類似業種比準方式の株価引下げ ……………………………〔金井　義家〕／319
　類似業種比準方式の株価引下げには，どのような方法が考えられますか。また総則6項との関係はどのようになりますか。

Q 50 自己株式の取得とそのリスク …………………………………〔原木　規江〕／325
　後継者が決まったので，後継者の経営基盤を確立するために株式を譲渡しようと思いましたが，後継者には資金的な余裕がありません。そこで，会社が経営者や他の株主から自己株式を取得することにより，後継者の保有割合を高くしようと考えています。この場合の株主と会社の課税関係はどうなりますか。また，自己株式を譲り受ける法人と譲渡する株主との取引ですので，後継者への課税はないという理解で正しいでしょうか。

Q 51 純資産価額方式における法人税額等相当額の控除 …………〔石井　　亮〕／333
　純資産価額方式で株式を評価する際，評価差額（含み益）に対する法人税額等相当額が控除できない場合があると聞きました。どういった場合に控除できないのでしょうか。また，古い資料が残っていないため，法人税額等相当額を控除できるか否かがはっきりしない場合はどうなるのでしょうか。

Q 52 不動産管理会社 …………………………………………………〔金井　義家〕／338
　不動産管理会社にはどのようなメリットがあるのでしょうか。またデメリットや税務リスクには，どのようなものがありますか。

Q 53 同族株主の判定方法と配当還元方式の活用 …………………〔佐藤順一郎〕／343
　自社株式算定上，どの程度の議決権割合を有していると同族株主に該当するのでしょうか。また，同族株主でも配当還元方式が適用できるケースがあると聞きましたが，活用方法や留意すべき点について教えてください。

Q 54 役員退職金 ………………………………………………………〔鈴木　　寛〕／349
　役員退職金を支払うと自社株式の株価が下落すると聞きましたが，具体的にどのような影響が生じるのでしょうか。また，役員退職金をめぐって税務調査で指摘される事案が増加しているようですが，どのような問題が生じているのでしょうか。

Q 55 株式保有特定会社 ………………………………………………〔金井　義家〕／355
　株式保有特定会社とは何でしょうか。またこれをめぐる大きな税務訴訟があると聞いたのですが，具体的に教えてください。

Q 56 生命保険の活用 …………………………………………………〔鈴木　　寛〕／363
　法人が加入する生命保険にはどのような効果（目的）があるのですか。特に，事業承継対策では長期平準定期保険等がよく活用されているようですが，その仕組みや留意点について教えてください。

Q 57 「積極納税型」の対策 ……………………………………………〔金井　義家〕／369

目　次

事業承継対策というと「節税型」の対策が多いようなイメージがありますが「積極納税型」の対策とは何でしょうか。また「積極納税型」の対策には，どのようなメリットがあるのでしょうか。

Q 58 種類株式の評価 …………………………………………〔佐藤順一郎〕／381

種類株式の評価方法について教えてください。事業承継対策では，どのように種類株式が活用されているのでしょうか。

Q 59 財産の国内外判定と評価方法への影響………………………〔佐野比呂之〕／388

事業承継対策の一環で海外不動産や外国株式の取得を検討しています。財産の国内外判定基準や評価方法の違いを教えてください。

Q 60 合同会社と株式会社の相違点及び事業承継への活用………〔佐野比呂之〕／393

合同会社とはそもそも何でしょうか。株式会社の株式の評価と合同会社の持分の評価の違いや事業承継にあたっての活用方法，留意点を教えてください。

Q 61 医療法人の持分の評価 ……………………………………〔野村　彩〕／398

医療法人の出資者の持分は，どのように評価されるのでしょうか。

Q 62 信託受益権の種類と事業承継への活用 ………………………〔佐野比呂之〕／403

円滑で確実な事業承継のために信託の活用を考えています。事業承継上，信託受益権を使ってできることや信託受益権の評価方法を教えてください。

Q 63 小規模宅地等の特例 …………………………………………〔原木　規江〕／409

小規模宅地等の特例とはどういう制度でしょうか。小規模宅地等の特例の適用を受けるために注意しておくべきことがありますか。例えば，相続時精算課税制度を利用して，生前に事業用の宅地の贈与を受けた場合，その宅地に小規模宅地等の特例を適用できますか。

Q 64 組織再編と株価評価 …………………………………………〔佐藤順一郎〕／418

合併や会社分割等の組織再編をすると自社株式の評価に大きな影響が生じる可能性があるそうですが，具体的なケースを挙げて教えてください。

Q 65 キャッシュアウトの各手法と課税関係の相違点 …………〔佐野比呂之〕／425

キャッシュアウトの手法にはどういったものがあるでしょうか。一般的なキャッシュアウトの方法と税務上の取扱いについて教えてください。

Q 66 公益法人等の設立タイミングと事業承継への影響 …………〔佐野比呂之〕／431

事業承継対策の一環で公益法人等の設立及び寄附を検討しています。設立及び寄附にあたり，税務上注意すべきポイントを教えてください。

Q 67 非上場株式についての贈与税・相続税の納税猶予制度

……………………………………………………………………〔石井　亮〕／436

非上場株式についての贈与税・相続税の納税猶予制度とは，どういう制度ですか。そのメリットとデメリットを教えてください。

Q 68 ■延納・物納の利用………………………………………………〔原木　規江〕／444

被相続人の財産は自らが経営していた会社の非上場株式がほとんどで他の資産がとても少ない状況です。また，相続人は，キャッシュフローはある程度ありますが，一時に相続税を納付するのは困難な状況です。このような場合に，延納のほか，物納という他の税目にはない制度があるとのことですが，非上場株式を物納できますか。また，これらの制度を利用するための要件や注意点はありますか。

Q 69 ■国外財産調書・財産債務調書………………………………………〔石井　亮〕／454

国外財産調書・財産債務調書とは，どういうものですか。どういう人が提出する必要があるのでしょうか。また，提出する際の注意点も教えてください。

Q 70 ■事業承継に関する国際税務……………………………………〔平野　圭吾〕／461

米国に居住している後継者となる長男が，米国子会社の社長として赴任している間に，日本親会社の社長である父が急逝しました。日本の居住者である父が所有していた日本の親会社の株式を長男が承継する場合の日本及び米国における課税関係を教えてください（なお，父も長男も日本国籍のみを有しています。）。

キーワード索引……………………………………………………………………469
判例索引……………………………………………………………………………475

第 1 章

事業承継と民事法

意思能力の有無と事業承継への影響

意思能力とは何でしょうか。意思能力の有無はどのように確認すればよいのでしょうか。意思能力がなかった場合，事業承継対策にどういった影響が生じるのでしょうか。

　　意思能力とは，自己の行為の法的な結果を認識，判断する能力で，意思能力がない贈与，売買は無効となります。その結果，贈与，売買の対象となった資産が遺産分割の対象となるうえ，相続税の対象にもなります。

☑ キーワード

意思能力，遺言能力，老人性認知症，長谷川式簡易知能評価スケール

解　説

1　意思能力の意義

　意思能力とは，自己の行為の法的な結果を認識，判断することができる能力をいいます。行為の内容によって異なりますが，おおむね7歳から10歳の子供が有する程度の判断能力であると考えられています。現行の民法には意思能力に関する明文の規定がありませんが，意思能力を欠く者が締結した契約は無効であると解されています（新民法〔債権関係〕では意思能力に関する規定が新たに設けられています〔新民3条の2〕。）☆1。

　事業承継の場面で意思能力が問題となるのは主に子供が行った取引ではなく，高年齢者が行った取引です。経営者の高齢化が進行しており，事業承継を

検討する時点では，既に現経営者が相当に高齢（例えば，80歳後半）であることも少なくありません。そのような高齢となった創業者が保有する株式その他の資産を贈与・売買しようとした場合に，その意思能力の有無が問題となることがあります。

なお，贈与・売買ではなくて遺言をする場合には，遺言能力が必要とされています（民963条）。ここでいう遺言能力とは，遺言事項を具体的に決定し，その法律効果を弁識するのに必要な能力とされ，基本的には意思能力と同様の判断能力と解されています。したがって，生前の贈与ではなくて，遺言によって後継者に資産を承継させる場合であっても，同様に意思能力（遺言能力）の問題が生じることになります。

2　意思能力の判断基準

(1)　医学上の評価

意思能力の有無の判断にあたっては，老人性認知症の有無・程度など医学上の評価が参考になります。老人性認知症が中程度以上であることを理由に，意思能力がないとされた事例は少なくありません☆2。なお，医学的な見地から簡易に高齢者の判断能力を判定する方法としては，長谷川式簡易知能評価スケールがあります。この長谷川式簡易知能評価スケールの総合点が30点満点中20点以下の場合には認知症の可能性があるとされ，絶対的な基準ではないにせよ，意思能力を判断するうえで参考になります。意思能力の有無が争われた裁判例でも，意思能力がないことの根拠として，長谷川式簡易知能評価スケールの総合点が1桁であることが掲げられている事例も少なくありません☆3。ただ，逆に，総合点が4点であっても意思能力が認められた事例もあるので☆4，長谷川式簡易知能評価スケールの結果はあくまで目安として利用すべきでしょう。

(2)　経緯，動機，内容等

意思能力の有無を判断するにあたっては，医学上の評価だけではなくて，契約締結の経緯，契約の動機，契約の内容（難易度），契約締結の状況（日時・場所・同席者）などを勘案する必要があります。これは，意思能力という制度が高年齢者の利益を保護する機能を営んでいるからです。例えば，売買代金が不当に低廉であるなど契約の内容が不合理である場合や，特段の理由もないのに

契約に至る経緯が不自然である場合には，意思能力がなかったと判断される傾向があります。また，対象となる財産が高額である場合，契約の内容が複雑である場合には，相対的に高度な判断能力が要求されるので，結果として意思能力がなかったと判断されやすいといえます。事業承継の方法として，種類株式や受益者連続型信託など複雑な仕組みが利用される場合もありますが，その仕組みが複雑であれば複雑であるほど，要求される判断能力の水準が高くなる可能性があります。

このように意思能力の有無は，個別具体的に判断すべきもので，画一的に判断できるものではありませんから，慎重な判断が必要となります。高年齢者の判断能力が低下しているような場合には，あまり複雑な契約とせずに，単純な契約とすることも検討すべきです。

3 意思能力がないとされた場合の影響

(1) 遺産分割の対象となる

意思能力を欠く契約は無効ですから，その契約で本来生じる効果が生じないということになります。例えば，創業者が後継者に株式を贈与したことになっていたとしても，創業者が贈与の時点で意思能力を欠いていた場合には，法的には後継者は贈与の対象となった株式を取得することなく，創業者が株式を保有し続けていたということになります。

したがって，そのような状況で創業者に相続が発生した場合，後継者に贈与したはずの株式は相続財産となります。その結果，相続人が複数の場合には，遺産分割の対象となり，創業者の保有する株式が相続人間で分散してしまう可能性が生じます（遺言が無効の場合も同様です）。相続人の間で経営権に争いがある場合や，特定の相続人に（生前の処分を含めて）財産が偏って分配される場合に，一部の相続人から意思能力の欠如が主張されることは少なくありません。しかも，無効の主張に関しては，期間制限がないので注意が必要です。

(2) 相続税の対象となる

また，創業者の生前の贈与・売買に関し，相続人が異論を唱えない場合であっても，贈与・売買によって相続税の負担が減少するような場合には，課税当局が意思能力の無効を主張して贈与・売買の無効を主張することがあります。例えば，相続税の対象となる相続財産を減少させる目的で，生前に株式の評

価引下げを行ったうえで後継者に株式の贈与・売買を行うことがあります。また，相続税法上，現預金や金融資産と比較して，より有利な評価を受けることができる非上場会社の株式や不動産とする目的で，株式会社への出資や不動産の購入を行うことがあります。これによって，相続税の額が減少することになるわけですが，これを否認するために，課税当局が，意思能力がないことを理由として贈与・売買，出資，購入が無効だと認定する可能性があります。

このように，意思能力がないとされると，せっかくの事業承継対策が無意味になってしまいます。

4 意思能力を証明するための手段

そこで，高年齢者が事業承継対策を行う場合には，事後，意思能力がなかったといわれることがないように，証拠を十分に残しておくことが望ましいといえます。

前述したとおり，意思能力の有無を判定するにあっては，医学上の評価が参考とされます。したがって，長谷川式簡易知能評価スケールで大まかに判断能力を確認したうえで，必要に応じて診断書等の取得も検討すべきです。ただし，高齢者の判断能力は必ずしも一定ではなく，確認をする時期や状況によって，結論が異なり得ることから，診断書等を取得するタイミングについても，慎重に検討をすべきです。また，医師が必ずしも意思能力の意義を理解しているとは限らないので，診断書等の作成を依頼する場合には，必要に応じて意思能力の意義を説明しておくべきでしょう。

また，公正証書で契約を締結するという方法も考えられます。公正証書を作成する場合には，公証人が関与することになり，契約書作成時に意思能力があることが一応，確認されているといえます。ただし，公正証書で作成した契約書であっても，その作成の状況に照らして，十分な確認が行われなかったような場合には，意思能力を欠くものとして，無効となることもあるので注意が必要です☆5。

そこで，あらかじめ高齢者が自発的に契約の締結を意図し，かつ，契約の内容を十分に認識，理解していることを明らかにするために，契約締結時の状況を撮影して録画しておくという方法も考えられます。最近の裁判例でも，意思能力があると認定する際に，ビデオ撮影された高齢者の状況を勘案したものが

あります☆6。　　　　　　　　　　　　　　　　　　　　　〔石井　亮〕

---■判　例━━━━━━━━━━━━━━━━━━━━━━━━

☆1　大判明38・5・11民録11輯720頁。
☆2　例えば，名古屋高判平5・6・29判タ840号186頁・判時1473頁62頁，横浜池判平18・9・15判タ1236号301頁など。
☆3　例えば，東京高判平12・3・16判タ1039号214頁・判時1715号34頁，東京地判平18・7・25判時1958号109頁，前掲（☆1）横浜地判平18・9・15。
☆4　京都地判平13・10・10（平成12年（ワ）第2475号）裁判所HP。
☆5　例えば，高知地判平24・3・29判タ1385号225頁。
☆6　例えば，東京地判平28・3・24（平成27年（ワ）第1284号）LEX/DB。

未成年者の行為能力

未成年者に対して贈与を行いたいのですが,何か特別な手続が必要でしょうか。もし,必要な場合には,どのような手続が必要ですか。遺言によって贈与する場合はどうでしょうか。

> 通常の贈与の場合は特別な手続は不要ですが,未成年者が贈与を受ける代わりに負担を負う場合は,贈与について親権者等からの同意を得る必要があります。また,親権者等による贈与の場合,親権者等と子の利益相反の問題を解消するために,家庭裁判所に対して特別代理人の選任を請求して行う必要がある場合があります。
> 遺言によって贈与が行われる場合も同じです。

☑ キーワード

未成年者,贈与,負担付贈与,特別代理人,遺言,遺贈

解　説

 未成年者の行為能力の制限

　未成年者とは,20歳に満たない者のことをいいます(民4条。ただし,後述するように民法改正により年齢が引き下げられる。)。
　未成年者が契約を締結する等の法律行為を行うには,その法定代理人の同意を得なければなりません(民5条1項本文)。
　その趣旨は,未成年者が,成人と比較して判断力が未熟であると考えられ,自己に不利益な法律行為を,その意味を十分に理解しないまま行ってしまうお

それがあるため、単独で法律行為を有効に行う能力（行為能力）を制限することにより、未成年者本人の保護を図ることにあります。

法定代理人とは、委任契約などの本人の意思ではなく法令によって代理権が付与されている者のことをいい、未成年者の場合は通常は親権者ですが（民824条・818条1項）、親権者不在の場合は未成年後見人がこれに該当します（民839条1項・840条1項）。

法定代理人の同意を得ずに未成年者が行った行為は、未成年者自身、又は同意権を有する法定代理人が取り消すことができます（民5条2項・120条1項）。また、法定代理人は追認し、確定的に有効な法律行為にすることも可能です（民122条本文）＊1。未成年者は、成人後に追認が可能です（民124条1項）。

取消し可能な法律行為は、取り消される時点までは有効な行為として扱われますが、取り消されたときは行為時に遡及して無効なものとして扱われます（民121条本文＊2）。

法律行為が取り消された場合、その行為によって生じた利益は相互に返還することになりますが、未成年者側が返還すべき利益は、現に利益を受けている限度に限られます（民121条ただし書＊3）。

2　未成年者が単独で行える法律行為

(1) 未成年者が成年と同一の行為能力を有する場合

未成年者が婚姻した場合は、成年に達したものと擬制されるため（民753条、ただし、後述するように民法改正により廃止される。）、それ以後は成年者と同一の行為能力を有します。その後、20歳になる前に離婚しても、制限行為能力者には戻りません。

また、法定代理人が、未成年者に対して、目的を定めて処分を許した財産を当該目的の範囲内で処分する場合や、目的を定めずに処分を許した財産を処分する場合は、事前に法定代理人による同意があったと考えられますから、未成年者が自由に処分することができます（民5条3項）。

法定代理人が一種又は数種の営業を未成年者に許した場合にも、その営業に関しては、未成年者も成年者と同一の行為能力を有します（民6条1項）。

(2) 単に権利を得、又は義務を免れる法律行為

さらに、未成年者の行為能力を制限する趣旨は、未成年者が不利益な負担を

負う場面に妥当するものであるため,「単に権利を得,又は義務を免れる法律行為」は,成年者と同一の行為能力を有しない未成年者であっても,単独で行うことができます(民5条1項ただし書)。

ここにいう「単に権利を得」る法律行為の典型例が,無償の贈与や遺贈を受ける場合であり,単に「義務を免れる行為」の典型例は,無償で債務免除を受ける契約を締結する場合が挙げられます。

他方で例えば,未成年者が共同相続人間の遺産分割に参加し,遺産分割の合意を行う場合,遺産分割の実質は,相続財産の共有持分を相続人相互に交換する行為であると考えられるため,「単に権利を得」る行為には当たらないと考えられます。

また,限定承認や相続放棄は,債務超過にある被相続人からの相続を拒絶する場合にも利用されますが,これらは重要な財産上の行為であり,その意思表示には相続財産の放棄の意味も含まれると考えられますから,単に「義務を免れる」行為には当たらないと考えられます(民13条1項*4参照)。

なお,土地を無償で譲渡した場合でも,将来的には固定資産税等の支払が必要ですが,そのような負担は上記行為が「単に権利を得,又は義務を免れる法律行為」に該当するかどうかを判断するにあたっては影響しないと考えられます。つまり,権利を取得する行為や義務を免れる行為自体に未成年者の負担が付属しているか否かが問題になると考えられます。

3 未成年者に対する贈与と行為能力の制限

贈与契約は,当事者の一方が自己の財産を無償で相手方に与える意思を表示し,相手方が受諾することによって,その効力を生じますから(民549条*5),未成年者が受贈者の場合,売買契約のように反対債務を負うことはありません。

このように,未成年者に対する贈与が「単に権利を得」る行為となるのは,未成年者が贈与者に対して義務を負担することがないからです。なお,未成年者に無償で与えた財産を親権者等に管理させたくない場合は,管理者を指定することもできます(民830条1項)。

しかし,未成年者に対して負担付贈与(民553条)を行う場合(例えば,贈与者の親戚などの第三者に対する金銭的支援を行うことという負担を負わせたうえで財産を贈与

するとき）は，未成年者が贈与者（あるいは受益者）に対して義務を負うことになりますから，「単に権利を得」る行為には当たらない場合が生じます。

したがって，未成年者に対する贈与が負担付である場合，当該贈与を確定的かつ有効に行うには，法定代理人の同意が必要になります。

また，遺言による贈与に負担が付着している場合は負担付遺贈（民1002条2項）と呼ばれますが，負担付遺贈の承認は，負担付贈与の受諾と同様に法定代理人の同意を要する行為であると考えられます。

この点に関連して，負担付贈与か条件付贈与の区別の問題が生じる可能性も考えられます。両者の違いは，負担付贈与の負担は受贈者が履行義務を負うのに対し，条件付贈与は条件を成就させる義務がないことです。

4 法定代理人と未成年者の利益相反行為の規律（民826条）

贈与者が親権者等の法定代理人である場合，契約当事者である法定代理人が，他方当事者である未成年者の行為へ同意をするという双方代理に類似する状況が発生します。

一般に，親権者と子が当事者として売買契約を締結するなど，法定代理人と未成年者の利益が相反する行為を行うときは，未成年者のために特別代理人を選任することを家庭裁判所に請求しなければなりません（民826条1項・860条本文）。

その趣旨は，法定代理人による代理権の公正な行使が期待できない場合に，その代理権の行使を制限することにあります。なお，上記規律は，親権者等が代理人として契約を行う場合のみならず，未成年者の行為に対する同意を行う場合にも及ぶと解されます。

ここでいう「利益が相反する行為」とは，親権者が子を代理してした行為自体を外形的・客観的に考察して判定すべきであって，親権者の動機・意図をもって判定すべきではないというのが最高裁の判断です☆1。

もっとも，単に親権者から子へ無償の贈与が行われるだけであれば，通常は利益相反の問題は生じません☆2。子に不利益になる可能性がないからです。

しかし，負担付贈与の場合は，子に不利益が生じ，親権者が利益を享受する可能性があるため，利益相反状況が生じていると考えられますし，無償の財産譲渡でも，その財産が債務・負担を伴い，その負担によって親権者が利益を享

受する関係が成立し得るものであるときは，利益相反行為に該当する可能性があります☆3。

したがって，親権者等が未成年の子に対して負担付贈与を行う場合は，原則として利益相反行為に該当して特別代理人の選任が必要となり，無償で財産を譲渡する場合も，財産の内容次第では，利益相反行為に該当する可能性があると考えられます。

親権者や未成年後見人が特別代理人を選任せずに行った利益相反行為は，無権代理行為であり原則として無効ですが，子が成年に達した後に追認することはできるというのが判例の理解です☆4。

なお，一方の親権者とのみ利益が相反する行為は，特別代理人及び利益相反関係にない親権者が共同して子を代理することになります☆5。

5 未成年者の範囲に関する動向

「日本国憲法の改正手続に関する法律」（国民投票法）は，国民投票の投票権者を年齢満18年以上の者と定め（憲改3条），これに伴い選挙権者も年齢満18年以上に引き下げられました（公選9条1項）。また，公職選挙法等の一部を改正する法律（平成27年法律第43号）附則11条においては，選挙権者の年齢が引き下げられたことを踏まえ，民法，少年法等の法令に検討を加え，必要な法律上の措置を講ずるものとすることが定められています。

そして，平成30年3月13日には，18歳をもって成年とするものとすることによって，婚姻適齢を18歳とすること（現行民法753条の成年擬制は削除）を内容とする民法の一部を改正する法律案が国会提出され，同年6月13日可決，成立しました。同法の附則では施行日が平成34年4月1日とされています。

〔我妻　崇明〕

■判　例■

☆1　最判昭42・4・18民集21巻3号671頁。
☆2　大判大9・1・21民録26輯9頁。
☆3　大判大12・5・18法学6巻1215頁（頼母子講加入権の無償譲渡の事案）。
☆4　大判昭11・8・7民集15巻1630頁，最判昭35・10・11裁判集民45号171頁，最判

昭57・11・18民集36巻11号2274頁。
☆5　最判昭35・2・25民集14巻2号279頁。

■注　記■

＊1　民法（債権関係）改正により，適用すべき場面がないと解されていたただし書は削除されました。
＊2　民法（債権関係）改正により改正前民法121条ただし書が新民法121条の2第3項に移されました。
＊3　＊2に同じ。
＊4　民法（債権関係）改正により民法102条が改正され，民法13条1項に10号が追加されました。
＊5　民法（債権関係）改正により改正前民法549条の「自己の財産」を新民法549条の「ある財産」に修正しました。贈与契約の成立要件として，贈与の対象財産が贈与者の所有に属するものであることがその内容になるものではないという観点からの改正です。

第1章◇事業承継と民事法

　成年後見制度

成年後見制度とはどのようなものですか。成年後見開始に至る手続の流れ，費用はどのようなものですか。成年後見が開始した場合，後見人による本人の財産の処分はどの程度認められますか。本人の能力が低下した場合にも，事業承継のために財産処分を柔軟に行えるようにするには，どのような方法がありますか。

　　成年後見制度は，事理弁識能力が低下した者の財産管理を適切に行うための制度であり，法定後見（成年後見，保佐，補助）及び任意後見があります。法定後見は，家庭裁判所が審判を行うことにより開始されます。任意後見は，本人と任意後見人候補者が事前に代理権の範囲等について締結した契約に基づき開始されます。成年被後見人の財産処分は大きく制限され，また，議決権行使についても必ずしも事業承継の目的に沿った行使がなされるとは限りませんから，関係者の事理弁識能力が低下する前に任意後見契約，信託契約，種類株式等を利用して，対策を講じておくことが重要です。

☑ キーワード

成年後見，法定後見，保佐，補助，任意後見

解　説

1　成年後見制度

(1) 概　要

成年後見制度は，高齢化等の事情により事理弁識能力が低下した者（以下

「本人」と呼びます。）の財産を適切に管理するための制度です。

　成年後見制度には，法定後見と任意後見があります。

　法定後見は民法に定められています。法定後見は，事理弁識能力の低下の度合いに応じて，成年後見（民7条），保佐（民11条），補助（民15条）の3類型に分類され，分類に応じて本人の行為能力を制限します。制限された行為について，後見人等にその行使を委ねることにより，本人の財産の適切な管理を実現します。法定後見は，いずれも家庭裁判所の審判により開始します。

　任意後見については，任意後見契約に関する法律に定められています。任意後見は，法定後見と異なり，本人が事理弁識能力のあるうちに任意後見契約を締結しておき，能力低下時に，家庭裁判所への任意後見監督人選任申立てが行われることにより効力が発生する制度です。

　平成24年から28年までの，法定後見（3類型すべて）と任意後見における監督人選任の申立ての総数を見ると，3万5000件弱で推移しています。その内訳を見ると，総数の8割程度が後見開始の申立てです。近年の傾向として，後見開始の申立てが減少し，その分，保佐開始の申立てが増加していることが見て取れます[*1]。

(2) 成年後見

　成年後見は，本人が精神上の障害により事理弁識能力を欠く常況にあるとき（民7条），すなわち，契約等の法律行為の結果を判断するに足りるだけの能力をまったく欠いている状況が常態である場合に開始されます。例えば，一人では日常生活を送ることができないような場合や，意思表示をまったくできない場合等に利用されます。

　成年後見人（以下「後見人」と呼びます。）は，本人の財産について，広範な代理権をもち（民859条1項），本人の日用品の購入その他日常生活に関する行為を除き，本人の法律行為を取り消す権限をもちます（民9条・120条1項）[*2]。

(3) 保　佐

　保佐は，本人の判断能力が著しく不十分な場合に開始されます（民11条）。例えば，本人が，日常的な買物程度は一人でできるが，金銭の貸借のような重要な行為は一人ではできないような場合に利用されます。

　保佐人には，民法13条1項に列挙された重要な行為について，同意権が付与され，保佐人は，本人が保佐人の同意なく行った行為を取り消すことができま

す（民120条1項）＊3。同意権を付与する行為の範囲は，家庭裁判所の審判により拡張することができます（民13条2項）。

　また，家庭裁判所の審判により，保佐人に特定の行為に関する代理権を付与することもできますが（民876条の4第1項），本人以外の者が代理権付与の審判を請求する場合，本人の同意がなければ代理権付与の審判を行うことはできません（民876条の4第2項）。

(4) 補　　助

　補助は，本人の事理弁識能力が不十分である場合に開始されます（民15条1項）。例えば，本人が，一人で重要な財産行為を適切に行えるか不安があり，本人の利益のためには誰かに支援してもらった方がよいというようなケースで利用されます。補助開始の審判は，本人が請求するか，本人が同意していなければ行われません（民15条2項）。

　補助人の権限は，補助開始の審判に加え，一定の事項について同意を要する旨の審判（民17条），特定の事項について代理権を付与する審判（民876条の9）により付与されます。いずれの審判も，本人が請求するか，本人が同意していなければ，行われません（民17条2項・876条の9第2項が準用する876条の4第2項・3項）。権限を付与する審判は両立可能であり，補助人の権限については，①同意権のみ，②代理権のみ，③同意権及び代理権の3類型があることになります。

(5) 任意後見

　任意後見は，本人に能力がある時期に，法令に定められた様式の公正証書により任意後見契約を締結することによって行います（任意後見3条）。任意後見契約の様式については，任意後見契約に関する法律第3条の規定による証書の様式に関する省令に定めがあり，代理権の範囲を個別にチェックする様式（附録第一号様式）と代理権を記述する様式（附録第二号様式）があります。

　任意後見契約に基づく任意後見人の代理権は，委任者（本人）の事理弁識能力が不十分な状況となったときに，関係者の請求により家庭裁判所が任意後見監督人を選任すると（任意後見4条），発効します。

　任意後見人には本人の行為に対する同意権がないため，本人の行為を取り消すことができない点に留意が必要です。そのため，信託と組み合わせることにより，本人による財産処分の範囲の限定を検討する場合もあります。

2　法定後見開始までの手続

以下では，最も多く利用されている成年後見を念頭に置きながら，手続を説明します。

(1)　申立て

成年後見開始の審判は，本人，配偶者，四親等内の親族等の請求により行われます（民7条）。保佐及び補助についても，基本的に同じです（民11条・15条1項）。

成年後見については，原則として，鑑定が必要とされており，例外的に，「明らかにその必要がないと認めるとき」には，鑑定が不要とされます（家事119条1項。なお，保佐については，家事事件手続法133条が同法119条を準用しています。補助については鑑定を求める定めはありません。）。

例外に該当するか否かは，診断書の記載や親族等の聴取内容等の資料を勘案して行われることとされていますが，平成28年度の成年後見関係事件のうち，鑑定が実施されたのは全体の9.2％であり，鑑定を行わないことが原則であるかのような運用となっています。ただし，鑑定を経ずになされた後見開始の審判について，診断書の記載内容等だけでは明らかに鑑定の必要がないとはいえないとし，審理不十分として差し戻した裁判例☆1も存在します。

(2)　後見人の選任

家庭裁判所は，成年後見開始の審判をするときは，職権で，後見人を選任します（民843条）。保佐，補助についても同様です（民876条の2・876条の7）。

成年後見等を申し立てる際に候補者を記載することができますが，誰を選任するかは家庭裁判所の裁量に委ねられており，親族を候補者とした場合でも専門職後見人が選任されることがあります。なお，専門職後見人に関して，東京家庭裁判所（本庁及び立川支部）では，原則として，関連団体から家庭裁判所に提出された成年後見人等候補者名簿に登載された者から選任する運用とされており，名簿に登載されていない専門職を候補者として申し立てた場合，原則として，名簿登載者の中から後見監督人（民849条）を付す運用です。

3　後見人の財産処分

後見人は，本人の意思を尊重し，かつ，その心身の状態及び生活の状況に配

慮する義務を負い（民858条），善管注意義務を負います（民869条・644条）。これらの義務については，本人の財産を減少させないよう，リスクを抑えた財産管理が求められるとされています。端的にいえば，本人の財産を減少させないことが重視されます。

　例えば，遺産分割協議に成年被後見人が加わる場合，基本的に成年被後見人の承継する財産が法定相続分を下回る遺産分割は原則としてできません。

　本人の生活状況等を踏まえ，本人の生活に要する費用の支払を確保するために流動資産を多めに相続する一方で，不動産を他の相続人に相続させる等の事情がある場合に，成年被後見人の承継する財産が法定相続分を下回るような遺産分割が行われることがありますが，それでも大幅に下回らないことが求められます。

　本人の財産を減少させないことが重視されるため，預貯金が潤沢にあり，本人が当面生活していくうえで十分すぎるほどの財産がある場合でも，投資や，後継者等への贈与（教育資金贈与信託も含む。）を行うことは原則として認められません。

　リスクの高い財産への転換についても消極的であることが求められます。例えば，潤沢な預貯金残高があり，かつ，年金収入だけで介護施設の費用を賄ってなお余りが出るというケースでも，元本割れリスクのある金融商品や為替リスクのある外貨建ての金融商品への投資は原則として認められていません。なお，後見開始当時から有していた投資信託や外貨預金を直ちに換価することまでは求められません（ただし，損が生じ得ることを踏まえ，適切な時期に普通預金等のリスクの低い商品への切替えが求められます。）。

　また，後見監督人が選任されている場合，一定の後見人による代理行為（営業又は民法13条1項に掲げる行為）について，後見監督人の同意が必要となることにも留意が必要です（民864条・865条）。

4　成年後見の開始と事業承継への影響

(1)　事業承継のために取り得る選択肢が大幅に限定される

　成年後見等申立ての動機には，預貯金等の管理・解約や，相続手続が上位に上がっています。事業承継との関係では，例えば，経営者が突如亡くなったため，遺産分割協議を行う必要があるが，経営者の配偶者が認知症等により意思

表示ができないという場合に，配偶者について成年後見開始の審判を得たうえで，遺産分割協議を行うといったケースが考えられます。

しかし，上述のとおり，例えば，遺産分割において，成年被後見人である経営者の配偶者（本人）が死亡する場合における二次相続を想定し，二次相続時の相続人（経営者の子が典型）の税負担を考慮して，本人の相続分を減らしたい，相続人等への贈与を行いたいという場合でも，後見人はそのような行為を行うことに慎重となります。

事業承継のためにとることのできる手段が多くある場合であっても，承継対象となる事業に関する財産が成年被後見人に帰属していると，実際にとり得る手段がかなり限定されてしまいます。

(2) 会社経営への影響

成年被後見人は，取締役，監査役，指名委員会等設置会社の執行役及び清算人の欠格事由です（会社331条1項2号・335条1項・402条4項・478条8項。なお，設立時役員について，会社39条4項）。なお，被保佐人も同様です。

また，持分会社の社員が後見開始の審判を受けると，定款に別段の定めがない限り，退社扱いとなります（会社607条1項7号・2項）。

これらは，会社経営に重大な影響を及ぼす可能性があります。

(3) 支配株式への影響

会社の支配には，経営者及び安定株主が，一定割合以上の議決権を，その意図に沿って行使することが重要となりますが，支配権維持に必要な株式の大半が成年被後見人に帰属すると，議決権行使を後見人に委ねざるを得ない事態になってしまいます。後見人は，本人の財産を減少させないというメルクマールで議決権行使をすることになりますが，経営者が生前望んでいた結果になるとは限りません。会社の方針をめぐって対立があり，その解消ができない結果，会社の価値が毀損されることが見込まれる場合には，後見人は早期に会社の解散を検討すべきと記載した文献もあり，経営者や後継者が期待するような議決権行使がなされない可能性があります。

5 対　策

事業承継との関係で成年後見が問題となるケースを整理すると，①経営者や会社役員について成年後見が開始する場合と，②成年被後見人が経営者から相

続等により株式等を取得する場合があります。

①への対応としては，任意後見や株式信託を利用し，経営者の事理弁識能力が失われた場合に経営者等の保有する株式の議決権を行使する者を定めておくことにより，備えておくことが考えられます。

②への対応としては，例えば，経営者の配偶者が寝たきりになっている場合等がありますが，このようなケースでは，遺言や生前の贈与，売買を通じて，事業の継続に必要な経営者の資産が当該配偶者に帰属しないようにすること，及び，議決権のない種類株式や株式信託を利用して，会社の支配に必要な議決権が当該配偶者に帰属しないようにすることが考えられます。

いずれの場合でも，早めに対策を講じておくことが重要といえるでしょう。

〔加藤　伸樹〕

■判　例■

☆1　東京高決平25・6・25判タ1392号218頁。

■注　記■

＊1　最高裁判所事務総局家庭局「成年後見関係事件の概況―平成28年1月～12月」（裁判所ホームページ）。

＊2　民法（債権関係）改正により，民法102条が改正され，制限行為能力者が他の制限行為能力者の法定代理人として行為した場合，行為を取り消すことができる旨定められます。これに伴い，上記の場合における取消権者に，法定代理人である制限行為能力者だけでなく，後見制度の本人である制限行為能力者（及びその代理人，承継人）も取消権を有することが明らかになるよう，民法120条1項が改正されました。

＊3　民法（債権関係）改正により，＊2で述べた民法102条の改正に伴い，民法13条1項1号から9号に掲げる行為を制限行為能力者の法定代理人としてすることも，同意権の対象となるよう，新民法13条1項10号が追加されました。

民事信託

民事信託とは何ですか。民事信託を利用することにどのようなメリットがあるのでしょうか。また，課税関係はどうなりますか。

> 民事信託とは営利を目的としない信託をいいます。民事信託を利用すれば，法定後見制度と比べて，財産所有者の意思にそった財産の管理処分が実現できます。また，遺言と異なり，信託契約に特に定めを置けば，事後に撤回・内容変更をすることもできなくなります。課税上は，現実に給付を受けることができるか否かにかかわらず，受益者が信託財産を取得・保有した場合と同様の課税が行われます。そのため，課税関係という観点からは，特別なメリットはないことが多いといえます。

☑ キーワード

成年後見に代替する信託，遺言・贈与に代替する信託，受益者連続型信託，導管論

解　説

 民事信託の意義

民事信託は，法律上の用語ではないので，明確な定義があるわけではありませんが，一般的には，営利を目的としない信託を意味するものをいいます。商事信託も，同様に，明確な定義があるわけではありませんが，一般的には営利を目的とする信託をいいます。

信託は，信託法が平成18年に改正されるまでは，資産の流動化など商事信託

としての利用を除き，ほとんど利用されませんでした。平成18年改正後も，後述する課税の問題もあって，民事信託はなかなか普及しませんでしたが，高年齢化の進展と昨今の相続対策ブームを追い風に，法定後見・任意後見に代替する手段として，又は遺言に代替する手段として，民事信託の利用が急速に進んでいます。

2 民事信託の例

(1) 成年後見制度に代替する信託

財産の所有者が意思能力を欠くに至った場合，その財産を適法に管理・処分するためには，成年後見制度の利用が必要となります。しかし，**Q3**のとおり，法定の成年後見制度は，柔軟性を欠いており，財産の所有者の意思が必ず実現されるというものでもありません。任意後見制度は，あらかじめ任意後見契約で任意後見監督人に所定の代理権を付与することにより，財産の所有者の意思の実現を図ることもできます。しかし，任意後見人が死亡すれば，結局のところ，法定後見制度に移行することになってしまいます。

これに対して，財産の所有者が意思能力を有しているうちに，財産の所有者の生活，介護，療養等を目的とした信託契約を締結すれば，信託契約で定める内容に従って，財産を管理・処分することができます。また，受託者が，一定規模以上の財産の管理・処分の際に，受託者以外の親族の同意を要求するなど，個々の家族の状況に応じた設計が可能です。

(2) 遺言・贈与に代替する信託

財産の所有者が死亡した場合，その財産は相続によって相続人に承継されます。この相続による財産の承継先及び承継割合は，民法によって規定されていますが，それが財産の所有者の意図にそぐわない場合があります（例えば，創業者が後継者に株式を承継させたいという場合）。

そのような財産の所有者の意図を実現する手段として，遺言という制度が用意されています。ところが，遺言には，一つ，大きな問題点があります。遺言は撤回が可能であり，事後に作成された遺言の方が優先するという点です。公正証書遺言を作成していたが，相続開始後に，新しい遺言の存在が発覚するということもめずらしくありません。もちろん，新しい遺言の内容が，財産の所有者の真意に適っていれば，（先の遺言に対する相続人等の期待が裏切られたという

ことはさておき）何の問題もないわけですが，遺言の作成時期が必ずしも明確ではなかったり，意思能力が既に減退している時に遺言が作成されており財産の所有者の真意にそったものなのか，疑念が生じるということも少なくありません。その結果，相続人間で遺言の有効無効について紛争が生じることになります。

　生前に贈与によって財産を移転するという方法もありますが，受贈者が未成年の場合，受贈者に多額の財産を取得させることに対し，親が懸念を持つことも少なくありません。また，財産の所有者が子に財産を与えたいが，その配偶者には与えたくないという場合もあります（生前に贈与した場合には受贈者の死亡によってその配偶者に受贈した財産が相続されることになってしまいます）。

　そこで，財産の所有者が，遺言に代えて，信託契約を締結し，当初は自らを受益者（自益信託）とし，その死亡時に受益権を所定の者が取得する旨を定めておけば，遺言と同様の効果を実現することができます。しかも，信託に関しては，信託契約に定めを置いておけば，委託者が一方的に受益者を変更することも（信託90条1項ただし書・149条4項），委託者と受益者の合意によって，信託を終了させることもできなくなります（信託164条3項。撤回不能信託）。つまり，遺言のような事後的な撤回という問題を回避することができます。

　また，財産の所有者が贈与契約に代えて信託契約を締結し，自己以外の者を受益者としておけば，生前贈与と同様の効果を実現することができます。加えて，受益者Aの教育，生活費，健康，慰安及び安寧のために妥当であると思われる金額を，信託財産から得られる収益及び元本から受益者Aに支払うなどの定めを置けば，子（孫の親）の納得が得られやすいものと思われます。

　子に財産を承継させたいが，子の配偶者には承継させたくないというような場合は，受益者である子の死亡時に，孫が受益権を取得する旨を定めることで，子の配偶者が財産を取得することを回避することもできます（受益者連続型信託）。ただ，このような信託に関しては，存続期間に一定の制限があるので，注意が必要です（信託91条）。

　なお，信託契約による受益権の付与についても，一般的には遺留分算定の基礎とされ，遺留分減殺請求の対象になると考えられていることにも注意が必要です（減殺の対象が信託契約なのか，受益権の取得なのかについては議論があります。なお，新民法では遺留分侵害額の請求のみ可能となっており，金銭の支払のみが可能とされて

います。）。

3 民事信託をめぐる課税問題

　このように，民事信託は，任意後見や遺言にない利点をもった制度といえます。ただし，課税関係には留意が必要です。

　まず，信託の効力が生じた場合において，適正な対価を負担せずに受益者等（受益者としての権利を現に有する者及び信託の変更をする権限を現に有し，かつ，当該信託の信託財産の給付を受けることとされている者）となった個人は，信託の効力が生じた時において，信託に関する権利を委託者（個人）から贈与により取得したものとみなされます（相税9条の2第1項）。この場合，受益者は，信託財産に属する資産及び負債を有するものとみなされ，かつ，信託財産に帰せられる収益及び費用の全部がそれぞれの受益者にその有する権利の内容に応じて帰せられるものとされます（所税13条1項）。

　つまり，受益者等となった段階で，直ちに信託財産から給付を受けることができなくとも，信託財産を取得したのと同様の課税が受益者に対して行われることになります（導管論）。受益者Aの教育，生活費，健康，慰安及び安寧のために妥当であると思われる金額を，信託財産から得られる収益及び元本から受益者Aに支払う旨が定められた信託であったとしても，財産評価基本通達上は，その信託受益権は信託財産の価額によって評価されます（財基通202）。受益者連続型信託についても，信託の利益を受ける期間その他の権利の価値に作用を及ぼす要因として制約が付されていたとしても，そのような制約がないものとして評価されます（相税9条の3）。

　このように課税面では，民事信託を利用することのメリットはあまりありません。ただ，必ずしも税負担の軽減のみが，事業承継の目的ではありません。長期的な財産管理の手法として，民事信託が活用される場面は今後も増えると思われます。

〔石井　亮〕

錯誤無効

事業承継対策のために行った行為（贈与，売買，遺産分割等）により，想定外の税金が発生してしまいました。錯誤を理由に行為を無効にすることはできますか。また，無効となった行為に関する税金の申告行為について，錯誤無効の主張はできますか。

　　税金に関する錯誤は動機の錯誤に当たるため，その動機が表示され契約内容となっており，かつ法律行為の要素に関する錯誤である場合には，錯誤を理由に行為が無効となります。無効となった行為に関する税金の申告行為については，納税者間の公平や租税法律関係の安定性のため，原則として法定申告期限経過後に錯誤無効を主張することは認められません。

☑ キーワード

錯誤，表示の錯誤，動機の錯誤，法律行為の要素

解　説

1　錯誤無効

(1) 錯誤の意義

民法95条本文は，「意思表示は，法律行為の要素に錯誤があったときは，無効とする。」と定めています＊1＊2。

「錯誤」とは，表示から推測できる意思と真意が食い違っている状態をいいます。意思表示の内容に誤解がある場合（用語の意味をはき違えている場合，誤記の

場合)を「表示の錯誤」(内容の錯誤,表示上の錯誤)と呼び,意思表示に至った動機に誤解がある場合を「動機の錯誤」(縁由の錯誤)と呼びます。

(2) **表示の錯誤の取扱い**

表示の錯誤については,それが「法律行為の要素」に関するものであれば,無効となります。

「法律行為の要素」とは,意思表示の主要な部分であり,この点について錯誤がなかったなら,問題となっている行為をしなかったであろうし,かつ,当該行為をしないことが一般取引の通念に照らして正当と認められることをいいます☆1。

(3) **動機の錯誤の取扱い**

動機の錯誤は,その動機が表示されて意思表示の内容となっていれば内容の錯誤と同様に扱われ,「法律行為の要素」に関する錯誤であれば無効となります☆2。動機の表示には,黙示的な表示も含まれます☆3。

(4) **重過失**

錯誤に陥った者に重過失が認められる場合には,錯誤無効は認められません(民95条ただし書*3)。

事業承継に関する事例として「課税負担の有無や程度が契約締結の重要な動機ないし前提である場合には,契約当事者において,税理士等の専門家に相談するなどして課税負担に関する調査,検討をするのが通常」であり,「契約当事者において,税理士等の専門家に相談することが容易であるのに相談せず,課税負担に関する調査,検討を何らすることなく契約を締結したような場合には……重大な過失がある」とした裁判例があります☆4。課税負担の有無・程度が重要となる事業承継スキームを検討する際には,専門家に相談しないことが重過失と捉えられ,錯誤無効の主張を否定される可能性があることに留意が必要といえるでしょう。

(5) **民法(債権関係)改正**

民法(債権関係)改正により,錯誤の要件に関する規定が判例法理を明確化する趣旨で整備されるとともに,錯誤の効果が無効から取消しに変更されています。

2 税金に関する錯誤

(1) 問題の所在

税金が想定より高くなってしまったことを理由とする錯誤は，動機の錯誤に当たります。したがって，その行為が錯誤無効になるかどうかを判断するうえで，その動機が表示され意思表示の内容となっているか否かが問題となります。

以下では，この問題に関する判例を概観します。

(2) 裁判例

(a) 錯誤無効を認めなかった事例

(ア) 土地の売主が「売買の際に，譲渡所得税額を低額にするとの合意が国との間で存在し，もしその合意がなかったなら同契約を締結しなかった」として錯誤無効を主張した事案につき，税務署と折衝して法律上可能な限り税額を低きにとどめるように努力するとの旨の諒解事項があったにすぎず，本件売買契約の内容にまでなるというような強い効力をもつ合意があったとはいえないとし，「動機が表示されても意思解釈上動機が法律行為の内容とされていないと認められる場合には，動機に存する錯誤は法律行為を無効ならしめるものではない。」と判示して，錯誤無効の主張を排斥した判例があります☆5。

(イ) アパートの一括借上げスキームにより，他の所得との通算を行う制度による節税効果を享受することを前提に，賃貸用アパートの土地・建物を購入するとともに，アパートの保守や購入資金の借入（銀行）等の関連契約を締結した夫婦が，その後，上記制度が改正され，賃料が通算の対象外となったことを理由に錯誤無効を主張した事案につき，各契約の締結時点では税制改正は成立しておらず，税制改正がされたのと同視すべき事情が存在したとはいえない，また，仮に税制改正に向けた動きがあることを知ったとしても契約を締結しなかっただろうとはいえず要素の錯誤があったとはいえないとして，錯誤無効を認めなかった裁判例があります☆6。

(b) 錯誤無効を認めた事例

(ア) 協議離婚に伴い夫がその所有する不動産すべてを妻に譲渡する旨の財産分与を行ったところ，後に夫に2億円弱の譲渡所得税が課税されることが判明したため，財産分与契約の錯誤無効を主張したという事案について，夫が財

産分与を受ける妻に課税されることを心配してこれを気遣う発言をし，妻も自己に課税されるものと理解していたことから，夫は，「財産分与に伴う課税の点を重視していたのみならず，他に特段の事情がない限り，自己に課税されないことを当然の前提とし，かつ，その旨を黙示的には表示していた」として，動機の表示があったと認めた判例があります☆7。

(イ) 土地の交換契約の当事者が，法人税法50条，所得税法58条の特例の適用により交換差益以外に課税が生じないと信じて契約を締結したが，後日税務署から法人税法50条の適用がないとして課税された事案について，いずれの契約当事者も交換契約にあたり，「交換差金等以外の課税問題を生じないで交換を実現できるという動機を相手方に表示しており，かつ，……〔その事情が〕交換契約の要素になっていた」として錯誤無効を認めた裁判例があります☆8。

(ウ) 自らに譲渡所得税がかからないことを前提として自己株式売買契約を締結した売主が，後に税務署から配当所得があったと判断され1億7000万円余りの税負担を指摘されたという事案につき，契約書に税負担に関する記載はないものの，両当事者とも売主に税負担が生じないことを前提としていたとして，動機の表示を認め錯誤無効を認めた裁判例があります☆9。

(c) 小 括

否定例(ア)は，錯誤主張の根拠となった国との税金が減額されるとの約束が，あくまで努力するとの了解事項にすぎず，法律行為の要素とまではいえないと判断しています。否定例(イ)は，将来の税制改正に向けた動きがあることを知ったとしても契約を締結しなかっただろうとはいえず要素の錯誤があったとはいえないと判断しています。

いずれも「法律行為の要素」に関する錯誤とはいえないと判断しています。

これに対し，肯定例(ア)ないし(ウ)については，いずれも契約締結の経緯等から，税金がかからないことが両当事者の共通の了解になっていたことが決め手となっていると思われます。

両者の分水嶺は，税金が高くなる・安くなる・かからない（有利・不利になる）という当事者の認識が，単なる期待にすぎないのか，それとも，法律行為の要素となっているか，という点にあると思われます。

例えば，否定例(イ)は，税制改正がされたのと同視すべき事情が存在する場合に錯誤無効が認められる余地を残しており，期待が確定的になることにより法

律行為の要素となることを前提にしていると思われます。

したがって、錯誤無効の主張が可能か否かを検討する際には、行為時における当事者の認識がどのようなものであったかが重要なポイントになるといえるでしょう。

3 課税における錯誤の取扱い

(1) 問題の所在

課税において錯誤が問題となるケースとして、①申告行為自体について錯誤を主張する場合、②課税の原因となった法律行為について錯誤を主張する場合があります。

(2) 申告行為自体の錯誤無効

①は、課税手続における申告行為の効力の問題です。確定申告の記載内容についての錯誤の主張については、所得税確定申告書に関して「錯誤が客観的に明白かつ重大であって、前記所得税法の定めた方法以外にその是正を許さないならば、納税義務者の利益を著しく害すると認められる特段の事情がある場合でなければ許されない」とした判例☆10があり、限定的ですが例外的な救済の余地が認められています☆11。

特段の事情による救済は、税務当局の誤った見解に基づく強い指導に従って錯誤に陥った場合に認められています☆12。錯誤に陥って誤った税務申告を強いられた場合を、特段の事情の例として挙げた裁判例もあります☆13。

しかし、節税対策としての行為については「まさに節税のためにひとつの法形式を自由に選択して行われたものであり……その効果として期待した節税効果があげられなかったとしても、その選択した法形式をいまさら否定することはできず、また、これを錯誤ということはできない。」「法律行為の無効を理由にいつでも納税義務を免れうるものとしたのでは、租税法律関係が不安定となるばかりでなく、申告納税方式の破綻につながるおそれもあることから……法定申告期限を経過した後においては、更正の請求（国税通則法23条）によってその救済が図られるべき」とした裁判例☆14もあるように、救済の余地はかなり限定されているものと思われます。

(3) 課税の原因となった行為の錯誤無効

②は、課税要件の問題です。

(a) 原因行為の不適法・無効と課税関係

「課税の原因となつた行為が，厳密な法令の解釈適用の見地から，客観的評価において不適法・無効とされるかどうかは問題でなく，税法の見地からは，課税の原因となつた行為が関係当事者の間で有効のものとして取り扱われ，これにより，現実に課税の要件事実がみたされていると認められる場合であるかぎり，右行為が有効であることを前提として租税を賦課徴収することは何等妨げられない」とする判例☆15があり，課税の原因となった行為が錯誤により無効となった場合でも，当然に課税が無効となるわけではありません。

(b) 更正の請求

申告期間内に経済的効果が消滅しない場合にはいったん申告を行い，その後，経済的利益が消滅して申告が過大となった場合には，更正の請求を行うことになります☆16。

なお，法がわざわざ更正の請求の手続を設けた趣旨から，原則として，他の救済手段によることは許されず，更正の請求の手続によらなければならないと解されています（更正の請求の原則的排他性）。

更正の請求は，国税通則法23条1項に基づき，法定申告期限から原則として5年の請求期間内であれば行うことができます（なお，平成23年12月2日以後に法定申告期限が到来する国税について，請求期間が1年から5年に延長された点に留意が必要です。）。請求期間経過後は，原則として，更正請求を行うことはできませんが，判決等の後発的理由による請求については，期間経過後であっても，国税通則法23条2項に基づき，判決等の確定から2か月以内に更正の請求を行うことができます（地方税については，地方税法20条の9の3に，同様の規定があります。）。

(c) 錯誤無効の主張時期

従前，錯誤無効を理由とする更正の請求については，納税者間の公平や租税法律関係の安定性が害されるという理由から，法定申告期限経過後は課税庁に対し錯誤無効を主張できないとされてきました☆17。しかし，近時，相続税に関し遺産分割協議の錯誤無効の主張が問題となった事案について，例外的に，①申告者が，更正請求期間内に，かつ，課税庁の調査時の指摘，修正申告の勧奨，更正処分等を受ける前に，自ら誤信に気づいて，更正の請求をし，②更正請求期間内に，新たな遺産分割の合意による分割内容の変更をして，当初の遺産分割の経済的成果を完全に消失させており，かつ，③その分割内容の変更が

やむを得ない事情により誤信の内容を是正する一回的なものであると認められる場合のように，更正請求期間内にされた更正の請求においてその主張を認めても弊害が生ずるおそれがなく，申告納税制度の趣旨・構造及び租税法上の信義則に反するとはいえないと認めるべき特段の事情がある場合には，法的申告期限経過後の後の錯誤無効の主張が認められるとした裁判例があります☆18。

(d) 行為の効果に課税される場合の取扱い

不動産取得税のように，行為の効果（不動産所有権を取得した事実）に課税される場合，当該行為が無効であれば，当然に不動産所有権を取得した事実もなくなるため，課税は当然に無効となるのではないかという問題があります。

行為が無効であれば課税も当然に無効となるとするのが通説ですが，合意解除や詐害行為取消権による取消しの事例について，解除又は取消しまでは課税要件を充足していた点を重視し，課税を無効にしない扱いがなされてきました☆19。

(e) 民法（債権関係）改正の影響

錯誤の効果は，改正前民法では無効とされていますが，判例実務上，取消しに近い運用が行われてきました。このような運用実態を踏まえ，民法（債権関係）改正により，錯誤の効力が，無効から取消しに変更されます*2。したがって，同改正後は，不動産売買契約が錯誤により取り消された場合における不動産取得税等の課税関係は，当然には無効とはならず，上記の合意解除や詐害行為取消権の事案と同じように扱われると解されますが，今後の動向に注目する必要があるでしょう。

〔加藤　伸樹〕

― ■判　例■ ―

☆1　大判大3・12・15民録20輯1101頁ほか。
☆2　最判昭29・11・26民集8巻11号2087頁，最判昭45・5・29裁判集民99号273頁・判時598号55頁。
☆3　最判平元・9・14裁判集民157号555頁・判タ718号75頁・判時1336号93頁。
☆4　高松高判平18・2・23訟月52巻12号3672頁。
☆5　最判昭37・12・25裁判集民63号953頁。
☆6　東京地判平24・8・22判タ1407号279頁。

☆7 　前掲（☆3）最判平元・9・14。なお，差戻審の東京高判平3・3・14判時1387号62頁は，上記事例について，錯誤無効を認めました。
☆8 　東京地判平7・12・26判時1576号51頁。
☆9 　東京地判平20・2・5（平成19年（ワ）第32198号）WLJ。
☆10　最判昭39・10・22民集18巻8号1762頁。
☆11　法人税についても，大阪地判平7・12・20税資214号981頁が同様の判断を示し，上級審（大阪高判平9・1・29税資222号247頁，最判平9・9・10税資228号506頁）も維持しました。
☆12　京都地判昭45・4・1行集21巻4号641頁・判タ251号227頁，東京地判昭56・4・27行集32巻4号661頁・税資117号331頁。
☆13　大阪地判平6・10・26税資206号66頁。
☆14　贈与税につき，千葉地判平12・3・27訟月47巻6号1657頁。法人税につき，千葉地判平12・3・27税資247号1頁。
☆15　最判昭38・10・29裁判集民68号529頁。
☆16　大阪高判昭45・1・26行集21巻1号80頁・判タ246号228頁。
☆17　前掲（☆4）高松高判平18・2・23ほか。
☆18　東京地判平21・2・27判タ1355号123頁。
☆19　最判昭48・11・2裁判集民110号399頁，最判平14・12・17裁判集民208号581頁。

■注　記■

＊1 　以下，民法（債権関係）改正への言及がない限り，改正前民法95条について解説します。
＊2 　民法（債権関係）改正後の，新民法95条は次のとおりです。
　「1　意思表示は，次に掲げる錯誤に基づくものであって，その錯誤が法律行為の目的及び取引上の社会通念に照らして重要なものであるときは，取り消すことができる。
　　一　意思表示に対応する意思を欠く錯誤
　　二　表意者が法律行為の基礎とした事情についてのその認識が真実に反する錯誤
　　2　前項第二号の規定による意思表示の取消しは，その事情が法律行為の基礎とされていることが表示されていたときに限り，することができる。
　　3　錯誤が表意者の重大な過失によるものであった場合には，次に掲げる場合を除き，第1項の規定による意思表示の取消しをすることができない。
　　一　相手方が表意者に錯誤があることを知り，又は重大な過失によって知らなかったとき。
　　二　相手方が表意者と同一の錯誤に陥っていたとき。

4　第1項の規定による意思表示の取消しは，善意でかつ過失がない第三者に対抗することができない。」

　錯誤の要件については，従来の判例を踏まえた改正が行われています。また，錯誤の効果は取消しとされました。

＊3　民法（債権関係）改正後の新民法95条3項において，重過失による取消しの制限の例外が明記されました。

第 1 章◇事業承継と民事法

 負担付贈与

私は，子に財産を贈与する予定ですが，その代わりに子には私の妻の面倒ぐらいは見てほしいと思っています。そのように受贈者に義務づける贈与は可能ですか。どこまで義務づけることができるのでしょうか。

民法上の負担付贈与として行うことができます。
　負担の内容は金銭的な給付に限定されるものではありませんが，贈与者は，受贈者に対して，負担の限度で担保責任を負うことに注意が必要です。
　また，子供が未成年の場合，利益相反行為として特別代理人の選任が必要になる場合があります（**Q2**参照）。

☑ **キーワード**

負担付贈与，負担付死因贈与，未成年者，特別代理人

解　説

1 負担付贈与

贈与とは，当事者の一方が自己の財産を無償で相手方に与えることを内容とする契約です（民549条＊1）。
　もっとも，負担付贈与のように（民551条2項・553条），受贈者が一定の義務を負担する贈与は民法上も観念されており，そのような内容の贈与契約も成立すれば受贈者を拘束します。
　したがって，贈与者や受贈者が負担する義務による受益者（民537条1項）

は，受贈者に対して当該負担の履行を請求することができます。

2 負担の内容

「負担」の内容は民法上制限されておらず，金銭的な給付に限定されるものではありませんし，給付や役務提供の対象者が贈与者である必要もありません。そのため，質問にあるような，将来における贈与者の配偶者の介護を受贈者の負担とする負担付贈与契約も可能です。

3 通常の贈与との違い

(1) 双務契約の規定の準用

負担付贈与契約には，その性質に反しない限り，双務契約の規定が準用されます（民553条）。負担の限度においては，負担付贈与契約における負担と贈与が対価関係を有するからです。

そのため，負担の内容次第では，贈与と負担が同時履行関係に立つことになり（民533条*2），危険負担の規定も準用される場合がありますし（民534条～536条*3），受贈者が「負担」を履行しないときは，負担の不履行を理由として贈与契約を債務不履行解除する（民541条*4）ことも可能です（贈与者の将来の介護を負担とする贈与において，介護をしなかった場合に贈与が解除できるか争われた事案につき解除を認めた判例☆1があります。）。

負担の受益者が第三者である場合も，受贈者は，贈与者との負担付贈与契約上の抗弁を受益者に対抗することができます（民539条）。

(2) 担保責任

また，通常の贈与では，贈与者は目的物や権利の瑕疵又は不存在について，悪意でありそれを告げなかった時に限って担保責任を負いますが（民551条1項），負担付贈与の贈与者は「その負担の限度において」担保責任を負います（同条2項）。

これは，受贈者が贈与によって得た利益を超える負担を負い，かえって不利益を被る場合は，受贈者は，贈与者に対して，実際に負担した不利益と贈与によって受けた利益の差分を請求できることを意味しています。

例えば，贈与者が受贈者に財産を贈与する代わりに，受贈者が第三者に一定の財産的給付を行うことを負担とする贈与を行った場合，受贈者が第三者に対

して行うべき給付の方が贈与によって取得した財産より高額になったときは，受贈者は，その差額を贈与者に対して請求できます。

上記**2**のとおり，負担付贈与における受贈者の「負担」の内容は特に限定されてはいませんが，上述のとおり，受贈者が贈与によって受ける利益を超える「負担」を負う場合には，贈与によって得た利益を超える部分の負担から免れる手段が用意されています。

なお，新民法では，売買契約の売主の担保責任が，給付された物が契約内容に適合しないときの債務不履行責任として整理されたことに伴い，贈与者の担保責任を定めた民法551条1項が改正され，贈与契約当事者の意思（契約内容）を推定する規定となっています。

4　負担付死因贈与の撤回

死因贈与契約とは，贈与者が死亡した時に贈与の効力が生じる契約類型です（民554条）。

遺贈との違いは，遺贈は遺言によって行われる単独行為であるのに対し，死因贈与はあくまでも当事者の契約であることが挙げられます。そして，その性質の違いから，遺言が15歳で単独で可能であり（民961条・962条），要式性を有する（民967条）のに対して，死因贈与は，未成年者が行う場合は法定代理人の同意を要し，要式性がないことなどの相違点があります。

上記のような死因贈与契約に関して，受贈者が負担を履行した場合には，贈与者が死亡した時に財産を贈与するという契約がなされることがあります。例えば，重病にかかっている贈与者の配偶者を亡くなるまで介護することを負担として，贈与者の死亡時に贈与をするという場合です。これを負担付死因贈与契約といい，受贈者の負担付という側面と，贈与者の死亡によって贈与の効力が生じるという側面をあわせもつ契約類型といえます。

ところで，死因贈与契約には，遺贈の規定が準用され（民554条），判例上は遺言の撤回の自由性を定めた民法1022条も準用されるとされています☆2。

そのため，負担付死因贈与契約において，受贈者が負担を履行したにもかかわらず，贈与者が贈与を撤回できるかが問題となります。この点につき，判例は，負担の履行期が贈与者の生前と定められた負担付贈与契約に基づき，贈与者の生前に受贈者が負担の全部又はそれに類する程度の履行をしたときは，負

担付贈与の全部又は一部の撤回をすることがやむを得ないと認められる特段の事情がない限り，民法1022条，民法1023条は準用されず，撤回は許されないとしています☆3。

〔我妻　崇明〕

■判　例■

☆1　最判昭53・2・17判タ360号143頁。
☆2　最判昭47・5・25民集26巻4号805頁。
☆3　最判昭57・4・30民集36巻4号763頁。

■注　記■

＊1　民法（債権関係）改正により改正前民法549条の「自己財産」を新民法549条の「ある財産」に修正しました。贈与契約の成立要件として贈与の対象財産が贈与者の所有に属するものであることがその内容になるものではないという観点からの改正です。

＊2　民法（債権関係）改正により新民法553条中に「（債務の履行に代わる損害賠償の債務の履行を含む。）」を加えました。改正前民法571条，634条2項は削除されます。

＊3　民法（債権関係）改正により，534条及び535条は削除されました。534条1項が規定する債権者主義についてその結論の合理性に疑問が呈されていたための改正です。

＊4　解除原因によって解除権の発生要件を規定するより催告解除と無催告解除に分類して規定する方が合理的なことから，民法（債権関係）改正により，新民法541条で催告解除を，同542条で無催告解除を規定しました。また，新民法では，解除権発生の要件として債務者の帰責性を要件としていません。

第1章◇事業承継と民事法

  贈与と貸付

事業承継に関する税務調査の場面で、金銭交付の趣旨が贈与か、貸付金かが争われることがあると聞きました。贈与か貸付金かで、課税上、どのような違いが生じるのでしょうか。両者の区別基準も教えてください。

被相続人が生前に贈与を行っていた場合は、相続開始前3年の贈与は相続税の課税価格への加算対象になります。相続税は、当該贈与について支払った贈与税がある場合は、その額に応じて減額されます。

一方、被相続人が生前に貸付を行っていた場合は、被相続人は貸付金相当額の貸金返還請求権を保持しているため、相続財産の一部に当然に当該貸金返還請求権が含まれることとなり、相続税の課税価格に加えることになります。

贈与と貸付の違いは、交付された金銭の返還合意が成立していたか否かです。

☑ キーワード

贈与、消費貸借、金銭返還の合意、相続税

1　贈与と貸付

贈与とは、当事者の一方が自己の財産を無償で相手方に与える意思を表示し、相手方が受諾をすることによって成立する契約です（民549条＊1）。

したがって、贈与契約によって生じる債務は、贈与者から受贈者に対する目的物の移転義務のみであり、受贈者が贈与者に対して負う義務は存在しません

（負担付贈与の場合は除きます。）。

　これに対して，金銭の貸付は，民法上は消費貸借契約を意味し，当事者の一方が返還をすることを約して相手方から金銭を受け取ることによって成立します（民587条）。

　貸付の場合，借主が貸主に対して貸金返還義務を負います。利息の定めがある場合は利息の支払義務も生じます。

　このように，贈与と貸付の最大の違いは，金銭の返還合意があるか否かであり，法的な効果の違いも，そのような合意の有無に応じ，受領者から交付者に対する貸金返還義務が発生しているかという点にあります。

2　贈与と消費貸借の課税上の扱いの相違

(1)　生前の贈与に対する課税

　相続開始前3年以内に，相続又は遺贈によって財産を取得した者が被相続人から贈与を受けたことがある場合，その者については，当該贈与により取得した財産の価額を相続税の課税価格に加算した価額を相続税の課税価格とみなし，これを基にして算出した金額が相続税額となります（相税19条1項）。加算する価額は，当該財産を贈与によって取得した時点における評価により評価した価額となります（相基通19－1）。贈与による取得時点の評価額とされている点がポイントです（民法903条の特別受益においても，相続財産への持戻しが行われますが，こちらは相続開始時の価額を用います。）。

　この時，当該贈与について課せられた贈与税がある場合は，算出された金額から，当該贈与財産に係る贈与税の税額として政令の定めるところにより計算した金額を控除した額が相続税額となります（相税19条1項括弧書，相税令4条1項）。

(2)　貸付に対する課税

　これに対して，消費貸借の場合，貸主は借主に対して貸金返還請求権を有することになります。そのため，貸主に相続が発生した場合は，相続財産に当該貸金返還請求権が当然に含まれるので，相続税の課税価格に含まれることになります。

3 贈与と貸付の区別の基準

(1) 概　　要

上記のとおり，贈与と貸付は，交付された金銭の返還合意が存在するか否かによって区別されます。これは，贈与税や相続税の課税における判断においても異なるところはありません。

金銭の返還合意の有無が争われた裁判例は，相続税が絡む場面に限らず，数多く存在します。合意の有無に関する判断枠組みは，返還合意が成立したことを示す消費貸借契約書等の書面（以下単に「契約書」といいます。）の有無によって大きく異なります。

(2) 契約書が存在する場合

契約書が存在する場合は，その信用性が焦点になります。

金銭の受領者が，契約書を自分の意思に基づいて作成したことを認めれば，原則として返還合意が存在したと判断されます。

しかし，契約書が存在するにもかかわらず，返還合意が存在しないとして金銭の受領者が争うケースがあります。例えば，金銭の受領者が，契約書の借主欄の記載は偽造であると主張する場合や貸付を仮装するために作成されたと主張する場合です。このような場合，文書の内容や体裁，契約書の作成時の事情（契約書に捺印された印章の保管状況や盗用・冒用の可能性など）とともに，下記(3)で挙げる事情も考慮したうえで，当該契約書が偽造されたものなのかどうか，当該契約書が架空のものなのかどうかといった観点から判断されることになります。

(3) 契約書が存在しない場合

契約書が存在しない場合，金銭の交付者と受領者間の様々な事情に着目して評価を加え，総合的に判断して金銭の返還合意があったと推認できるか否かを検討することになります。

そうした事案で着目される事情は多岐にわたりますが，一般的に重要な事情としては以下のものが挙げられます。以下，事情と評価の例を挙げますが，具体的事案に応じて評価は変化することには留意が必要です。

(a) 当事者の関係性

贈与は，無償で相手に財産を与える契約ですから，一般的には親密な関係に

ある親族等の当事者間で行われるのが通常と考えられます。例えば、東京高判昭57・4・28判時1048号109頁は、「婚姻外で性的関係を継続している男女の間で男が女に現金を交付したときは、特段の事情がない限り贈与する趣旨であると解するべきであるから、同様の男女の間で男が女に対してキャッシュカードを預けっぱなしにした場合においては、当該男女間に反対の趣旨の明確な合意があれば格別、そうでない限りは預け主たる男は、女において当該預金を自由に引き出して消費することを許容しているものと解すべき」であると判断しています。

また、単に親族関係にあるかだけではなく、贈与当時やその前後に、当事者の関係が良好であったか否かも考慮されます。実子に対する150万円の交付の趣旨が争われた大阪高判平16・9・3（平成16年（ネ）第1337号）判例集未登載では、貸付当時の関係が良好ではなかったことや、支払督促の異議申立書に分割返済を希望すると記載したことが貸付認定の根拠となりました。例えば、お互いにプレゼントや歳暮を贈りあったり、頻繁な交流のある親族であれば贈与がなされることもあり得ますが、険悪な間柄であったり、長年没交渉であった親族に対して突然贈与がなされるということは、一般的には考えにくいと思われます。

(b) **交付された財産の内容（金額の多寡）**

財産の交付の趣旨を判断するにあたっては、交付された財産の価額、内容の検討が不可欠です。

よほどの事情がない限り高額な財産を他者に贈与することはありませんから、交付された財産が高額であるほど、原則として貸付と考えるべきであり、贈与と認定するためには特段の理由が必要になります。

(c) **交付者・受領者の財産的状況**

財産的状況のよくない者は通常贈与を行いませんから、交付者自身の財産的状況に余裕がない場合、その趣旨を贈与というためには相応の理由が伴うのが自然です。そのような理由がない限り、金銭の交付は貸付に該当すると考えられます。

また、交付当時、金銭の受領者が金銭的な窮状にあった場合は、受領者に借入の動機があったという評価も可能です。他方で、金銭受領者が交付時に金銭的に窮状になかった場合は、貸付をあえて受ける必要がないはずであり、貸付

第1章◇事業承継と民事法

を否定する事情となります。

　(d)　交付に至る経緯（贈与の動機・理由・目的）

　金銭交付の動機や理由の有無及びそれをうかがわせる交付に至る経緯は，財産交付の趣旨を認定する有力な根拠になります。

　贈与自体には対価性がなく，贈与者が贈与自体から受ける利益はありませんから，それだけに，まったく無意味に贈与がなされることは，通常あり得ません。無利息の貸付を行うこと以上に贈与の可能性は小さいといえます。したがって，親密な親族を援助する等，それなりの動機等がない場合は，贈与が否定され，貸付と認定されることが多いと思われます。

　(e)　当事者の認識を示す事情，事後的な言動

　金銭の交付時以降その趣旨が争われるまでの間，金銭の交付者が返還を求めたことがあるかどうか等，当事者の認識が推測される言動や事情も考慮されます。

　例えば，金銭の受領者が金銭の一部を返済したこと，事後的に借用書を作成したこと，返済の猶予を求めたことといった事情は，借主自らが貸金の趣旨を認識していたことを裏づけるものといえるため，金銭返還の合意の存在をうかがわせる有力な事情といえます☆1。

　ほかには，金員を数回に分けて交付している場合，それ以前の金員が未返済であるにもかかわらず多額の金員を追加で交付している場合は，当該金員について返還の合意の存在を疑わせる事情があるという評価が可能と思われます。

　他方，金銭の交付以降，交付者が長期間にわたって返還を求めたことがない場合には，貸主自身に貸金の趣旨であるとの認識がなかったという評価が可能であり，返還の合意の存在を疑わせる事情があるといえます。また，交付者又は受領者の台帳や通帳その他の資料にも，当該財産の交付を貸付と認識しているのか，贈与と認識しているのかによって記載内容が変化するものがあり，そうした記載内容が着目されることもあります。

　(f)　契約書が存在しない理由

　例えば，貸金業者が貸付を契約書なしで行うということは，たとえ少額でも通常は考えられません。

　逆に，親族間や親友などの間柄であれば，契約書を作らずに金銭を貸し付けることもあると考えられます。もっとも，貸付額が高額な場合は，親しい関係

にある当事者間でも消費貸借契約書が存在しないことは不自然であると認定される場合があります。

〔我妻　崇明〕

===判　例===

☆1　後日借受けの事実を自認する旨の言動があったことや，返済条件を協議した際に贈与であることの抗議などがなかったことなどが貸付認定において指摘された事案として，東京地判平4・11・18判タ843号232頁があります。

===注　記===

＊1　民法（債権関係）改正により，改正前民法549条の「自己の財産」を新民法549条の「ある財産」に修正しました。贈与契約の成立要件として贈与の対象財産が贈与者の所有に属するものであることがその内容になるものではないという観点からの改正です。

名義預金・名義株

　名義預金・名義株とは何ですか。名義預金・名義株に該当するとどうなるのでしょうか。名義預金・名義株に該当するかどうかはどうやって判断すればよいのでしょうか。

　名義預金・名義株とは，相続人名義となっている被相続人所有の預金・株式をいいます。名義預金・名義株は，被相続人の相続財産を構成するので，遺産分割の対象となるだけではなく，相続税の課税財産に含まれます。名義預金・名義株式に該当するかどうかは，事実認定の問題であり，個別的に判断することになりますが，原資の出捐，管理・運営状況，利益の帰属者等が重要な考慮要素となります。

☑ キーワード

所有と名義の分離，出捐の重視，収入状況からの推認，条件付黙示の贈与，名義変更と重加算税

解　説

1　名義預金・名義株の意義

　財産の名義と所有関係は必ずしも一致するわけではありません。そのため，預金・株式の名義が相続人となっているものの，実際の所有者は被相続人である場合があります。このような名義と所有関係が乖離している預金・株式を名義預金・名義株といいます。

　平成15年に金融機関等による顧客等の本人確認等及び預金口座等の不正な利

用の防止に関する法律（本人確認法）が施行される前は，他人名義での預金口座の開設は容易でした。株式についても，平成2年に商法が改正される前は設立時発起人が7人以上必要とされたことから，発起人名義を借用するということが広く行われていました。そのため，古い時期に開設し，又は引き受けた預金・株式が名義預金・名義株であることがあります。

2　名義預金・名義株と認定された場合

名義預金・名義株とされた場合，次のような問題が生じます。

(1) 遺産分割の対象

名義預金・名義株とされた場合，当該預金・株式は相続財産となるので，その名義にかかわらず，遺産分割の対象となります。事業承継のために相続人の1人に株式を移転していたつもりでも，当該株式が名義株であると認定されると，改めて遺産分割が必要となり，後継者への株式の集約という目的が達成されないことになります。

(2) 相続税の課税財産

名義預金・名義株とされた場合，当該預金・株式は相続税の課税財産となります。相続税の節税をねらって，毎年，被相続人名義の預金口座から相続人名義の預金口座に送金したとしても，名義預金と認定されてしまうと，送金した金額がすべて相続財産の課税財産となり，節税の効果が生じないことになります。

名義株も同様です。名義株の場合はさらに，評価の問題があります。名義株とされた場合，相続開始時点の株式の価額（時価）が相続税の課税価格に加算されます。創業当時に親族名義で引き受けた株式などは，長い年月を掛けて事業が拡大した結果，株式の価額が著しく高額となっていることも珍しくありません。そのような株式が，税務調査等において，名義株であると認定されると，相続開始時点の株式の価額（時価）が相続財産の課税価格に加算されることになるので，数億円単位の追徴課税が行われることにもなりかねません。

しかも，名義預金・名義株を理由とする課税は，過去の権利移転に着目して課税を行うのではなく，過去の権利移転の効果を否定して，現在の権利関係を認定する，という理論構成をとるので，証拠上の限界はあるものの，理論上は，問題となる名義の移転がどれほど古いものであったとしても，名義預金・

名義株であることを理由に課税を行うことができます。

3 名義預金の判断基準

(1) 名義預金の判断基準（民事）

　無記名定期預金に関して，出捐者が預金者になると判示した最高裁判決があります☆1。そのため，従来は，無記名定期預金以外の種類の預貯金についても，預金原資の出捐の有無によってその帰属を判断すべきだと解されてきました。

　しかし，最近は，定期預金，普通預金を問わず，出捐関係だけではなく，預金開設者，出捐者の預金開設者に対する委任内容，預金口座名義，預金通帳及び届出印の保管状況等の諸要素を総合勘案したうえで，誰が自己の預金とする意思を有していたかという観点から，統一的に認定判断するという見解が支配的です＊1。

(2) 名義預金の判断基準（相続税）

　他方，相続税との関係で名義株か否かが問題となった事案においては，出捐関係が依然として重視される傾向にあります。相続人名義の預金口座に入金がされた時点では贈与税が申告されていない場合，相続開始時点で当該入金が発覚したとしても贈与税を課税することが不可能であることがほとんどです。しかし，そうすると，結果として，課税のないまま，相続人に財産が移転することを認めることになってしまいます。そのような帰結は課税の公平という見地からは容認しがたいところがあるので，被相続人による出捐が認定された場合には，名義預金として相続税が課税される傾向があると思われます。

　課税実務では，さらに，被相続人による出捐が明確でない場合であっても，被相続人と相続人の収入状況から，被相続人による出捐を推認することが広く行われています。確かに，預金の名義人が専業主婦や就業前の子であった場合には，その時期はともかくとして，夫・父による出捐を推認することは自然ともいえます。ただ，夫・父による出捐があったとしても，それが贈与であると認定できる場合があると思われます。例えば，夫が専業主婦である妻に対して，「これでやってくれ」といって，毎月の生活費を渡したところ，余剰が生じたので，妻が当該余剰を自己名義で預金したとします。この場合，夫婦間では妻の創意工夫によって余剰が生じたときは，それを妻のものとするつもりだ

った（条件付黙示の贈与）ということもあるのではないでしょうか。

　課税実務では，細かい事情を捨象して，収入状況の差異とそこから推移される出捐関係のみに着目して，名義預金だとの指摘がされることが多いのですが，贈与の成否について，金銭の交付の趣旨を慎重に検討をすべきではないでしょうか。過去の裁判例でも，契約書又は贈与税の申告がいずれもない事例で，過去の言動（「出してやれ」と言っていた。）から，金員の贈与があったと認定した事例があります☆2。

　課税実務では，出捐以外にも，預貯金の開設手続，預金通帳及び届出印の保管といった預貯金の管理状況が重視されます。そのため，相続税の税務調査において，初日に預貯金通帳及び届出印の保管状況を確認するのが通例です。その結果，相続人名義の預金通帳，届出印が被相続人の金庫で保管されていることが明らかになったような場合には，当該相続人名義の預金が名義預金であることが相当に強く疑われることになります。

4　名義株の判断基準

(1) 名義株の判断基準（民事）

　株式の帰属は，民事事件においては，出捐関係，名義貸与者と名義使用者との関係及び両者の合意内容，株式取得の目的，取得後の配当金・新株等の帰属状況，名義貸与者・名義使用者と会社との関係，名義借りをする理由とその合理性，株主総会における議決権の行使状況などを総合的に判断して決すべきとされています☆3＊2。

(2) 名義株の判断基準（相続税）

　相続税との関係で名義株か否かが争われた裁判例は，あまりありません。やや特殊な事例で，被相続人が所有していたことに争いがない株式と区別することなく管理されていた株式が名義株とされた事例があります☆4。

　他方，名義株に関する裁決例はいくつかあります。そこでは，名義預金と同様に，株式の取得原資の出捐関係が重視されています＊3。出捐関係が明確でない場合であっても，被相続人と相続人の収入状況から，被相続人による出捐が推認されることも，名義預金と同様です。出捐以外に，配当金の受領の有無も重視されており，株主における配当所得の申告，会社での譲渡承認，株券の交付なども考慮されます。

他方，株主総会での議決権の行使状況に着目した決裁例はあまりありません。そもそも非公開会社において，株主総会が適切に開催されていないという事情が背景としてあるように思われます。

5 名義預金・名義株であることが判明した場合の措置

(1) 相続開始前に判明した場合

相続開始前に，名義預金・名義株であることが明らかとなった場合には，名義を権利関係に合わせるために，権利者である被相続人に名義変更をすることになります。この名義変更は，権利関係の移動を伴うものではないので，課税は生じません。譲渡対価の支払も不要ですが，名義変更に協力してもらうために，いわゆるハンコ代を支払うことも珍しくありません。

逆に，名義預金・名義株ではないという場合には，名義預金・名義株であるとの誤解を生じさせるような管理状況等を是正するということになります。

ただ，そもそも名義預金・名義株であることの認定は容易ではなく，他の利害関係人，課税当局との間で見解を異にする可能性もあります。仮に課税当局との間で見解を異にした場合には，事実を仮装する行為をしたとして，重加算税等が課せられるおそれもあります。したがって，名義預金・名義株の認定は慎重に行うべきであり，その際は課税当局と見解を異にする可能性についても考慮しておくべきです。また，当事者間での確認書や出捐関係を把握するための資料等も保全をしておき，いざというときに自らが認定した権利関係が正しいことを立証できるように準備をしておくべきです。

(2) 相続開始後に判明した場合

相続開始後に，名義預金・名義株であることが明らかとなった場合には，遺産分割の対象とし，課税財産に含めて相続税の確定申告を行うことになります。仮に，名義預金・名義株であることが明白で，それを十分に認識しながら，相続税の課税財産から除外して申告をした場合には，重加算税が賦課される可能性があるので注意が必要です☆5。

名義預金・名義株の疑いがあるときは，その権利関係を慎重に検討したうえで，判断を決するほかありません。申告代理をする税理士であれば，課税当局が異なる認定をする可能性は必ず説明をしておくべきです。また，この場合も，いざというときに自らが認定した権利関係が正しいことを立証できるよう

に準備をしておく必要があるでしょう。

〔石井　亮〕

━■判　例■━━━━━━━━━━━━━━━━━━━━━━━━━━━━

☆1　最判昭48・3・27民集27巻2号376頁。
☆2　東京高判平18・1・25税資256号順号10283。
☆3　東京地判昭57・3・30判タ471号220頁，東京高判平24・12・12判タ1391号276頁・判時2182号140頁。
☆4　東京地判平23・6・10税資261号順号11700・LEX/DB，東京地判平23・7・22税資261号順号11721。
☆5　国税不服審判所裁決平27・10・2裁決事例集101集68頁，国税不服審判所裁決平28・4・19裁決事例集103集26頁。

━■注　記■━━━━━━━━━━━━━━━━━━━━━━━━━━━━

＊1　福井章代「預金債権の帰属について―最二小判平成15・2・21民集57巻2号95頁及び最一小判平成15・6・12民集57巻6号563頁を踏まえて」判タ1213号（2006）25頁以下。
＊2　東京地方裁判所商事研究会編『類型別会社訴訟Ⅱ〔第3版〕』（判例タイムズ社，2011）798頁。
＊3　裁決例の網羅的な分析については，東京税理士会調査研究部監修『納税者の権利を守るための　税理士が使いこなす改正国税通則法』（清文社，2016）260頁参照。

9　公正証書

事業承継における公正証書の利用方法として，どのようなものがありますか。公正証書を利用する場合の手続の流れ，費用はどのようなものですか。公正証書を利用するメリットはどのようなものですか。

事業承継においては，生前に資産を後継者に対して移転するための贈与契約や売買契約，公正証書遺言，任意後見契約等に公正証書を利用します。公正証書は，公証人を選定し，公証人に対して作成を嘱託し，公証人が聴取した陳述，目撃した状況を録取して作成されます。作成等に関しては，公証人法に定めがあります。公証人の費用は作成手数料及び加算や日当等があり，いずれも公証人手数料令に定めがあります。公正証書は，公証人が公正証書の作成に立ち会い，文書作成者の意思，能力を確認して作成されることから，当該公正証書が十分な能力を有する文書作成者の真意に基づいて作成されたことを示す事情となります。この点に，公正証書利用の重要なメリットがあります。

☑ **キーワード**

公正証書遺言，任意後見契約，自己信託，信託宣言

解　説

1　事業承継における公正証書の利用

(1) 事業承継において公正証書を利用する場合

公正証書には，紛争予防機能があるといわれます。契約等の法律行為について公証人に嘱託して公正証書を作成することにより，明確な証拠を残すことが

でき，これにより紛争を予防することができます。

　事業承継においては，生前に資産を後継者に対して移転するための贈与契約や売買契約，公正証書遺言，任意後見契約，自己信託を設定する信託宣言（信託3条3号）といったケースにおいて公正証書を利用します。

(2) 公正証書によらなければならない場合

　必ず公正証書によらなければならない場合には，公正証書を用いる以外に選択肢はありません。

　例えば，任意後見契約は，公正証書で作成しなければ効力が認められません（任意後見3条）。任意後見契約については，その様式が任意後見契約に関する法律第3条の規定による証書の様式に関する省令において定められています。

　なお，民法（債権関係）改正により新設される民法465条の6以下により，事業に係る債務を主債務とする保証契約又は根保証契約については，保証契約締結に先立って，保証人になろうとする者が保証債務を履行する意思を表示した公正証書の作成が義務づけられました。①保証人が個人の場合に限られていること（新民465条の6第3項），②経営者保証等は適用除外とされていること（新民465条の9）から，適用される場面はそれほど多くはないと思われますが，該当する場合には，公正証書によらなければ保証契約の効力が発生しないため，留意が必要です。

(3) 公正証書による場合とよらない場合で要件，効力等が異なる場合

(a) 遺　　言

　遺言については，自筆証書遺言のように公正証書によらない形式も認められています。どの形式であっても，遺言としての効力に変わりはありませんが，効力が認められる要件が異なります。公正証書を用いるメリットとデメリットを考慮して，どの方法を採用するか判断することになります。

(b) 信託宣言

　自己信託を設定する信託宣言（信託3条3号）については，公正証書又は公証人の認証を受けた書面もしくは電磁的記録（以下「公正証書等」といいます。）で作成する場合と，それ以外の書類で作成する場合とで，扱いが変わってきます（信託4条3項）。

　公正証書等以外の書類により信託宣言を行う場合に適用される信託法4条3項2号が「受益者となるべき者として指定された第三者」の存在を前提として

いることから，そのような第三者が存在しないケース，すなわち，委託者自らが受託者と受益者の地位を兼ねる自己信託を設定するケースでは，公正証書等によらなければならないと解されていることには留意が必要です（なお，受託者と受益者が一致する信託は１年を超えて継続することはできません〔信託163条２号〕。）。

(4) その他の場合

贈与契約や売買契約などの諾成契約については，公正証書を作成しなくとも，効力が発生しますし，公正証書作成の有無によって要件や効力が変わるわけでもありません。

しかし，それでも，公正証書のメリットを考慮して，公正証書を選択する方が望ましい場合があります。

2　手続の流れ

(1) 公証人の選定

公正証書は，公証人が「聴取したる陳述，目撃したる状況」を録取して作成されます（公証35条）。したがって，公正証書の作成を希望する場合，公証人役場にいる公証人に，作成の意図やその内容を説明して，公正証書の作成を嘱託する必要があります。知り合いに公証人がいない場合，日本公証人連合会のウェブサイト等から公証人役場を検索し，まずは連絡を取ってみることになるでしょう。

依頼する公証人を選ぶ際に，公証人の執務区域に制限があること（公証17条）には留意しておく必要があります。例えば，さいたま市内に居住している方が練馬区の病院に入院しているというケースで，病院に出張して公正証書遺言又は秘密証書遺言を作成してもらいたい場合（公証57条前段・18条２項参照），練馬区を管轄する東京法務局の管轄内，すなわち，東京都内の公証人に依頼する必要があります。

(2) 公正証書作成の嘱託

公正証書作成の嘱託は，本人によること（公証28条）も，代理人によることもできます（公証31条）。ただし，公正証書遺言は，遺言者が「遺言の趣旨を公証人に口授すること」（民969条２号），又は，「公証人及び証人の前で，遺言の趣旨を通訳人の通訳により申述し，又は自書して，口授に代え」ること（民969条の２第１項）が必要とされているため，遺言者が公証人と直接会うことが必要

ですから，代理人によって嘱託することはできません。

公正証書作成のためには，公証人が嘱託人の氏名を知り，かつ，面識があることが必要です（公証28条1項）。面識がない場合，公証人による本人確認が行われます。個人の場合，印鑑証明書を求められるのが通常ですが，ほかにも，運転免許証，パスポート等の写真付証明書による本人確認も可能です。印鑑を使わない外国人による公正証書作成の嘱託の場合には，パスポート等を検討する必要があるでしょう。法人の場合，会社等の登記簿謄本と，代表者の印鑑証明書及びその印鑑により，代表権限の確認と，代表者本人の確認が行われます。

なお，公証人は，嘱託があった場合，正当の理由がない限り，拒むことはできません（公証3条）。

(3) 公正証書の作成

公正証書作成の際，公証人は，列席者に公正証書の内容を読み聞かせるか閲覧させるかして確認させ，その承認を得て，その旨を公正証書に記載するものとされています（公証39条1項）。

公証人は，法令違反，無効な法律行為，制限行為能力のため取り消し得べき行為について公正証書を作成させてはならない義務（公証26条），法律行為の有効性や文書作成者の能力について注意を促し，必要な説明をさせる義務（公証則13条1項）を負いますから，文書作成者との面接，事情聴取を通して，その能力や契約の締結意思等を慎重に確認します。

公正証書作成の際に，嘱託人が日本語を理解できない場合，耳が聞こえない者の場合等には，通訳の立会いが必要となります（公証29条）。また，嘱託人の目が見えない場合等には，立会人が必要となります（公証30条）。未成年者，破産手続開始後復権していない者，利害関係人等は，立会人にはなれません（公証34条3項）。通訳や立会人を立ち会わせた事実は，公正証書の記載事項となります（公証36条9号）。

(4) 公正証書の方式

公正証書は日本語で作成されます（公証27条）。公正証書の文字を加除修正するときの要件も，公証人法に定められています（公証37条・38条）。

3 手数料

(1) 公証人手数料令

公証人の手数料，旅費及び日当は，公証人手数料令に定められています。相談については，手数料が定められていないため，無料となります。手数料に消費税はかかりません（消税6条・別表第一・五ハ）。

(2) 作成手数料

(a) 基本手数料

売買契約，贈与契約，遺言等の法律行為に係る証書作成の基本手数料は，目的の価額により決まります（公証手9条）。

贈与契約の場合，贈与の対象となる財産の価額（評価額）を目的の価額として，基本手数料が決まります。

売買契約の場合，支払うべき代金の2倍を目的の価額とします（公証手11条1号ただし書）。不動産を4000万円で売却する売買契約の場合，8000万円が目的の価額となります。したがって，基本手数料は，4万3000円となります（公証手9条・別表七）。

遺言の場合も贈与の場合と同様に，遺言の対象となる財産の価額を目的の価額として，基本手数料が決まります。目的の価額を算定するときには，相続人・受遺者ごとに目的の価額を算出します。例えば，総額8000万円の財産を，妻に5000万円，長男に3000万円遺贈する場合，妻の手数料が2万9000円（公証手9条・別表六），長男の手数料が2万3000円（公証手9条・別表五）となりますから，合計5万2000円が基本手数料となります。

任意後見契約については，後見人に対する報酬の定めがある場合でも，目的の価額を算定することができないときに該当し，目的の価額は500万円とみなされます。したがって，基本手数料は任意後見契約書1通につき，1万1000円です。

(b) 遺言加算

公正証書遺言のケースで，1通の公正証書遺言における目的の価額の合計が1億円を超えない場合，目的の価額により決まった手数料に，1万1000円が加算されます（公証手19条）。これは，遺言加算と呼ばれています。

遺言の対象となる財産の総額が8000万円，例えば妻に5000万円，長男に3000

万円遺贈する場合，基本手数料合計5万2000円に遺言加算を加えた6万3000円が作成手数料となります。

(c) **超過加算**

公正証書の枚数が4枚を超える場合，1枚ごとに250円が加算されます（公証手25条）。

(d) **登記嘱託手数料**

任意後見契約については公証人が登記を嘱託するため，登記嘱託手数料として，1400円が加算されます（公証手39条の2）。

(3) **病床執務加算・日当・旅費**

公正証書遺言や任意後見契約のケースで，公証人が病床に赴いて公正証書を作成する場合，病床執務加算，日当，旅費が適用になります。

病床執務加算が適用される場合，基本手数料が1.5倍になります（公証手32条）。

日当は，1日2万円（ただし，所要時間が4時間以内の場合は1万円）です（公証手43条1号）。

また，旅費として，交通費実費と，必要に応じて宿泊費が必要となります（公証手43条2号）。

(4) **正本・謄本の交付**

1枚につき250円です（公証手40条）。

4 公正証書を用いるメリット，デメリット

上述のとおり，公証人は，公正証書の作成に立ち会い，文書作成者の意思を確認したうえで，公正証書を作成します。つまり，公正証書が作成されたという事実は，公証人という専門性を有する第三者が契約意思等を確認したことを意味します。したがって，後に契約等の成立が争われた場合に，公正証書が作成された事実は文書作成者が契約締結時において文書の内容に対応する意思を有していたことを示す事情となります。

また，公証人は，公正証書遺言や任意後見契約の締結において能力判定を行うとともに，立会いを通じて文書作成時の状況を実際に見聞して，能力があると判断したうえで公正証書を作成しており，能力がないと判断した場合には作成しないものとされています（公証26条）。したがって，公正証書が作成された

という事実は，文書作成時において文書作成者に能力があったことを示す事情となります。

　加えて，公正証書遺言や任意後見契約を利用する場合に，作成過程をビデオカメラで撮影する等の工夫により，当該文書作成時の状況を客観化しておけば，文書作成者の能力が争われた場合の重要な証拠となるでしょう。

　以上のような，公正証書が作成された事実が将来の紛争において果たす役割が，公正証書を利用するうえで最も重要なメリットであると思われます。

　他方で，デメリットとしては，時間と費用がかかることが挙げられます。例えば，遺言者の病気により急を要する場合には，公正証書を利用しない遺言の方法も検討しつつ，対応を決めることになるでしょう。

〔加藤　伸樹〕

生命保険の勧誘に伴う責任

　生命保険は，事業承継においてどのように活用されていますか。専門家が，事業承継対策のために依頼者に生命保険を勧める場合に，依頼者に対して責任を負う場合がありますか。責任を負わないようにするために，どのような点に留意する必要がありますか。

　事業承継時に必要となる，相続税の支払や自社株式取得の支払のための現金需要に備えるために，生命保険が利用されており，事業承継に関与する専門家が生命保険を勧誘する事例も多くあります。専門家は，金融商品である生命保険の勧誘について直ちに責任を負うわけではありませんが，関与の度合いや説明内容によっては責任を負う可能性もあります。責任を負わないようにするためには，勧誘しようとする保険商品をよく知り，依頼者にとって適切なリスクのものを選んで勧誘を行い，かつ，その商品のリスクを適切に依頼者に説明すべきです。

☑ キーワード

生命保険，変額保険，説明義務，断定的判断の提供，広義の適合性の原則

1　事業承継と保険

　事業承継において，次のような目的で，生命保険を活用するケースがあります。

(1) 相続税対策としての生命保険

事業承継において，相続税は重要な問題の一つです。会社の業績が好調な場合，相続税を軽減するために様々な対策をとった場合でも，相続税の額が高額になる場合があります。

まさに多額の資金が必要となる一場面です。原則として一括納付が必要となりますから，相続税支払のための資金を手当てしておく必要があります。そこで，経営者の死亡を保険事故とする生命保険を契約し，後継者を受取人としておくことにより，経営者が死亡した時に，保険金を相続税の支払に充てることが考えられます。経営者が自らを被保険者とする生命保険について後継者を受取人に指定した場合における生命保険金は，相続財産ではなく☆1，受取人を変更しても後継者以外の相続人の遺留分を侵害することもありません☆2。

特別受益にも原則として該当しませんが，保険金の額，この額の遺産の総額に対する比率，保険金受取人である相続人及び他の共同相続人と被相続人との関係，各相続人の生活実態等の諸般の事情を総合考慮して，保険金受取人である相続人とその他の共同相続人との間に生ずる不公平が民法903条の趣旨に照らし到底是認することができないほどに著しいものであると評価すべき特段の事情が存する場合には，民法903条の類推適用により特別受益に準じた取扱いがなされます☆3。

ただし，家庭裁判所の調停では，前掲（☆3）最決平16・10・29にもかかわらず，生命保険に関する金額（保険料の額等）を持戻しの対象に取り込む運用が残っているようです。

生命保険金は，上記のとおり，相続財産には当たりませんが，税法の観点からは相続又は遺贈により取得したものとみなされます（相税3条）。生命保険に対して相続税が課される場合，非課税枠（相税12条1項5号）がありますから，これを利用して相続税額を圧縮することも可能です。非課税枠は，相続放棄をした者がいても，その放棄がなかったものとした場合の数を前提に算出されます（相税15条2項）。

(2) 自己株式取得費用のための生命保険

事業承継対策において，自己株式の取得を行うケースがありますが，その費用を生命保険によって捻出することも考えられます。

例えば，経営者を被保険者，受取人を会社とする生命保険を会社名義で締結

し，経営者死亡時に，会社が受け取った保険金を利用して，経営者の株式を承継した後継者から株式を取得するというスキームが考えられます。

このスキームの場合，後継者に相続税負担があれば，相続税申告期限から3年以内に後継者が受け取った代金はみなし配当課税ではなく譲渡所得課税の対象となります（租特9条の7・37条の10・39条）。

2 生命保険の勧誘と法的紛争

専門家として，事業承継に関するアドバイスを行う中で，生命保険を依頼者に勧める場合があります。

もちろん，依頼者に生命保険の利用を勧めること自体には問題はありません。しかし，勧めた生命保険が思ったような結果につながらなかった場合，適切な説明が依頼者に対してなされなかった等の理由により，依頼者との法的紛争につながることがあります。

例えば，払込保険料の一部を株式や債券等に投資し，運用実績に基づいて保険金額や解約返戻金を変動させる仕組みの生命保険であり，運用実績がよければ高い保険金額を受領できる反面，運用実績が悪い場合に解約を行うと元本割れを起こすというリスクをもついわゆる変額保険につき，保険会社が楽観的な運用実績についてのみ説明し元本割れを起こす等のリスクを説明しなかった事案について，保険会社とともに税理士の説明義務違反が問題とされた裁判例がいくつか存在します☆4。

また，専門家が被告になっていない事案ではありますが，相続税対策のために，銀行からの借入れと上記の変額保険を組み合わせるいわゆる融資一体型変額保険について，金融機関が断定的に示した変額保険の運用実績見通しが現実と乖離していたことを理由に変額保険契約及び融資に係る金銭消費貸借契約について錯誤無効（民95条）を認めた裁判例もあります☆5＊1。

上述の事例は，いずれも，金融機関の担当者の説明が不適切であったことに端を発するものです。専門家は，自ら生命保険に関する説明をするわけではありませんから，依頼者に対する金融機関の担当者による説明が不適切だからといって直ちに責任を問われるわけではありません。しかし，専門家が依頼者に対する生命保険の勧誘に参加する場合，あたかも専門家が金融機関の担当者とともに説明したような形になり，そのような場合に金融機関の担当者による不

適切な説明について責任を問われる場合があり得ます。

3 生命保険の勧誘に関する規制

　専門家の責任について検討する前提として，以下では，保険会社等の金融機関が勧誘に関して，どのような規制を受けており，何をすると責任を問われるのかを概観します。

(1) **重要事項の説明**

　保険の販売には，金融商品の販売等に関する法律が適用されます（金販2条1項4号・2項）。そして，保険会社等の金融商品販売業者等は，元本割れのリスク等法定された事項を説明する義務を負います（金販3条1項）。

　重要事項を説明しなかった場合，例えば，元本割れの可能性がある保険商品であるにもかかわらず，それを顧客に伝えなかった場合には，説明義務違反となり，保険会社等は損害賠償責任を負うことになります。

(2) **広義の適合性の原則**

　顧客に対する説明の程度は，「顧客の知識，経験，財産の状況及び当該金融商品の販売に係る契約を締結する目的に照らして，当該顧客に理解されるために必要な方法及び程度によるものでなければならない」とされています（金販3条2項）。

　広義の適合性の原則に反する説明が行われた場合，例えば，リスク性商品への投資経験がない者に対して，リスク性商品への投資経験を豊富に有する者に対するのと同じ程度のリスク説明だけしか行わなかった場合には，説明義務違反となり，保険会社等は損害賠償責任を負うことになります。

(3) **断定的判断の提供**

　保険会社等は，保険を販売する際に，顧客に対し，当該金融商品の販売に係る事項について，不確実な事項について断定的判断を提供し，又は確実であると誤認させるおそれのあることを告げる行為を行ってはならないものとされています（金販4条）。

　例えば，保険会社の担当者が，変額保険の運用実績は毎年10％を保証します，などと断定的な判断を顧客に伝えて契約させた場合，断定的判断の提供となり，保険会社は顧客に対して損害賠償責任を負うことになります。

4 専門家の責任

上記3で説明した勧誘に際しての規制は，いずれも金融機関等に関するものであり，専門家に適用されるものではありません。

しかし，一般論として，専門家は，高度の知識と経験及び専門性を有していることから，依頼者に対し，依頼者が事項を理解して判断を行うために必要な情報を提供し，適切に説明を行う義務を負います。そして，このような説明義務を適切に果たさない場合，説明義務違反に基づき損害賠償責任を負うことになります。

したがって，保険会社の担当者等の勧誘に専門職が関与する度合いによっては，責任が認められる場合もあり得ます。

では，どのような場合に専門家に対する責任が認められるのでしょうか。過去の裁判例の検討を通じて，類型化を試みたいと思います。

(1) **生命保険会社の担当者の紹介**

生命保険を利用する依頼者に，専門家が保険会社の担当者を紹介したところ，当該担当者が違法な説明を行ったという場合でも，それだけで専門家が責任を問われることはありません。ただし，専門家と当該担当者との間に継続的な付合いがあり，当該担当者が違法な説明をしているのを知りながら，あえて紹介しているような場合には，責任を問われる可能性があります。

(2) **金融機関担当者による説明への同席**

保険会社等の担当者が説明を行う場に同席したとしても，その事実をもって専門家が直ちに責任を問われることはありません。ただし，担当者が明らかに誤った説明を行ったにもかかわらず，それを保険契約成立に至るまで訂正しなかった場合や，依頼者が質問をしており関心をもっていることが明らかな事項について，保険会社の担当者が誤った説明を行うのを訂正しなかった場合には，説明義務違反を問われる可能性があるでしょう。

なお，同席したのが専門家の使用する事務員であったとしても，専門家に対する使用者責任が追及される可能性がある点に留意が必要です。

(3) **金融機関担当者の依頼等により専門家が依頼者に説明を行う場合**

金融機関の担当者から依頼を受けて，専門家が依頼者に説明を行う場合，その説明に，上記3と同様の基準で説明義務違反や断定的判断の提供があれ

ば，専門家は責任を問われるものと考えられます。

(4) 専門家が依頼者に対し保険について説明を行いその報酬を請求した場合

依頼者に対して説明の対価を請求したことは，専門家に高度な説明義務が課される一事情となります☆6。

(5) 留意すべき事項

まずは，専門家が勧誘する保険商品についてよく理解することが重要です。理解できていない商品を勧め，その後，専門家にとっても想定外の結果が生じた場合，トラブルになる可能性が大きいといえます。

次に，不必要にリスクの高い保険商品を勧誘することも避けるべきでしょう。リスクの高い商品は当然リターンも大きいですから，それが上手くはまれば理想的な事業承継を行えますし，それを望む依頼者も多いと思いますが，リスクの高い商品を勧誘する場合には，他の商品との比較等を行いながら，加入している商品のリスクの内容・程度を，依頼者に十分に説明すべきでしょう。

〔加藤　伸樹〕

━━■判　例■━━

☆1　最判昭40・2・2民集19巻1号1頁・判タ175号103頁。

☆2　最判平14・11・5民集56巻8号2069頁。

☆3　最決平16・10・29民集58巻7号1979頁。特段の事情を認めたものとして東京高決平17・10・27家月58巻5号94頁。

☆4　東京地判平8・2・23判タ922号246頁，東京地判平8・3・26判タ922号236頁（ただし，控訴審である東京高判平12・9・11判タ1049号265頁により，税理士に対する請求を認めた部分が取り消されました。），東京地判平11・3・30判時1700号50頁参照。

☆5　大阪高判平15・3・26金判1183号42頁。なお，東京地判平9・6・9判タ972号236頁は，同種の事例について，変額保険契約，金銭消費貸借契約だけでなく，同時に締結させた養老保険契約，保証契約及び根抵当権設定契約についても錯誤無効としています。

☆6　前掲（☆4）東京地判平8・3・26。ただし，同判決の控訴審である前掲（☆4）東京高判平12・9・11は，問題とされた報酬が，保険に関する説明の報酬とはいえないことを理由に，税理士の責任を否定しました。

■注　記■

＊1　民法（債権関係）の改正により，民法95条は改正されます。詳しくは，**Q5**を参照。

第1章◇事業承継と民事法

相続法改正の内容

相続法が改正されましたが，改正内容はどのようなものでしょうか。実務への影響としてはどのようなものが考えられるでしょうか。

　主な改正内容としては，①配偶者の居住権を保護するための方策，②遺産分割等に関する見直し，③遺言制度に関する見直し，④遺留分制度の見直し，⑤相続の効力等に関する見直し，⑥相続人以外の者の貢献を考慮するための方策の6点があります。昭和55年以来の大改正であり，実務にも影響があると考えられます。

☑ キーワード

相続法改正，配偶者居住権，配偶者長期居住権，配偶者短期居住権，配偶者保護，預貯金債権の仮払い，家事事件手続法の保全処分の要件の緩和，遺産の一部分割，遺産の範囲，特別寄与料

解　説

1　相続法改正の経緯

　民法が定める相続法制については，配偶者の法定相続分の引上げ，寄与分制度の新設等を行った昭和55年の改正以来，約35年間にわたって大きな見直しはされてきませんでした。しかし，その間にも日本の平均寿命は伸び，社会の高齢化が進展し，晩婚化，非婚化が進む一方で，再婚家庭が増加するなど，相続を取り巻く社会情勢には大きな変化が生じています。

　また，平成25年9月4日に，嫡出でない子の相続分を嫡出子の2分の1と定

めていた民法900条4号ただし書前半部分の規定が憲法に違反するとの最高裁大法廷の決定が出されたことを受け，同年12月に，この規定を削除して嫡出子と嫡出でない子の相続分を同等にすることを内容とする民法の一部を改正する法律が成立しました。この立法過程で，配偶者の死亡により残された他方配偶者の生活への配慮等の観点から相続法制を見直すべきではないかといった問題提起がされました。

　このような状況を踏まえて，平成27年2月，法務大臣は「高齢化社会の進展や家族の在り方に関する国民意識の変化等の社会情勢に鑑み，配偶者の死亡により残された他方配偶者の生活への配慮等の観点から，相続に関する規律を見直す必要があると思われるので，その要綱を示されたい。」との諮問を行いました。

　この諮問を受けて調査審議のために設置されたのが民法（相続関係）部会（以下「部会」といいます。）であり，平成27年4月の第1回会議から複数回の会議を経て，平成28年6月に「民法（相続関係）等の改正に関する中間試案」が取りまとめられ，パブリックコメント手続が行われました。その後，パブリックコメントに寄せられた意見を踏まえた議論に加え，新たな試案の提案もされました。配偶者の相続分の引上げに代わる新たな配偶者保護策（持戻し免除の意思表示推定規定）や，相続された預貯金債権について遺産分割の対象となるとの同年12月19日最高裁大法廷決定を踏まえた試案がそれです。こうした新たな方策について改めてパブリックコメントの手続に付すことが相当とされ，平成29年7月，「中間試案後に追加された民法（相続関係）等の改正に関する試案（追加試案）」が取りまとめられ，パブリックコメント手続が行われました。

　こうした調査審議を踏まえて，平成30年1月，部会は「民法（相続関係）等の改正に関する要綱案（案）」を決定し，同年2月には，法制審議会総会において同要綱案が採択され，直ちに法務大臣に答申することとされました。そして，同年3月に，「民法及び家事事件手続法の一部を改正する法律案」及び「法務局における遺言書の保管等に関する法律案」が国会に提出されました。

　両法案は，平成30年7月6日に可決成立をし，同月13日が公布日となりました。これにより，配偶者居住権については公布の日から起算して2年を超えない範囲内において政令で定める日から，そのほかの改正点については一部例外はあるものの公布の日から起算して1年を超えない範囲内において政令で定め

65

第1章◇事業承継と民事法

る日から施行されることになりました。

以上の時系列を表にすると次図のようになります。

■図表1　相続法改正に関する時系列

平成27年2月	法務大臣による諮問
平成27年4月	部会第1回会議開催
平成28年6月	「民法（相続関係）等の改正に関する中間試案」決定
平成28年7月～9月	パブリックコメント手続
平成29年7月	「中間試案後に追加された民法（相続関係）等の改正に関する試案（追加試案）」取りまとめ
平成29年8月～9月	パブリックコメント手続
平成30年1月	要綱案決定
平成30年2月	法制審議会において要綱案採択
平成30年3月13日	国会に改正法案提出
平成30年7月6日	改正法案可決成立
平成30年7月13日	改正法公布

2　改正内容の概要と実務への影響

今回の改正では、主に6項目の改正が予定されています。(1)配偶者の居住権を保護するための方策、(2)遺産分割等に関する見直し、(3)遺言制度に関する見直し、(4)遺留分制度の見直し、(5)相続の効力等に関する見直し、(6)相続人以外の者の貢献を考慮するための方策の6点です。各方策の具体的内容の概要は次図のとおりです。

(1)　配偶者の居住権を保護するための方策
　(a)　配偶者（長期）居住権の新設
　(b)　配偶者短期居住権の新設
(2)　遺産分割等に関する見直し
　(a)　配偶者保護のための方策（持戻免除の意思表示の推定規定）
　(b)　遺産の分割前における預貯金債権の行使
　(c)　遺産の一部分割
　(d)　遺産の分割前に遺産に属する財産を処分した場合の遺産の範囲
(3)　遺言制度に関する見直し

(a)　自筆証書遺言の方式の緩和
　　(b)　遺贈義務者の引渡し義務等
　　(c)　遺言執行者の権限の明確化
　(4)　遺留分制度の見直し
　　(a)　遺留分減殺請求権の効力及び法的性質の見直し
　　(b)　遺留分の算定方法の見直し
　　(c)　遺留分侵害額の算定における債務の取扱いに関する見直し
　(5)　相続の効力等に関する見直し
　　(a)　共同相続における権利の承継の対抗要件
　　(b)　相続分の指定がある場合の債権者の権利の行使
　　(c)　遺言執行者がある場合における相続人の行為の効果等
　(6)　相続人以外の者の貢献を考慮するための方策

　このうち(3)遺言制度に関する見直しのうち(a)自筆証書遺言の方式の緩和については**Q16**で，(4)の遺留分制度に関する見直しについては，**Q19**で解説を行っていますので，本項目ではそのほかの点について簡単に解説します。

(1)　配偶者の居住権を保護するための方策

　配偶者の一方が死亡した場合，生存配偶者（以下「配偶者」といいます。）は，それまで居住してきた建物に引き続き居住することを希望するのが通常であること，特に配偶者が高齢者である場合には，住み慣れた居住建物を離れて新たな生活を立ち上げることは精神的にも肉体的にも大きな負担となると考えられることから，高齢化社会の進展に伴い配偶者の居住権を保護する必要性が高まっていると考えられています。そこで創設されたのが配偶者（長期）居住権と配偶者短期居住権です。

(a)　配偶者（長期）居住権の新設

　現行法上，配偶者が相続の対象となっている建物に住み続けようとした場合，当該建物の所有権を取得するか，その建物の所有権を取得した他の相続人との間で賃貸借契約等を締結するほかはありません。しかし，前者については，建物の評価額が高額となり，配偶者がそれ以外の遺産を取得することができなくなってその後の生活に支障を来す場合もあり得ますし，後者については，賃貸借契約等が成立しなければ，配偶者の居住権は確保されないという問題があります。

　配偶者（長期）居住権の新設とは，配偶者が被相続人の財産である建物に，

相続開始の時に居住していた場合，その居住していた建物（以下「居住建物」といいます。）を対象として，終身又は一定期間，配偶者にその使用を認めることを内容とする法定の権利を創設し，遺産分割等における選択肢の1つとして，配偶者に長期居住権を取得させることができるようにするというものです。

具体的には，配偶者が，居住建物に，相続開始の時に居住していた場合において，①遺産分割において配偶者居住権を取得するものとされたとき，又は②配偶者居住権が遺贈の目的とされたときには，居住建物の全部について無償で使用及び収益をする権利（配偶者居住権）を取得することとされました（新民1028条1項本文）。

なお，配偶者が配偶者居住権を取得した場合には，その財産的価値に相当する価額を相続したものとして扱われることになります。今後，配偶者居住権の財産的評価をどのように算定するかは実務上問題になると思われます。

(b) **配偶者短期居住権の新設**

相続人の1人が被相続人の許諾を得て被相続人所有の建物に同居していた場合には，特段の事情のない限り，被相続人とその相続人との間で，相続開始時を始期とし，遺産分割時を終期とする使用貸借契約が成立していたものと推認されるとする判例があります☆1。同判例により，判例の示した要件に該当する限りではありますが，遺産分割が終了するまでの間，配偶者が短期的に相続対象となる建物に居住する権利が確保されています。しかし，被相続人が居住建物を第三者に遺贈するなどをしていた場合には，配偶者は当該第三者からの退去請求を拒むことができず，配偶者の居住権が短期的にも保護されない事態もあり得ます。

そこで創設されたのが配偶者短期居住権です。その内容は，配偶者が被相続人の財産に属した建物に相続の開始時に無償で居住していた場合に，ある一定期間に限り引き続き無償で居住することができるというものです。配偶者短期居住権には，次の2つの区分があります。

すなわち，①居住建物について配偶者を含む共同相続人間で遺産の分割をすべき場合には，遺産分割により居住建物の帰属が確定した日，または相続開始の時から6か月を経過するいずれか遅い日までの間，居住建物の所有権を相続又は遺贈により取得した者に対し，居住建物を無償で使用する権利を有します（新民1037条1項1号）。

一方，②①以外の場合は，配偶者は，居住建物の所有権を相続又は遺贈により取得した者が，配偶者短期居住権消滅の申入れ（新民1037条3項）をした日から6か月を経過するまでの間，その者に対し，配偶者短期居住権を有します（同条1項2号）。

なお，配偶者短期居住権によって受けた利益については，配偶者の具体的相続分からその価額を控除することを要しないとされています。

(2) **遺産分割等に関する見直し**

(a) **配偶者保護のための方策（持戻免除の意思表示の推定規定）**

婚姻期間が20年以上の夫婦間で，居住用不動産の遺贈又は贈与がされたときは，持戻免除の意思表示があったものと推定することとされました（新民903条4項）。

中間試案の段階では，配偶者の具体的相続分や法定相続分を引き上げる案が提示されました。しかし，パブリックコメントでは反対の意見が多かったことから，改めて提案されたのが，持戻免除の意思表示の推定規定でした。

現行法上，各相続人の相続分を算定するにあたっては，原則として，相続人に対する贈与の目的物を相続財産とみなしたうえで，相続人が贈与又は遺贈によって取得した財産は特別受益に該当するものとし，当該相続人の相続分の額からその財産の価額を控除することとされています（民903条1項）。ただし，被相続人が特別受益の持戻しの免除の意思表示をした場合には，持戻計算をする必要がなくなる結果，贈与等を受けた者は，より多くの財産を最終的に取得することができます（民903条3項*1）。新民法903条4項はこの持戻し免除の意思表示を推定することによって，配偶者保護を図っているといえます。

(b) **遺産の分割前における預貯金債権の行使・仮払い制度等の創設**

相続された預貯金債権について，生活費や葬儀費用の支払，相続債務の弁済などの資金需要に対応できるよう，遺産分割前にも払戻しが受けられる制度が創設されました。

1つ目は，家庭裁判所の判断を経ないで預貯金の払戻しを認める方策です。各共同相続人は，遺産に属する預貯金債権のうち，相続開始の時の債権額の3分の1に当該共同相続人の法定相続分を乗じた額（ただし，標準的な当面の必要生活費，平均的な葬式の費用の額，その他の事情を勘案して，預貯金債権の債務者ごとに法務省令で定める額を限度とする）については，単独でその権利を行使することができ

るものとされました（新民909条の2前段）。この場合，当該権利の行使をした預貯金債権については，当該共同相続人が遺産の一部分割によりこれを取得したものとみなされます（同条の2後段）。

2つ目は，家事事件手続法の保全処分の要件を緩和する方策です。家庭裁判所は，遺産分割の審判又は調停の申立てがあった場合において，相続財産に属する債務の弁済，相続人の生活費の支弁その他の事情により遺産に属する預貯金債権を当該申立てをした者又は相手方が行使する必要があると認めるときは，その申立てにより，遺産に属する特定の預貯金債権の全部又は一部を仮に取得させることができるとされています（新家事200条3項本文）。最高裁大法廷平成28年12月19日決定により，共同相続された預貯金債権は，相続開始と同時に当然に相続分に応じて分割されることはなく，遺産分割の対象である旨判例変更がなされていますが，その際の補足意見にもかかる必要性が指摘されていました。なお，本制度による取得はあくまで「仮の取得」である点は留意が必要です。

(c) 遺産の一部分割

民法907条の規律について，「一部」の分割が可能であることが明記されました（新民907条1項・2項）。なお，家庭裁判所に対する一部請求については，遺産の一部を分割することにより，他の共同相続人の利益を害するおそれがある場合には一部分割は認められないとされました（同条2項ただし書）。「遺産の一部を分割することにより，他の共同相続人の利益を害するおそれがある場合」については，一部分割をすることによって，最終的に適正な分割を達成し得るという明確な見通しが立たない場合が想定されているようです*2。

(d) 遺産の分割前に遺産に属する財産を処分した場合の遺産の範囲

遺産の分割前に遺産に属する財産を処分した場合の遺産の範囲について，遺産の分割前に遺産に属する財産が処分された場合であっても，共同相続人は，その全員の同意により，当該処分された財産が遺産の分割時に遺産として存在するものとみなすことができること（新民906条の2第1項），当該規定にかかわらず，共同相続人の1人又は数人により財産の処分されたときは，当該共同相続人については，新民法906条の2第1項の同意を得ることを要しないこと（同条2項）とされました。

(b)で説明したとおり，今回の法改正で仮払い制度が導入されましたが，共同

相続人の1人が預貯金債権の一部について権利行使をした場合に，精算を義務づけるルールを導入する必要性が指摘されてきました。遺産分割前に共同相続人の1人によって自己の共有持分の処分がされた場合と同様の取扱いをすべきということになりそうですが，現行法下では明文上の規律はなく，また，明確にこれに言及した最高裁判例も見当たらない状況でした。本改正はこの点を解決するものです。

(3) 遺言制度に関する見直し

(a) 遺贈義務者の引渡し義務等

遺贈義務者は，遺贈の目的である物又は権利を，相続開始の時（その後に当該物又は権利について遺贈の目的として特定した場合にあっては，その特定した時）の状態で引き渡し，又は移転する義務を負う。ただし，遺言者がその遺言に別段の意思を表示したときは，その意思に従うこととされました（新民998条）。債権法改正において贈与の担保責任が見直されたことに伴い，遺贈についても見直しが行われました。これにより現行法の998条及び1000条は削除されました。

(b) 遺言執行者の権限の明確化

現行法上，遺言執行者の法的地位については，「相続人の代理人とみなす」とする規定（民1015条）があるのみです。このように，遺言執行者の法的地位が必ずしも法律上明確になっていないために，遺言者の意思と相続人の利益とが対立する場合に，遺言執行者と相続人との間でトラブルが生ずることがあるとの指摘がされています。また，遺言執行者がいる場合に，遺言執行者と相続人のいずれに当事者適格が認められるかが争われた判例や裁判例が多数存在します☆2が，このような紛争が生ずるのも遺言執行者の法的地位やその権限の内容が法律上明確になっていないことが一因になっているとの指摘もされています。そこで，遺言執行者の法的地位及び一般的な権限を明確にする改正がなされました*3。

具体的には，遺言執行者の任務開始時期（新民1007条2項）及び権利義務が明記された（新民1012条）ほか，個別の類型における権限の内容（新民1014条），遺言執行者の行為の効果（新民1015条）及び遺言執行者の復任権（新民1016条）の定めが置かれました。

(4) 相続の効力等に関する見直し

(a) 共同相続における権利の承継の対抗要件

現行法では，相続させる旨の遺言等により承継された財産については，登記なくして第三者に対抗することができました。この現行法の規律では，相続人はいつまでも登記なくして第三者にその所有権を対抗することができることになりかねず，法定相続分による権利の承継があったと信頼した第三者が不測の損害を被るなど，取引の安全を害するおそれがあり，ひいては登記制度に対する信頼が損なわれるといった指摘がなされていました*4。

そこで，改正法では，相続による権利の承継は，遺産の分割によるものかどうかにかかわらず，法定相続分を超える部分については，登記，登録その他の対抗要件を備えなければ第三者に対抗することができないと規定されました（新民899条の2第1項）。

(b) 相続分の指定がある場合の債権者の権利の行使

相続債権者は，民法902条の規定による相続分の指定がされた場合であっても，各共同相続人に対し，その法定相続分に応じてその権利を行使することができるが，その相続債権者が共同相続人の1人に対して指定相続分に応じた義務の承継を承認したときは，この限りでないと規定されました（新民902条の2）。

(5) 相続人以外の者の貢献を考慮するための方策

現行法では寄与分は相続人にのみ認められています。一方で，相続人の妻が被相続人である相続人の父等の療養看護に努め，被相続人の財産の維持又は増加に寄与する場面はよく見られるところです。このように，相続人ではないものの，被相続人の療養看護等に後見した者に一定の財産を取得させる必要性が指摘されました。

改正法では，被相続人に対して無償で療養看護その他の労務の提供をしたことにより被相続人の財産の維持又は増加について特別の寄与をした被相続人の親族（相続人，相続の放棄をした者，相続の欠格事由に該当する者及び廃除された者を除く。以下「特別寄与者」といいます。）は，相続の開始後，相続人に対し，特別寄与者の寄与に応じた額の金銭（以下「特別寄与料」といいます。）の支払を請求することができることとされました（新民1050条1項）。

特別寄与料の支払について，当事者間に協議が調わないときは，特別寄与者

は，家庭裁判所に対して協議に代わる処分を請求することができます。ただし，特別寄与者が相続の開始及び相続人を知った時から6か月を経過したときは，又は相続開始の時から1年を経過したときは，この限りではありません（新民1050条2項）。

家庭裁判所は，寄与の時期，方法及び程度，相続財産の額その他一切の事情を考慮して，特別寄与料の額を定めます。特別寄与料の額は，被相続人が相続開始の時に有した財産の価額から遺贈の価額を控除した残額を超えることができません（新民1050条3項・4項）。相続人が数人ある場合には，各相続人は，特別寄与料の額に当該相続人の相続分を乗じた額を負担することとされています（同条5項）。

〔梅原　梓〕

■判　例■

☆1　最判平8・12・17民集50巻10号2778頁。
☆2　例えば，最判昭31・9・18民集10巻9号1160頁・判タ65号78頁。

■注　記■

＊1　民法（相続関係）等の改正により，民法903条3項について，「その意思表示は，遺留分に関する規定に反しない範囲で，その効力を有する」が「その意思に従う」に改正されています。これは，本改正により遺留分の算定方法等が見直されましたが，その内容が持戻免除の意思表示により遺留分が侵害された場合についても適用される規律となっていることを理由とします（民法（相続関係）部会資料8「遺留分制度の見直し」17〜18頁）。
＊2　法務省「中間試案後に追加された民法（相続関係）等の改正に関する試案（追加試案）の補足説明」27頁。
＊3　法務省「民法（相続関係）等の改正に関する中間試案の補足説明」46頁。
＊4　法務省「民法（相続関係）等の改正に関する中間試案の補足説明」39頁。

親族・相続人の範囲

親族・相続人の範囲を教えてください。親族の中に養子がいる場合に注意すべき点はありますか。

　親族とは，①6親等内の血族，②配偶者，③3親等内の姻族を指します。親族の分類方法としては，直系・傍系，尊属・卑属があります。「親等（しんとう）」は，親族関係の遠近を表す単位です。
　相続人には，配偶者相続人と血族相続人とがいます。配偶者相続人は常に相続人となりますが，血族相続人については①子及びその代襲者，②直系尊属，③兄弟姉妹及びその代襲者という順位があり，先順位の血族相続人がいない場合にはじめて後順位の血族相続人が相続人となります。
　養子は養子縁組の日から，養親の嫡出子の身分を取得し，養子と養親との間に自然血族に基づく親子関係と同一の親子関係が創設されることになります。相続人に養子が含まれる際には，代襲相続が発生する場合や相続資格が重複する場合などに注意をする必要があります。

☑ キーワード

親族，相続人，血族，姻族，直系，傍系，尊属，卑属，親等，内縁配偶者，事実婚パートナー，養子縁組

解 説

1　親族・相続人の範囲

(1) 親族の範囲

　民法上，親族とは，①6親等内の血族，②配偶者，③3親等内の姻族とされています（民725条）。

　「血族」には，親子，兄弟姉妹などの「自然血族」だけではなく，養子縁組によって発生する「法定血族」も含まれます。

　「姻族」とは，婚姻を媒介とした配偶者の一方と他方配偶者の血族との関係を意味します。

　「親等」とは，親族関係の近さを表す単位であり，その計算方法は民法726条に規定があります。すなわち，直系血族は1つの世代を1単位として，その数を数えること（民726条1項），傍系血族は共通の祖先まで遡ってから下るまでの世代を数えること（同条2項）により計算を行います。

　「直系」とは，親子関係（世代）を直上又は直下した形でつながる関係を意味し，祖父母・父母や子・孫がこれに当たります。「傍系」とは，同一の祖先から分岐・直下した形でつながる関係を意味し，叔父・伯母・兄弟姉妹・姪・従兄弟などがこれに当たります。また，「尊属」「卑属」という分類も，相続人の範囲を検討するうえで重要です。「尊属」とは自分よりも前の世代に属する者をいい，「卑属」とは自分よりも後の世代に属する者をいいます。

　例えば，自分にとって子や父母は1親等の直系血族です。また，自分にとって孫，祖父母は2親等の直系血族です。兄弟姉妹は共通の祖先（父母）に遡ってから算出するので自分にとって2親等の傍系血族となります。甥姪は，3親等の傍系血族です。民法上の親族で最も遠いものを挙げると，6親等の血族には，兄弟姉妹の玄孫，従兄弟姉妹の孫，再従兄弟姉妹が，3親等の姻族には，甥姪の配偶者や配偶者の甥姪がそれぞれ該当します。

(2) 相続人の範囲

　民法の定める相続人には配偶者相続人と血族相続人とがあります。姻族は相続人にはなり得ません。配偶者は必ず相続人となりますが，血族については，先順位の血族がいない場合にはじめて相続人となります。なお，相続人となる

のは法律婚上の配偶者に限られ，内縁配偶者や事実婚パートナーには相続権は認められていません。

　血族相続人の相続の順位は，①子及びその代襲者（民887条），②直系尊属（民889条1項1号），③兄弟姉妹（民889条1項2号）となっています。

　①には，実子及び養子が該当します。子が相続開始以前に死亡，欠格事由（民891条）の存在又は廃除（民892条〜895条）により相続権を失った場合，子の直系卑属による代襲相続（民887条2項），再代襲相続（民887条3項）が認められています（後に述べるように，養子については，代襲相続が起こらない場合もあるので留意が必要です。）。

　②直系尊属には，父母，祖父母が該当します。これに対し，叔父，叔母等は傍系尊属であり，相続人になることはありません。②直系尊属が相続人となるのは，子について代襲相続も再代襲相続（なお，再々代襲相続，再々々代襲相続も可能です。）も生じない場合ということになります。直系尊属が相続人となる場合，親等の異なる直系尊属が存在するときは，親等の近い者が相続資格を取得し，それ以外の直系尊属は相続資格を取得しません（民889条1項1号ただし書）。例えば，相続人の父と祖父がともに存命の場合，父のみが相続人になり，祖父は相続人になりません。

　③兄弟姉妹は，①子及びその代襲者も，②直系尊属もいない場合に相続人となります。兄弟姉妹については，代襲相続が認められています（民889条2項・887条2項）が，再代襲相続は認められていません（民法889条2項による民法887条3項の不準用）。

2　養子がいる場合の留意点

(1)　養子縁組

　養子は養子縁組の日から，養親の嫡出子の身分を取得します（民809条）。養親が死亡した場合は養親の「子」として相続人になります（民887条1項）。

　なお，養子縁組には縁組意思が必要です。事業承継との関係では，相続人を増やして遺産に係る基礎控除額を増加させて（相税15条参照），相続税を節税するために行われた養子縁組に関して，「『専ら相続税の節税のために養子縁組をする場合であっても，直ちに当該養子縁組について民法802条1号にいう『当事者間に縁組をする意思がないとき』に当たるとすることはできない』」とし

Q12 ◆親族・相続人の範囲

■図表　親族関係図

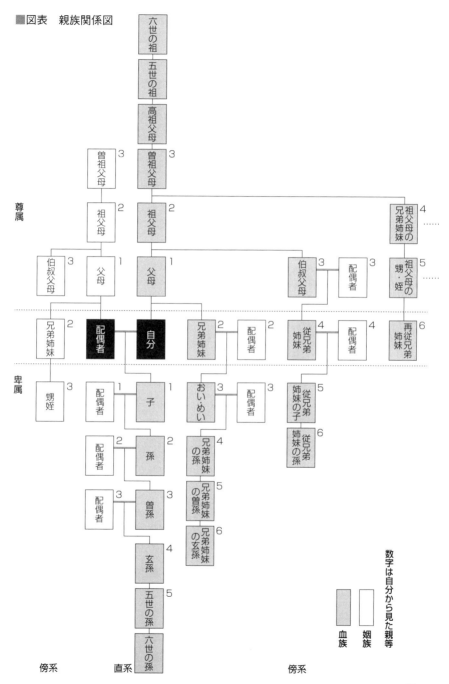

た判例が重要です☆1。

(2) 養子縁組と代襲相続の関係

ところで，民法727条は，「養子と養親及びその血族との間においては，養子縁組の日から，血族間におけるのと同一の親族関係を生ずる。」としており，「養子」と「養親及びその血族」との間に血族関係は生じますが，「養親」と「養子の血族」との間に血族関係は生じません。そして，子の代襲相続について定めた民法887条2項ただし書では「ただし，被相続人の直系卑属でない者は，この限りでない。」とされています。

これらの規定から次の2つの事例では異なった結論が生じることとなります。

〔事例1〕
　AがXを養子にしたところ，Xには養子縁組の時点で子Yがいたという事例で，Xが亡くなったのちに，Aが亡くなった。
〔事例2〕
　AがXを養子にしたところ，養子縁組後にXが婚姻をし，子Yが誕生したという事例で，Xが亡くなったのちに，Aが亡くなった。

〔事例1〕の場合は，民法727条の規定により，AとYとの間に血族関係は生じません。民法887条2項ただし書において，直系卑属でない者は代襲相続の資格を取得しないとされていることから，YはAの相続人とはなりません。

一方，〔事例2〕の場合は，民法809条の規定により，XがAの嫡出子としての身分を取得した後に，Yが誕生していることから，YはAの嫡出子であるXの子としてAの直系卑属となります。したがって，YはXを代襲相続することにより，Aの相続人となります。

以上をまとめると，養親が被相続人となる場合における代襲相続においては，養子の子が養子縁組前に出生（ないしは養子縁組）をした子であれば代襲相続資格を取得しないが，養子の子が養子縁組後に出生（ないしは養子縁組）をした子であれば代襲相続資格を得るという結論となります。

ただし，これには例外があります。すなわち，養子の子が養親の直系卑属である場合です。例えば，養子が養親の孫と養子縁組をしたような場合です。この場合，養子と養親の孫との養子縁組が，養子と養親の養子縁組よりも先んじ

ていたとしても，孫はそもそも養親の直系卑属ですから，民法887条2項ただし書で排除されることはないと考えられます☆2。

(3) 養子縁組による相続資格の重複

自然血族間で養子縁組を行う場合，自然血族関係に加えて，法定血族関係が発生し，相続資格を二重に取得するのではないかと考えられる場面があり，その場合の相続関係が問題となります。

まず，被相続人がその子Aの孫Bを養子にしたが，被相続人より前にAが死亡した場合，BはAの代襲者としての相続権と被相続人の養子としての相続権を持つのではないかと考えられます。この場合，戸籍先例では，相続権の重複行使が認められています（昭和26年9月18日民事甲第1881号民事局長回答）。また，学説における多数説もこの結論を支持しています。

一方で，被相続人が弟を養子とした場合，子と兄弟姉妹とでは相続における順位が異なるため，2つの相続資格を同時に主張することはできません。よって，そもそも相続資格の重複という問題は生じません。

最後に，養子Xが養親の実子Yと婚姻し，その後Xが死亡した場合，YはXの配偶者であるとともに，Xの兄弟姉妹となるという事例については解釈に争いがあります。この点については，先例となる裁判例はありません。戸籍先例では，Yは配偶者としての相続権のみを取得し，兄弟姉妹としての相続権を取得しないとされています（昭和23年8月9日民事甲第2371号民事局長回答）が，学説では反対説も根強くあります。

以上のように，養子縁組により相続資格が重複した場合について，確立した判例などがあるわけではありませんので，そのような場面に遭遇した場合には，相続資格につき慎重に判断する必要があります。

〔梅原　梓〕

━━■判　例■━━

☆1　最判平29・1・31民集71巻1号48頁。
☆2　大阪高判平元・8・10高民集42巻2号287頁・判タ708号222頁。

相続財産の範囲——生命保険・死亡退職金

　相続財産の範囲はどのようなものですか。事業承継を行う際に，生命保険金や死亡退職金を活用することがありますが，その取扱いはどのようになりますか。

　相続財産には，被相続人の財産に属した一切の権利義務が含まれますが，被相続人の一身に専属した財産と祭祀に関する権利は除かれます。被相続人の一身に専属した財産には民法に明文の定めがあるもののほか，保証債務，借地借家契約の借主の地位，不法行為に基づく損害賠償請求権などが問題となり得ます。また，生命保険金や死亡退職金については，被相続人の死亡を契機に発生する金銭であるため，被相続人の財産に属したといえるか否かが問題となります。

☑ **キーワード**

　包括承継，一身専属，占有権，保証債務，借主の地位，損害賠償請求権，生命保険金，死亡退職金

解　説

1　相続財産の範囲

　民法896条本文は「相続人は，相続開始の時から，被相続人の財産に属した一切の権利義務を承継する。」と規定しています。
　承継される「権利義務」には，個々の所有権・知的財産権・担保権，個々の債権債務などの個別具体的な権利義務だけではなく，法律関係ないし法的地位

Q13 ◆相続財産の範囲──生命保険・死亡退職金

というべきものも含まれます。

相続開始時に被相続人の財産に属した一切の権利義務のうち，「被相続人の一身に専属した権利」は相続財産の範囲に含まれません（民896条ただし書）。祭祀に関する権利の承継についても，相続と異なる定め（民897条）が置かれており，「祭祀に関する権利」も相続財産には含まれません。

したがって，相続財産は，相続開始時に被相続人の財産に属した一切の権利義務から，被相続人の一身に専属した権利と祭祀に関する権利を除いたものになります。

2 相続開始時に被相続人の財産に属した一切の権利義務

相続開始時に被相続人の財産に属した権利義務といえるか否かが問題となるものとして，生命保険金と死亡退職金があります。以下，それぞれについて説明します。

(1) 生命保険金

契約者及び被保険者が被相続人である生命保険金については，基本的には相続財産にはなりません。すなわち，保険金受取人が特定の第三者（特定の相続人も含む）であったり☆1，相続人であったり（保険金受取人として「相続人」と記載されている場合と，受取人の指定がなく，約款によると相続人に支払うとされている場合双方を含む☆2）する場合には相続財産とはなりません。例外的に，保険金受取人を保険契約者本人，すなわち被相続人と指定した場合については相続財産となると考えられています。

なお，相続財産に属さなかったとしても相続人が保険金受取人である場合には，相続税の課税対象となります（相税3条1項1号）。

保険金受取人が被相続人の相続人なのか，保険金受取人の相続人なのかで取得割合が異なる点も注意が必要です。保険金受取人として「相続人」と記載されており，保険金受取人である相続人が複数存在する場合は，特段の事情のない限り，相続人が保険金を受け取るべき権利の割合を相続分の割合によるとする旨の指定も含まれていると解釈されます☆3。一方，保険金受取人の死亡後，保険契約者が再指定をしなかったことから保険金受取人の相続人が保険金受取人となる場合は，その受取人達は民法427条により平等の割合で保険金請求権を取得するという判例☆4があります。

(2) 死亡退職金

死亡退職金は，受取人固有の財産であって相続財産には属しません。死亡退職金支給の根拠となる規程がある場合については，かかる支給規程に従って受給者が定められることは当然ですが，支給規程がない場合であっても，問題の死亡退職金支給の趣旨を推及して同様の結論を導くことができるとされています☆5。

3 一身専属的な権利義務

(1) 概　要

民法上の明文規定により，一身専属的な権利義務とされているものとして，①代理における本人・代理人の地位（民111条）②使用貸借の借主の地位（民599条*1），③雇用契約上の地位（民625条），④委任者・受任者の地位（民653条），⑤組合員の地位（民679条）が挙げられます。

また，解釈上一身専属的な権利義務とされるものもあります。以下では，事業承継との関係で問題となり得るものについて説明します。

(2) 保証債務

判例・学説は保証債務が相続の対象となることを認めていますが，身元保証債務☆6・信用保証債務☆7については，内容の不明確性や個人的な信頼関係に基づく債務であることから，基本的に相続による承継は否定的に考えられています。

ただし，保証人の相続開始前に具体化していた損害賠償債務については，通常の債務と異ならないとして，相続が肯定されています☆8。

なお，民法（債権関係）改正により，個人が保証人となる根保証契約一般について，保証人の死亡が元本確定事由とされます（新民465条の4第1項3号）。この規定の適用がある場合，保証人である被相続人の死亡時に保証の対象となる元本の範囲が確定し，通常の保証債務となるため，相続が肯定されるものと思われます（民法〔債権関係〕改正による新民法の施行は平成30年4月1日です。）。

(3) 借地借家契約の借主の地位

借地借家契約の借主の地位については，財産権の一種であるため，相続の対象となるのが原則です。ただし，例外として，公営住宅の使用権は当然には相続の対象とはなりません☆9。

なお，相続はされるものの，その権利の行使について制限を受ける場面があります。内縁の夫が残した持家を相続した者が内縁の妻に対して明渡請求をした場合について「権利の濫用」の構成によって，相続人の権利行使を制限した判例があります☆10。また，内縁の夫婦が共有する不動産について，死亡内縁配偶者の共有持分を相続した者からの賃料相当額の不当利得返還請求を否定した判例もあります☆11。

(4) ゴルフクラブ会員権

ゴルフクラブ会員権については，死亡を会員資格喪失事由とする会員規約がある事例について会員権が一身専属的なものであり相続の対象となり得ないとした判例☆12がある一方で，会員が死亡した場合に関する会員規約が存在しない事例について，相続に準じた手続で相続人が会員権を承継できるとした判例があります☆13。

会員規約の内容によって，取扱いが変わる点に留意が必要です。

4 祭祀に関する権利

祭祀に関する権利とは，墓地，仏具，位牌などをいいます。祭祀に関する権利は，相続財産に含まれず，被相続人の指定，指定がない場合は地方の慣習，慣習も明らかでない場合には家庭裁判所による判断により，祭祀主宰者が定められます（民897条）。

財産的価値がある場合であっても，相続の対象とならないことに留意しておく必要があります。

なお，事業承継者（弟）とその兄との間で，祭祀の承継について争われた事案につき，被相続人夫婦が事業承継者に墓地を継承させることを望んでいたと推認されるとして，事業承継者を祭祀主宰者とした裁判例があります☆14。

〔梅原　梓〕

■判　例■

☆1　大判昭13・12・14民集17巻2396頁，大判昭11・5・13民集15巻877頁。

☆2　最判昭40・2・2民集19巻1号1頁・判タ175号103頁，最判昭48・6・29民集27巻6号737頁・判タ298号218頁。

☆3　最判平6・7・18民集48巻5号1233頁・判タ863号139頁。
☆4　最判平5・9・7民集47巻7号4740頁。
☆5　最判昭62・3・3裁判集民150号305頁・判タ638号130頁・判時1232号103頁。
☆6　大判昭18・9・10民集22巻948頁。
☆7　最判昭37・11・9民集16巻11号2270頁。
☆8　身元保証に関する事案として大判昭10・11・29民集14巻1934頁。
☆9　最判平2・10・18民集44巻7号1021頁。
☆10　最判昭39・10・13民集18巻8号1578頁。
☆11　最判平10・2・26民集52巻1号255頁。
☆12　最判昭53・6・16裁判集民124号123頁・判タ368号216頁・判時897号62頁。
☆13　最判平9・3・25民集51巻3号1609頁。
☆14　東京家審平12・1・24家月52巻6号59頁。

■注　記■

＊1　民法（債権関係）改正により，改正前民法599条に規定されていた「借主の死亡による使用貸借の終了」は新民法597条3項に移されました。

法定相続分と具体的相続分（特別受益）

　法定相続分，指定相続分，具体的相続分，特別受益とは何ですか。生命保険，死亡退職金と特別受益との関係はどのようなものになりますか。

　　相続分には法定相続分と指定相続分があります。法定相続分については，配偶者とどの順位の血族が相続人になるかの組合せによって，その割合が異なります。具体的相続分を出すにあたって考慮すべきなのが特別受益及び寄与分です。特別受益に該当するか否かで問題となるものに生命保険と死亡退職金とがあります。生命保険については，特段の事情がある場合には特別受益として持戻しの対象となると判示したものがあります。一方，死亡退職金については，議論があるものの，下級審裁判例では特別受益として持戻しの対象となることは否定されています。

☑ キーワード

　法定相続分，指定相続分，具体的相続分，特別受益，寄与分，生命保険金，死亡退職金

解　説

1　相続分の多義性

　民法上，「相続分」という言葉は多義的に使われています。
　まず，複数の相続人がいる場合に，相続財産の総体に対して各相続人が有する権利の割合が「相続分」と呼ばれます（民899条）。この意味の相続分は民法の規定により定められており（民900条・901条），これを「法定相続分」といいます。一方，被相続人が自らの意思で各相続人の相続分を定めることができ

(民902条1項*1) この場合を「指定相続分」といいます。

次に，相続財産から各共同相続人が取得する抽象的な価額も「相続分」と呼ばれます。この意味の相続分は，相続財産の総額に各自の法定相続分・指定相続分を乗じたものになります。

また，共同相続人の中に，被相続人から生前に一定の贈与を受けた者がいるときは，その贈与額を相続財産の価額に加算したものを基礎として各共同相続人が実際に取得すべき相続財産の価額又は割合が算定されます。この意味の相続分を，「具体的相続分」と呼びます。

2 法定相続分

(1) 概　　要

法定相続分は，配偶者とどのような関係にある血族が相続人になるかによって，次の図表1のとおりとなります（民900条）。

■図表1　法定相続分

相続人	配偶者	血族相続人
配偶者と子	1／2	1／2
配偶者と直系尊属	2／3	1／3
配偶者と兄弟姉妹	3／4	1／4

なお，配偶者の法定相続分については，昭和55年の改正で相続分が拡張されています。

法定相続分は相続発生時の民法の規定によりますので，相続の処理を放置したままとなっている案件に遭遇した際は注意を要します。

配偶者と子の組合せで相続が発生した場合で子が複数いる場合について，子（実子はもちろん養子も含みます。）が数人いる場合は，同順位で，かつ，均等の相続分を有します（民900条4号本文）。なお，最大決平25・9・4民集67巻6号1320頁を受け，平成25年12月5日成立，同月11日公布・施行の民法の一部改正（以下「平成25年12月改正」といいます。）により，認知された非嫡出子がいる場合の非嫡出子の法定相続分に関する規定は削除されていますので，非嫡出子も嫡出子と同じ相続分を取得します（同判決以前に開始した相続については，後に説明します。）。

代襲相続の場合，代襲資格を有する直系卑属が数人あるときは，被代襲者が

受けるべきであった相続分（指定相続分の場合も同様です。）を均等に分けたものとなります（再代襲相続の場合も同様です。）。

配偶者と兄弟姉妹の組合せで相続が発生した場合について，兄弟姉妹が数人いる場合は，同順位で，かつ，均等の相続分を有します（民900条4号本文）。ただし，半血兄弟姉妹と全血兄弟姉妹とがいる場合には，半血兄弟姉妹の法定相続分は，全血兄弟姉妹のそれの半分となります（同号ただし書）。ここで全血・半血とは，被相続人と父母双方を共通にしていれば「全血」，父母の一方のみを共通にしていれば「半血」となります。なお，全血・半血が問題となるのは血族相続人が兄弟姉妹の場合のみであり，子の場合には問題とならない点に留意すべきです。代襲相続についてはこの場合と同様です。

(2) 平成25年9月4日以前に開始した相続における非嫡出子の法定相続分の取扱い

平成25年12月改正前の民法900条4号ただし書前段（以下「非嫡出子規定」といいます。）は，非嫡出子の相続分を嫡出子の2分の1と定めていましたが，この規定は，前掲最大決平25・9・4において，「遅くとも平成13年7月当時において，憲法14条1項に違反していた」とされ，違憲無効であると判断されました。これを受けた平成25年12月改正では，非嫡出子規定が削除されましたが，その適用範囲は大法廷決定の翌日である平成25年9月5日以後に開始した相続とされたため，平成25年9月4日以前に開始した相続については，なお非嫡出子規定の適用の有無を検討する必要があります（念のために述べると，「相続が開始した」とは被相続人が死亡した時のことをいいます〔民882条〕。）。

平成25年9月4日以前に開始した相続については，期間を区切って考える必要があります。

(a) 大法廷決定が「遅くとも平成13年7月」において違憲としたことから，平成13年7月1日以降に開始した相続については，非嫡出子規定が無効であることを前提に，嫡出子と非嫡出子の間で相続分に差をつけない取扱いをするのが原則です。ただし，非嫡出子の法定相続分を嫡出子の2分の1とすることを前提としてなされた遺産分割の審判の確定又は遺産分割協議の成立により「確定的なものとなった法律関係」については非嫡出子の法定相続分を2分の1とする扱いの効力が維持されます☆1。

(b) 大法廷決定前には，最高裁が非嫡出子規定について合憲と判断してきた

のですが，そのような合憲判断事案のうち，相続開始時が最も遅いのが平成12年9月です☆2。

そのため，平成12年9月30日以前に開始した相続については，非嫡出子規定は合憲として扱われ，非嫡出子の法定相続分を2分の1とする扱いとなると思われます。

(c) 平成12年10月1日から平成13年6月30日までの期間に開始した相続については，最高裁が判断を下していないため，非嫡出子規定が有効か違憲無効かについて争う余地が残されているといえます。

平成25年12月改正及び大法廷決定に関する不動産登記実務については，平成25年12月11日付「民法の一部を改正する法律の施行に伴う不動産登記等の事務の取扱について（通達）」（法務省民二第781号）が参考になります。

3　指定相続分

既述のとおり，被相続人は相続分を定めることができますが，その方式は遺言によることとされています（民902条1項）。被相続人は自身で相続分を定めるほか，これを定めることを第三者に委託することもできます。

相続分の指定と解することができる遺言としては，①相続人全員の相続分を割合的に指定する場合，②一部の相続人の相続分を割合的に指定する場合，③特定の財産を特定の相続人に相続させる旨の遺言，いわゆる「相続させる」旨の遺言がありますが，いずれも遺言者の意思解釈いかんによっては，割合的包括遺贈や遺産分割方法の指定，特定遺贈と解釈される可能性があることには注意が必要です。

4　具体的相続分

(1)　具体的相続分とは

相続財産の範囲が決まれば，それに対して法定相続分もしくは指定相続分を乗じることにより各相続人は財産を取得しそうなものですが，そうではなくこれに修正を加えた相続分額が遺産分割の基準となります。これが「具体的相続分」です。

修正には，①特別受益の持戻しと，②寄与分制度とがあります。

Q14 ◆法定相続分と具体的相続分（特別受益）

(2) 特別受益の持戻し

(a) 被相続人が相続人Aに対して贈与・遺贈をした場合、それがどのような意味をもつのかについて、3つの可能性があります。すなわち、①Aの相続分を変更する意図はなく、単に当該財産をAに取得させたいという趣旨、②Aに与える財産は当該財産のみとする趣旨、③相続とは別にAに当該財産を余分に与える、という趣旨の3つです。

被相続人の相続人に対する贈与・遺贈がどの趣旨に該当するかについては、本来は被相続人に聞かないとわからないわけですが、民法では、「被相続人は諸子を平等に扱うに違いない」という前提に、相続人に対する贈与・遺贈を①の趣旨とみています。

これを定めたのが民法903条1項です。

まず、相続人に対する特定遺贈・包括遺贈は常に特別受益となります。「相続させる」旨の遺言による受益も、特別受益として持ち戻されます☆3。

一方、贈与については、①婚姻もしくは養子縁組のための贈与、②生計の資本としての贈与に限り、特別受益となるとされています。

①婚姻もしくは養子縁組のための贈与については、持参金・支度金が該当しますが、挙式費用もこれに該当するのかどうかについては議論があります。

②生計の資本としての贈与とは、広く、生計の基礎として有用な財産上の給付で扶養義務を超えたものを意味します。

(b) ここで問題となるのが死亡保険金請求権と死亡退職金です。

死亡保険金請求権は、**Q10**で解説したとおり、そもそも相続財産には当たりません。とはいえ、被相続人が保険料を支払っていたのであり、共同相続人の1人が被相続人の保険料支払の結果として保険金請求権を取得するのは、共同相続人の公平という観点からは疑問があります。そこで、判例上は特段の事情がある場合には、民法903条の類推適用により、死亡保険金請求権は持戻しの対象となるとされています☆4。

死亡退職金も、**Q10**で解説したとおり、相続財産には当たりません。死亡退職金には受給権者の生活保障を目的とした制度であるという一面がある一方、被相続人が受けるはずであった賃金の後払い的性質を有しているという一面があるため、どちらの面を重視するかにより持戻しの対象とすべきか否かという結論が異なってきます。この点に関しては、下級審判例では、特別受益性が否

定されています☆5。

(c) 民法903条1項は「共同相続人中に」と定めているように，特別受益が問題となるのは，被相続人から贈与や遺贈を受けたのが相続人の場合に限られます。ただし，相続人が相続放棄をした場合は，放棄者は当初から相続人でなかったものとみなされるため（民939条），持戻しの対象とはなりません。相続人が相続資格を取得する前に民法903条1項の贈与を受けた場合について，持戻しの対象とするか否かについては見解が分かれています。

民法903条1項では，「被相続人が相続開始の時において有した財産の価額にその贈与の価額を加えたものを相続財産とみなし」とされており，具体的相続分の算定については，特別受益たる財産は，その現物ではなく価額が相続財産の価額に加算されます。

(d) 法定相続分・指定相続分から特別受益を控除した結果がゼロ以下となる相続人は単に相続財産から何も取得できないだけであり，超過した受益を返還する必要まではありません（民903条2項）。

(e) 以上が特別受益があった場合の原則的な処理ですが，被相続人の意思により持戻しの免除を行うことも可能です（民903条3項*2）。

(3) **寄与分制度**

共同相続人の中に，「被相続人の財産の維持又は増加について特別の寄与をした者があるとき」にその寄与を評価し，当該相続人に特別に与えられる相続財産への持分のことを寄与分といいます。

寄与分については，被相続人の介護等を行った相続人から主張される場面がままみられますが，寄与分はあくまで「相続財産」に対する寄与であって，「被相続人」に対する寄与ではないことから，意図したように寄与分が認められないという場面が多くみられます。また，「特別の」寄与が必要であるというハードルもあることから，認められる場面がかなり限定されている制度である点は留意すべきです。なお，民法（相続関係）等の改正の中で，相続人以外の者の貢献を考慮するための方策として，特別の寄与（新民1050条）に関する定めが置かれたことについては，**Q11 2**(5)で述べたとおりです。

〔梅原　梓〕

Q14◆法定相続分と具体的相続分（特別受益）

■判　例■

☆1　最大決平25・9・4民集67巻6号1320頁。
☆2　最判平15・3・28裁判集民209号347頁・判タ1120号87頁，最判平15・3・31裁判集民209号397頁，最判平16・10・14裁判集民215号253頁・判タ1173号181頁。3件とも同一の被相続人に関する事案。
☆3　最判平3・4・19民集45巻4号477頁，広島高岡山支決平17・4・11家月57巻10号86頁。
☆4　最判平16・10・29民集58巻7号1979頁。
☆5　大阪家審昭53・9・26家月31巻6号33頁。

■注　記■

＊1　民法（相続関係）等の改正により，民法902条1項ただし書が削除されました。これは，本改正により遺留分の算定方法等が見直されましたが，その内容が相続分の指定により遺留分が侵害された場合についても適用される規律となっていることを理由とします（民法（相続関係）部会資料8「遺留分制度の見直し」17～18頁）。以下，民法902条1項について同じ。
＊2　民法（相続関係）等の改正により，民法903条3項について，「その意思表示は，遺留分に関する規定に反しない範囲内で，その効力を有する」が「その意思に従う」に改正されています。これは，本改正により遺留分の算定方法等が見直されましたが，その内容が持戻免除の意思表示により遺留分が侵害された場合についても適用される規律となっていることを理由とします（民法（相続関係）部会資料8「遺留分制度の見直し」17～18頁）。

遺産分割

遺産分割の概要はどのようなものですか。方式に決まりはありますか。相続発生後いつまでに行う必要がありますか。

> 遺産分割は，遺言により遺産分割が禁止されていない限り，いつでも行うことができ，協議・調停という話合いで決着がつかない場合は，家庭裁判所の審判で分割されます。遺産分割の方法には，現物分割，個別配分，換価分割，代償分割があります。遺産分割には遡及効が認められています。

☑ キーワード

解除，相続させる旨の遺言，代償財産，果実

解 説

 遺産分割

(1) 総 論

共同相続人は，相続分の割合で遺産を共有しますが，このような共有状態は暫定的なものであり，遺産分割によって最終的な遺産の帰属が確定します。

遺産分割については，「遺産に属する物又は権利の種類及び性質，各相続人の年齢，職業，心身の状態及び生活の状況その他一切の事情を考慮してこれをする」ものとされています（民906条）。

分割の方法として，「共同相続人は，次条の規定により被相続人が遺言で禁じた場合を除き，いつでも，その協議で，遺産の分割をすることができる。」

(民907条1項*1)とされており，①被相続人の遺言により遺産分割が禁止されている場合（民908条。ただし相続開始の時から5年を超えない期間に限る。），当該期間中は遺産分割ができません。②①の場合を除けば，共同相続人はいつでもその協議・調停で遺産の分割をすることができ（民907条1項，家事244条・別表第二・12），さらに，③遺産分割協議が調わない場合は，家庭裁判所の審判で分割されます（民907条2項）。

(2) 協議分割

遺産分割協議による分割の方法としては次の4つの方法があります。

(a) 現物分割

現物それ自体を分割する方法です。例えば，土地であれば分筆することにより，各相続人に取得をさせます。

(b) 個別配分

現物それ自体を分割する方法ですが，例えば，土地が2筆あり，相続人も2名であれば1人の相続人に対して1つの土地を取得させます。

(c) 換価分割

遺産を金銭に換えて分割する方法です。

(d) 代償分割

現物を特定の相続人が取得する代わりに他の相続人に対してその相続分に応じた金銭を支払う方法です。

協議による遺産分割の裁量はかなり広く認められており，具体的相続分に対応する必要はありません。法定相続分はもちろんのこと指定相続分に反する遺産分割協議も可能です。また，共同相続人に対する遺贈や相続させる旨の遺言がされていた場合についても，遺言内容と異なる分割協議が認められます☆1。極端な例を挙げると，具体的相続分を有する共同相続人の取り分をゼロとするような遺産分割協議も可能です。

相続人でない者が参加した場合や共同相続人の一部を除外して行われた協議・調停分割は，無効となるため注意が必要です。

遺産分割協議が整ったのち，当該協議を解除することは可能でしょうか。例えば，相続人の1人が遺産分割協議において負担した債務を履行しないとき，他の相続人が債務不履行を理由として遺産分割協議を解除したいという場合に問題となります。この点に関しては，判例は，共同相続人である子の1人が被

相続人の配偶者の扶養をする約束をし，その分他の子よりも多く財産を取得する遺産分割協議がなされた事案において，その約束の不履行を理由とする遺産分割協議の法定解除を否定していますが☆2，合意解除については認められています☆3。

(3) 遺言による遺産分割方法の指定

被相続人は，遺言で遺産分割の方法を定めることができます（民908条）。「分割方法」を指定した場合，これは「分割方法」が遺言により指定されたにとどまり，この指定によって当然に分割の効果が生じるのではなく，遺産分割手続を行うことが必要です。

「遺産分割方法の指定」とは法定相続分を変更せず，その法定相続分の範囲内で相続財産をどのように配分するかについての方法を定めるもののように読めますが，相続分の指定を含むことも許されますし，そのような場合が多いといえます。

例えば，被相続人が9000万円の財産を残して死亡し，嫡出子ＡＢＣが共同相続したところ，被相続人が遺言で甲土地をＡが取得するよう指定していた場合，甲土地の価値が2000万円の場合は，被相続人の意思としてはＡに2000万円分しか相続させないというものではなく，法定相続分の相続をさせるがその中に甲土地を含ませるという意思をもっていると判断されるでしょう。一方，甲土地の価値が4500万円の場合は，法定相続分を超えていることから，被相続人の意思としてＡの法定相続分をも変更する意思があると考えるのが自然です。

(4) 審判分割

共同相続人の協議が調わない場合，家庭裁判所が具体的相続分を基準として，審判で分割を行うことができます（民907条2項）。

遺産分割審判は，遺産に属する物又は権利の種類及び性質，各相続人の年齢，職業，心身の状態及び生活の状況その他一切の事情を考慮して行われます（民906条）。事業承継との関係では，経営の安定のためには株主の分散を避けることが望ましいという点を，民法906条の「その他一切の事情」に当たるとして，相続財産中の株式全部を次期社長となる相続人に取得させるのが相当とした裁判例が参考になります☆4。

遺産分割審判の成立までに長い時間がかかることがありますが，緊急に解決を要する事情に対応するため，審判前の保全処分（家事200条＊2）の制度があり

ます。事例として，不動産の共有持分の譲渡により分割に支障をきたすおそれがある場合における処分禁止☆5や，相続税の支払に支障が出るおそれがある場合における遺産の仮分割☆6があります。

2 その他の問題

(1) 当然分割か遺産分割の対象か

(a) 代償債権

相続財産開始時に存在していた被相続人の財産が，その後に生じた出来事の結果として相続財産から逸出し，これに替わる財産的利益（代償財産）を共同相続人が取得したとき，このような代償財産は遺産分割の対象となるでしょうか。この点に関しては，判例は，代償財産は，遺産分割の対象である相続財産から逸出し，各相続人は相続財産としてではなく，各自の相続分に応じて固有の権利として取得するものとしています☆7。ただし，共同相続人が代償財産を遺産分割の対象に含める合意をするなど「特別の事情」がある場合は，遺産分割の対象となるとされています☆8。

(b) 賃貸不動産の賃料債権

相続財産から生じた果実が遺産分割の対象となるか否かについても問題となります。この点に関しては，判例は，遺産である賃貸不動産から生じる果実としての賃料債権は遺産に属さないとしています☆9。よって，遺産分割の対象とはなりません。相続開始時から遺産分割までの間，遺産は共同相続人の共有に属するところ，この間に遺産である賃貸不動産を使用収益した結果として生じる賃料債権は，各相続人がその相続分に応じて分割単独債権として確定的に取得すると考えられています。

(c) 金融資産

預貯金債権については，従来，可分債権とされ，相続開始と同時に相続分により当然に分割されるとの扱い☆10でしたが，普通預金が問題となった事案について，最大決平28・12・19民集70巻8号2121頁が前掲（☆10）平成16年最判を変更し，遺産分割の対象とされました。その後，定期預金債権及び定期積金債権についても，遺産分割の対象となるとする判例が出されました☆11。

これにより，預貯金の大部分は，相続人全員の同意がなければ，原則として払戻しを行うことができないことになります。

しかしながら，相続税や，被相続人が負担していた債務等の支払のために，相続財産の一部である預貯金について払戻しを受ける必要性が高いケースがあります☆12。この点について，民法（相続関係）等の改正において，遺産の分割前における預貯金債権の行使・仮払い制度が創設されたことは既に**Q11❷**(2)(b)で述べたとおりです。

その他，定額郵便貯金債権☆13，委託者指図型投資信託の受益権，個人向け国債☆14，委託者指図型投資信託の受益権につき相続開始後に発生した元本償還金等に係る預り金☆15についても，当然分割が否定され，遺産分割協議の対象となるとされています。

(2) **遺産分割の時期**

共同相続人は，原則として「いつでも，その協議で，遺産の分割をすることができる」（民907条1項）とされています。共同相続人の1人は，他の共同相続人が分割を望まない場合でも，遺産分割協議を請求することができ，他の共同相続人はこれに応じなければなりません。ただし，遺言により5年を超えない期間について分割禁止が定められている場合（民908条），5年を限度として分割をしないとの契約を共同相続人間で行っている場合（民256条1項），家庭裁判所において，特別な事由があるとして，期間を定めて遺産の全部又は一部について分割を禁止されている場合（民907条3項）については，例外的に遺産分割協議を行うことはできません。

なお，遺産分割の時期に制限はありませんが，相続税の申告期限及び納期限は被相続人が死亡したことを知った日の翌日から10か月以内とされています（相税27条・33条）から，遺産分割が成立する前に相続税の負担についてのみ合意する必要があるケースもあります。

(3) **遺産分割の効力**

「遺産の分割は，相続開始の時にさかのぼってその効力を生ずる。ただし，第三者の権利を害することはできない。」（民909条）とされており，遺産分割には遡及効が認められています。遺産分割前に登場した第三者については，ただし書での保護が図られています。

〔梅原　梓〕

■判　例■

- ☆1　最判平12・9・7金法1597号73頁。
- ☆2　最判平元・2・9民集43巻2号1頁。
- ☆3　最判平2・9・27民集44巻6号995頁。
- ☆4　東京高決平26・3・20判タ1410号113頁・判時2244号21頁。
- ☆5　札幌高決平2・11・5家月43巻7号93頁。ただし，同決定は，処分禁止の仮処分を認めなかったものです。
- ☆6　大阪家堺支審昭59・5・28家月37巻2号154頁。
- ☆7　最判昭52・9・19裁判集民121号247頁・判時868号29頁。
- ☆8　最判昭54・2・22裁判集民126号129頁・判タ395号56頁。
- ☆9　最判平17・9・8民集59巻7号1931頁。
- ☆10　最判昭29・4・8民集8巻4号819頁，最判平16・4・20裁判集民214号13頁・判タ1151号294頁。
- ☆11　最判平29・4・6裁判集民255号129頁・判タ1437号67頁。
- ☆12　前掲（☆10）最判昭29・4・8，最判平16・4・20。
- ☆13　最判平22・10・8民集64巻7号1719頁。
- ☆14　最判平26・2・25民集68巻2号173頁。
- ☆15　最判平26・12・12裁判集民248号155頁・判タ1410号66頁。

■注　記■

＊1　民法（相続関係）等の改正により，民法907条が改正されます。新民法の907条1項・2項の改正内容について詳しくは，**Q11❷**(2)(c)参照。以下，民法907条について同じ。

＊2　民法（相続関係）等の改正により，家事事件手続法200条に3項が新設されました。詳しくは，**Q11❷**(2)(b)参照。

16 遺言の様式，効力，撤回

遺言の概要はどのようなものですか。遺言でどのような定めを置くことができますか。遺言の撤回はできますか。

遺言の効力はいつ発生しますか。

　遺言の方式には普通方式と特別方式があります。普通方式には自筆証書遺言，公正証書遺言，秘密証書遺言があり，自筆証書遺言，公正証書遺言が用いられることが多いです。遺言書で記載することができる内容は法定されていますので，それ以外の内容を記載しても効力は生じません。遺言の撤回は自由にできますが，法律上定められている方式に従う必要があります。遺言が有効なものである場合，遺言者の死亡の時からその効力は生じます。

☑ キーワード

自筆証書遺言，公正証書遺言，秘密証書遺言，法定遺言事項，撤回，無効，取消し

解　説

1　遺言の方式

　遺言の方式としては，普通方式と特別方式とがあります（民967条）。特別方式による遺言とは，普通方式によることが不可能か著しく困難な場合に，例外的に認められた方式です（民967条ただし書）。特別方式による遺言の事案を取り扱うことはまれですので，以下普通方式の遺言につき説明をします。

Q16 ◆遺言の様式，効力，撤回

普通方式による遺言には，①自筆証書遺言（民968条），②公正証書遺言（民969条・969条の2），③秘密証書遺言（民970条〜972条）があります。

(1) **自筆証書遺言の方式**
(a) **自筆証書遺言の作成**

自筆証書遺言は，遺言者が遺言書の本文，日付及び氏名を自分で書き，押印して作成する方式の遺言です（民968条1項）。誰にも知られずに作成でき，費用も安価である点はメリットとなりますが，方式不備で無効となる可能性があること，遺言書が発見されない危険性があること，全文を自筆しなければならないため煩雑であり，遺言者の状態によっては自筆証書遺言を利用できないことなどがデメリットとなります。なお，「押印」については，「遺言の全文等の自書とあいまって遺言者の同一性及び真意を確保するとともに，重要な文書については作成者が署名した上その名下に押印することによって文書の作成を完結させるという我が国の慣行ないし法意識に照らして文書の完成を担保すること」にその趣旨があるとされ☆1，いわゆる花押を書くことは，民法968条1項の「押印」の要件を満たさないとされています☆2。この点につき，日本に帰化した白系ロシア人の作成した署名のみの英文の遺言書につき，交際相手がヨーロッパ人に限られ，日常生活もヨーロッパ様式に従い，印章を使用するのは公的書類で押印を要求されるものに限られていたという事情を前提に，押印のない自筆証書遺言を有効とした判例☆3がありますが，例外的な事例判決と位置づけておくべきものであり，作成者の真意が明らかであれば押印を要しないと柔軟に理解すべきではありません。

なお，遺言書の検認の手続が必要である点にも注意を要します（民1004条1項）。

(b) **自筆証書遺言の加除・訂正**

自筆証書遺言で加除・訂正を行う場合は，①遺言者がその場所を指示し，②これを変更した旨を附記して，③特にこれに署名し，かつ④変更場所に印を押さなければ効力がありません（民968条2項〔新民968条3項〕）。このように，加除・訂正には厳格な方式が適用されていますので，自筆証書遺言に加除・訂正がある場合は，その方式に従った適法な加除・訂正となっているのかどうかに注意をする必要があります。方式に従わない加除・訂正があった場合の遺言書の効力については，変更自体は無効となり，変更はなかったものと考えるのが

通説です。また，加除・訂正部分が僅少かつ付随的・補足的なものにすぎない場合は，加除・訂正部分のみが無効となるにすぎず，遺言自体は有効であると考えられています。

(c) 民法（相続関係）等による改正

新民法では，相続財産目録については自筆することを要しないものとされました（新民968条2項前段）。この場合，遺言者は，その目録の毎葉（自書によらない記載がその両面にある場合にあっては，その両面）に署名し，印を押さなければならない（同条項後段）とされていますが，すべてを自筆で書かなければならない現行法に比べれば，負担は激減することは明らかです。ただし，加除修正については現行法が維持されましたので，相続財産目録も含めて(b)で述べた方法による必要があります。なお，この改正点については，平成31年1月13日から施行されます。

さらに，自筆証書遺言については，従前，作成後に遺言書が紛失したり，相続人によって隠匿・変造されたりすることがありました。また，被相続人がせっかく遺言書を作成していたにもかかわらず，相続人が遺言書の存在に気づかず，遺産分割が終了してしまうということも生じていました。そこで，自筆証書遺言を保管する制度の創設が検討されています。

具体的には，遺言者は，法務局に，自筆証書遺言にかかる遺言書の保管を申請することができるものとされました（法務局における遺言書の保管等に関する法律案4条1項）。申請には，遺言者が自ら法務局に出頭することが必要であり（同条6項），この遺言は無封のものに限られます（同条2項）。また，遺言者は，当該法務局に対し，自ら出頭して遺言書の閲覧又は返還を請求することができます（同法6条2項・4項，8条1項・3項）。

(2) **公正証書遺言の作成**

公正証書遺言は，民法969条に記載された方式により作成されます。公正証書のメリットとしては，専門家である公証人が関与することから方式不備による事後的紛争を回避できること，遺言書は公証役場に保管されるので，偽造・改ざんの危険が少ないこと，検認手続が不要であることです。一方，遺言書作成に費用がかかること，遺言の存在と内容が外部に明らかになる可能性がある点がデメリットであるといえます。

(3) 秘密証書遺言の作成

秘密証書遺言とは、遺言者が遺言内容を秘密にしたうえで遺言書を作成し、封印をした遺言証書の存在を明らかにする、この過程に公証人を関与させることを目的として行われる遺言です（民970条）。利用件数は少なく、実務上、触れる機会はあまりないと考えられます。

2 遺言の内容

遺言することができる事項は法律上限定されています（法定遺言事項）。法定遺言事項に該当しない事項については、たとえ遺言されても遺言としての法的効果は生じません。

法定遺言事項には、遺言によっても生前行為によっても行うことができる事項と遺言のみによって行うことができる事項とがあります。

遺言によっても生前行為によっても行うことができる事項には①財産処分、②認知（民781条）、③相続人の廃除（民892条・893条）又はその取消し（民894条）の3つがあります。

一方、遺言によってのみなし得る事項としては、①未成年後見人又は未成年後見監督人の指定（民839条・848条）、②相続分の指定又は指定の委託（民902条*1）、③遺産分割方法の指定又は指定の委託（民908条）、④遺産分割の禁止（民908条）、⑤相続人相互の担保責任の指定（民914条）、⑥遺言執行者の指定又は指定の委託（民1006条）、⑦遺贈減殺方法の指定（民1034条ただし書）があります。なお、⑦については、改正において、民法1034条は削除されて、新民法1047条1項2号ただし書に同趣旨の内容が定められました。同号ただし書では受贈者（ただし、贈与が同時にされたものに限られます）だけではなく受遺者の負担割合についても遺言に別段の意思表示ができることが規定されました。

3 遺言の撤回

(1) 遺言の方式による遺言の撤回

遺言者はいったん行った遺言をいつでも自由に撤回することができます（民1022条）。遺言の撤回は、原則「遺言の方式」に従って行われる必要があります（民1022条）。遺言の方式に従っていればよく、同一の方式による必要はありません。したがって、公正証書遺言を自筆証書遺言の方式により撤回することも

可能です。

(2) **遺言と抵触する行為による撤回**

撤回であると明示されていない場合でも，①遺言者が前の遺言と内容的に抵触する遺言をした場合（民1023条1項），②遺言者が遺言後に，遺言と抵触する生前処分をした場合（同条2項）にも，その抵触した部分について遺言の撤回が擬制されます。

どのような場合に「抵触」といえるのかについて争いが生じる場合があります。例えば，遺言者が終生扶養を受けることを前提として養子縁組をしたうえ所有不動産の大半を養子に遺贈する旨の遺言をしたが，その後，養子に対する不信感から協議離縁し，法律上も事実上も養子から扶養を受けることがなくなった事例で，協議離縁が遺贈と両立させない趣旨でなされたものであることを理由に，協議離縁による遺贈の撤回を認めています☆4。

(3) **遺言書・遺贈の目的物の破棄による撤回**

遺言者が故意に遺言書を破棄したときは，遺言を撤回したものとみなされます。この点につき，遺言書の文面全体の左上から右下にかけて赤色のボールペンで1本の斜線が引かれていた事案について，故意に遺言書を破棄したときに該当するとした判例があります☆5。斜線の引き方や引かれた場所によっては，一部抹消（民968条2項〔新民968条3項〕）と扱うべき場合もあり得ますから，遺言書に斜線等が引かれている場合にはその効力について慎重に検討する必要があります。

(4) **遺言の撤回の効力**

いったん行われた遺言（遺言A）が後の遺言（遺言B）により撤回された場合，この撤回遺言（遺言B）が後に別の遺言（遺言C）で撤回されたときや，撤回遺言（遺言B）が「効力を生じなくなった」場合であっても，A遺言は原則として復活はしません（民1025条本文）。

4　遺言の効力

遺言に無効・取消事由がなければ，遺言は，遺言者の死亡の時からその効力を生じます（民985条1項）。なお，停止条件を付した場合であって，停止条件が死亡後に成就したときは，条件成就時に効力が発生します（同条2項）。

遺言に無効・取消事由がある場合として，まず遺言独自に無効事由がある場

合があります。具体的には，①遺言能力が欠如する者が遺言をした場合（民961条・963条），②遺言の方式を遵守していない場合（民960条・民967条以下），③後見人又はその配偶者等に利益となる被後見人による遺言の場合（民966条1項）です。

また，民法総則の定める無効・取消事由も遺言に適用されますが，意思無能力による無効と公序良俗違反による無効を除いて，遺言中の身分上の事項には適用されず，財産上の事項にのみ適用される点には注意が必要です。

〔梅原　梓〕

■判　例■

☆1　最判平元・2・16民集43巻2号45頁。
☆2　最判平28・6・3民集70巻5号1263頁。なお，同種の事案である，アルファベット2文字を組み合わせた形象（東京地判平18・6・23〔平成15年（ワ）第16667号，平成17年（ワ）第6176号〕判例秘書），片仮名を崩したサイン様のもの及び平仮名1文字を丸で囲ったもの（東京地判平25・10・24判時2215号118頁）のいずれについても，自筆証書遺言の成立が否定されています。
☆3　最判昭49・12・24民集28巻10号2152頁。
☆4　最判昭56・11・13民集35巻8号1251頁。
☆5　最判平27・11・20民集69巻7号2021頁。

■注　記■

＊1　民法（相続関係）等の改正により，民法902条1項ただし書が削除されました。これは，本改正により遺留分の算定方法等が見直されましたが，その内容が相続分の指定により遺留分が侵害された場合についても適用される規律となっていることを理由とします（民法（相続関係）部会資料8「遺留分制度の見直し」17～18頁）。

遺留分と生前贈与，有償譲渡

遺留分とは何ですか。生前贈与がある場合，遺留分侵害は必ず生じますか。被相続人が相続人に財産を有償譲渡した場合に遺留分が問題となる場合はありますか。

被相続人は生前・死後を問わず，自身の財産を自由に処分することが可能であることが原則ですが，被相続人死亡後の相続人の生活保障のため，被相続人の財産処分の自由を制限したものが遺留分です。遺留分は兄弟姉妹以外の相続人に認められます。遺留分の算定の基礎財産には，被相続人死亡時の財産に加えて，①相続開始前１年間にされた贈与，②遺留分権利者に損害を加えることを知ってした贈与及び③特別受益の対象となる贈与も算入されます。①ないし③の贈与及び遺贈が，遺留分減殺請求の対象となります。不当な対価でされた有償行為は，当事者双方が遺留分権利者に損害を加えることを知って行ったときには，贈与とみなされ，基礎財産に算入されるとともに遺留分減殺請求の対象となります。なお，相続法改正で改正されている点があります。

☑ キーワード

条件付権利，存続期間不確定の権利，贈与，特別受益

1　遺留分とは

遺留分とは，被相続人の財産の中で，法律上その取得が一定の相続人に留保されていて，被相続人による自由な処分に対して制限が加えられている持分的

利益のことをいいます。残された相続人の生活保障や、潜在的持分の清算などを確保することが遺留分制度の趣旨といわれています。

2 遺留分権者

遺留分はすべての相続人に認められるわけではありません。具体的には、配偶者、子及び子の代襲相続人、直系尊属に遺留分が発生します（民1028条*1）が、一方、兄弟姉妹には遺留分はありません。つまり、兄弟姉妹以外の相続人には遺留分が発生することになります。ただし、相続欠格者、被廃除者、相続放棄者には遺留分はありません。相続欠格・廃除の場合には、代襲相続人に遺留分が発生します。胎児については、生きて生まれた場合は子として遺留分を有します（民886条1項・2項参照）。

3 遺留分の割合

遺留分の割合は、問題となる相続における相続人が誰であるかによって決まります。

直系尊属のみが相続人であるときは遺留分算定の基礎財産（以下「基礎財産」といいます。）の3分の1（民1028条1号）、それ以外の場合は基礎財産の2分の1が遺留分となります（同条2号）。下記4で説明する基礎財産の額に、この割合を乗じたものが、すべての遺留分権利者に関する遺留分の合計額となります。

この合計額に、各遺留分権利者の法定相続分を乗じることにより、各人の遺留分額が算出されます（民1044条・900条・901条*2）。

4 遺留分算定の基礎財産

(1) 遺留分算定の基礎財産

基礎財産は、次のような計算式により算出されます（民1029条〔新民1043〕）。

$$基礎財産＝相続開始時の財産（積極財産）＋贈与－債務$$

基礎財産を「被相続人が相続開始時に保有していた財産」とすると、例えば被相続人が死亡する直前に所有財産の大半を他人に贈与してしまった場合に、遺留分制度の目的が達成できなくなるため、このような規定になっています。

(2) 相続開始時の財産

　条件付権利や存続期間の不確定な権利についてはどのように算定すべきでしょうか。いずれについても，積極財産を構成しますが，その価格をどのように基礎財産に参入するかについては，議論の余地があり，法的手続になった場合は，家庭裁判所が選定した鑑定人の評価に従うことになります（民1029条2項〔新民1043条2項〕，家事216条1項1号＊3・別表第一，109）。

(3) 贈　　与

　「贈与は，相続開始前の1年間にしたものに限り，前条の規定によりその価額を算入する。」とされています（民1030条＊4）。ここでいう「贈与」は，民法549条以下に規定されている「贈与」に限られず，すべての無償行為を指します。例えば，一般社団法人への財産の供出も贈与に該当します。

　原則として相続開始前の1年間にされた贈与は，基礎財産に算入されます。裏返すと，相続開始1年前よりも過去にされた贈与は，基礎財産に算入されませんし，遺留分減殺請求の対象にもなりません。ただし，以下のような例外があります。

　(a) 遺留分権利者に損害を加えることを知ってした贈与については，相続の1年前よりも過去にされたものであっても，基礎財産に参入され，遺留分減殺請求の対象となります（民1030条後段）。

　この「損害を加えることを知って」とは，損害を加えることの認識，すなわち遺留分権利者に損害を加えるべき事実を知っていることで足り，加害の意思は不要とされています☆1。

　(b) 特別受益としての贈与については，民法1030条の制限を受けず，したがって相続開始1年前であるか否かを問わず，また，損害を加えることの認識の有無を問わず，当然に遺留分算定の基礎財産に算入されます（民法1044条による民法903条の準用＊5）。とはいえ，民法903条の特別受益として算入の対象とされる贈与がすべて減殺の対象になるかについては，判例は，「相続開始よりも相当以前にされたものであって，その後の時の経過に伴う社会経済事情や相続などの関係人の個人的事情の変化をも考慮するとき，減殺請求を認めることが右相続人に酷であるなどの特段の事情」があるときは減殺の対象とならないと判示しています☆2。

　もっとも，特別受益に該当するためには「共同相続人に対する」贈与である

ことが必要ですので，受贈者が相続放棄をしてしまえば，原則どおり民法1030条の適用対象となり，原則として，相続開始前１年以内の贈与のみが基礎財産に算入され，遺留分減殺請求の対象となります。

また，民法1044条は同法903条３項も準用の対象としていますので，特別受益分に関する持戻免除と遺留分減殺請求との関係が問題となりますが，判例は，持戻免除が遺留分を侵害するときも，当該免除を当然に無効とするのではなく，遺留分減殺請求により特別受益に当たる贈与についてされた持戻免除の意思表示が減殺された場合，持戻免除の意思表示は，遺留分を侵害する限度で失効し，当該贈与に係る財産の価額は，上記の限度で，遺留分権利者である相続人の相続分に加算され，当該贈与を受けた相続人の相続分から控除されるものとしています☆３＊６。

(c) 不当な対価でされた有償行為は，当事者双方が遺留分権利者に損害を加えることを知って行ったときには，贈与とみなされます（民1039条前段＊７）。この場合には，処分行為の時期を問わず，正当な価額との差額が，贈与として基礎財産に算入されます。よって，有償譲渡でさえあれば遺留分減殺請求の対象とはならない，とは一概にはいえませんので注意が必要です。

(4) 債　　務

基礎財産の算定にあたっては，債務の全額を控除します。

被相続人の所得税のような公法上の債務も控除の対象となります。他方で，相続税や遺産の管理費用など相続財産に関する費用（民885条２項＊８），遺言執行に関する費用（民1021条）は，控除の対象となりません。

被相続人の保証債務については，主たる債務者が弁済不能の状態にあるため保証人がその債務を履行しなければならず，かつ，その履行による出捐を主たる債務者に求償しても返還を受けられる見込みがないような特段の事情が存在する場合でない限り，控除の対象とならないとした裁判例があります☆４。

5　遺留分侵害額

遺留分侵害額は，各遺留分権利者ごとに算出されます。すなわち，基礎財産の額に遺留分の割合を乗じて遺留分の合計額を算出し，各遺留分権利者それぞれの法定相続分の割合を乗じ，特別受益財産を得ている遺留分権利者についてはその価額を控除して算定された各自の遺留分の額から，遺留分権利者が相続

によって得た財産がある場合はその額を控除し，負担すべき相続債務がある場合はその額を加算して算定されます☆5。

算定式をまとめると，次のようになります。

> 遺留分侵害額＝(基礎財産×遺留分割合×法定相続分)－特別受益－相続した財産
> ＋相続債務

6　改正動向

今回の民法（相続関係）等の改正では，相続人に対する贈与は，原則として，相続開始前の10年間にされたものに限り，その価額を遺留分を算定するための財産の価額に算入することとなりました（新民1044条1項前段・3項）。ここでいう贈与は，婚姻もしくは養子縁組のため又は生計の資本として受けた贈与に限られています（同3項）。

このほか，負担付贈与がされた場合における遺留分を算定するための財産の価額に算入する贈与した財産の価額は，その目的の価額から負担の価額を控除した額とすること（新民1045条1項），不相当な対価をもってした有償行為は，当事者双方が遺留分権利者に損害を与えることを知ってしたものに限り，当該対価を負担の価額とする負担付贈与とみなすこと（同条2項）とする改正が行われています。

さらに，遺留分侵害額の算定式について，「相続した財産」とは，未分割の遺産がある場合に，法定相続分・具体的相続分のいずれを前提に算定すべきなのかについては見解の対立がありました。また，遺留分侵害額を算定する時点で既に遺産分割が終了している場合の算定方法については，実際に行われた遺産分割の結果を前提として算定すべきなのか，未分割の遺産がある場合と同様の算定方法にすべきなのかという見解の対立がありました[*9]。この点について法改正では解決が図られています。すなわち，遺産分割の対象財産がある場合（既に遺産分割が終了している場合も含む。）には，遺留分侵害額の算定をするにあたり，遺留分から新民法900条から902条まで，903条及び904条の規定により算定した相続分に応じて遺留分権利者が取得すべき遺産の価額を控除することとされました（新民1046条2項本文・2号）。すなわち，遺産分割が終了しているか否かにかかわらず，具体的相続分を前提に算定されることになりました。な

お，寄与分による修正は考慮されません。また，遺留分侵害額を算出する算定式についても新民法1046条2項に明文化されました。

〔梅原　梓〕

■判　例■

☆1　大判昭4・6・22民集8巻618頁。
☆2　最平平10・3・24民集52巻2号433頁。
☆3　最決平24・1・26裁判集民239号635頁・判タ1369号124頁。
☆4　東京高判平8・11・7高民集49巻3号104頁・判時1637号31頁。
☆5　最判平8・11・26民集50巻10号2747頁。

■注　記■

＊1　民法（相続関係）等の改正により，民法1028条は削除されました。新民法1042条の内容は次のとおりです。
　「1　兄弟姉妹以外の相続人は，遺留分として，次条第1項に規定する遺留分を算定するための財産の価額に，次の各号に掲げる区分に応じてそれぞれ当該各号に定める割合を乗じた額を受ける。
　　一　直系尊属のみが相続人である場合　三分の一
　　二　前号に掲げる場合以外の場合　二分の一
　2　相続人が数人ある場合には，前項各号に定める割合は，これらに第900条及び第901条の規定により算定したその各自の相続分を乗じた割合とする。」
　以下，民法1028条について同じ。
＊2　各人の遺留分額の算出方法については，新民法1042条2項に規定されました（＊1参照）。
＊3　民法（相続関係）等の改正により，家事事件手続法216条1項1号「遺留分を算定する場合における」が「遺留分を算定するための財産の価額を定める場合における」に改正されています。
＊4　民法（相続関係）等の改正により，条文番号が民1030条から新民1044条に変更となりました。また，同改正により，2項及び3項が新設されたため，民法1030条は，新民法1044条1項となります。以下，民法1030条において同じ。
　新民法1044条の内容は次のとおりです。
　「1　贈与は，相続開始前の1年間にしたものに限り，前条の規定によりその価額を算入する。当事者双方が遺留分権利者に損害を加えることを知って贈与をしたときは，1年前の日より前にしたものについても，同様とする。

2　第904条の規定は，前項に規定する贈与の価額について準用する。
　　　3　相続人に対する贈与についての第1項の規定の適用については，同項中『1年』とあるのは『10年』と，『価額』とあるのは『価額（婚姻若しくは養子縁組のため又は生計の資本として受けた贈与の価額に限る。）』とする。」
＊5　民法（相続関係）等の改正により，新民法1044条3項が新設されたことから，遺留分を算定するための財産の価額に算入される特別受益としての贈与は相続開始前10年間にされたものに限られることになりました（＊4参照）。
＊6　民法（相続関係）等の改正により，民法1044条は削除されています。また，民法903条3項について，「その意思表示は，遺留分に関する規定に反しない範囲内で，その効力を有する」が「その意思に従う」に改正されているところ，これは，本改正により遺留分の算定方法等が見直されましたが，その内容が持戻免除の意思表示により遺留分が侵害された場合についても適用される規律となっていることを理由とします（民法（相続関係）部会資料8「遺留分制度の見直し」17〜18頁）。
＊7　民法（相続関係）等の改正により，条文番号が民法1039条から新民法1045条に変更となりました。また，第1項が新設されたことから，民法1039条は新民法1045条2項となっています。また，改正にあたり，条文の文言にも変更があります。新民法1045条の内容は次のとおりです。
　　「1　負担付贈与がされた場合における第1043条第1項に規定する贈与した財産の価額は，その目的の価額から負担の価額を控除した額とする。
　　　2　不相当な対価をもってした有償行為は，当事者双方が遺留分権利者に損害を加えることを知ってしたものに限り，当該対価を負担の価額とする負担付贈与とみなす。」
＊8　民法（相続関係）等の改正により，民885条2項は削除されました。
＊9　法務省「民法（相続関係）等の改正に関する中間試案の補足説明」70頁。

18 遺留分の放棄

遺留分は放棄することはできますか。放棄する場合の手続はどのようなものですか。事業承継が問題となる相続の場合に適用される遺留分に関する特別な規律はありますか。

> 遺留分は相続開始前後を問わず放棄することは可能ですが、相続開始前については、家庭裁判所の許可が必要とされています。これが民法の原則ですが、一定の要件を満たす経営者の相続の場合には、遺留分に関する別の合意を行うことが可能となります。具体的には、①自社株式について遺留分算定基礎財産から除外することの合意（除外合意）及び②遺留分算定基礎財産に算入する価額を合意時の時価に固定する合意（固定合意）をすることができます。手続としては、推定相続人全員で一定の事項を合意したうえで、経済産業大臣の確認を受け、家庭裁判所の許可を受ける必要があります。

☑ キーワード

放棄，除外合意，固定合意

解 説

 事業承継と遺留分の放棄

事業承継においては、承継会社の支配権維持及び事業継続に必要な財産（株式，重要資産等）を後継者に承継させることが必要となります。

しかし、遺言や生前贈与の効力を否定する可能性がある遺留分は、このような目的の妨げとなることがあります。そこで、遺留分の放棄を行う必要性が出

てきます。

2　民法上の遺留分の放棄

(1)　遺留分の放棄の手続

　遺留分の放棄は相続開始前も後も可能ですが，相続開始前の放棄については，遺留分の放棄を被相続人や他の共同相続人から強要されないように，家庭裁判所の許可が必要となります（民1043条１項〔新民1049条１項〕，家事216条１項２号・別表第一，110）。

　家庭裁判所の許可基準として，実務上は，①放棄が申立人の真意に基づくものか，②放棄の合理性・必要性，③放棄と引き換えに贈与等の代償給付がなされたかという代償性が挙げられます。事実の調査は，申立書及び添付書類の内容に加え，申立人に対する書面照会等により行われます。被相続人に対し，申立ての事実を知っているか，生前贈与の有無，被相続人の資産の内容等について書面照会を実施している家庭裁判所も多いようです。

　相続開始後の遺留分の放棄は遺留分権利者が自由に行うことができ，家庭裁判所の許可なしに行うことが可能です。

(2)　遺留分の放棄の効力

　遺留分の放棄は，相続の放棄とは異なり，他の遺留分権利者の遺留分を増加させることにはならない点に留意すべきです（民1043条２項〔新民1049条２項〕）。例えば，配偶者と子２人が相続人の場合，遺留分の割合は相続財産の２分の１であり（民1028条２号*1），各自の割合は法定相続分に応じて配偶者が４分の１，子がそれぞれ８分の１ですが（民1044条・900条*2），このうち，子の１人が遺留分を放棄しても，配偶者及びもう１人の子の遺留分の割合が増加するわけではありません。

3　事業承継に関する特例と遺留分

(1)　除外合意・固定合意

　1で述べたように遺留分の放棄は経営者に事業を承継させることを目的に行われますが，経営者が被相続人であり，遺産の大半を自社株式が占める場合に，後継者にすべての株式を確実に相続させたい場合などには，より一層その要請が強まります。

「遺留分の心配なく，後継者にすべての株式を確実に相続させたい」という要望をかなえるために，**1**で述べた相続開始前の遺留分の放棄を行うことも考えられますが，遺留分放棄の手続は各相続人が個々に家庭裁判所に申立てをしたうえで許可を得なければならず負担が大きいこと，また，各相続人ごとに家庭裁判所の許可基準を満たしているか否かの判断がなされるため，相続人間で許可・不許可の判断がまちまちとなる可能性があるなど，自社株式の分散防止策として，必ずしも利用しやすい制度とはなっていません。

そこで，中小企業における経営の承継の円滑化に関する法律（平成27年法律第61号）において，遺留分に関する民法の特例が定められています。この特例を利用すると，①自社株式について遺留分算定基礎財産から除外することの合意（除外合意。中小承継4条1項1号）や，②遺留分算定基礎財産に算入する価額を合意時の時価に固定する合意（固定合意。同項2号）を行うことができます。除外合意，固定合意を組み合わせた合意を行うことも可能です。

以下では，除外合意・固定合意を利用する際の手続について説明します。

(2) 用語の定義

除外合意・固定合意の利用を検討する際に問題となる用語として，次のようなものがあります。

会　　社：特例中小企業者（下記①及び②を満たす者）であること
　　　　　①中小企業者であること（中小承継2条，中小承継円滑化法施行令）
　　　　　②合意時点において3年以上継続して事業を行っている非上場企業であること（中小承継3条1項，中小承継施行規則2条）
旧経営者：合意時点において特例中小企業者の代表者である者又は合意時点より前に代表者であった者（中小承継3条2項）
後 継 者：次の①及び②の双方を満たす者
　　　　　①合意時点において特例中小企業者の代表者であること
　　　　　②合意時点において旧経営者からの贈与等により株式を取得したことにより，会社の議決権の過半数を保有していること（中小承継3条3項）
推定相続人：相続が開始した場合に相続人となるべき者のうち，被相続人の兄弟姉妹及びこれらの者の子以外の者（中小承継3条4項）
　　　　　　除外合意，固定合意ともに，推定相続人全員で合意を行います

が，兄弟姉妹及びこれらの者の子には遺留分がないため，推定相続人の範囲から除外されています。

なお，後継者については，立法当時は旧経営者の推定相続人であることも要件とされていましたが，平成27年の法改正により，推定相続人以外の者を後継者とする場合にも特例の適用を認めるために，旧経営者の推定相続人であるとの要件が削除されたことに留意が必要です。

(3) 除外合意
(a) 除外合意とは

後継者が旧代表者から相続，遺贈もしくは贈与により取得する特例中小企業者の株式等（株式又は持分）の全部又は一部について，その価額を遺留分算定の基礎財産に算入しない旨の合意をいいます（中小承継4条1項1号）。

除外合意により，株式等が遺留分算定の基礎財産に算入されず，また，減殺請求の対象にもならなくなるため，支配権の承継を円滑に行うことができます。

(b) 合意の方法

除外合意は，後継者及び推定相続人全員が，書面により合意して行います（中小承継4条1項柱書）。

(c) 除外合意を利用できない場合

除外合意や固定合意の対象とする株式等を後継者が所有していないと仮定してもなお，後継者が議決権の過半数を確保することができる場合には，当該合意をすることができません（中小承継4条1項柱書ただし書）。

例えば，旧代表者と後継者が49：51の割合で株式を保有する形で設立された株式会社の場合，除外合意の対象となる旧代表者の株式を除いても，後継者が100分の50を超える議決権を保有することになるため，除外合意を利用することはできません。

(d) その他の合意事項

除外合意に加えて合意する事項としては，次のものがあります。

(ア) 合意が特例中小企業者の経営の承継の円滑化を図ることを目的とすること　この点は，除外合意書に記載するのが通常です。

(イ) 後継者が代表者でなくなった場合などに，後継者以外の者がとれる措置（中小承継4条3項）　例えば，後継者以外の合意当事者が，除外合意を解

除できる旨あるいは後継者に対し一定額の金銭の支払を請求できる旨を定めることが考えられます。

　(ウ)　下記(5)の付随合意（中小承継5条・6条）

(4)　**固定合意**

(a)　**固定合意とは**

　後継者が旧代表者から相続，遺贈もしくは贈与により取得する特例中小企業者の株式等（株式又は持分）の全部又は一部について，遺留分を算定するための財産の価額に算入すべき価額を当該合意の時における価額とする旨の合意をいいます（中小承継4条1項2号）。

　固定合意により，株式等の価値が上昇した場合でも，上昇分が遺留分算定の基礎財産に算入されないことになります。これにより，後継者は想定外の遺留分減殺請求を受けるリスクを小さくできますし，また，旧代表者の生前に経営者が事業を引き継ぐ場合に，引継時点における価額について固定合意を行うことで，後継者によるその後の企業価値向上の結果について遺留分が及ばないこととなり，ひいては，後継者の企業価値上昇に向けたインセンティブを確保することができます。

　ただし，固定合意の後に株式等の価値が下落した場合も，固定合意時の価額が算入されるため，後継者にとって不利に働くリスクもあることに留意が必要です。

(b)　**合意の方法**

　固定合意は，後継者及び推定相続人全員が，書面により合意して行います（中小承継4条1項柱書）。

(c)　**合意価額の証明書**

　固定合意における価額については，弁護士，弁護士法人，公認会計士，外国公認会計士，監査法人，税理士又は税理士法人による，合意の時における価額が相当な価額であることの証明が必要です（中小承継4条1項2号括弧書）。これらの専門家であっても，旧代表者や後継者などは，証明をすることができません（同条2項）。

　合意の時における価額の評価方法については，中小企業庁が同庁ウェブサイトにて「経営承継法における非上場株式等評価ガイドライン」を公表しています。

かかる証明書は，後に述べる経済産業省への申請の際の添付書類とされています。

(5) 付随合意（中小承継5条・6条）

付随合意は，除外合意又は固定合意と併せてのみ行うことができます。付随合意についても，後継者及び推定相続人全員の書面による合意が必要です。

次の事項について，付随合意を行うことができます。

(a) **後継者が取得した株式等以外の財産に関する遺留分の算定に係る合意**（中小承継5条）

後継者が取得した株式等以外の財産は，除外合意・固定合意の対象ではありませんが，そのような財産についても付随合意として，遺留分算定の基礎財産に算入しないこととすることができます。

(b) **必要に応じ，推定相続人間の公平を図るための措置**（中小承継6条1項）

例えば，後継者が後継者以外の合意当事者に対し一定額の金銭を支払う旨，後継者が旧代表者の生活費として毎月一定額の金銭を支払う旨，後継者が旧代表者の疾病に対する医療費等を負担する旨を定めることが考えられます。

(c) **後継者以外の推定相続人が当該旧代表者からの贈与等により取得した財産に関する遺留分の算定に係る合意**（中小承継6条2項）

後継者以外の推定相続人が当該旧代表者からの贈与又は当該特定受贈者からの相続，遺贈もしくは贈与により取得した財産の全部又は一部について，その価額を遺留分を算定するための財産の価額に算入しない旨を合意することができます。

(6) 手　　続

除外合意・固定合意・付随合意のいずれについても，①経済産業大臣の確認を受け，②家庭裁判所の許可を受ける必要があります。

(a) **経済産業大臣の確認**（中小承継7条）

(ア) **申請時期・申請先**　除外合意・固定合意・付随合意の後1か月以内に，全国9か所にある地方経済産業局に対して申請する必要があります（中小承継7条2項）。

後継者が単独で申請を行うことが可能です。

(イ) **申請書類**（中小承継施行規則3条）　確認申請書に加え，必要に応じて次の書類を添付します。確認証明申請書は中小企業庁ホームページに書式が掲

Q18◆遺留分の放棄

載されています。
① 推定相続人全員の署名又は記名押印のある合意書の原本と写し必要数
② 固定合意における合意価額の相当性に関する証明書
③ 合意書面に押印がある場合，押印した印鑑の印鑑証明書（申請日前3か月以内）
④ 特例中小企業者の定款の写し（合意日現在）
⑤ 特例中小企業者の登記事項証明書（申請日前3か月以内）
　なお，旧代表者が合意日において代表者ではない場合には，旧代表者が過去に代表者であったことを証する履歴事項証明書・閉鎖事項証明書の添付が必要です。
⑥ 合意日における特例中小企業者の従業員数証明書
⑦ 特例中小企業者の合意日の前3年以内に終了した各事業年度の貸借対照表，損益計算書
⑧ 特例中小企業者が上場会社等に該当しない旨の誓約書
⑨ 旧代表者の出生日から合意日までの連続した戸籍謄本等
⑩ 後継者及び推定相続人全員の戸籍謄本
⑪ 旧代表者の子（及びその代襲者）で死亡している者がある場合，その子（及びその代襲者）の出生日から死亡日までの連続した戸籍（除籍，改製原戸籍）謄本
　これが必要とされるのは，代襲相続が発生していないかを確認するためです。
⑫ 特例中小企業者が株式会社である場合，株主名簿の写し

(b) **家庭裁判所の許可の申立て**（中小承継8条）

(ｱ) 申立時期・申立先　経済産業大臣の確認が得られた後1か月以内に，旧代表者の住所地を管轄する家庭裁判所（家事243条1項）に対して行う必要があります（中小承継8条1項）。

(ｲ) 申請書類　申立書に加え，次の書類を添付します。
① 経産大臣作成の確認証明書
② 合意書面の写し（推定相続人の人数分の通数）
③ 旧代表者の出生時から現在までのすべての戸籍（除籍，改製原戸籍）謄本
④ 推定相続人全員の戸籍謄本

⑤　旧代表者の子（及びその代襲者）で死亡者がいる場合，その子（及びその代襲者）の出生時から死亡時までのすべての戸籍（除籍，改製原戸籍）謄本

代襲相続の発生の有無を確認する趣旨です。

　(ウ)　**許可要件の審査**　　申立てに際しては，家庭裁判所の許可の要件としては，合意が当事者全員の真意によるものであることが挙げられます（中小承継8条2項）。その審査にあたっては，申立人以外の推定相続人に対する書面照会により行われます。調査の内容は，遺留分の相続前放棄の許可におけるのと同様のものになると思われます。

　また，極めて例外的に，合意が当事者全員の真意に基づくものであるとの心証を得た場合であっても，公序良俗（民90条*3）に反するなどの理由により申立てを却下する場合があり得るとされています。

(7)　**合意の効力**

(a)　**効力の及ぶ範囲**

　合意の効力は，その合意の当事者以外の者に対してする遺留分減殺に影響を及ぼしません（中小承継9条3項）。なお，合意の効力が及ぶ「当事者」には，合意をした当事者が死亡した場合の代襲者（民887条2項）も含まれます。

(b)　**失効事由**

　合意の失効事由としては次のものが挙げられます（中小承継10条）。

　(ア)　経済産業大臣の確認が取り消されたこと
　(イ)　旧代表者の生存中に，後継者が死亡し，又は後見開始・保佐開始の審判を受けたこと
　(ウ)　合意の当事者以外の者が新たに旧代表者の推定相続人となったこと
　(エ)　合意の当事者の代襲者が旧代表者の養子となったこと

〔梅原　梓〕

━━■**注　記**■━━

*1　民法（相続関係）等の改正により，民法1028条は削除されました。新民法1042条の内容は次のとおりです。

　「1　兄弟姉妹以外の相続人は，遺留分として，次条第1項に規定する遺留分を算定するための財産の価額に，次の各号に掲げる区分に応じてそれぞれ当該各号

に定める割合を乗じた額を受ける。
　一　直系尊属のみが相続人である場合　三分の一
　二　前号に掲げる場合以外の場合　二分の一
2　相続人が数人ある場合には，前項各号に定める割合は，これらに第900条及び第901条の規定により算定したその各自の相続分を乗じた割合とする。」

＊2　各人の遺留分額の算出方法については，新民法1042条2項に規定されました（＊1参照）。

＊3　民法（債権関係）の改正により，民法90条に規定されていた「事項を目的とする」が削られました。

遺留分減殺請求の効果・消滅

遺留分減殺請求権を行使した場合，相続財産の所有関係はどのようなものになりますか。遺留分減殺請求権の行使に期間制限はありますか。

　遺留分減殺請求権が行使されると，減殺の対象となった遺贈・贈与の目的財産上の権利は当然に減殺請求を行った遺留分権利者に帰属します。遺贈・贈与の一部について減殺される場合，遺留分権利者と受遺者・受贈者の共有関係が生じます。この共有は，遺産共有ではなく，通常の共有とされています。これに対し，受遺者・受贈者は，価額弁償を行うことにより，遺留分権利者に帰属した権利を取り戻すことができます。遺留分減殺請求権には，相続の開始及び減殺すべき贈与・遺贈があったことを知った時から１年の消滅時効が適用されるため，この期間内に行使する必要があります。なお，相続法改正で改正されている部分であるため注意を要します。

☑ キーワード

価額弁償，減殺の順序，生前贈与，死因贈与，期間制限

解　説

1　遺留分減殺請求権の行使

　遺留分減殺請求は，遺留分を侵害する遺贈・贈与（以下「遺留分侵害行為」といいます。）の受贈者に対する意思表示によって行います。裁判上の請求による必要はなく☆1，意思表示が到達すれば，2で説明する減殺の効果が生じます。意思表示の内容及び到達を証明するため，通常，内容証明郵便により意思表示

を行います。

相続財産のすべてが相続人の一部に遺贈されたケースにおいて，遺留分減殺請求権を有する相続人が遺贈の効力を争わずに遺産分割協議の申入れをしたときは，特段の事情のない限り，その申入れに遺留分減殺の意思表示が含まれているとした判例☆2がありますが，**4**で述べる消滅時効の成立を争われる余地を残すべきではありませんから，上記のようなケースでも，減殺請求を行う旨明示した書面を送付して意思表示を行うべきでしょう。

2 遺留分減殺請求の効果

(1) 減殺の効力

遺留分権利者が行う遺留分減殺の意思表示によって，遺留分侵害行為の全部又は一部は失効し，その限度で，遺留分侵害行為の目的財産上の権利は当然に遺留分権利者に帰属します☆3。

例えば，ある贈与のすべてが減殺されたときは，その贈与の目的物が減殺請求を行った者の単独所有となります。ある贈与の一部が減殺された場合，その贈与の目的物は，減殺請求を行った者と受贈者との間に共有関係が生じることになります。この共有関係は，遺産共有ではなく，通常の共有（民249条以下）となり，遺産分割（民906条以下）を経ることなく共有物分割請求（民256条）の対象となります☆4。

(2) 価額弁償

(a) 受遺者・受贈者による価額弁償権

遺留分減殺請求がされた場合の効果としては，現物返還が原則ですが，受遺者・受贈者は，減殺を受けるべき限度において，遺贈・贈与の目的の価額を遺留分権利者に弁償して返還の義務を免れることもできます（民1041条〔新民法で削除。**5**参照〕。価額弁償）。

目的物の返還義務を免れるためには，価額の弁償を現実に履行するか又はその履行の提供をしなければならず，価額の弁償をする旨の意思表示をしただけでは返還義務を免れません☆5。履行の提供をすることにより，遺留分減殺請求により遺留分権利者に帰属した権利は，再び受遺者・受贈者に移転し，遺留分権利者は価額弁償を求める権利を取得します☆6。

履行の提供がなされない場合であっても，受遺者・受贈者が遺留分権利者に

対して価額弁償の意思表示をしたのに対し，遺留分権利者が価額弁償を求める権利を行使する旨の意思表示をした場合には，当該遺留分権利者は，減殺請求により取得した目的物の現物返還請求権を遡って失い，価額弁償請求権を確定的に取得します☆7。

(b) **弁償すべき価額に争いがある場合**

弁償すべき額について争いがある場合，その現実の履行又は履行の提供をすることができません。価額弁償における価額算定の基準時は現実に弁償がされる時（例えば，減殺請求を行った者が価額弁償を請求する訴訟の場合，同訴訟の事実審口頭弁論終結の時）とされており☆8，争う中で弁償額が高騰する可能性があるなど，受遺者・受贈者は不安定な立場に置かれます。そこで，受遺者・受贈者が原告となり，減殺請求を行った者を被告として弁償すべき額の確定を求める訴訟を提起することができます☆9。

(3) **減殺の順序**

(a) **遺贈と贈与の順序**

遺留分の減殺には順序があり，まず遺贈，次いで贈与が減殺されます（民1033条〔新民法で削除。**5**参照〕）。

いわゆる「相続させる」遺言については，遺贈と同順位とし，死因贈与については，遺贈の次に死因贈与，最後に生前贈与の順に減殺すべきとした裁判例があります☆10。

(b) **複数の遺贈間の順序**

遺贈が複数のときは，遺留分権利者が減殺の対象となる財産を選ぶことができるわけではなく，減殺の対象となるすべての遺贈について価額の割合に応じて減殺されます（民1034条〔新民法で削除。**5**参照。以下，民法1034条について同じ〕）。受遺者も遺留分を有する場合，遺贈の目的物の価額のうち受遺者の遺留分額を超える部分を，民法1034条にいう「価額」として割合を算定します。なお，遺贈者が遺言に別段の意思を表示していたときは，それに従います（民1034条ただし書）。

(c) **複数の贈与間の順序**

贈与については，まず原則として相続開始前の1年間に贈与契約が行われた贈与が減殺の対象となります（民1030条＊1・1031条〔新民法で削除。**5**参照。以下，民法1031条について同じ〕）。ただし，1年以上前に贈与契約が行われた贈与であ

っても，契約当事者の双方が遺留分権利者に損害を加えることを知って贈与をしたときは，減殺の対象となります（民1030条ただし書・1031条）。

贈与が複数のときは，贈与契約の成立が相続発生に近接しているものから順に減殺します（民1035条〔新民法で削除。**5**参照〕）。

(4) 相続人に対する生前贈与

生前贈与の受贈者が相続人である場合には，また別のルールがあります。相続人に対する生前贈与で，特別受益に該当する場合は，特別受益者の相続分に関する民法903条が遺留分に準用されている結果（民1044条），1年以上前の贈与も遺留分算出の基礎財産の算定にあたっては加算されることになります。

そして，加算された贈与がすべて減殺の対象となるか否かについては，相続人に酷であるなどの特段の事情のない限り，民法1030条の要件を満たさないものであっても，遺留分減殺の対象となるとされています☆11。

この点について，今回の相続法改正では，相続人に対する贈与は，原則として，相続開始前の10年間にされたものに限り，その価額を遺留分を算定するための財産の価額に算入することとなりました（新民1044条1項前段・3項）。ここでいう贈与は，婚姻もしくは養子縁組のため又は生計の資本として受けた贈与に限られています（同条3項）。

(5) 死因贈与

死因贈与については遺贈と贈与のいずれに準じて減殺されるべきかについて議論がありますが，近時の有力説は，その性質が遺贈に近いことから，その契約成立の時期にかかわらず，贈与の中ではまず最初に減殺されるべきであるとされています☆12。

なお，今回の相続法改正において，本文に記載した前掲（☆10）の裁判例の規律を明文化することも検討されましたが，最高裁判例に基づく規律ではないこと，遺贈と同順位で考えるべきという有力な見解もあること，また，遺贈に準じて考えるとしても何を基準にその先後を決めるかについては見解の対立があることから，法文化は見送られました*2。

3 事業承継における留意点

遺言で後継者に会社の株式を相続させた場合であっても，他の相続人の遺留分を侵害するときは，他の相続人から遺留分減殺請求が行われ，株式が減殺の

対象となってしまう可能性があります（なお，会社の株式以外にも後継者が相続している場合に，遺贈者が減殺する場合には株式以外の財産から行うことを遺言しておき，株式以外の財産で遺留分を満足できれば，株式は減殺の対象とはなりません。）。それが一部減殺の場合には，株式は後継者と相続人との間の共有となります。

　株式が共有となった場合，株式の権利行使者を1人定め，会社に通知することを要しますが（会社106条），権利行使者の決定は，通常，共有物の管理行為として持分価格に従いその過半数でなされます（民252条本文）。後継者相続人以外の相続人が複数存在する結果，後継者相続人が共有株式の持分の過半数をとれない場合，後継者相続人が権利行使者となることができないリスクがあることは留意すべきです。

　遺留分減殺による返還義務を免れるために，後継者は価額弁償を行うことが可能ですが，十分な資金を有していない場合には，価額弁償を行うことはできません。そうすると，株式や事業運営に欠かせない資産等の重要財産について紛争を伴った共有状態が長く続くことになり，事業継続に重大な支障が出る可能性があります。このような事態にならないよう，事業承継スキームを検討するにあたっては，遺留分に十分に配慮する必要があります。

4　遺留分減殺請求権の期間制限

　「減殺の請求権は，遺留分権利者が，相続の開始及び減殺すべき贈与又は遺贈があったことを知った時から1年間行使しないときは，時効によって消滅する。相続開始の時から10年を経過したときも，同様とする。」（民1042条＊3）とされています。1年の期間制限は消滅時効，10年の期間制限は除斥期間であると考えられています。

　ここで，「時効」の対象となり，期間制限に服する権利は，遺留分減殺請求の形成権のみであり，その行使によって発生する返還請求権は民法1042条の時効にはかからないとされています☆13。つまり，時効期間内に遺留分減殺請求の意思表示を行えば，これにより減殺の効力が発生し，遺留分権利者は減殺の対象となった遺留分侵害行為の目的物について返還請求権を取得し，あとは，取得した請求権の消滅時効に注意すればよいことになります。なお，減殺請求により取得した不動産の所有権又は共有持分権に基づく登記手続請求権は，時効によって消滅することはありません☆14。

1年の時効期間の起算点である「遺留分を侵害することを知った時」については，減殺すべき贈与・遺贈があったことを知ったというのは，単に減殺の対象とされている贈与・遺贈があったことを知るだけでは足りず，贈与・遺贈が遺留分を侵害し，減殺することができるということまで知ることを要するとされています☆15。

5 改正動向

2で述べたとおり，減殺請求権を行使した結果，物権的効力が発生し，相続人間で目的物につき共有関係が発生する場合があります。この共有状態を脱するためには，話合いで解決ができない場合，共有物分割訴訟を提起する必要があり，最終的な解決までに時間を要する結果となります。また，事業承継において，株式が共有となる場合に問題が生じることについては3で触れたとおりです。

この点について，新民法では，遺留分権利者及びその承継人は，受遺者（特定財産承継遺言により財産を承継し又は相続分の指定を受けた相続人を含む。）又は受贈者に対し，遺留分侵害額に相当する金銭の支払を請求することができることになりました（新民1046条1項）。すなわち，新民法の遺留分侵害額請求権は，現行法の遺留分減殺請求権と同様に形成権であることを前提に，その権利の行使により遺留分侵害額に相当する金銭債権が発生することとされたのです。この改正により，事業承継に不可欠な自社株式や事業用資産自体は後継者に承継しやすくなりますが，一方でいかに資金を工面するかという問題は依然として残っています。

金銭債権が発生することになったことに伴い，減殺の順序ではなく，「受遺者又は受贈者の負担額」に関する定めが置かれました。受遺者又は受贈者は，次の規律に従い，遺贈（特定財産承継遺言による財産の承継又は相続分の指定による遺産の取得を含む。）又は贈与（遺留分を算定するための財産の価額に算入されるものに限る。）の目的の価額（受遺者又は受贈者が相続人である場合にあっては，当該価額から遺留分として当該相続人が受けるべき額を控除した額）を限度として，遺留分侵害額を負担することになりました。その規律とは，具体的には①受遺者と受贈者とがあるときは，受遺者が先に負担する，②受遺者が複数あるとき，又は受贈者が複数ある場合においてその贈与が同時になされたものであるときは，受遺者又

は受贈者がその目的の価額の割合に応じて負担する。ただし，遺言者がその遺言に別段の意思を表示したときは，その意思に従う，③②の場合を除き，受贈者が複数あるときは，後の贈与に係る受贈者から順次前の贈与にかかる受贈者が負担するというものです（新民1047条1項）。また，裁判所は，受遺者又は受贈者の請求により，負担する債務の全部又は一部の支払につき，相当の期限を許与することができることされました（同条5項）。

最後に，遺留分侵害額の算定における債務の取扱についても見直しがされています。すなわち，遺留分侵害額の請求を受けた受遺者又は受贈者は，遺留分権利者が承継する相続債務について免責的債務引受，弁済その他の債務を消滅させる行為をしたときは，消滅した債務の額の限度において，遺留分権利者に対する意思表示によって，新民法1047条の規律に従い負担する債務を消滅させることができることになりました。この場合，当該行為によって遺留分権利者に対して取得した求償権は，消滅した当該債務の限度において消滅することになりました（新民1047条3項）。

〔梅原　梓〕

■判　例■

- ☆1　最判昭41・7・14民集20巻6号1183頁。
- ☆2　最判平10・6・11民集52巻4号1034頁。
- ☆3　前掲（☆1）最判昭41・7・14，最判昭51・8・30民集30巻7号768頁，最判昭57・3・4民集36巻3号241頁。
- ☆4　最判平8・1・26民集50巻1号132頁。
- ☆5　最判昭54・7・10民集33巻5号562頁。
- ☆6　最判平9・2・25民集51巻2号448頁。
- ☆7　最判平20・1・24民集62巻1号63頁。
- ☆8　最判昭51・8・30民集30巻7号768頁。
- ☆9　最判平21・12・18民集63巻10号2900頁。
- ☆10　東京高判平12・3・8高民集53巻1号93頁・判タ1039号294頁・判時1753号57頁。
- ☆11　最判平10・3・24民集52巻2号433頁。
- ☆12　前掲（☆10）東京高判平12・3・8。
- ☆13　最判昭57・11・12民集36巻11号2193頁。
- ☆14　最判平7・6・9裁判集民175号549頁・判タ885号154頁・判時1539号68頁。

☆15　前掲（☆13）最判昭57・11・12。

■注　記■

＊1　民法（相続関係）等の改正により，条文番号が民法1030条から新民法1044条に変更となりました。また，同改正により，2項及び3項が新設されたため，民法1030条は，新民法1044条1項となります。以下，民法1030条において同じ。

＊2　法務省「民法（相続関係）部会資料25－2『補足説明（要綱案のたたき台（4））』」16頁。

＊3　民法（相続関係）等の改正により，民法1042条は条文番号が新民法1048条となったうえ，一部文言が改正されました。新民法1048条の内容は次のとおりです。
　「遺留分侵害額の請求権は，遺留分権利者が，相続の開始及び遺留分を侵害する贈与又は遺贈があったことを知った時から1年間行使しないときは，時効によって消滅する。相続開始の時から10年を経過したときも，同様とする。」
　以下，民法1042条について同じ。

第 2 章

事業承継と会社法

20 株式会社，合同会社，一般社団法人

依頼者に対し，事業承継対策のために法人の利用を提案しようと考えています。利用する法人の形態につき，株式会社，合同会社，一般社団法人のそれぞれについて，特徴，メリット，デメリットを教えてください。

　いずれの法人形態も，原則として，構成員は法人の債務について責任を負いません。この点で，特定目的会社としての利用に向いています。株式会社と合同会社は，ともに会社法に基づく法人ですが，合同会社の方が定款自治の範囲が広く，より柔軟な設計が可能です。いい換えれば，株式会社は，定款を作り込まなくとも，整備された仕組みを備える法人になります。一般社団法人は，税制における特別な取扱いが認められている点が最大の特徴です。設立等の手続や設立等に要する費用を比較すると，それぞれ一長一短といえます。各法人形態の特徴を押さえ，事業承継対策において何を重視するかによって，使い分けることが望ましいといえます。

☑ キーワード

株式会社，合同会社，一般社団法人，非営利型法人

解　説

1　事業承継と法人

　事業承継においては，様々なスキームが用いられます。その際，持株会社スキームを用いるための法人や，従業員持株会の組成において日本版ＥＳＯＰ類似の受託者となる法人等のように，法人を利用するケースがあります（ＥＳＯ

Pについて、詳細は**Q24**参照。）。

以下では、事業承継において多く用いられている株式会社、合同会社及び一般社団法人についてその特徴、メリット、デメリットを検討します。比較にあたっては、特定のスキームのために設立するという場面を想定し、あり得る選択肢の中でできる限り簡素な機関設計・スキームを前提とします。

2　設立手続・維持コスト

(1) 株式会社

(a) 設立手続の概要

株式会社は、発起人全員が定款に署名又は記名押印し（会社26条1項）、公証人の認証を受け（会社30条）、発起人が出資を行い（会社32条以下）、設立時役員を選任し（会社38条以下）、設立登記をすること（会社49条）により成立します。

発起人、すなわち、設立を行おうとする者は1名でも構いません。

(b) 登録免許税

登録免許税は、資本金の0.7％（ただし、最低額15万円）です（登税別表第一、二十四（一）イ）。つまり、最低でも15万円の登録免許税を支払う必要があります。

(c) 定款認証

設立にあたって、公証人による定款認証が必要となります。定款認証の費用は、5万円です（公証手35条）。また、定款を紙で作成する場合、印紙税4万円が別途かかります（印紙別表第一、課税物件表第6号文書、印紙税法基本通達別表第一、第6号文書1）。電子定款の場合、この印紙税は不要です。

(d) 維持コスト

維持コストとして、少なくとも住民税の均等割が年7万円かかります。

(2) 合同会社

(a) 設立手続の概要

合同会社は、社員になろうとする者全員が定款に署名又は記名押印して定款を作成し（会社575条1項）、その後、定款に定められた出資を行い（会社578条）、設立登記をすることにより成立します（会社579条）。

社員になろうとする者、すなわち設立を行おうとする者は、1名でも構いません。

(b) **登録免許税**

登録免許税は，資本金の0.7％（ただし，最低額6万円）です（登税別表第一，二十四（一）ハ）。資本金を小さくすれば，株式会社より低額で済ませることができます。

(c) **定款認証**

合同会社は，株式会社と異なり，定款認証が不要となるため，定款認証費用を節約することができます。株式会社と同じく，定款を紙で作成する場合，印紙税4万円が別途かかりますが，電子定款の場合，この印紙税は不要です。

(d) **維持コスト**

維持コストとして，少なくとも住民税の均等割が年7万円かかる点は，株式会社と同じです。

(3) **一般社団法人**

(a) **設立手続の概要**

一般社団法人は，設立時社員全員が定款に署名又は記名押印し（一般法人10条1項），公証人の認証を受け（一般法人13条），設立時役員等を選任し（一般法人15条以下），設立手続の調査を行い（一般法人20条），設立登記をすることにより成立します（一般法人22条）。

株式会社，合同会社と異なり，設立時社員，すなわち，設立を行おうとする者が2名以上必要です。

(b) **登録免許税**

登録免許税は，1件につき一律6万円です（登税別表第一，二十四（一）ロ）。

(c) **定款認証**

設立にあたって，公証人による定款認証が必要となります。定款認証の費用は，5万円です（公証手35条）。株式会社と異なり，一般社団法人が作成する定款は印紙税課税文書ではないため，定款を紙で作成する場合と電子定款による場合で費用に差はありません。

(d) **維持コスト**

維持コストとして，少なくとも住民税の均等割が年7万円かかる点は，株式会社と同じです。

3　運営財産の拠出，出資

(1)　株式会社

株式を引き受ける方法により，財産を会社に拠出します（会社34条）。原則として金銭出資であり，現物出資を行う際には，一定の例外を除いて検査役による検査が必要となります（会社28条・33条）。

出資者は，株式を取得し，株主となります。利益配当額，残余財産分配額及び議決権は，株式数に応じて決まります。

(2)　合同会社

合同会社の社員になろうとする者は，定款の定めに応じて，出資を行います（会社578条）。出資者は，持分を取得し，社員となります。ただし，議決権，利益配当額及び残余財産分配額については，原則として，出資額に応じて決まりますが，定款による別段の定めが可能です（会社590条2項・622条・666条）。

(3)　一般社団法人

一般社団法人の社員になろうとする者は，出資義務を負いません。

一般社団法人への財産の拠出の方法としては，基金（一般法人131条）と，定款の定めによる経費の負担（一般法人27条）があります。基金は，一般社団法人が返還義務を負うものであり（一般法人131条1項），貸借対照表上の純資産額が基金の総額と時価評価による純資産額の増加分の合計額を超える場合でなければ，返還できない（一般法人141条2項），劣後債務のような性質をもちます。

4　構成員の立場

(1)　株式会社

株主は，会社の債務について，責任を負いません。

(2)　合同会社

合同会社の社員は，全員が有限責任社員となります（会社576条4項）。

有限責任会社の社員は，出資の価額（既に持分会社に対し履行した出資の価額を除く。）を限度として，持分会社の債務を弁済する責任を負うものとされていますから（会社580条2項），出資が済んでいれば，合同会社の社員が合同会社の債権者に対して責任を負うことはありません。

(3) 一般社団法人

一般社団法人の社員は，一般社団法人が負担する債務について責任を負いません。ただし，社員の経費支払義務を定款に定めた場合，社員は一般社団法人のために経費を支払う義務を負います（一般法人27条）。

5　出資持分の譲渡

(1) 株式会社

株式の譲渡は原則として自由ですが（会社127条），定款で譲渡について会社の承認を要する旨を定めることにより，譲渡に制限をかけることができます（会社107条2項1号。種類株式につき，会社108条1項4号）。

事業承継スキームにおいて利用する株式会社は，経営者及びその後継者の支配の下にいることが前提となりますから，譲渡制限をかけるのが通常です。

譲渡の承認は，株主総会の特別決議（取締役会設置会社の場合は取締役会決議）によるのが原則ですが，定款による別段の定めが可能です（会社139条1項）。

(2) 合同会社

持分の譲渡は，他の社員全員の承諾がなければ，原則として行えません（会社585条1項）。業務執行社員を定めた場合，業務を執行しない社員は業務執行社員全員の承諾があれば，持分を譲渡できます（会社585条2項・3項）。

以上が原則ですが，合同会社の定款で，別段の定めをおくことが可能です（会社585条4項）。

(3) 一般社団法人

一般社団法人においては，社員の地位を譲渡するという概念自体がありません。定款の定めに従い（一般法人11条1項5号），既存の社員を退社させ，別の者に新たに社員の資格を取得させることにより，社員を交代させることは可能です。

6　機関・業務執行

(1) 株式会社

最も簡素な制度設計の場合，株式会社は株主総会と取締役で構成されます。株主が取締役になることに問題はなく，一人株主が取締役となる株式会社の設立も可能です。

(2) 合同会社

定款に定めがない限り、社員の過半数をもって業務の決定を行い、これに従って、各社員が業務執行を行います（会社590条1項・2項）。常務については、業務の決定を経ることなく各社員が行うことができます（会社590条3項）。

定款で業務執行社員を定めた場合、業務執行社員が業務の決定、執行を行います（会社591条）。業務執行社員は、取締役と同様に、善管注意義務、忠実義務を負います（会社593条1項・2項）。定款でこれらの義務を緩和することも可能です（会社593条5項）。

1人の社員が業務の決定及び業務執行を行う合同会社の設立も可能です。

(3) 一般社団法人

最も簡素な制度設計の場合、一般社団法人は社員総会と理事で構成されます（一般法人60条〜62条）。上述のとおり、社員は2名必要ですが、理事は1名で足り、かつ、社員が理事になることもできますから、2人の社員のうち1名が理事となる設計が、最も簡素なものといえます。

7 会　　計

(1) 株式会社

株式会社は、成立日における貸借対照表を作成し（会社435条1項、会社計算58条）、事業年度ごとに貸借対照表、損益計算書、株主資本等変動計算書及び個別注記表を作成します（会社435条2項、会社計算59条）。株式会社は、貸借対照表を公告する義務を負います（会社440条）。

(2) 合同会社

合同会社は、成立日における貸借対照表を作成し（会社617条1項、会社計算70条）、事業年度ごとに、貸借対照表、損益計算書、社員資本変動計算書及び個別注記表を作成します（会社617条2項、会社計算71条）。

株式会社と異なり、貸借対照表の公告義務はありません。

(3) 一般社団法人

一般社団法人は、成立日における貸借対照表を作成し（一般法人123条1項、一般法人則26条1号）、事業年度ごとに貸借対照表、損益計算書及び附属明細書を作成します（一般法人123条2項、一般法人則26条2号）。

株式会社と同じく、貸借対照表を公告する義務があります（一般法人128条1

項)。

8 利益配当

(1) 株式会社

株式会社は，株主に対し，持株数に応じて剰余金の配当をすることができます（会社453条）。

分配可能額がない場合には，配当はできません（会社461条）。これに反する利益配当については，業務執行者が補償責任を負います（会社462条）。また，違法配当を行った取締役等は，5年以下の懲役もしくは500万円以下の罰金又はその併科の対象となります（会社963条5項2号・1項）。

(2) 合同会社

社員は，合同会社に対し，利益の配当を請求することができ，利益配当に関する事項は定款で自由に定めることができます。損益分配の割合については，定款で自由に定めることができますが，定款に定めのない場合には，出資の価額に応じて決まります（会社622条1項）。

配当額が利益額を超える場合，配当はできません（会社628条）。これに反する利益配当については，業務執行社員が補償責任を負います（会社629条）。

(3) 一般社団法人

利益配当を行う旨を定款で定めても無効であり（一般法人11条2項），利益配当は行えません。

9 構成員の退社，出資の払戻し

(1) 株式会社

株主は，自らの選択により払戻しを受けることはできず，会社に株式を買い取ってもらうためには自己株式取得規制（会社155条以下）に従う必要があります。

株主が死亡した場合，定款に別段の定めがない限り，相続が発生し，相続人が株式を承継します。

(2) 合同会社

定款を変更して，出資の価額を減少する場合を除き，払戻しは認められません（会社632条1項）。

社員が死亡した場合，定款に別段の定めがない限り，相続が発生し，相続人が持分を承継します。

(3) 一般社団法人

退社は，定款に別段の定めがない限り，原則として社員の自由です（一般法人28条1項）。定款に別段の定めがある場合でも，やむを得ない事由があれば退社できます（同条2項）。

社員の死亡は法定退社事由とされており（一般法人29条3号），社員の地位について，相続は生じません*1。

10 所得に対する法人税の取扱い

(1) 株式会社・合同会社

いずれの形態でも，所得に対しては，法人税が課税されます。

(2) 一般社団法人

一般社団法人は原則として全所得に課税されますが，非営利型法人（法税2条9号の2イ，法税令3条1項）に該当すると，法人税法施行令5条に定められた収益事業による所得にのみ課税され，その他の所得に対する課税がなされなくなります。ただし，非営利型法人の要件を一つでも充足しなくなると，過去の収益事業以外の事業から生じた所得の累積額を益金の額に算入することになりますので，非営利型法人を利用するにあたっては留意が必要です（法税64条の4）。

また，一般社団法人が贈与又は遺贈を受ける場合，一定の要件を満たせば，贈与税又は相続税の負担が不当に減少する結果となると認められないものとされ（相続令33条3項），贈与税又は相続税が課されないことになります（相続税法66条4項の不適用）*2。

11 構成員間の経済的な価値の移転と課税

株式会社及び合同会社においては，構成員ごとの持分の概念があるため，持分間で経済的な価値の移転が生じた場合，課税が行われます。1株の価値が均一である株式会社に対し，合同会社では，定款の定めによって持分ごとの価値が異なり得るため，経済的な価値の移転が問題となるケースが多いと思われます。

これに対し、一般社団法人は、持分の定めがない法人とされています。そのため、構成員間で経済的な価値の移転が生じないとの解釈もあり得るところです。しかし、このような解釈を明示的に是認した先例はなく、かかる解釈を前提としたスキームを設計する場合、慎重に検討すべきでしょう。

12 まとめ

以上のとおり、3つの法人形態には、それぞれ特徴があり、何に優先順位を置くかによって、望ましい形態も変わってきます。また、上述した以外にも、保守的な価値観をお持ちの方は知名度のある株式会社形態を望む傾向があるなど、顧客の好みによって左右されるところもあります。

各法人形態の特徴を踏まえて、適切な助言をすることが求められます。

〔加藤　伸樹〕

――■注　記■――

*1　持ち分がないため、子から親に一般社団法人の社員の地位を交代し、法人を引き継いでも、相続税課税はされませんでした。そこで、相続税対策として一般社団法人に資産を移転させ、その後、一般社団法人を引き継ぐスキームが利用されてきました。しかし、平成30年度税制改正における相続税法の改正により、同族関係者が理事の過半を占めている一般社団法人について、その同族理事の1人が死亡した場合、当該法人の財産のうち一定金額を対象に、当該法人に相続税を課税する扱いとされました。この取扱いは、平成30年4月1日より前に設立された一般社団法人については平成33（2021）年4月1日以降の役員の死亡について適用され、平成30年4月1日以降に設立された一般社団法人については設立後の役員の死亡について適用されます。

*2　平成30年度税制改正により、親族等の数が役員等の数のうちに占める割合を3分の1以下とする旨の定款の定めがないこと等の一定の要件に該当するときは、贈与税等の負担が不当に減少する結果となると認められることとされ、贈与税又は相続税が課される場合の要件が明確化されました。平成30年4月1日以後に贈与又は遺贈により取得する財産に係る贈与税又は相続税について適用されます。

株式の持合い

株式の持合いとは何でしょうか。株式の持合いがなされている場合に，事業承継の際に，どのような点に注意すべきでしょうか。株式の持合いがなされている場合の，株式の評価においてどのような点について注意すべきでしょうか。

　株式の持合いとは，複数の株式会社が，お互いに相手方の株式を保有していることです。株式の持合いがなされている場合には，相互保有株式について議決権の行使が制限されますので，注意が必要です。
　株式の持合いがなされている場合には，同族株主以外の株主等が取得した株式においても，議決権の数を0として評価会社の議決権総数を計算することになります。また，株式の持合いがなされている場合の株式評価方法は，会社の区分ごとに異なってきます。

☑ キーワード

　株式の持合い，相互保有対象議決権，原則的評価方式，株式保有特定会社

解　説

1 株式の持合いとは

　株式の持合いとは，複数の株式会社が，お互いに相手方の株式を保有していることをいいます。
　会社法においては，相互保有株式について議決権の行使が制限されており，具体的には，「株式会社がその総株主の議決権の4分の1以上を有することそ

の他の事由を通じて株式会社がその経営を実質的に支配することが可能な関係にあるものとして法務省令で定める株主」については，会社の株主総会において議決権を行使することができないとされています（会社308条1項）。「その経営を実質的に支配することが可能な関係にあるもの」として法務省令で定める株主については，会社法施行規則67条において定められており，相互保有対象議決権の総数の4分の1以上を有する場合が含まれます。会社が相互保有株式について議決権を行使した場合には，決議の方法が法令に違反する場合として，株主総会の決議取消事由に当たり得ます（会社831条1項1号）。また，議決権の存在を前提とする株主権（株主提案権等）の行使も行うことができないと考えられています。

　このように，相互保有株式について議決権の行使が制限されているのは，相互保有株式の株主について，会社の利益や株主全体の利益を害する目的のために議決権が行使される可能性が高いからです。例えば，A社とB社が相互に株式を保有している場面を想定した場合に，A社がB社の議決権を行使するときに，B社の経営者はA社株式を保有していることから，A社は，B社の影響下にあるといえ，B社が自己株式について議決権行使を行っているのと類似する状況が生じることになります。

　相互保有株式の株主が，第三者に議決権行使の代理行使を委任する場合にも議決権の行使が制限されます。上記の議決権行使の制限の趣旨を踏まえれば，議決権の代理行使の場合であってもB社の経営者が議決権行使を指図することは可能であるからです。また，議決権行使について，他の株主の代理人となることもできません。自ら保有する株式について議決権を行使することが制限されているからです。

　相互保有対象議決権数の4分の1以上を保有しているものの，株主名簿の名義書換をしていない場合であっても議決権の行使が制限されます。相互保有株式の議決権行使を制限する趣旨からすれば，株主名簿上の株主であるか否かは関係がなく，また，このような場合に議決権行使を制限しなければ，株主名簿の名義書換をしないことで潜脱がなされるからです。同様の理由で，例えば，A社がB社株式を第三者の名義で保有している場合も，議決権の行使が制限されるものと解されます。

　議決権の4分の1以上を有するかは，原則として株主総会の日を基準とし

て算定されますが、株主総会における議決権行使の基準日（会社124条1項）を定めた場合には、当該基準日で判断されます（会社則67条3項）。例外的に、基準日後に、株式交換や株式移転等により、議決権の全部を取得した場合には、当該行為の効力発生日が基準日となり、完全子会社となった会社はその保有する完全親会社株式の議決権を行使することができなくなります（同項1号）。また、基準日後に対象議決権の増減が生じた結果、会社法施行規則67条1項の要件を新たに満たし、あるいは満たさなくなったことを知った場合には、当該日が対象議決権数の算定基準日となります（同項2号）。株主が会社の議決権を行使することができないこととなることなどを会社が知ったときは、当該知った日が算定基準日となります（同項2号）。ただし、会社が会社法298条1項各号に掲げる事項の全部を決定した後にそれを知ったときは、この限りではありません（会社則67条4項）。

2　株式の持合いがなされている場合の税務上の株式評価

(1)　同族株主以外の株主等が取得した株式における持合株式の取扱い

　株式の評価方式は、上場会社、気配相場等のある株式、及び取引相場のない株式によって異なります（財基通168）。取引相場のない株式の評価においては、発行会社の従業員数、業種、純資産価額等を基準に、大会社、中会社又は小会社に区分され、会社の区分ごとに異なる評価方法が原則として適用されます（原則的評価方式といいます。財基通178）。ただし、同族株主以外の株主等が取得した株式について、配当を期待するだけの株主であれば、原則的評価方式によるのではなく、配当還元方式により評価します（財基通178ただし書・188）。このように、非上場株式の評価にあたっては、株主区分の判定が重要になります。

　同族株主以外の株主等が取得した株式に当たるかについて、会社法308条1項により議決権を有しないこととされる会社の議決権の数は、評価会社又は評価会社の株主の同族関係者の判定を要することとなる会社の議決権の数から除外した数をもって評価会社等の議決権総数として、持株割合の計算を行います（財基通188-4）。その結果、個々の株主の議決権割合が上昇することとなります☆1。

(2) 株式の持合いがなされている場合の株式の評価

　株式を相互に持ち合っている場合の，双方の会社の株式の評価方法については，特に財産評価基本通達において定められているわけではありません。

　実務上は，両社が大会社である場合には，それぞれが保有する株式の価額について，類似業種比準方式が用いられます。したがって，相互の持合計算は問題となりません。

　他方で，小会社や中会社においては，純資産価額方式や併用方式（純資産価額方式と類似業種比準方式を併用する方式）を用いることとなるところ，一方の会社の純資産価額が他方の会社の純資産価額に影響を及ぼすことを踏まえて，株式評価を行うこととなります。

　ただし，株式保有特定会社に当たる場合には，評価方式が異なってきますので，注意が必要です（財基通189－3）☆2。

〔生野　聡〕

■判　例■

☆1　このことを失念して株式評価を行った場合の課税処分が問題となった事例として東京地判平21・2・27判タ1355号123頁があります。

☆2　なお，株式保有特定会社に当たるかについて，東京地判平24・3・2判時2180号18頁，その控訴審の東京高判平25・2・28税資263号順号12157を受けて，平成25年5月に財産評価基本通達が改正され，大会社についても株式保有割合が50％以上である場合に株式保有特定会社に該当することとなりました。

22 株式の共同相続

株式が共同相続された場合，相続人はどのようにして株主としての権利を行使すればよいですか。共同相続された株式に関する権利行使について，会社は，どのように対応すればよいですか。

株式の共同相続人は，権利行使者を指定し，会社に通知することにより権利を行使します。権利行使者を指定する際には，共同相続人全員に参加する機会を与えることが望ましいといえます。会社は権利行使者による権利行使を受け付ければ足りますが，権利行使者が指定されない場合であっても，会社が同意することにより権利行使を認めることができます。ただし，会社の同意による権利行使は，民法の共有の規定に従っていなければ適法とならないため，留意が必要です。

☑ キーワード

共有株式，共有株式の権利行使，権利行使者

解説

1　株式の共同相続と株式の共有

株式が共同相続された場合，株式は共有されます。経営者の保有株式1万株が，その子AとBの2人に法定相続分により共同相続される場合，AとBが5000株ずつ相続するのではなく，AとBが2分の1ずつ持分を有する共有株式が1万株存在することになります。

共有株式の権利行使の方法については，会社法106条本文の定めが適用され

ます。会社法106条本文は，民法264条ただし書の「法令」における「特別の定め」と解されています☆1。

2 共有株式の法律関係

　会社法106条を解釈するうえで，民法における共有の解釈がポイントとなるため，以下では，民法の規定を概観します。

　株式の共有は，いわゆる準共有とされ，民法の共有に関する規定（民249条～263条）が適用されます（民264条）。共有持分は，法律の定め（相続分等）又は意思表示によって定まり，不明のときは平等と推定されます（民250条）。

　共有者が単独で行うことができるのは共有株式の保存行為のみであり，管理一般については共有持分の過半数で決定する必要があります（民252条）。さらに，株式の変更，処分（譲渡，担保提供等）には，共有者全員の同意が必要となります（民251条）。なお，共有者は，いつでも共有株式の分割を求めることができます（民256条）。

3 共有株式の権利行使方法

(1) 権利行使者の指定

　共有株式についての株主が会社に対する権利を行使するには，権利を行使すべき者（以下「権利行使者」といいます。）を1人定めて，その氏名又は名称を会社に通知しなければなりません（会社106条本文）。権利行使者は共有者の中から選ぶ必要があり，共有者以外の者を選ぶことはできません。株主名簿に記載すべき事項の中に，権利行使者は定められていませんが（会社121条），会社法126条，130条の趣旨から，権利行使者は，株主名簿に記載されるべきことになります。

　権利行使者の指定は，共有株式の管理に関する行為に該当し，持分価格に従いその過半数でなされます（民252条）。共同相続の場合も，権利行使者の決定にあたって，共同相続人全員の同意は不要であり，相続分に応じた持分の過半数で決定できると解されています☆2。

　このように株式共有者全員の同意は不要とされていますが，権利行使者の指定が共有者にとって重要な手続であるとし，原則として，すべての共有者に対し，権利行使者の指定に参加できる機会を与えることが必要であるとした裁判

例☆3，共有株主が複数回にわたって権利行使者の指定の協議の呼びかけを行ったが他の共有株主が対応しなかった経緯を踏まえ，権利行使者の指定が権利の濫用であるとは認められないとした裁判例☆4，協議を拒絶した共有株主を参加させずに残りの共有株式だけで権利行使者を指定できる旨判示した裁判例☆5があります。したがって，権利行使者を指定するにあたっては，株式共有者全員に声をかけることが望ましいといえるでしょう。

　この点に関して，共同相続人間での協議をまったく行わずに権利行使者が指定された場合について，その権利行使者の指定ないし議決権の行使は権利の濫用として許されないとした裁判例☆6がありますから，会社が権利行使者の選定に至る事情を把握している場合には，当該権利行使を認めるにあたって留意が必要です。

　なお，未成年の子と親が共同相続する場合，親が親権者として，子に関する権利行使者の指定を行うことがあります。このような親権の行使について，権利行使者の指定は利益相反行為（民826条）ではないとする判例があります☆7。

(2) **会社に対する権利行使者の通知**

　共有株式の株主は，会社に対し，選定した権利行使者の氏名又は名称を通知しなければ，権利を行使することができません（会社106条本文）。会社は，通知された権利行使者による権利行使だけを認めれば足り，権利行使者以外の共有者については，総会への出席や計算書類の閲覧請求権の行使等，一切の権利行使を拒むことができます。

(3) **権利行使者の指定がない場合の会社訴訟における原告適格**

　株主総会決議不存在確認の訴えと合併無効の訴えについて，権利行使者の指定及び会社への通知がない場合には，「特段の事情」がない限り，株式共有者は原告適格を有しないとした判例があります☆8。

　特段の事情を判断する要素として，発行済株式の全部ないし過半数が権利行使者の指定のない共有株式であること，共有者間の対立が激しく権利行使者の指定が事実上不可能であること，権利行使に至る過程等が挙げられます☆9。また，原告適格を排斥すべきとする被告会社側の主張について，「訴訟上の防御権を濫用するものであり，信義則に反して許されない」としたうえで，特段の事情を認めた裁判例があります☆10。

(4) 権利行使者の議決権行使と共有者間内部の取決め

権利行使者の議決権行使について共有者間内部で取決めが行われる場合があります。

この点に関し，有限会社の持分の共有の場合についてではありますが，権利行使者の議決権行使につき，共有者間で個々の決議事項について逐一合意を要するとの取決めがされ，ある事項について共有者間に意見の相違があっても，権利行使者は，自己の判断に基づき議決権を行使できるとした判例☆11があります。

したがって，権利行使者が共有者間の取決めに反して権利行使することが他の共有者との関係で義務違反になるとしても，会社との関係では適法な権利行使となりますから，会社としては共有者間内部の取決めについて調査等を行う必要はないと考えられます。

4 権利行使者の指定・通知がない場合における会社の対応

(1) 会社法106条ただし書

権利行使者の指定及び通知がないまま，共有者の全員又は一部の者が共有株式に係る権利を行使することは原則として認められませんが，会社が同意するときは，権利行使が認められます（会社106条ただし書）。

(2) 会社法106条ただし書の解釈

会社法106条ただし書による会社の同意に基づいて行われる共有株式の権利行使は，共有に関する民法の規定に従ったものでなければなりません。民法の規定に反してなされた権利行使は，会社法106条ただし書の同意があったとしても，適法とはならず，民法の規定に反する議決権行使がなされた結果成立した決議には決議取消事由（決議方法の法令違反〔会社831条1号〕）があるものとされます☆12。このような議決権行使について，無効とした裁判例もあります☆13。

民法の規定に従っているかどうかを判断するには，共有株式の権利行使を，その内容に応じて，①変更・処分，②管理行為，③保存行為に分類し，その分類に応じて，民法の規定を適用して，当該権利行使が適法か否か判断することになります。

(3) 共有株式に関する議決権行使の扱い

　共有株式についての議決権行使につき，判例は「当該議決権の行使をもって直ちに株式を処分し，又は株式の内容を変更することになるなど特段の事情のない限り，株式の管理に関する行為として，民法252条本文により，各共有者の持分の価格に従い，その過半数で決せられる」とし，取締役選任議案，代表取締役選任議案，定款変更（本店所在地変更）議案に関する議決権行使について，管理に関する行為であると判示しています☆14。議決権の行使が変更・処分に該当するという特段の事情がある場合には，議決権行使が変更・処分に分類され，共有者全員の同意が必要となる（民251条）のに対し，そのような特段の事情がない場合には，管理行為として持分の価格の過半数で決する（民252条）ことになります。

　上記最高裁判例の事案を含め，議決権行使が管理行為に該当するとされた例として，取締役選任議案，代表取締役選任議案，定款変更（本店所在地変更）議案，第三者割当ての方法による新株発行議案，募集事項の決定を取締役に委任する旨の議案，取締役の報酬について取締役報酬規定を制定する旨の議案，取締役（社外取締役）・監査役の選任議案，決算期日を変更する定款変更議案，計算書類承認議案に関する議決権行使があります☆15。

　その他の議決権行使についても，上述した事例を参照しつつ，①変更・処分，②管理行為，③保存行為のいずれに該当するかを判断していくことになるでしょう。今後の裁判例の動向を見守る必要はありますが，株主総会における議決権行使は，原則として②に該当し，共有株式の内容が変更される場合や，共有株式がキャッシュアウトの対象となる場合には，①に該当すると考えてよいと思われます。

　なお，権利行使者の指定がない場合の議決権行使に関しては，共有者全員が共同して行使する場合を除き，会社から権利行使を認めることは許されないとする判例がありますが☆16，同判例の後に新設された会社法106条ただし書及び前掲（☆1）最判平27・2・19の下では，上記判例は先例としての価値を失ったと考えられます。

〔加藤　伸樹〕

■判　例■

☆1　最判平27・2・19民集69巻1号25頁。
☆2　最判平9・1・28裁判集民181号83頁・判タ936号212頁・判時1599号139頁。
☆3　東京地決平17・11・11金判1245号38頁。ただし，この裁判例では，逮捕勾留により連絡が取れない者及び株式の帰属について係争中である者に参加の機会が与えられていなかったという事案につき，「権利行使者の選定に参加する機会を与えても選定の結果が異なるとは考えがたい」として，権利行使者の指定が有効とされました。
☆4　東京地判平28・5・31（平成27年(ワ)第13289号）判例秘書。
☆5　東京地判平27・12・25（平成27年(ワ)第1308号ほか）WLJ。
☆6　大阪高判平20・11・28判時2037号137頁（原審・京都地判平20・5・28金判1345号53頁）。
☆7　最判昭52・11・8民集31巻6号847頁。
☆8　最判平2・12・4民集44巻9号1165頁（株主総会決議不存在確認の訴え），最判平3・2・19裁判集民162号105頁・判タ761号160頁・判時1389号140頁（合併無効の訴え）。もっともいずれの事案でも結論においては，特段の事情を認め，原告適格を肯定しました。
☆9　東京地判平25・6・12（平成23年(ワ)第13944号ほか）判例秘書。
☆10　東京地判平28・6・8（平成28年(ワ)第930号）判例秘書，東京地判平28・7・6（平成27年(ワ)第32343号）判例秘書。
☆11　最判昭53・4・14民集32巻3号601頁。
☆12　前掲（☆1）最判平27・2・19。
☆13　東京地判平27・10・13（平成25年(ワ)第31971号ほか）WLJ。
☆14　前掲（☆1）最判平27・2・19。
☆15　前掲（☆10）東京地判平28・6・8，前掲（☆5）東京地判平27・12・25。
☆16　最判平11・12・14裁判集民195号716頁・判タ1024号163頁・判時1699号156頁。

第2章◇事業承継と会社法

 株式の信託

事業承継対策のために，株式信託を利用するメリットはどのようなものですか。どのような利用方法がありますか。株式信託を利用する場合の留意点はどのようなものですか。

　株式信託を用いて，株式の経済的価値を共同相続人に分散させつつ，議決権行使に対する指図権を後継者に付与することにより，支配権を後継者に承継させることが可能になります。種類株式に比べ，スキーム設計における柔軟性が高いのが株式信託の最大のメリットです。後継ぎ遺贈型信託のように，民法では達成できない構成が可能となることもメリットといえます。株式信託の利用にあたっては，税制や遺留分に留意する必要があります。

☑ キーワード

信託，委託者，受託者，受益者，受益権，信託行為，信託契約，遺言代用信託，後継ぎ遺贈型信託，遺留分，除外合意

解　説

 事業承継における株式の信託

　事業承継における重要な課題の一つが，会社に対する支配権の維持に必要な株式が分散するのを防止し，支配権を円滑に後継者に承継させることです。この課題を解決するためには，後継者以外の相続人による遺留分の問題や，後継者による相続税負担の問題など，様々な問題をクリアする必要があります。

上記課題を解決する手法として，種類株式（議決権制限株式）を利用する方法があります。種類株式制度は，その方式及び効力が会社法に定められており，法的安定性が高い点に大きなメリットがあります。一方で，会社法に定めのない種類株式を発行できない点で柔軟性を欠くほか，定款変更を行うため株主総会において特別決議を経る必要があり，手続面でのハードルが高い点がデメリットであるといえるでしょう。

そこで，会社株式を信託し，種類株式に類似した態様で利用する方法が考えられます。信託の設計は，種類株式に比べて，かなり柔軟性の高いものとなっており，また，契約により信託を設定できるため株主総会特別決議が不要である点で，種類株式を利用する場合のデメリットを克服できるものといえます。

2　信託における基本的な概念

以下では，信託について説明するうえで最低限知っておくべき概念を説明します。

(1)　信託の意義・信託の当事者

信託とは，ある者が他者に対して，一定の目的に従い財産の管理処分等をすべきものとして，財産を譲渡し，譲渡を受けた者がこれに応じて譲渡された財産を管理処分することをいいます（信託2条1項参照）。

財産を譲渡する者を「委託者」といいます（信託2条4項）。

財産の譲渡を受け管理処分等をする者を「受託者」といいます（信託2条5項）。

信託の設定により生じる，受託者に対する債権等の権利を「受益権」といい（信託2条7項），受益権を有する者を「受益者」といいます（同条6項）。

以下では，委託者，受託者，受益者について，事業承継目的の信託のケースを念頭に，詳しい説明を行ったうえで，他の概念についても説明していきます。

(2)　委　託　者

事業承継目的の株式信託において，委託者となるのは，現時点で会社の支配に必要な株式を保有している経営者です。委託者が複数存在する信託も可能であり，支配株式が複数の者に分散して保有されている場合には，その全員を委託者とすることも可能です。

委託者が株式を信託すると，その処分権限は受託者に移り，委託者は当該権限を失います。他方で，委託者には，信託の設定者として，信託の変更等に関する権限が信託法上認められますが，信託契約によってこれを制限することができます（信託145条）。委託者の地位は，受託者及び受益者の同意を得て移転することができ（信託146条），委託者が死亡した場合には相続も生じます（信託法147条本文の反対解釈）。

(3) 受託者

受託者は，信託財産の管理処分等を行う権限を有します（信託26条）。事業承継目的の株式信託の場合，信託銀行等が受託者となることが想定されます。

受託者が信託のために行う事務は信託事務と呼ばれ，受託者は，信託事務を行うにあたって，信託の本旨に従う義務（信託29条1項），善管注意義務（同条2項），受益者に対する忠実義務（信託30条），利益相反行為禁止義務（信託31条・32条），複数受益者に対する公平義務（信託33条），信託財産と固有財産の分別管理義務（信託34条）等を負います。ただし，これらの義務の内容，程度については，信託行為により定めることが可能です（信託29条2項ただし書など）。

(4) 受益権・受益者

事業承継目的の株式信託における受益権としては，信託された株式に対する配当を受領する権利が想定されます。

受益権は原則として自由に譲渡できますが，信託契約において譲渡制限をかけることも可能です（信託93条）。

信託契約締結後に新たな受益者を指定・変更する権利（受益者指定権）を，信託契約により特定の者に付与することができます（信託89条）。受益者指定権を付与する相手は，受託者でなくても構いません（信託法89条6項の反対解釈）。例えば，経営者一族ではないが，会社の代表取締役として業務執行を行っている者でも構いません。

なお，委託者が自ら受益者となる信託を，一般に，「自益信託」と呼びます。例えば，事業承継目的の株式信託において，当初，経営者が委託者となり，かつ，受益権（配当受領権限）を自らに帰属させる場合が自益信託に該当します。

(5) 信託行為・信託契約

信託を設定する行為は「信託行為」と呼ばれ，信託契約，遺言，信託宣言の

3種類があります。株式信託は、信託契約（信託3条1項）によるのが一般的なので、以下の説明では、信託契約の場面を念頭におきます。

(6) 信託財産・固有財産

信託契約により、受託者が管理処分すべき一切の財産を「信託財産」といいます（信託2条3項）。受託者に帰属する財産のうち、信託財産以外の財産を「固有財産」といいます（同条8項）。

事業承継目的の株式信託の場合、会社株式が信託財産となります。

(7) 指 図 権

事業承継目的の株式信託では、議決権行使に関する受託者に対する指図権（以下「指図権」といいます。）について、信託契約で定めることが一般的です。

例えば、経営者に長男と次男がいるが、次男は会社の経営に携わる意思はなく、長男が後継者となることが予定されている場合に、配当受領権を有する受益権を長男と次男に与え、他方で、指図権は長男だけに与えることにより、長男に会社の経営を承継しつつ、長男と次男に会社株式による経済的な利益を享受させることなどが考えられます。

指図権は、信託法には定めがない概念ですが、一般にその効力は認められています。

3 事業承継に利用できる信託特有の効果

以下では、信託を利用することにより可能となる、事業承継に利用できる法律効果について説明します。

(1) 遺言代用信託

信託契約により、委託者の死亡時に受益権を取得する者を定めることができます（信託90条1項1号）。例えば、経営者が、自らを受益者とする自益信託を設定し、経営者が死亡した際に後継者が受益者となる旨を定めた信託がこれに該当します。

また、信託契約により受益者とされた者について、委託者の死亡後に給付を受ける旨を定めることもできます（信託90条1項2号）。例えば、経営者が、後継者以外の者を受益者として定め、配当を受ける権利を受益権として与える一方で、当該受益権に基づく給付の開始を委託者が死亡した後と定める場合がこれに該当します。この場合、当該受益者は、信託契約において別段の定めがな

い限り，委託者が死亡するまでは受益者としての権利を有しないものとされています（信託90条2項）。

以上の2つの類型を，遺言代用信託と呼んでいます。

遺言代用信託においては，信託契約に受益者変更権の定めがない場合でも，委託者は受益者を変更する権利を有します（信託90条1項）。この点については，信託契約で別段の定め（受益者変更権を認めない定め，受益者変更権を委託者以外の者に付与する定め，受益者変更権の行使の方法を特定する定め等）を行うことも可能です。

(2) 後継ぎ遺贈型信託

信託では，受益者（「第1受益者」）の死亡により，第1受益者の有する受益権が消滅し，他の者（「第2受益者」）が新たな受益権を取得する旨の定めを置くことが可能です（信託91条）。第1受益者が死亡しても，第1受益者の受益権は消滅するため，第1受益者の相続人に対する相続が生じず，第2受益者が新たに受益権を取得する点がポイントです。例えば，経営者が，長男を第1受益者とし，長男が死亡した際に次男の子（孫）を第2受益者とするような定めが可能になります。

このような信託を，後継ぎ遺贈型信託と呼びます。従来，後継ぎを数代にわたって定めておく遺贈（後継ぎ遺贈）は無効と解されていたところ，平成16年の信託法改正時に，期間制限を設けたうえで，信託を利用すれば後継ぎ遺贈と同等の効力を実現できる旨を明らかにしたものです。

後継ぎ遺贈型信託の期間制限については，信託設定時から30年経過時以降に，受益権を取得した者が死亡するまで，又は，受益権が消滅するまでの間とされており（信託91条），その期間を経過すると後継ぎ遺贈型信託は効力を失います。期間制限を設けた理由として，後継ぎ遺贈型信託を無制限に認めると，受益者が存在しない期間が長期間に及び，その結果，信託財産が誰の手にも届かないところに長時間とどまってしまうことになり，国民経済上の利益に反することなどが挙げられています。

4 株式信託の仕組み

事業承継で用いられる株式の信託は，会社の支配に必要な株式を有する経営者が委託者となり，自らが保有する株式を受託者に信託することにより設定さ

れます。受益者については，経営者が当初受益者となり経営者が死亡した時に後継者に受益権を承継させる方法，信託設定時に後継者を受益者とする方法が考えられます。

　信託譲渡された株式は，信託財産として受託者が保有し，株式の名義も受託者に移転します（会社154条の2参照）。議決権等の共益権も，配当受領権等の自益権も，受託者に移転します。受託者が受領した配当は，信託契約の定めに従って，受益者（上記の事例では経営者）に支払われます。

　事業承継との関係では，信託設定時に，株式の議決権行使に関する指図権を委託者（経営者）に留保することにより，経営者は引き続き会社を支配することができます。その後，受益権を第三者に譲渡したとしても，あるいは，受益権が相続されたとしても，議決権は委託者に留保されたままですから，議決権の行使は引き続き委託者（経営者）が行います。その意味で，第三者が譲渡を受け，あるいは，相続した受益権は，議決権制限株式と実質的に同じものということができます。

　また，指図権について，信託契約で，経営者が死亡等により指図できなくなった場合には後継者に指図権が帰属する旨の定めも可能です。

　なお，このように議決権行使に関する指図権を信託契約で定めることは，議決権のみを信託する場合（議決権信託）とは異なり，有効と解されています。

5　株式信託利用の際の留意点

(1)　譲渡制限付株式を信託する場合の取扱い

　株式の遺言信託のケースで，会社が譲渡を承認しなかったため，会社との関係で受託者に株式は帰属しないとした事例があります☆1。

　したがって，譲渡制限付株式を発行する会社において，株式信託を設定する場合（特に，経営者の死亡後に移転が生じる遺言代用信託の場合），株式の信託譲渡に対する承認が適時適切になされるよう配慮してスキームを構築する必要があります。

(2)　株主名簿の取扱い

　株式信託の場合，株主名簿には「信託財産に属する旨」を記載することになります（会社154条の2）。

(3) 指図権をもたない受益者がいる場合の指図権の法的効力

スキームによっては，指図権，すなわち議決権行使に対する権限を有しないが，受益権（配当受領権等）を有する受益者が登場します。このような受益権は，株式の自益権（配当受領権等）と共益権（議決権）を実質的に分離しており，会社法105条等との関係で法的に有効かという議論がありました。

この点については，中小企業庁の平成20年9月付「信託を活用した中小企業の事業承継円滑化に関する研究会」の中間整理第2・1(2)で，非公開会社における定款の属人的定め（会社109条2項）等とのバランスから，会社法上の問題は生じないとされています。非公開会社では，この見解を前提に指図権を設計してよいものと考えます。

上記中間報告は，公開会社について言及していませんが，株主間契約における私的自治等の観点から，公開会社においても自益権と共益権を実質的に分離する指図権の定めについて会社法上の問題はないとする見解があります。

なお，自益権と共益権の実質的分離に関しては，従業員持株制度における議決権信託に関する裁判例☆2が「共益権のみの信託は許されない」としましたが，「株主の共益権の自由な行使を阻止するためのものというほかな」いとの理由が示されており，この裁判例が直ちに事業承継目的の株式信託における指図権の議論に影響するものではないと考えられます。

(4) 遺留分

信託契約に基づく信託譲渡は，遺留分の持戻しの対象になると解されています。しかし，中小承継円滑化法の除外合意及び固定合意の対象ではないため，信託を利用する場合，同法を利用した遺留分対策をとることはできません。

そのため，経営者の他の資産や保険の利用や，代償金の支払等の方法により，遺留分侵害の問題が起こらないように対応する必要があります。

(5) 税 制

信託に関する所得課税の基本的な考え方は，経済的利益の実質的移転があった場合に課税するというものです。例えば，自益信託の場合，経済的利益の移転はないので，原則として課税はありません。

しかし，事業承継目的の株式信託では，その後，経済的利益が移転していくことが想定されているため，どの時点で課税が発生するかについて信託契約設定時によく検討しておき，予想外の課税を受けてスキーム自体が機能しなくな

る事態を避けるようにスキームを設計する必要があります。

〔加藤　伸樹〕

　　■判　例■

☆1　東京地判平28・2・10判時2325号52頁。
☆2　大阪高決昭58・10・27高民集36巻3号250頁・判タ515号155頁・判時1106号139頁。

24 従業員持株会

事業承継対策のために、従業員持株会を利用するメリットはどのようなものですか。従業員持株会を利用する際の留意点はどのようなものですか。

事業承継対策においては、安定株主対策、相続税対策等の点で、従業員持株会を利用するメリットがあります。従業員持株会を利用する際には、議決権の扱い、従業員に対する奨励金、従業員退職時の扱い、会社と持株会の関係、持株会の解散に関する手続等を慎重に設計しておくことが望ましいといえます。また、会社の支配権に関する争いが顕在化している中で、従業員持株会を設置する場合、不公正発行とならないよう留意する必要があります。

☑ キーワード

従業員持株会、民法上の組合、日本版 ESOP

解 説

1 従業員持株会とは

従業員持株会とは、会社の従業員（当該会社の子会社等の従業員を含む。）が、当該会社の株式を取得することを目的として運営する組織をいいます[1]。

従業員に株式を保有させることにより、財産形成の促進を通じた福利厚生の増進や経営への参加意識の向上といった目的を達成するために設立されます。

2　従業員持株会の法的形式

民法上の組合，権利能力なき社団☆1，任意の団体，信託等が考えられます。

従業員持株会の形式として多く用いられてきたのは，組合契約により設立される民法上の組合です（民667条1項）。参加する従業員全員が持株会の会員となる方式（全員組合員方式）と，一部の従業員のみを会員とし，その他の従業員は持株会と契約をすることによって持株制度に参加する方式（少数組合員方式）があります。

近時，日本版ESOPが注目されています。日本版ESOPは，米国の制度であるESOP（Employee Stock Ownership Plan）を参考に開発されたスキームであり，信託や一般社団法人などが会社からの拠出金や金融機関からの借入れ等を利用して，将来従業員に付与する株式を一括して取得し，当該株式を一定期間保有した後に従業員（従業員持株会や退職者の場合もある。）に付与することにより，従業員の福利厚生や勤労意欲の向上を図ることを目的とするスキームです。

非公開会社においても，事業承継の一手法としてESOPを活用する可能性が指摘されています。

3　事業承継との関係

(1) 安定株主の確保

事業承継において，後継者の税負担，購入資金等の問題により，経営者の保有株式すべてを後継者に承継させることが困難な場合があります。このような場合，後継者以外の者への株式の承継を検討することになりますが，経営の安定化という観点からは，承継先が安定株主であることが重要です。

従業員持株会では，会員の株式を持株会の理事長等に信託し，議決権行使を理事長等に委ねることも多く，このようなスキームの従業員持株会を株式の承継先とすることは，安定株主の確保に資することになります。

(2) 相続税の節税

経営者が従業員持株会に株式を承継させることにより，相続税の課税対象財産が減少します。これにより，相続税の節税効果が見込めます。また，従業員持株会は同族関係者ではありませんから，税務上は配当還元価額で承継させる

ことができます。

　新株を第三者割当てによって従業員持株会に取得させる場合でも，同様の税効果を見込むことができます。

(3) 経営者の資本回収，資金調達

　事業承継に際して，相続税等のために多額の現金が必要となる場合があります。このような場合に，経営者が，その保有株式を従業員持株会に売却し，現金を調達することが可能となります。

4　従業員持株会を利用する場合の留意点

(1) 株式信託契約の効力

　従業員持株会においては，会員が持株会の理事長等に株式を信託し議決権の行使を委ねることが多く，これにより安定株主の確保という目的が達成されますが，この株式信託について，効力が争われた事例があります。

　裁判所は，①株式信託契約を締結しない者は株式を取得できず，契約締結を選択する自由がない，②契約の解除も認められていないといった事情から，「信託契約は，株主の議決権を含む共益権の自由な行使を阻止するためのものというほかなく，委託者の利益保護に著しく欠け，会社法の精神に照らして無効」としました☆2。

　株式信託契約は一律に無効とされるものではありませんが，上記裁判例を踏まえ，従業員の利益保護を著しく欠くと評価されないよう，従業員持株会の設計・運用に留意する必要があるでしょう。

(2) 従業員持株会に参加する従業員に対する奨励金

　従業員持株会への参加を促すため，参加した従業員に対し奨励金を支出するケースがあります。

　奨励金については，①株主に対する利益供与（会社120条）に該当しないか，②自己株取得規制に反しないか，③株主平等原則に反しないか，④有利発行規制に反しないかとの論点があります。

　①については，会社が，持株会の会員である従業員に対し，積立金額の5％の金額及び証券会社に対する事務委託手数料相当額（年400円）の奨励金を支出した事案について，利益供与に該当しないと判断した裁判例があります☆3。

持株会による議決権行使が，会社経営陣の意思から独立していること，奨励金の額，割合が適切であることが挙げられており参考になります。奨励金の額は，従業員積立分の何％以内でなければならないといった画一的な制約が導かれるものではなく，個別企業の状況に応じて判断されるべきものとされていますが*2，積立金の3～10％程度とする会社が多いようです*3。

②については，従業員の福祉を増進させる限り，会社の計算とは評価されないとの理解が一般的とされています*4。

③については，従業員の株主としての地位に基づいて支払われるものではなく，従業員という地位に基づいてなされるものであるから，株主平等原則には抵触しないとされています*5。

④については，上記②において会社の計算とは評価されない場合，有利発行にも該当しないとされています*6。

したがって，奨励金制度を導入する場合，上記①及び②の点を考慮に入れて金額等を設定する必要があります。

なお，税務上，奨励金については，支給基準が明確であれば会社側では福利厚生費として損金算入が可能であり，従業員側では給与所得として処理することができます。

(3) 退職時に出資額で会社又は持株会が買い取る旨の合意の効力

(a) 合意の有効性

株式譲渡制限会社が従業員持株会を設けている場合において，持株制度に参加する従業員が退職等により従業員の地位から離れる際に一定の額（取得価額等）で会社の指定する者に株式譲渡させる旨の合意がなされることがあります。

このような合意については，従業員による株式譲渡の自由を奪うとともに，譲渡金額が固定されるためキャピタルゲインを得る機会を奪う点で，公序良俗に反し無効ではないかが問題となります。

この点につき，退職に際して，持株制度に基づいて取得した株式を額面額で取締役会の指定する者に譲渡する旨の合意について，①持株制度の趣旨，内容を了解したうえで株式を額面額で取得し，上記合意をしたこと，②継続的に一定額の株式配当を行っていたこと等の事情を挙げ，公序良俗に反しないとした判例があります☆4。

また、非公開会社である会社における、権利能力なき社団である従業員持株会が従業員等に株式を譲渡する際の価格を額面額とし、株主が退職等の理由により株式を売却する必要が生じたときは、従業員持株会が額面額でこれを買い戻すという内容のルールについて、①持株制度の維持を前提に、譲渡制限付株式を円滑に現役の従業員等に承継させる目的で導入された上記ルールは合理性がないとはいえないこと、②譲渡制限付株式に市場性がないこと、③上記ルールの下で取得しようとする者としては、将来の譲渡価格が取得価格を下回ることによる損失を被るおそれもない反面、およそ将来の譲渡益を期待し得る状況にもないこと、④従業員が上記ルールの内容を認識したうえ、自由意思により上記ルールに合意しており、事実上強制されていたという事情がうかがわれないこと、⑤会社が多額の利益を計上しながら特段の事情もないのに一切配当を行うことなくこれをすべて会社内部に留保していたというような事情も見当たらないことといった事情を挙げ、公序良俗に反しないとしています☆5。下級審裁判例も、同様に、上記のような契約の合理性を認める判断を示しています。

(b) 合意が有効である場合の効力

　合意に合理性が認められる場合、従業員が時価と譲渡価額の差額を請求しても認められません☆6。契約で会社への譲渡が定められている場合、会社は契約に基づいて株券の引渡しを命じることができ☆7、退職者から株式の返還☆8、株券の発行☆9を求められても応じる必要はありません。

　ただし、従業員持株会に関して退職時に時価で譲渡する旨の契約がある場合に、従業員持株会運営の前提となっていた株価を時価が大きく下回ってしまったという事案について、従業員に対する会社の説明義務違反があったことを認め、違反時以降の拠出金相当額の損害を認めた事例☆10もあることに留意が必要です。

(4) 従業員持株会の会社からの自立性、独立性

(a) 従業員持株会の議決権と子会社認定

　従業員持株会の会社からの自立性、独立性が十分確保されていない場合には、持株会が導入会社の会社法上の「子会社」（会社2条3号、会社則2条3項2号・3条2項・3項）に該当するおそれが生じます。会社法上、子会社による親会社の株式取得は禁じられているため（会社135条1項）、組合である持株会によ

る株式取得ができなくなってしまい，事業承継対策としての利用が困難になってしまうため，持株会の自立性，独立性の確保が必要となります。

(b) **従業員持株会の持分精算と会社の責任**

①会社主導の下に組織されたもので，会社内に所在するとされ，固有の電話番号ももたない組織であるなど，その組織の運営上会社が少なからず関与していることがうかがわれること，②退会届が会社代表者宛に提出され，会社代表者及び担当部長の決裁が当然に予定されているという書式の体裁をとっていること，③現に退会精算金について持株会ではなく会社から通知されるという退会手続の実態，④持株会には，会員全員が集まって意思決定をする会員総会がなく，持株会の財務状況について会員に報告される機会もないことから，持株会は会社と別個独立の団体ではなく，その一部局にすぎないと判示し，持株会の株式精算に係る債務を会社が負うと判断した裁判例があります☆11。

このような会社の責任を回避するという観点からも，持株会の自主性，独立性を確保するようスキーム設計・運用を行うことが重要といえます。

(c) **従業員持株会に対する貸付**

従業員持株会の運営のために，会社から貸付を行うことがあります。このような貸付を行うこと自体は問題ありませんが，自主性，独立性を害するような関係とならないよう留意する必要があります。

なお，従業員持株会に対する貸付金の処理については，貸付金を回収するために持株会が保有する会社の発行株式を代物弁済により取得したところ，取得株式に対応する資本等の金額を超える部分はみなし配当課税の対象になるとした事例☆12があります。

(5) **株式の供給**

従業員持株会による株式の取得は，上場企業の場合には市場から買い付けることになりますが，非上場会社の場合には，①大株主からの供給，②第三者割当増資，③売却希望者からの買取りといった方法が考えられます。

低い対価で供給すると，贈与税が発生する可能性がありますが，一般的な方法である①及び②については，配当還元価額によって供給する限り，贈与税の課税はありません。

株式を安定的に供給できるよう，株主総会決議を経て，自己株式を取得しておくことも考えられます（会社156条以下）。

(6) 従業員持株会の解散

従業員持株会は，民法上の組合や権利能力なき社団のように，解散に関するルールが法令上明確でない形式で設立されるため，その解散について争われるケースがあります。

従業員持株会の代表者が，「会員から提出された同意書で過半数の同意があったときは解散する」等と表明し，過半数の同意を得たから解散決議があったとして，従業員持株会を解散したが，持株会規約には規約の変更について会員の3分の1以上の異議の申出がないことを要件とする書面決議の方式はあったものの書面決議による解散を認める規定がなかったというケースについて，従業員が，従業員持株会の解散を争い，株式持分を有する旨の確認を求めた事案があります☆13。結果的に，裁判所は，書面決議でも解散できると規約を解釈して，会社の主張を認めましたが，提訴から判決まで3年近い時期を要していることを考えると，適切に従業員持株会を設計して回避しておくべき紛争だったといえるでしょう。

従業員持株会の設計にあたっては，このようなトラブルが起こらないよう，解散の場合についても，明確な規定を組み込んでおくことが望ましいといえます。

解散の際の精算方法については，株式現物による返還と所有株式の売却による精算金の充当があります。売却による精算金の充当の場合，売却相手や株価の設定について検討し，規定を組み込んでおく必要があります。

(7) 支配権争いのある状況における従業員持株会に対する新株発行

役員構成をめぐる株主間の対立がある中で上場会社がいわゆる日本版ＥＳＯＰを導入し一般社団法人に新株を割り当てたところ，当該発行が会社法210条の「著しく不公正な方法」による発行に該当するか否かが争われた事案（新株発行差止仮処分命令申立事件）につき，「会社の経営支配権につき争いがある中で，既存の株主の持株比率に重大な影響を及ぼすような数の新株が発行され，それが第三者に割り当てられる場合に，当該新株の発行が既存の株主の持株比率を低下させて現経営陣の会社支配権の維持を主要な目的としてされたものであるときは，不当な目的を達成する手段として新株の発行が利用される場合に当たる」とのいわゆる主要目的ルールを前提に，①対立が表面化する前からＥＳＯＰの導入が検討されていたこと，②経済産業省の検討会の報告書の内容に

おおむね沿ったものとなっていたこと、③導入を取締役会で決議した時点で株価が低い水準にあったことから、株価及び業績向上に向けた従業員の意欲や士気を高めること並びに従業員を通じたコーポレート・ガバナンスの向上を図ることを目的として同スキームが導入されたといえること、④持株比率の低下割合が大きくなく、議決権が従業員の意思によって行使される制度となっていることを挙げ、会社支配権の維持を主要な目的として行われたとはいえず、不公正発行に該当しないと判断した裁判例があります☆14☆15。

　会社の支配権に争いのある中で、従業員持株会を利用するために新株発行を行う場合には、上記裁判例の存在を念頭に、スキームを検討する必要があります。

〔加藤　伸樹〕

――■判　例■――

☆1　最判平21・2・17裁判集民230号117頁・判タ1294号76頁。
☆2　大阪高決昭58・10・27高民集36巻3号250頁・判タ515号155頁・判時1106号139頁。
☆3　福井地判昭60・3・29判タ559号275頁。
☆4　最判平7・4・25裁判集民175号91頁。
☆5　前掲（☆1）最判平21・2・17。
☆6　東京地判平10・8・31判時1689号148頁。
☆7　京都地判平元・2・3判時1325号140頁。
☆8　神戸地判平3・1・28判タ763号266頁・判時1385号125頁。
☆9　名古屋高判平3・5・30判タ770号242頁。
☆10　東京地判平19・7・3判時1992号76頁。
☆11　札幌地判平14・2・15労判841号5頁。
☆12　大阪地判平23・3・17訟月58巻11号3892頁・税資261号順号11644。控訴審・大阪高判平24・2・16訟月58巻11号3876頁・税資262号順号11882。なお、上告棄却・最決平26・1・16税資264号順号12386。
☆13　東京地判平18・6・26判タ1240号273頁・判時1958号99頁。
☆14　東京地決平24・7・9金商1400号45頁。
☆15　東京高決平24・7・12金判1400号52頁・金法1969号88頁。

■注 記■

*1 日本証券業協会「持株制度に関するガイドライン」(日本証券業協会ホームページ)。
*2 経済産業省報告書・新たな自社株式保有スキーム検討会「新たな自社株式保有スキームに関する報告書」(平成20年11月19日)第2章第2節3(1)(経済産業省ホームページ)。
*3 奨励金額の実情については,東京証券取引所「2016年度従業員持株会状況調査結果の概要について」(日本取引所グループホームページ)を参照。
*4 経済産業省報告書・新たな自社株式保有スキーム検討会・前掲(*2)第2章第2節2(2)(i)。
*5 経済産業省報告書・新たな自社株式保有スキーム検討会・前掲(*2)第2章第2節3(2)。
*6 経済産業省報告書・新たな自社株式保有スキーム検討会・前掲(*2)第2章第2節3(3)。

25　種類株式

　種類株式には、どのようなものがありますか。事業承継の場面においては、種類株式をどのように活用することができますか。また、種類株式を用いて事業承継を行う場合の留意点としてはどのようなものがありますか。

　　種類株式には、剰余金の配当についての種類株式、残余財産の分配についての種類株式、議決権制限種類株式、譲渡制限株式、取得請求権付株式、取得条項付株式、全部取得条項付種類株式、拒否権付種類株式、取締役・監査役の選解任についての種類株式の9つがあります。
　　種類株式を用いることで、事業承継を柔軟に行うことが可能となります。ただし、種類株式の内容は登記がなされるため、その内容について誰でも把握できることには注意が必要です。

☑ キーワード

剰余金の配当についての種類株式、残余財産の分配についての種類株式、議決権制限種類株式、譲渡制限株式、取得請求権付株式、取得条項付株式、全部取得条項付種類株式、拒否権付種類株式、取締役・監査役の選解任についての種類株式

解　説

1　種類株式制度の概要

　会社は、異なる定めをした内容の異なる2以上の種類の株式を発行することができます（会社108条1項）。このように、会社が、普通株式と内容の異なる株式を発行している場合には、「種類株式」を発行していることとなり（ただし法

律上は，普通株式及び内容の異なる株式の双方を合わせて「種類株式」と呼びます。），種類株式を発行する会社（現に複数の種類の株式を発行しているかは問いません。）は，種類株式発行会社（会社2条13号）と呼ばれます。

　会社法において，発行が認められている種類株式の内容は，①剰余金の配当についての種類株式，②残余財産の分配についての種類株式，③議決権制限種類株式，④譲渡制限株式，⑤取得請求権付株式，⑥取得条項付株式，⑦全部取得条項付種類株式，⑧拒否権付種類株式，⑨取締役・監査役の選解任についての種類株式の9つあり，これらを組み合わせた種類株式を発行することも可能です。他方で，会社法においては，会社法において定められた事項以外を内容とする種類株式の発行は認められていません。

2　種類株式の内容

　①剰余金の配当についての種類株式とは，他の株式に先立って剰余金の配当を受ける種類株式（「優先株式」といいます。）や，剰余金の配当についての他の株式に劣後する種類株式（「劣後株式」といいます。）を置くことをいいます（会社108条1項1号）。

　剰余金配当優先株式のうち，優先株主が，優先配当を受け取った後に，残余の配当金額について普通株主と同一の条件で配当を受けることができると定められているものを「参加型優先株式」，残余の分配を受けないと定められているものを「非参加型優先株式」と呼びます。また，ある事業年度にあらかじめ定められた優先配当金額全額の配当がなされなかったときに，不足額について翌事業年度以降に繰り越されるものを「累積的優先株式」，繰り越されないものを「非累積的優先株式」と呼びます。

　②残余財産の分配についての種類株式とは，会社の清算時に，残余財産の分配にあたり，他の株式に先立って分配を受けることができる種類株式（「残余財産分配種類株式」といいます。）や，他の株式に劣後して配当を受けることができない種類株式のことをいいます（会社108条1項2号）。残余財産分配優先株式も，剰余金配当優先株式と同様に，参加型・非参加型に分けられます。

　③議決権制限種類株式とは，株主総会の決議事項の全部又は一部について議決権を行使できない株式のことをいいます（会社108条1項3号）。例えば，役員の選任に関して議決権がない株式を発行する場合などが挙げられます。株主総

会のすべての決議事項について議決権のない株式のことを「無議決権株式」といいます。議決権を制限するにあたり，一定の条件に該当した場合に議決権が制限される旨の定めや，一定の条件を充足した場合には議決権が復活する旨の定めを置くことも可能です。ただし，会社法が認めているのは「議決権を行使することができる事項」についての内容の異なる株式の発行のみであり，複数議決権は認められていません。

　公開会社においては，議決権制限株式は，発行済株式総数の2分の1までしか発行できず，発行済株式総数の2分の1を超えた場合には，その他の種類株式を追加的に発行するなど，直ちに2分の1以下にするのに必要な措置をとる必要があります（会社115条）。

　④譲渡制限株式とは，会社がその発行する全部又は一部の株式の内容として譲渡による当該株式の取得について当該株式会社の承認を要する旨の定めを設けている場合のことをいいます。会社法においては，発行する全部の株式の内容として譲渡制限を定めるほか（会社107条1項1号），種類株式の内容として譲渡制限の有無を定めることにより，発行済株式の一部についてだけ譲渡制限を付することが認められています（会社108条1項4号）。

　⑤取得請求権付株式とは，株主が会社に対し，あらかじめ定められた対価で自己が保有する当該種類株式の取得を請求することができる株式です（会社108条1項5号）。取得の対価は，金銭のほか株式でもよいとされています。株式を対価とする取得請求権付株式については，対価として設定される種類株式の発行可能種類株式数を超えてはならず（会社114条2項1号），また，取得の対価が株式以外の財産である場合には，分配可能額（会社461条2項）の範囲内の必要があることには，注意が必要です。

　⑥取得条項付株式とは，一定の事由が生じたことを条件に，会社が強制的に株式を取得できるとする株式です（会社108条1項6号）。発行可能種類株式数及び分配可能額の制限が及ぶことは，取得請求権付株式と同様です。

　⑦全部取得条項付種類株式とは，株主総会の特別決議により，会社が当該株式の全部を取得することができる種類株式をいいます（会社108条1項7号）。平成26年会社法改正により支配株主の売渡請求権や株式併合の法整備がなされるまでは，全部取得条項付種類株式は，キャッシュアウトの手法として選択されてきました（**Q33**参照）。分配可能額の制限が及ぶことは，取得請求権付株式，

取得条項付株式と同様です。

⑧拒否権付種類株式とは，一定の事項について拒否権を与えられた株式のことをいいます（会社108条1項8号）。拒否権の対象とすることができる事項は，株主総会の決議事項及び取締役会の決議事項です。

⑨取締役・監査役の選解任についての種類株式とは，当該種類の株式の種類株主を構成員とする種類株主総会において，取締役又は監査役を選任することを定めた株式のことをいいます（会社108条1項9号）。

3 事業承継における種類株式の利用

種類株式は，非公開会社における場合を中心に，事業承継の手法としてしばしば用いられます。

例えば，株式会社の創業者が長男と次男の兄弟のうち，長男のみに対して事業を承継させようとする事例を考えてみましょう。

株式会社が創業者に対してのみ議決権のある株式1株を発行し，その他の株式を無議決権株式とすることが考えられます。具体的には，創業者は，長男に対して議決権のある株式1株について，相続させる旨の遺言を作成しておきます。そうすると，創業者が亡くなった場合には，長男のみが議決権を有する株式を取得して，残りの株式について法定相続分に従って相続がされたとしても長男のみが議決権を有することとなるため，創業者から長男に対する事業の承継が行われることとなります。拒否権付種類株式1株を発行する場合でも，同様のことが実現できます。

逆に，一定の範囲で，次男が事業について意見をいえるようにしたい場合には，創業者が長男に対してその保有する株式を承継しつつも，次男に対して拒否権付種類株式を発行しておくことが考えられます。

創業者が生前に事業承継を行いつつ，一定の事項については引き続き自らがコントロールをした場合には，創業者が生前に長男にその保有する株式を譲渡（生前贈与）させつつも，株式会社が創業者に対し拒否権付種類株式を発行し，一定の事項について拒否権があるよう設計することで生前の経営権の確保を行うことが考えられます。

また，創業者が長男に株式を譲渡するものの，当面の間は役員の選解任について創業者のコントロールを及ぼすようにしたい場合には，創業者に対して役

員選解任付種類株式を発行しておくことが考えられます。

このように，種類株式を用いることで，事業承継を柔軟に行うことが可能となります。

ただし，種類株式の内容は登記がなされるため，その内容について誰でも把握できることとなることには注意が必要です。登記によって内容を把握されることを避けたい場合には，属人的定め（**Q26**参照），株主間契約や信託を用いることが考えられます。

〔生野　聡〕

定款による属人的定め

定款による属人的定めとはどのようなものでしょうか。定款による属人的定めと種類株式とはどのような違いがあるのでしょうか。事業承継の場面において，属人的定めをどのように活用することができますか。

また，定款において属人的定めをおく場合に，どのような点に注意が必要ですか。

　非公開会社においては，①剰余金の配当を受ける権利，②残余財産の分配を受ける権利，③株主総会における議決権について，株主ごとに異なる取扱いを行う旨を定款で定めることができ，このことを「定款による属人的定め」といいます。事業承継の場面においては，事業の承継者の保有する株式のみが1株で複数以上の議決権を有するよう設計すること等により属人的定めを活用することが考えられます。

　剰余金配当請求権及び残余財産分配請求権の全部を与えない旨の定款の定めは無効とされるほか，株式会社の本質や公序良俗に反して，株主の基本的権利を奪うような属人的定めは無効と解される可能性があります。

☑ キーワード

属人的定め，剰余金の配当，残余財産の分配，議決権，種類株主総会，属人的定めの限界

Q 26 ◆定款による属人的定め

解　説

1 「属人的定め」とは

　非公開会社（全部の株式について譲渡制限を定める会社のことをいいます。）においては，①剰余金の配当を受ける権利，②残余財産の分配を受ける権利，③株主総会における議決権について，株主ごとに異なる取扱いを行う旨を定款で定めることができます（会社109条2項・105条1項）。このことを，「属人的定め」といいます。

　非公開会社において，属人的定めを置くことが認められているのは，非公開会社においては，株主の移動が乏しく，株主相互間の関係が緊密であることが通常であって，株主に着目して異なる取扱いを認めるニーズがあるとともに，これを認めることにより特段の不都合が生ずることがないためです。

　具体的には，剰余金の配当や残余財産の分配について，持株数にかかわらず全株主同額とすることや，特定の株主を持株数以上の割合で優遇する（例えば，特定の株主に特別の剰余金配当請求権を付与する）ことなどが考えられます。また，株主総会における議決権に関する属人的定めとしては，1人1議決権の定めや，特定の株主に複数議決権を付与するような定めが考えられます。

　このような属人的定めは，種類株式とは，株式ではなく株主に着目したものである点に違いがありますが，実質的においては種類株式と異ならないことから，会社法第2編及び第5編の規定が適用されることとされています（会社109条3項）。例えば，特定の種類の株主に「損害を及ぼすおそれ」（会社322条1項）がある場合には，種類株主総会の開催が必要となります。

2 事業承継における属人的定めの利用

　種類株式を利用するにあたっては登記が必要となるのに対し，属人的定めにおいては登記が不要となります。

　このように，属人的定めは，種類株式と異なり，その発行の有無や内容が登記を通じて公になるおそれがありません。このようなメリットを生かして，事業承継において属人的定めを用いることが考えられます。

　具体的には，例えば，株式会社の創業者が，事業の承継を行うにあたって，

事業の承継者の保有する株式のみが1株で複数以上の議決権を有するよう設計することが考えられます。ただし，種類株式については当該株式の承継人も同一の権利を有するのに対し，属人的定めの場合にはその承継人は影響を受けないことには注意が必要です。

3 定款における属人的定めの導入及び廃止

会社が，属人的定めを導入する場合には，定款変更が必要となります。属人的定めに関する定款変更は，種類株主の発行に比べて加重されており，総株主の頭数の半数以上であって，総株主の議決権の4分の3以上の多数による必要があるとされています（会社309条4項）。

それに加えて，**1**のとおり，特定の「種類」の株主に「損害を及ぼすおそれ」（会社322条1項）がある場合には，種類株主総会の開催も必要となります。具体的には，属人的な定めの内容として同一の株主が複数存在する場合には，それらの株主によって種類株主総会が構成されます。属人的な定めの内容について1人ずつ異なる場合には，1人で種類株主総会を構成することになります。ただし，議決権に関する属人的定めは，種類株主総会には適用されません。

他方で，属人的定めを廃止する場合には，通常の定款変更のための特別決議（会社309条2項11号）で足ります。ただし，この場合も，「損害を及ぼすおそれ」がある場合には，種類株主総会にかかる規定は適用されることとなります。

4 属人的定めの限界

上記のとおり，非公開会社においては属人的定めを用いることで剰余金配当や議決権について柔軟に設計することができます。しかしながら，属人的定めに限界があります。まず，株主に剰余金配当請求権及び残余財産分配請求権の全部を与えない旨の定款の定めは無効とされています（会社105条2項）。逆に，例えば，株主に剰余金配当請求権について一切認めなかったとしても，残余財産分配請求権が認められていれば，そのような定めは有効であることとなります。

そのほか，属人的定めについて，株式会社の本質や公序良俗に反して，株主の基本的権利を奪うものであってはならないと解されています。例えば，差別

的取扱いが合理的な理由に基づかず，その目的において正当性を欠いているような場合や，特定の株主の基本的な権利を実質的に奪うものであるなど，株主に対する差別的取扱いが手段の必要性や相当性を欠く場合には，そのような，属人的定めに関する定款変更に係る株主総会決議は，株主平等原則の趣旨に違反するものとして無効と解される可能性があります[1]。

〔生野　聡〕

■判　例■

[1]　非公開会社において，属人的定めに関する定款変更を無効とした事例として東京地立川支判平25・9・25金判1518号54頁。

相続人等に対する売渡請求

相続人等に対する売渡請求とは，どのような制度でしょうか。相続人等に対する売渡請求制度を導入する場合の手続及び相続人等に対する売渡請求を行使する場合の手続は，どのようなものでしょうか。相続人等に対する売渡請求制度を導入する場合には，どのような点に注意が必要でしょうか。

　相続人等に対する売渡請求とは，相続その他の一般承継により当該会社の株式（ただし，譲渡制限株式に限る。）を取得した者に対し，当該株式を当該株式会社に売り渡すことを請求することをいいます。

　会社は，相続人等に対する売渡請求に係る定款の定めを置いたうえで，「相続その他の一般承継があったことを知った日」から1年以内に行う必要があります。

　売買価格については，当事者間の協議で決定されますが，請求があった日から20日以内に裁判所に売買価格の決定の申立てを行うことができます。裁判所は専門委員からの意見聴取ないし鑑定により売買価格を決定しますが，実務上は和解により解決をする場合も多いでしょう。

　相続人等に対する売渡請求の導入にあたっては，財源規制のほか，いわゆる相続クーデターに注意をすることが必要です。

☑ キーワード

相続人等に対する売渡請求，売買価格の決定，財源規制，相続クーデター

Q 27 ◆相続人等に対する売渡請求

解　説

1　相続人等に対する売渡請求とは

　譲渡制限株式の譲渡は，売買等の特定承継にのみ適用され，相続や合併等の一般承継については適用されません（会社134条4号）。しかしながら，人的信頼関係の強い閉鎖型の非公開会社において，会社にとって好ましくない者が株主になることを防ぐというニーズは同様に存在します。

　そこで，会社法においては，定款で定めることにより，相続その他の一般承継により当該会社の株式（ただし，譲渡制限株式に限る。）を取得した者に対し，当該株式を当該株式会社に売り渡すことを請求することができる旨を定款で定めることができることとされています（会社174条）。かかる定款の定めに基づく請求を，相続人等に対する売渡請求といいます。相続人等に対する売渡請求の制度を利用することで，一般承継による株式の移転も制限することが可能となります。

　このような相続人等に対する売渡請求の制度を利用することで，大株主の死亡及び相続の発生により株式が分散化することや，経営に携わらない者や会社にとって好ましくない者が相続等によって株式を取得することを防止することができ，事業承継において利用することは有用です。

　なお，相続人等に対する売渡請求は，一般的には閉鎖型の会社における相続の場面で利用されることが想定されていますが，条文上は「相続その他の一般承継」による株式取得（会社174条）の場合に利用できるとされています。したがって，例えば合弁会社において株主の一方が他の会社に吸収合併されるような場合においても利用することが考えられます。

2　相続人等に対する売渡請求の導入手続

　相続人等に対する売渡請求の制度を導入する場合には，相続人等に対する売渡請求ができる旨の定款変更を行うことが必要となります。定款変更となりますので，株主総会の特別決議が必要となります（会社466条・309条2項11号）。相続人等に対する売渡請求に係る定款の定めは，売渡請求をする前に存在していれば足り，相続が開始をした時点においてまで存在している必要はないと考え

られています。したがって，相続が開始された後に，定款変更により相続人等に対する売渡請求に係る定めを置くことが考えられます。

3 相続人等に対する売渡請求の手続

相続人等に対する売渡請求を行おうとする株式会社は，①株主総会において，売渡請求をする株式の数及び売渡請求をする株式を有する者（相続人）の氏名又は名称について定める旨の決議を得ます（会社175条１項）。かかる株主総会において，相続人等に対する売渡請求の対象となる株主は，自らが保有していた議決権を含め，議決権の行使をすることができません（同条２項）。ただし，議決権を排除される株主に対しても株主総会の招集通知を送付する必要があると考えられています。

株主総会決議を経た後，②会社は，相続人等に対し，売渡請求を行うことになります。売渡請求は，相続その他の一般承継があったことを知った日から１年以内に行わなければなりません（会社176条１項）。１年を経過した後は，会社は相続人等に対して売渡請求を行うことができなくなります。「相続その他の一般承継があったことを知った日」とは，被相続人が死亡するなど，相続の発生を知った日のことを意味し，具体的には，（被相続人の所有していた株式を特定の相続人が相続によって取得したことを会社が知った日ではなく）被相続人の死亡を会社が知った日であるとされています☆1。会社が，遺産分割の確定前に相続人等に対する売渡請求を行う場合には，共同相続人全員を相手として行うこととなります☆2。

4 売買価格

相続人等に対する売渡請求の売買価格は，会社と相続人等との間の協議によって定められます（会社177条１項）。協議が調わなかった場合には，会社又は相続人等は，売渡請求の日から20日以内に，裁判所に対し，売買価格の決定の申立てを行うことができます（同条２項）。申立てがあった場合には，裁判所は，売渡請求の時における株式会社の資産状態その他一切の事情を考慮したうえで（同条３項），株式の売買価格を決定します（同条４項）。ただし，20日以内に，会社又は相続人等との協議が調わず，かつ，裁判所に対して売買価格の決定の申立てがなされない場合には，売渡請求は効力を失うこととなります（同条５

項)。

　裁判所への申立てにあたっては，相続人等に対する売渡請求の対象者が，申立てに係る株式数の譲渡制限株式を有していること，申立て前に必要な手続が所定の期間内に行われていること，裁判所への売買価格決定申立てが申立期間内に行われていることを記載した申立書を，会社の本店の所在地の地方裁判所に対して提出します（会社868条1項）。

　裁判所においては，審問期日において申立人及び売買価格の決定の申立てをできる者の（申立人を除く。）の陳述を聴かなければなりません（会社870条2項3号）。当事者双方が価格について主張立証を行いますが，必要に応じて，専門委員を選任して意見を聴取し（非訟33条1項），あるいは，株式評価について鑑定を行ったうえで，裁判所が価格を決定することとなります。実務上は，手続を進める中で会社と相続人等との間で和解ないし合意により解決を行うことが多いものと考えられます。

　裁判所による売買価格の決定にあたっては，ネットアセットアプローチ（再調達時時価純資産方式，処分時価純資産方式，簿価純資産方式等），インカムアプローチ（ＤＣＦ方式，収益還元方式，配当還元方式等），マーケットアプローチ（類似上場会社方式，取引先例価格方式等）のうち複数の評価手法を組み合わせて売買価格が決定されることが多いものと考えられますが，相続人等に対する売渡請求の制度が，一方的な請求により株主の地位を奪う制度であることから，支配権の移動が伴う場合には支配権プレミアムに相当する部分についても考慮すべきであると考えられます。

5　相続人等に対する売渡請求の導入にあたっての留意点

(1)　取得財源の規制

　相続人等に対する売渡請求権を用いる場合には，財源規制が及ぶことには留意が必要です。すなわち，株式の買取価格が，会社の分配価額を超えてはならないこととされています（会社461条1項5号）。また，売渡請求を行った事業年度において欠損が生じた場合には，取締役等にその補塡の責任が生じます（会社465条1項7号）。

(2)　オーナーが死亡した場合（相続クーデター）

　上記のとおり，相続人等に対する売渡請求は，株式の分散化等を防ぐことが

できる、というメリットがあります。

しかしながら、他方で、オーナー株主が死亡し、相続が発生した場合にも対象となるとのデメリットがあります。

例えば、オーナー株主が死亡した場合に、少数株主等により株主総会を招集したうえで、オーナー株主の相続人に対して、相続人等に対する売渡請求の決定を行うことが考えられます（少数株主による株主総会の招集について、**Q35**参照）。上記のとおり、相続人等に対する売渡請求の対象者は株主総会において議決権を行使することができません（会社175条2項）。したがって、オーナー株主の相続人は株主総会で議決権の行使ができず、相続を機に、株式の売渡等請求を求められ、その結果、会社が乗っ取られる可能性があります（このような場合を、「相続クーデター」などと呼ぶことがあります。）。

このように、相続等を機に、オーナー株主の相続人に対して売渡請求が行われた場合には、逆に会社の支配権が別の者に移転をしてしまう可能性があることから、このようなシチュエーションが想定される場合には、逆に相続人等に対する売渡請求の定めを置かないことも検討されるべきでしょう。

〔生野　聡〕

━━■判　例■━━

☆1　東京高決平19・8・16資料版商事285号146頁。
☆2　東京地決平18・12・19資料版商事285号154頁。

株式の譲渡

事業承継にあたって，株式の譲渡を行う場合には，どのような手続が必要となるでしょうか。また，株券発行会社において，実際に株券が発行されていない場合には，どのように処理をすればよいでしょうか。

> 株式の譲渡は，当事者間の合意によってなされます。ただし，株券を発行している場合には，株券の交付が必要となります。株券発行会社で株券の発行がなされていない場合には，株主は，会社に対して，株券の発行を請求し，株券の発行を受けたうえで，株式の譲渡を行う必要があります。株式の譲渡は口頭でも可能ですが，事後的な紛争に備えて，株式譲渡契約書を作成した方が望ましいでしょう。
> 　譲渡制限株式の場合には，株式の譲渡にあたり，株主から会社に対して譲渡等承認請求を行うことが必要となります。その際，会社が譲渡を承認しない場合は代わりに当該株式を買い受ける者を指定することを併せて請求することもできます。この場合の売買価格は協議によることとなりますが，会社又は譲渡等承認請求者は，裁判所への売買価格決定の申立てを行うことができます。

☑ キーワード

株券不発行会社，株券発行会社，株式譲渡契約，譲渡制限株式，譲渡等承認請求

第2章◇事業承継と会社法

解説

1 株券の発行の有無と株式譲渡

(1) 株券の発行の有無

(a) 株券不発行会社と株券発行会社

　会社法においては，株券を発行しないことが原則とされ，定款において定めた場合に株券を発行することができることとされています（会社214条）。その株式（種類株式発行会社にあっては，全部の種類の株式）に係る株券を発行する旨の定款の定めがある株式会社のことを株券発行会社といいます（会社117条7項）。また，このような株券の発行に関する定めがない会社を株券不発行会社と呼びます。会社法成立前においては，株券の発行が原則とされていました（旧商226条）。したがって，会社法においては，旧商法と原則と例外が逆転しています。会社法の施行日時点で存続する株式会社については，定款に株券を発行しない旨の定めがない場合には，株券を発行する旨の定めがあるとみなされることになっており（会社法の施行に伴う関係法律の整備等に関する法律76条4項），株券発行会社である旨の登記がなされることとなっています（同法136条12項3号）。

(b) 株券発行会社であるが株券が発行されていない場合

　上記のとおり，会社法では原則として株券は発行しないこととされています。しかし，株券発行会社でも，株券が発行されない場合があります。

　まず，公開会社でない株券発行会社は，株主から請求がある時までは，株券を発行しないことができます（会社215条4項）。このような会社では，株券が発行されていないことは問題となりませんが，株主から請求がなされた場合には株券を発行する必要があります。

　また，株券発行会社の株主は，会社に対して，株式に係る株券の所持を希望しない旨を申し出ることができます（会社217条1項）。この場合に，会社は，遅滞なく，株券を発行しない旨を株主名簿に記載又は記録しなければならず（同条3項），記載又は記録がなされた結果，株券不発行の措置がとられることになります（同条4項）。

　なお，これらの措置により発行済み株式の全部について株券が発行されていない状態であっても，会社の分類としては株券発行会社と扱われるので注意が

必要です。

(2) **株式の譲渡**

株主は，その保有する株式を譲渡することができます（会社127条）。会社法においては，株式の譲渡について方式等は定められていません。したがって，株券不発行会社においては，株主間の合意により株式は譲渡されます。株主名簿への記載又は記録は株式会社又は第三者への対抗要件とされているにすぎません（会社130条）。

他方で，株券発行会社においては，株式の譲渡は，株券を交付して行う必要があります（会社128条）。また，株券発行会社においては，株主名簿への記載又は記録は株式会社に対する対抗要件とされています。

なお，上記のほか，株券発行会社においては，株式取得者が株券を提示して請求した場合に，単独で譲渡等承認請求ができること（会社137条1項，会社則24条2項1号）及び名義書換請求ができること（会社133条2項，会社則22条2項1号），株券を交付しなければ質入れの効力が生じないこと（会社146条2項）等の違いがあります。

(3) **株券が発行されていない場合の譲渡**

株券発行会社であっても，実際には株券が発行されていない場合もあります。

しかし，上記のとおり，株券発行会社においては，株式の譲渡を行う場合には，株券の交付が必要となります。

したがって，株券の発行がなされていない場合には，株主は，会社に対して，株券の発行を請求し（会社215条4項），株券の発行を受けたうえで，株式の譲渡を行う必要があります。

なお，会社において，株券を発行する旨の定款の定めを廃止すれば，株券の発行の手続を経ることなく株式を譲渡することができます。

(4) **株券を発行する旨の定款の定めの廃止**

株券発行会社は，定款変更を行うことにより，株券を発行する旨の定款の定めを廃止することができます（会社466条・309条2項11号）。この場合において，会社は，①定款の定めを廃止する旨，②定款変更の効力発生日，及び③効力発生日において当該株式会社の株券は無効となる旨を，効力発生日の2週間前に公告し，かつ，株主及び登録質権者には個別に通知を行う必要があります（会

社218条1項)。ただし，株式の全部について株券を発行していない株券発行会社の場合には，上記①及び②について株主及び登録株式質権者に通知し，又はその旨を公告することで足ります (同条3項)。

(5) 株主名簿の名義書換

株式の譲渡がなされた場合には，株主は，株主名簿の名義書換請求を行います。名義書換請求は，原則として，株式の譲渡人と譲受人とで共同で行う必要がありますが (会社133条2項)，株券発行会社の場合には，株券を提示することで譲受人単独で行うことができます (同項，会社則22条2項1号)。

株主名簿の名義書換がなされなければ，株主総会の招集通知の送付がなされず (会社126条1項)，また株主総会において議決権の行使がなされません (会社124条1項) ので注意が必要です (ただし，会社の側から株主名簿の名義書換未了株主の権利行使を認めることはできます☆1。)。

2 株式譲渡契約の締結

上記のとおり，株式の譲渡は，株式の譲渡人と譲受人の合意 (株券発行会社の場合には，これに加えて株券の交付) により行うことができます。このような株式譲渡の合意は口頭で行うことができますが，事後的に紛争となり得る場合には，株式の譲渡に係る事実が証明できなくなるおそれがあります。そこで，株式の譲渡にあたっては，株式譲渡契約書を作成することが考えられます。

株式譲渡契約書の内容やボリュームは，株式譲渡に関する当事者間の関係性によっても異なりますが，一般的には，譲渡の合意，譲渡の対象となる株式，譲渡価格，クロージング，クロージングの前提条件，表明保証，コベナンツ，補償，解除及び終了，その他一般条項等について定められることとなります。

3 譲渡制限株式の譲渡

(1) 譲渡制限株式

株式会社は，定款により，その発効する全部又は一部の株式の内容として，譲渡による当該株式の取得について当該株式会社の承認を要する旨を定めることができます (会社107条1項1号・108条1項4号)。このような株式を，譲渡制限株式といいます (会社2条17号)。

(2) 譲渡承認手続
(a) 譲渡承認の請求

上記のとおり，譲渡制限が付されていない場合には，会社は，当事者間の合意により（株券を発行する旨の定款の定めがある場合には株式の交付により），株式の譲渡を行うことができます。

他方で，譲渡制限株式の場合には，みなし承認に関する定めを定款に置く場合（会社107条2項1号ロ・108条2項4号）を除き，株主は株式を譲り渡そうとする場合には，会社に対して譲渡承認の請求を行う必要があります（会社136条）。譲渡承認の請求は，当事者間で株式譲渡を行った後，株式取得者から行うこともできます（会社137条）。

譲渡等承認請求の手続にあたって，譲渡を行おうとする場合には，まず，譲渡等承認請求者が会社に対して譲渡承認の請求を行うこととなります（会社136条）。譲渡等承認請求について，旧商法では書面によって行うことが要求されていましたが，現行法ではその方式について特段制限がありません。

(b) 会社による譲渡の承認・不承認の決定

譲渡等承認請求を受けた会社は，譲渡の承認又は不承認を決定することになります。会社は，承認するか否かの決定を請求の日から2週間以内に株主に通知しなければなりません（会社139条2項・145条1項1号）。この決定は取締役会設置会社の場合には取締役会で，それ取締役会非設置会社の場合には株主総会の普通決議によって行います（会社139条1項）。かかる決定機関は定款で変更が可能ですが，下位機関を決定機関とすることは許されないと解されています。譲渡等承認請求者が取締役である場合には，特別利害関係取締役に当たると考えられます（会社369条2項）ので取締役会設置会社においては注意が必要です。2週間以内に通知をしなかった場合には，別段の合意がない限り，株式の譲渡を承認する旨の決定をしたものとみなされます（会社145条1項1号）。

会社が譲渡承認を行った場合には，株式の譲渡の効力が生じることとなります。なお，対象株式の一部の譲受けは，もとの譲受人が拒絶する可能性が高いので，対象株式の一部については譲渡を承認し，一部についてのみ会社ないし指定買取人が買い取ることは認められないと解されています。

(c) 会社による買取通知又は指定買取人の指定

株主又は株式取得者は，会社に対して譲渡等承認請求を行う際，会社が譲渡

を承認しない場合には，代わりに当該株式を買い受ける者を指定するよう，併せて請求することもできます（買受人指定請求）。買受人指定請求をするかしないかは，譲渡等承認請求を行う者が決めることができます。

買受人指定請求がなされた場合，譲渡承認に係る譲渡を承諾しない会社は，当該株式を自ら買い取るか，あるいは会社以外の第三者で当該株式を買い受ける者（指定買受人）を指定する決定を行い，株主に対して通知を行う必要があります（会社140条1項・4項）。

この通知は，会社が自ら買い取る場合には譲渡の不承認の通知をした日から40日以内に行い，指定買取人を指定する場合には譲渡の不承認の通知をした日から10日以内に行い（会社145条1項2号），請求人に対して通知を行う必要があります（会社141条1項・142条1項）。ただし，会社が自ら買い取る場合には，株主総会の特別決議が必要となります（会社140条2項・309条2項1号）。

譲渡等承認請求を行った者は，株主総会において原則として議決権の行使はできません（会社140条3項）。これらの通知をしなかった場合には，別段の合意がない限り，株式の譲渡を承認する旨の決定をしたものとみなされます（会社145条1項2号）。会社が株券発行会社である場合には，通知を受けた請求人は，1週間以内に株券を供託し，通知を行わなければなりません（会社141条3項・142条3項）。

(d) 売買価格の決定

株式を買い取る旨を通知した場合には，会社又は指定買取人と譲渡株主との間で売買契約が成立することとなります（会社141条4項・142条4項）。

通知がなされた後は，株主は会社又は指定買取人の承諾がないと譲渡等の承認請求を撤回できません（会社143条）。なお，会社が対象株式を買い取る場合には，自己株式の取得（会社155条2号）に当たりますので，取得財源の規制が及び，買取金額の総額は，売買の効力が生じる日の分配可能額を超えてはならないこととなります（会社461条1項1号）。

会社又は指定買取人による通知がなされた後，会社と譲渡等承認請求者との間で売買価格について協議がなされます（会社144条1項・7項）。また，当事者は，裁判所に対して売買価格決定の申立てを行うことができます（同条2項）。協議が調わず，裁判所への申立てもなされない場合には，簿価純資産額をもって売買価格となります（同条5項）。

裁判所への申立てがなされた場合には，裁判所は譲渡等承認請求の時における株式会社の資産状態その他一切の事情を考慮して売買価格を決定します（会社144条3項）。実務上は，ネットアセットアプローチ，インカムアプローチ，マーケットアプローチのうち複数の評価手法を組み合わせて売買価格が決定されることが多いものと考えられます。審理の手続等は，相続人等に対する売渡請求の場合と同様です（**Q27**参照）。

〔生野　聡〕

―■判　例■―

☆1　最判昭30・10・20民集9巻11号1657頁。

新株の発行

　父から相続によって私と3人の姉が会社の株式を4分の1ずつ相続し，経営は私が行っています。姉らは会社の経営には興味はなさそうですが，次世代への承継を念頭に，私の持株比率を高めておきたいと考えています。そこで，増資を行い私が新株を引き受けたいのですが，手続面での留意点を教えてください。

　新株を発行する方法は，第三者割当と株主割当に分けることができます。

　非公開会社において第三者割当を行うには，公正な発行価額による場合でも株主総会の特別決議が必要です。

　株主割当は，株主全員が自己に割り当てられた株式について引受け，払込みを行う限り各株主の持株比率に変動はありませんが，株主の一部が引受け又は払込みを行わなかったときは，他の株主の持株比率は相対的に高まります。そのため，現在は，株主割当の場合でも，有償で新株を発行するには原則として株主総会の特別決議が必要と規律されています。

　これに対し，株式無償割当ては取締役会の決議で行うことができますが，種類株式を割り当てるには，当該種類株式に関する定めを定款に置く必要があります。

　新株発行が著しく不公正な方法により行われる場合，これにより不利益を受けるおそれがある株主は，会社に対し，新株発行の差止めを請求することができます。

☑ キーワード

募集株式の発行，第三者割当増資，株主割当増資，株式無償割当て，新株発行差止請求，主要目的ルール

Q 29 ◆新株の発行

解　説

1 問題の所在

　オーナー社長の相続により会社の株式が分散することは将来にわたる経営の安定を考えると好ましいことではありません。

　本設例では，創業者の死亡により4名の相続人が4分の1ずつの株式を相続し，そのうち1人が社長として会社の経営にあたっています。その他の3人は毎年の配当を楽しみにしているため，株式を買い集める機運にはありません。社長としては，他の兄弟は会社の経営に興味がないものの，3人の株式を合わせると総株主の議決権の4分の3に達することから，長期的な経営の安定のため，新株発行により，自分の議決権比率を高めておきたいところです。

2 第三者割当増資

(1) 第三者割当増資の手続

　新株発行の方法には，現在の株主に対して持株比率に応じて新株を割り当てる株主割当と，現在の持株比率とは無関係に新株を割り当てる第三者割当があります。なお，新株発行は，資本金の額の増加を伴うため，慣用的に増資と呼ばれます。

　株主割当増資の場合，各株主が割り当てられた新株を引き受け，その払込金額の全額を払い込むことで，持株比率が維持されます。これに対し，第三者割当増資では，新株を引き受けた者だけに株式が発行されますので，持株比率が変動します。本設問では，社長は，社長だけに新株を割り当てることで，議決権の比率を高めることができます。

　第三者割当増資を行うには，①発行する株式（「募集株式」といいます。）の数（種類株式発行会社にあっては募集株式の種類及び数），②募集株式の払込金額又はその算定方法，③現物出資の場合には，その旨並びに現物出資財産の内容及び価額，④払込期日又は払込期間，⑤増加する資本金及び資本準備金の額（払込金額の2分の1以上の額の資本金を増加しなければなりません。）を決定する必要があります。

　非公開会社においては，これらの事項（「募集事項」といいます。）の決定は，

189

原則として株主総会の特別決議によって行うものとされています（会社199条1項・2項・309条2項5号）。ただし，株主総会の決議では，募集株式の数の上限及び払込金額の下限を定めるにとどめ，具体的な募集事項の決定を取締役会に委任することもできます（会社200条）。なお，払込金額ないしその下限の額が株式の公正な価格に比して著しく有利な金額である場合には，取締役は，この株主総会において，当該金額でその者の募集をすることを必要とする理由を説明しなければなりません（会社199条3項・200条2項）。

発行する新株を誰に対して引き受けさせるか，すなわち募集株式の引受人の決定は，取締役会の決議（取締役会設置会社でない場合には株主総会の決議）によって行います（会社204条2項・205条2項）。実務上は，最初から割当予定先が決まっていることが一般的でしょう。この場合，募集事項の決定に係る株主総会議案において，割当予定先を明示するのが通例です。また，この場合でも，割当の最終的な決定は取締役会の決議によって行わなければなりません。

引受人は，募集事項として定められた払込期日（又は期間）に，払込金額全額の払込み（現物出資の場合には現物出資財産の給付）を行います。かかる出資の履行をしないときは，募集株式の株主となる権利を失います（会社208条5項。「失権」といいます）。出資の履行をした引受人は，出資を履行した日に株主となります（会社209条1項）。

(2) **新株発行差止請求**

新株発行が法令，定款に違反する場合，又は著しく不公正な方法により行われる場合において，株主が不利益を受けるおそれがあるときは，株主は会社に対し，新株発行の差止めを請求することができます。

会社支配権をめぐる紛争局面において，取締役会が，自らの支配権維持，獲得を主要な目的として新株を発行することは，原則として著しく不公正な方法になると考えられています。これを「主要目的ルール」と呼び，裁判所において広く採用されています☆1。もっとも，経営陣が自らの支持者に対して募集株式の発行を行う場合でも，支配権維持・確保が主要な目的でなく，業務提携，資金調達などの正当な事業目的が主要な目的であると認められる場合には，著しく不公正な方法とは認められません。

では，株主総会の決議によって第三者割当増資が決定された場合には，これにより不利益を受ける株主は，新株発行の差止めを請求することができるでし

ょうか。

　新株発行差止請求の制度は，かつて昭和25年の商法改正において，新株発行が原則として取締役会の決議事項とされたことから，不公正な新株発行により株主が不利益を受けることを避ける手段として創設されたものです。

　株主総会の決議によって募集事項が決定されるときは，株主は株主総会において自らの意見を述べ，また，議決権行使をすることが認められています。また，会社法は，一定の重要事項について株主総会の決議に反対をした株主の救済として株式買取請求権を与えているところ，新株発行については与えられていません。

　これらのことからすると，新株の発行及びその発行条件が株主総会の決議によって決定されたときは，その自治的判断が尊重されるべきであり，たとえその割当先が一部の株主又は経営陣であったとしても，このことをもって直ちに「著しく不公正な方法」とはいえないと考えられます。

(3) 本事案の場合

　本設問では，相談者は，3人の姉のうち少なくとも2人の協力を得ることができれば，第三者割当増資により，相談者又はその支持者に対して新株発行を行うことで，経営の安定を図ることができます。

3　株主割当増資

　次に，株主割当増資について検討します。

　株主割当増資とは，株主にその持株比率に応じて新株の割当てを受ける権利を与えて行う増資をいいます（会社202条）。

　各株主が，割当てを受ける権利を行使して株式を引き受けるかどうかを判断し，引き受ける場合には，会社の定めた申込期日までに引受けの申込みを行います。申込期日までに申込みを行わなかった株主は，割当てを受ける権利を失います（会社204条4項）。

　したがって，株主割当増資においても，一部の株主が割当てを受ける権利を行使しなければ，持株比率に変動が生じることとなります。

　かつての商法の下では，株主割当増資は，非公開会社においても取締役会決議によって実行することが可能でした。そのため，例えば，社長が自らの経営権を強固にするため，経営に興味の薄い株主，あるいは資力の乏しい株主の失

権を誘うような大規模な株主割当増資を実行することも，不可能ではありませんでした。

　しかし，平成18年に施行された会社法によって，非公開会社にあっては，株主割当増資についても原則として株主総会の特別決議が必要とされました（会社202条3項）。取締役会の決議によって株主割当増資を行うことができるようにするには，会社の定款にその旨を規定しておく必要があります。

　本設例において，相談者の会社の定款に，取締役会の決議によって株主割当増資を行うことができる旨の定めがある場合には，取締役会の決議によって株主割当増資を行うことが選択肢の一つになるものと思われます。他方，そのような定款の定めがない場合には，3人の姉のうち少なくとも2人の協力を得て株主総会の特別決議を行う必要があることから，第三者割当増資に対するメリットは乏しいと思われます。

4　株式無償割当て

　株式無償割当てとは，株主に対して新たに払込みをさせないで持株比率に応じて株式を割り当てるものです（会社185条）。

　取締役会の決議によって決定することができ，株主は，特段の申込みをするまでもなく，効力発生日に新株の割当てを受けます。したがって，株式無償割当ては株主の持株比率に変動を生じさせません。

　しかし，無償割当てを行う株式を，普通株式ではなく，種類株式とすることにより，事業承継の局面における利用が可能となることもあります。

　例えば，無議決権の配当優先株であり，かつ，普通株式を対価とする取得請求権をつけた株式を無償割当てするとします。すると，会社支配権に興味のない株主にとっては，議決権よりも優先配当の確保が魅力的に見え，取得請求権を行使しないことも予想されます。他方，経営に従事する株主にとっては，取得請求権を行使して，議決権のある普通株式を取得することになります。

　ただし，種類株式を発行するには，定款を変更して当該種類株式の内容を定めておく必要があり，株主総会の特別決議が必要です。本設問では，3人の姉のうち2人以上の賛同を得る必要があります。

〔髙田　剛〕

■判 例■

☆1 東京地決平元・7・25判タ704号84頁・判時1317号28頁，東京高決平24・7・12金判1400号52頁など。

自己株式の取得

納税資金を準備するために,発行会社による自己株式の取得を検討しています。特定の株主からのみ自己株式の取得を実行することができますか。また,他の株主に対価の額を知られないで自己株式の取得を実行することができますか。

> 株式会社が,特定の株主からのみ自己株式を取得することも可能です。ただし株主平等原則の観点から,すべての株主から募集をする場合に比べて要件が厳格になっています。また譲渡制限付株式を発行する会社の株式については,会社が譲渡を承認しなかったときに,会社に対して買取りを求めることができることがあります。

☑ キーワード

自己株式,売主追加請求,譲渡制限株式

解 説

1 はじめに

事業承継にあたっては,後継者が相続税や贈与税の負担を課される場面が多く出てきます。その際に保有する株式を現金に換えることで,納税資金を準備するということが考えられます。いわば,株式を払い戻してもらうわけです。会社から株式を払い戻すと,会社の財産は毀損されます。また後述するとおり株主間の公平を害することもあります。そこで会社法(旧商法)は,平成13年改正までは,原則として会社が自己株式を取得することを禁止し,一定の場合

にのみ例外的に取得を許容するという制度を採っていました。しかしながら，産業界の要請などにより，平成13年以降は原則と例外が逆となり，株式会社は原則として自己株式を取得することができるようになりました。

とはいえ前述の弊害を防止するため，現在も自己株式の取得にあたっては一定の要件や手続が求められています。

一つには財源規制です。会社の財産が必要以上に毀損されることを防ぐため，自己株式を取得する際の取得価額は，その会社の分配可能額を超えることができません。

また株主間の不公平を害さないよう，後述する手続の履践が求められます。

2 特定の株主から自己株式を取得するための手続

(1) 株主総会決議
(a) 株主総会の決議による取得の原則

株式会社は，株主総会の決議によって自己株式を取得することができます（会社155条）。これにあたっては，原則的な取得方法として，①すべての株主から募集をして取得するという方法と，②特定の株主から取得するという方法があります。また例外的な取得方法としては，③相対で市場価格より安価に取得する方法や，④相対で相続人から取得する方法，⑤子会社から取得する方法，⑥株式市場で買い付ける方法及び⑦公開買付けによる方法があります。

株主総会の決議にあたっては，上記①のように株主を特定せずに取得するときは普通決議で足りますが，②のように特定の株主のみから取得する場合は特別決議が必要となります。株主総会の普通決議とは，議決権の過半数を有する株主が出席して，出席した議決権の過半数の賛成により得ることができる決議です（会社309条1項）。ただし定款で変更することもできます。他方，特別決議とは，議決権の過半数を有する株主が出席し，出席した株主の議決権の3分の2以上の賛成で得られる決議です（同条2項）。この要件も定款で変えることができますが，一定の制限があります。特定の株主からのみ株式を取得する場合は，すべての株主から募集する場合と比べて株主間の不公平が生じる可能性が高くなりますから，より慎重な手続が求められているのです。

なお会社法は，合併の場合や端株の処理の場合など，株主総会決議による場合以外の自己株取得の手続についても定めています。

(b) **特定の株主からの取得における決議**

　特定の株主からの取得をする場合は，株主総会において，①取得する株式の数，②株式と引換えに交付する金銭その他の財産の内容及びその総額，③自己株式を取得できる期間，及び④特定の株主に対してのみ自己株式買付けの通知をする旨を決議します（会社156条1項・160条1項）。上記のとおりこれを決するためには特別決議が必要です。また，売却の機会が与えられる特定株主は，この決議で議決権を行使することができません（会社160条4項）。ただし議決権を行使することができる株主が当該特定株主のみであれば，この限りではありません。

　これにあたっては，株主間の公平を保つため，他の株主も，原則として株主総会の5日前までに，自己を売主として追加するよう請求することができることとされています（会社160条3項）。このため会社は，原則として株主総会の2週間前までに，株主に対してこの追加請求ができることを通知する必要があります。特定株主以外の株主は，原則として株主総会の5日前までに，自己にも売却の機会を与えることを議案とするように請求することができます。かかる売主追加請求がされた場合，株主総会の議案は，売主追加請求をした株主を追加するように修正されます。

(2) **取締役会の決議**

　以上の株主総会の決議に基づいて，会社は，①具体的な取得株式の数，②1株の取得と引き換えに交付する金銭等の内容及び数もしくは額又はこれらの算定方法，③株式の取得と引き換えに交付する金銭等の総額，④株式譲渡の申込期日を定めます。

　取締役会設置会社の場合は，この決定は取締役会での決議によって行います。

(3) **売買契約**

　上記決議に基づいて，会社は，当該特定の株主に対して自己株式を買い付ける旨の通知をします。株主は，申し込む株式の数を明らかにして申込みをし，会社はこの応募した株主から実際に買い受けます。具体的には，申込期日において自己株式の売買契約が成立するということになります。

　株主総会で定めた取得予定の数よりも多い数の申込みがあったときは，申込に係る株式数の按分で取得することになります（会社159条2項ただし書）。端数

は切り捨てられます。

3 譲渡制限株式の場合

(1) 譲渡制限株式とは

株式は，自由に譲渡をすることができるのが原則ですが，株式の内容として，譲渡にあたり会社の承認が必要である旨の定めを設けることもできます。そのような株式を譲渡制限株式といいます。発行するすべての株式が譲渡制限株式である会社を非公開会社といいます（会社2条5号・127条）。

(2) 譲渡承認請求

譲渡制限株式を譲渡しようとする場合，まずは会社に対して譲渡を承認するか否かの請求をすることができます（会社136条）。この請求に際して，もし会社が譲渡を承認しないときは，会社又は会社の指定する買取人が買い取るよう請求することもできます（会社138条1号ハ。買受人指定請求）。

譲渡承認請求と併せて買受人指定請求がなされた場合において，会社が譲渡を承認せず，自己，つまり会社自身が買い取ることを選択すると，自己株式の取得ということになります。

(3) 会社による買取りの手続

譲渡承認請求を受けた株式を会社が自己株式として買い受ける場合，株主総会の特別決議を経る必要があります。これにあたっては，原則として当該株式を買い取る旨及び会社が買い取る株式の数を定めます。なお種類株式発行会社の場合は株式の種類及び種類ごとの数も定めることとなります（会社140条1項・2項・309条2項1号）。ここで明らかなとおり，この特別決議の内容には，上記2で述べた「株式を取得するのと引換えに交付する金銭等（当該株式会社の株式等を除く。以下この款において同じ。）の内容及びその総額」（会社156条1項2号）という要件が含まれていません。したがって，株主総会招集通知においてもこれを記載する必要がないということになり，この場合は他の株主に対価の内容が伝わりません。

さらにこの場合は，上記2の売主追加請求も存在しません（会社140条参照）。

もっとも，この特別決議にあたっても，上記2同様，譲渡承認請求をした株主は議決権を行使することができませんので注意が必要です（同条3項）。

譲渡承認請求を受けた株式を会社自身が買い取る場合も，財源規制は適用さ

れます。すなわち，上記**2**で述べた自己株式取得の要件と同様に，譲渡制限株式の承認拒絶による株式の買取りにあたっても，分配可能額を超えて対価を支払うことはできません（会社461条1項1号）。

〔野村　彩〕

31　現物出資と現物分配

現物出資，現物分配の活用事例を教えてください。また，実行する際の注意点を教えてください。

　現物出資及び現物分配のいずれにおいても，金銭の交付が難しい場合や，金銭以外の財産を活用する場合などに有用です。また税務上の優遇措置を受けることができることもあります。ただし財産の価額の評価にあたっては，債権者や株主を害することのないよう留意する必要があり，そのために会社法上の手続が求められます。

☑ キーワード

現物出資，現物分配，現物配当，デット・エクイティ・スワップ，適格現物出資，適格現物分配

解　説

1　はじめに

　現物出資とは，出資にあたり金銭以外のものをもって財産を拠出することをいいます。

　現物分配とは，剰余金の配当，自己株式の処分，組織再編などの場面において，株主に対して金銭以外の資産を交付することをいいます。

　いずれも金銭以外の資産を活用することができる制度であり，事業承継において現金を用いることが困難な場合の代替手段としても有効です。また税制面で優遇を受けることができる可能性があります。

2 どのように活用するか

(1) 現物出資

　事業承継に際しては，例えば新たに株式会社を設立して後継者をその株主とするような場合，あるいは既存の株式会社について，後継者を株主として加えたいと考える場合，後継者が株主となるためには，何らかの出資を行う必要があります。

　通常，株式会社を設立する場合，あるいは株式会社において株を発行し又は自己株式を処分するなどして資金調達をする場合は，金銭による出資を受けることが一般的です。しかし会社法は，これらの場面において現物，すなわち金銭以外の財産で出資することも認めています。金銭以外の財産には，例えば不動産や有価証券，知的財産権，債権も含まれます。

　これにより，後継者の手元に現金がないような場合であっても，不動産や有価証券などを保有している場合，それを換金せずとも現物のまま会社に供与することで，出資とすることが可能となります。

　現物出資は，組織再編の局面においても利用することができます。例えば，会社を分社化して，その分社された会社に現物出資を行う，あるいは複数の会社が共同出資をして会社を設立するにあたり事業を現物出資する，などして組織再編を効率的に行うという方法が想定されます。また，事業の全部を子会社に現物出資することで，純粋持株会社となることもできます。

　さらに現物出資は，デット・エクイティ・スワップのためにも使われます。これは会社が負っている債務，つまり債権者が有する債権を，株式に転化することで財務の健全化を図ろうとするものです。具体的には，会社が株式を発行するにあたり，債権者が，株式の対価として債権という「現物」を出資します。この債権は会社のものとなり，債務者と債権者が同一人に帰属することとなって消滅します。他方で債権者だった者は，出資の対価として株式を取得し，株主になります。

(2) 現物分配

　現物分配は，株主に対して金銭以外の財産を交付することで，剰余金の配当その他の行為を行うというものです。実務でよく用いられているのは，例えば孫会社を親会社の直属にする場合，つまり孫会社を子会社にするような場合な

どです。このとき，子会社が，親会社に対する配当として，孫会社株式を「現物」として交付するのです。これにより親会社は孫会社の株式を取得し，孫会社は第二の子会社となります。このように現物分配は，後述する適格現物分配という税務上の優遇措置もあることも加わって，グループ組織再編に多く利用されています。

また現物で分配するといっても，それぞれの株主に違ったものを交付するわけにはいきません。そうすると分配する「現物」は，均質的に分けることのできるものである必要があります。そういった性質からも，非上場会社や，グループ内再編などが主な利用場面となっています。

3　会社法上の手続

(1)　現物出資

現物出資においては，その「現物」，つまり出資された財産を過大に評価してしまうと，他の株式の価値を希釈化してしまう可能性があります。例えば，ある出資者が現金の代わりに不動産を提供することで出資とした場合において，その不動産が実際は1000万円の価値しかないにもかかわらず3000万円と評価して株式を交付すると，その出資者は，3000万円の現金を出資した株主と同様の株式を保有することになり不当です。また債権者の信頼を害することもあり得ます。したがって，現物出資においては，出資された財産を適正に評価することが重要な問題になります。

具体的には，株式の発行にあたり現物出資を受ける場合は，その財産の内容及び価額を決定しなければなりません。そしてその決定の後は遅滞なく，裁判所に検査役の選任を申し立てます（会社207条1項）。検査役は財産の価額を調査して裁判所に報告し，裁判所は，価額が不当であると認めたときは，それを変更する決定をします（同条7項・8項）。ただし会社法は，一定の場合に検査役の選任を不要としています。つまり，①割り当てる株式の総数が発行済株式総数の10分の1を超えない場合，②出資財産の価額の総額が500万円以下の場合，③市場価格のある有価証券を市場価格で出資する場合，④弁護士等の専門家の証明がある場合，又は⑤デット・エクイティ・スワップの場合です（同条9項）。

また設立にあたっても，同じ趣旨の規制がされています。現物出資による出

資がある場合，出資者の氏名又は名称，当該財産及びその価額，その者に割り当てる株式の数等を定款に記載する必要があります（会社28条1項）。また検査役の検査の対象ともなります。ただし①価額が500万円以下の場合，②市場価格のある有価証券を市場価格で出資する場合，③弁護士等の専門家の証明がある場合は，この限りではありません（会社33条10項）。

(2) 現物分配

現物配当をするにあたっては，原則として株主総会の特別決議が必要です（会社309条2項10号・454条4項）。つまり議決権の過半数を有する株主が出席し，出席株主の議決権の3分の2以上の賛成が必要となります。ただし，現物に代えて金銭を交付することを請求する権利を付与する場合は，一定の要件の下で，取締役会の決議によることもできます（会社459条1項4号）。現物の配当ではなく金銭を交付することを望む株主がいるときに，金銭の交付という選択肢を与えることで，株主の権利の侵害を防ぐことができるためです。

現物配当においても，通常の剰余金の配当と同様に財源規制があるため，分配可能額を超えての配当はできません（会社461条）。「現物」の配当が具体的にいくらなのかを算定するにあたっては，時価ではなく，帳簿価額で計算します。

4 税務上の優遇措置

(1) 適格現物出資

現物出資において，その適格性が認定されると，現物出資法人の資産負債は簿価にて譲渡したものとされることになるため，資産負債の移転に係る課税が発生しません。適格現物出資とされるためには，100％の完全支配関係がある法人間での現物出資，50％を超える支配関係がある法人間での現物出資，又は共同事業を目的とした現物出資において，現物出資をする側の法人の株式のみが交付される必要があります。そしてさらに，それぞれの場面において，継続保有要件など，一定の要件が求められます。

(2) 適格現物分配

適格現物分配と判定された場合，分配した現物資産を帳簿価額により株主に譲渡したものとすることができ，課税が発生しないこととなります。適格現物分配と判定されるためには，現物分配を受ける法人が内国法人のみであるこ

と，現物分配をする法人との間に完全支配関係があること，の2要件が必要となります。

〔野村　彩〕

株主の権利

　株主の権利には，どのようなものがあるでしょうか。事業承継の場面において，少数株主を残した場合には，どのような点に注意が必要でしょうか。

　株主権には，単独で行使をすることができる単独株主権と，一定の割合又は数量の株式ないし議決権を有する株主が行使できる少数株主権があります。
　事業承継の場面において少数株主が残る場合には，少数株主によりこれらの権利行使がなされるおそれがあります。
　株主から，株主名簿，計算書類，会計帳簿，株主総会議事録や取締役会議事録等の文書の閲覧や謄写を求められた会社は，事前に用意をした申込書等に記載をさせ，株主の請求が法律上の要件を充たすものか，検討を行うべきでしょう。
　要件を充たすにもかかわらず会社が文書の閲覧等を拒絶した場合には，株主は裁判所に対し，文書の閲覧等に係る訴訟を本案として仮処分の申立てを行うことが考えられます。

☑ キーワード

　株主名簿の閲覧謄写請求権，計算書類の閲覧等請求権，会計帳簿の閲覧謄写請求権，株主総会議事録の閲覧謄写請求権，取締役会議事録の閲覧謄写請求権

Q 32 ◆株主の権利

> **解　説**

1　株主権とは

　会社法において株主が行使できる権利には，単独で行使をすることができる単独株主権と，発行済株式総数の一定割合以上もしくは総株主議決権の一定割合以上又は一定数以上を有する株主が行使できる少数株主権とがあります。単独株主権には，累積投票権（会社342条），募集株式の発行差止権（会社210条），代表訴訟提起権（会社847条・847条の2），取締役や執行役の違法行為差止請求権（会社360条・422条）等があります（ただし，代表訴訟提起権及び取締役や執行役の違法行為差止請求権は，6か月間の継続保有が必要です。）。また，少数株主権には，株主提案権（会社303条・305条），株主総会の招集権（会社297条），会計帳簿等の閲覧等の請求権（会社433条1項），業務検査役の選任請求権（会社358条）等が存在します。

　事業承継において，株主権を行使された場合には，会社においては適切に対応を行う必要があります。

　以下では，株主権のうち，株主間の対立が顕在化した場合に，特に問題となる株主名簿，計算書類，会計帳簿，株主総会及び取締役会議事録の閲覧等の請求について解説します（なお，少数株主権のうち，株主総会の招集等に関する権利は，**Q35**をご参照ください。）。

2　株主名簿の閲覧謄写請求権

(1)　株主名簿の作成及び備置

　会社は，株主名簿を作成しなければなりません（会社121条）。そして，会社は，作成した株主名簿を，その本店に備え置く必要があります（会社125条1項。ただし，株主名簿管理人がいる場合には，その営業所に備え置くこととなります〔会社123条〕。）。

(2)　株主名簿の閲覧謄写

　株主及び債権者は，会社の営業時間内に，いつでも，株主名簿の閲覧又は謄写を請求することができます（会社125条1項）。「閲覧」とは，読み又は調べることをいい，「謄写」とは書き写すことをいいます。株主名簿の閲覧謄写請求

権は，単元未満株式のみ所有する株主であっても，行使できます（会社189条2項6号，会社則35条2項）。

株主又は債権者が株主名簿の閲覧・謄写請求をする際には，その理由を明らかにする必要があります（会社125条2項）。実際には，後述**7**のとおり，閲覧謄写を求める株主に，会社が用意をした株主名簿閲覧謄写の申込書に，閲覧謄写の目的を記載させることとなります。

会社は，拒絶事由に該当する事情がある場合には，閲覧・謄写請求権を拒絶することができます（会社125条3項）。拒絶事由とは，①請求者がその権利の確保又は行使に関する調査以外の目的で請求を行ったとき（同項1号），②請求者が当該株式会社の業務の遂行を妨げ，又は株主の共同の利益を害する目的で請求を行ったとき（同項2号），③請求者が株主名簿の閲覧又は謄写によって知り得た事実を利益を得て第三者に通報するため請求を行ったとき（同項3号），④請求者が，過去2年以内において，株主名簿の閲覧又は謄写によって知り得た事実を利益を得て第三者に通報したことがあるものであるとき（同項4号）の4つです。これらの拒絶事由の立証は会社が行う必要があります。

株主から請求を受けた会社は，最新の株主名簿を株主に閲覧謄写させれば足ります。過去の時点の株主名簿の閲覧謄写等の請求がなされても，応じる必要がありません。

また，株主名簿に記載されている株主の情報は，個人データに該当するものと考えられます。個人情報保護法上，本人の同意がない場合であっても，法令に基づく場合には個人データを第三者に提供することが認められています（個人情報23条1項1号）。したがって，株主名簿の閲覧謄写請求権は，会社法上の法定記載事項（会社121条）に限って認められるものと考えられます。

3　計算書類の閲覧等請求権

(1) 計算書類の作成，保存及び備置義務

会社は，各事業年度に係る計算書類及び事業報告並びにこれらの附属明細書（以下「計算書類等」といいます。）を作成しなければなりません（会社435条1項・2項）。計算書類には，具体的には，貸借対照表，損益計算書，株主資本等変動計算書及び個別注記表が含まれます（会社435条2項，会社則116条2号，会社計算59条1項）。

Q32 ◆株主の権利

　会社は，計算書類を作成した時から10年間，計算書類及びその附属明細書を保存する必要があります（会社435条4項）。また，会社は，作成をした計算書類等（監査役設置会社における監査報告及び会計監査人設置会社における会計監査報告を含みます。）について，定時株主総会の日の1週間前の日から会社の本店に5年間，支店に3年間備置しなければなりません（会社442条1項・2項）。このような計算書類等の備置義務に違反した場合については，定時株主総会の取消原因となり得ます。

(2) 　計算書類の閲覧等

　株主及び債権者は，株式会社の営業時間内は，いつでも，計算書類の閲覧又は謄抄本の交付等を請求することができます（会社442条3項1号2号）。株主による請求については，会計帳簿の閲覧等請求とは異なり保有要件はなく，単独株主権として行使することができます。なお，取締役会設置会社については，定時株主総会の通知に際して計算書類及び事業報告を提供する必要があります（会社437条）。したがって，閲覧等の請求が意味をもつのは，取締役会設置会社以外の場合や過去の計算書類を閲覧する場合となります。

　計算書類の備置義務は，定時株主総会の日の1週間前の日から5年間とされており，備置期間を過ぎた計算書類等は閲覧等の対象となりません。ただし，株主総会議事録（会社318条2項）及び取締役会議事録（会社371条1項）については備置義務が10年とされているところ，これらの議事録の添付資料として計算書類等が保存されている場合には，株主総会議事録ないし取締役会議事録の閲覧を行うことで備置期間が過ぎた計算書類の閲覧が可能となることには注意が必要です。

4 　会計帳簿の閲覧謄写請求権

(1) 　会計帳簿の作成及び保存

　会社は，法務省令で定めるところにより，適時に，正確な会計帳簿を作成しなければなりません（会社432条1項）。また，会計帳簿の閉鎖の時から10年間，その会計帳簿及びその事業に関する重要な資料を保存しなければなりません（同条2項）。「その事業に関する重要な資料」とは，事業の過程で取得されたすべての重要な受領書や信書等であると解されています。

(2) 会計帳簿等の閲覧謄写請求権の行使

　会計帳簿等の閲覧謄写請求は，総株主（株主総会において決議をすることができる事項の全部につき議決権を行使することができない株主を除きます。）の議決権の100分の３以上の議決権を有する株主又は発行済株式（自己株式を除きます。）の100分の３以上の数の株式を有する株主が行うことができます（会社433条１項）。

　会計帳簿等の閲覧謄写請求は，会社の営業時間内においては，いつでも行うことができます（会社433条１項）。閲覧謄写等の対象となるのは，「会計帳簿又はこれに関する資料」です。「会計帳簿」とは，計算書類及びその附属明細書の作成の基礎となる帳簿（日記帳，仕訳帳，総勘定元帳等）を意味し，「これに関する資料」とは，会計帳簿の記録材料となった資料その他会計帳簿を実質的に補充する資料（伝票，受取証，契約書，信書等）を意味すると解されています。他方で，法人税確定申告書や預金通帳，請求書・領収書等の控えは含まれず，また，契約書や信書等についても会計帳簿の記録材料として使用されなかった場合には含まれないと解されています☆1。

　会社は，①その権利の確保又は行使に関する調査以外の目的で請求を行ったとき，②会社の業務の遂行を妨げ，株主の共同の利益を害する目的で請求を行ったとき，③株主が会社の業務と実質的に競争関係にある事業を営み，又はこれに従事するものであるとき，④会計帳簿又はこれに関する資料の閲覧又は謄写によって知り得た事実を利益を得て第三者に通報するため請求したとき，⑤過去２年以内において，会計帳簿又はこれに関する資料の閲覧又は謄写によって知り得た事実を利益を得て第三者に通報したことがあるものであるとき，のいずれかに該当する場合には株主の請求を拒絶することができます（会社433条２項）。拒絶事由の立証は会社が行う必要があります。数人の株主が共同して会計帳簿等の閲覧等を請求する場合には，そのうちの１人でも拒絶事由に該当する者がいるときは，会社は拒絶することができるものと解されています。

5　株主総会議事録の閲覧謄写請求権

(1) 株主総会議事録の作成及び備置

　株主総会の議事については，法務省令で定めるところに従い，議事録を作成することが必要とされています（会社318条１項）。具体的には，株主総会が開催された日時及び場所，議事の経過の要領及びその結果，株主総会において述

べられた会計参与，監査役，会計監査人の意見又は発言の内容の概要，株主総会に出席した取締役，執行役，会計参与，監査役又は会計監査人の氏名又は名称，議長の氏名，議事録の作成に係る職務を行った取締役の氏名等について記載をすることになります（会社則72条3項）。

会社は，作成した株主総会議事録を本店に10年間，支店に5年間備え置く必要があります（会社318条2項・3項）。

(2) 株主総会議事録の閲覧謄写

株主及び債権者は，株式会社の営業時間内は，いつでも，株主総会議事録の閲覧謄写を請求することができます（会社318条4項）。また，会社の親会社社員は，権利を行使する必要があるときは，裁判所の許可を得て，株主総会議事録の閲覧・謄写の請求をすることができます（同条5項）。

株主総会議事録については，拒絶事由の定めがありません。したがって，株主又は債権者であれば，会社の営業時間内であれば議事録の閲覧謄写を行うことができます。

もっとも，閲覧謄写請求にあたっては，正当な目的が必要であると解されています☆2。例えば，営業妨害等を目的とする株主総会議事録の閲覧謄写は認められません。ただし，実務上は，株主総会は株主に既に公開されており，また，正当な目的がないことの立証が困難であることから，株主総会議事録の閲覧謄写を拒絶することは難しいと考えられています。

6 取締役会議事録の閲覧謄写請求権

(1) 取締役会議事録の作成及び備置

取締役会設置会社は，取締役会の議事について，法務省令で定めるところにより，議事録を作成しなければなりません。また，議事録が書面をもって作成されているときは出席した取締役及び監査役は，これに署名し，又は記名押印する必要があります（会社369条3項。決議が省略された場合も取締役会議事録を作成する必要があります〔会社則101条4項〕。）。取締役会の決議に参加した取締役であって取締役議事録に異議をとどめないものは，その決議に賛成したものと推定されます（会社369条5項）。このように作成された取締役会議事録等は，取締役会の日から10年間，会社の本店に備置する必要があります（会社371条1項）。

取締役会議事録には，取締役会の議事の経過の要領及びその結果並びに，

取締役会で述べられた意見又は発言の内容の概要等が記載されます（会社則101条3項各号）。そのため，取締役会議事録を閲覧すれば，各取締役がどのような情報を前提とし，どのような理由で経営判断したのかを知り得ることになります。このように，株主にとって，取締役等に対する責任追及の訴えを提起するべきかどうかを検討するうえで，重要な資料となります。

(2) **取締役会議事録の閲覧謄写**

上記のとおり，株主及び債権者が取締役等の責任追及の訴えを提起すべきかを検討するにあたって，取締役会議事録に記載されている内容は重要な情報となります。

そこで，株主は，その権利を行使するため必要があるときは，株式会社の営業時間内は，いつでも，議事録の閲覧謄写を請求することができることとされています（会社371条2項）。ただし，監査役設置会社，監査等委員会設置会社又は指名委員会等設置会社の場合には，議事録の閲覧謄写に裁判所の許可を得ることが必要となります（同条3項）。

また，債権者は，役員又は執行役の責任を追及するため必要があるときは，裁判所の許可を得て，当該取締役会設置会社の議事録等につい閲覧謄写の請求をすることができることされています（会社371条4項）。

閲覧・謄写請求の対象となる議事録は，会社法上保存を義務づけられている期間の取締役会議事録，すなわち，10年間本店に備え置かれている議事録です。

取締役会議事録の閲覧謄写は株主にとって意義が大きい一方で，議事録の内容には企業の営業秘密や従業員ないし取引先等に関する情報など秘匿性が大きい情報が含まれることが考えられます。そこで，株主については「権利を行使するため必要があるとき」に（会社371条2項），債権者については「役員又は執行役の責任を追及するため必要があるとき」に限り（同条4項），議事録等の閲覧謄写が認められます。そして，株主ないし債権者はこれらの請求の理由を疎明しなければならないとされています。

「権利を行使するため必要があるとき」とは，株主の権利行使の合理的な必要性が必要であることを意味します。換言すれば，株主としての地位ないし資格を離れて個人的利益の追求のみを目的として行使される場合等には，「権利を行使するため必要があるとき」に当たりません☆3。また，「質問権の行使や

株主代表訴訟の提起をするため」等の抽象的な理由では権利を行使するための蓋然性が認められません。

また、取締役会議事録の閲覧謄写請求にあたっては、株主ないし債権者の側で、閲覧謄写の対象となる取締役会議事録を特定する必要があります。少なくとも会社の側において申請に係る取締役会議事録の閲覧・謄写の範囲をその他の部分と識別することが可能な程度に特定する必要があると考えられています。

さらに、請求に係る取締役会議事録が存在しない場合には、閲覧謄写請求は認められません。したがって、株主等において、取締役会議事録が存在することについて疎明することも必要となります。

7 株主等から権利行使がなされた場合の会社の対応

では、株主により請求がなされた場合に、会社はどのように対応すればよいでしょうか。

まず、権利行使の方法について、法律上は特に定められていませんが、口頭やメール等による請求は、請求の時期や範囲等が不明確となり、事後的に紛争が生じかねません。そこで実務上は、申込書等の書面を会社において用意しておき、これらの書面により請求を求めることとなります。また、実際に株主や債権者等により請求がなされた場合には、その資格について（保有株式数や議決権数等が要件となっている場合には、それらについても）確認をします。併せて請求者の本人確認（代理人による場合には、委任状等代理権を証明する書面の提出）を行います。

閲覧謄写を認める場合には、閲覧謄写を行う文書には、個人情報が多く含まれていることが考えられます。したがって、上記申込書において、個人情報を請求の目的外に利用しない旨の誓約をさせることが考えられます。

次に、請求目的の確認を行います。請求の理由については具体的に主張する必要があり、抽象的な理由での請求は認められません。また、拒絶事由に当たる場合には、閲覧謄写を認める必要はありません。

さらに、請求の対象となる文書に関して、会社で特定できるか、また、備置期間を超えた文書でないか等の確認を行います。例えば、会社が任意で備置期間を超えて議事録を保存していたとしても、当該取締役会議事録は閲覧謄写の

対象となりません☆4。

　閲覧謄写の場所は，対象となる書類が備置されている場所で行います。本店に備置されている書類であれば，本店の会議室等を用意して，開示請求に係る書類を株主等に閲覧・謄写させることになります。

　また，権利の内容として閲覧又は謄写しか認められていない場合（謄抄本交付請求の対象となっていない場合）には，会社の側で文書の謄写（コピー）をする必要はありません☆5。謄抄本交付の請求がなされた場合には，株主等は会社の定めた費用を支払う必要があります（会社442条4項ただし書）。

8　会社が閲覧等を認めなかった場合の株主等の対応

　会社が文書の閲覧謄写に応じない場合には，株主としては，裁判所に対して訴え提起をして閲覧謄写等を求めることが考えられます。実際には，裁判による判決までは相当の時間を要することとなるため，同訴訟を本案として仮処分の申立てを行うことが考えられます。

　仮処分の申立てにあたって，株主等は，被保全権利のほか，保全の必要性について疎明を行う必要があります。保全の必要性については，「争いがある権利関係について債権者に生ずる著しい損害又は急迫の危険を避けるためこれを必要とする」こと（民保23条2項）を疎明することが必要となります。具体的には，権利関係が確定しないために生ずる債権者の損害と仮処分により相手方が被るおそれのある損害とを比較衡量し，相手方の被るおそれのある損害を考慮しても，なお債権者の損害を避けるため緊急の必要性がある場合に限って認められるものと考えられます☆6。

〔生野　聡〕

■判　例■

☆1　東京地決平元・6・22判タ700号155頁・判時1315号3頁，横浜地判平3・4・19判タ768号227頁・判時1397号114頁，大阪地判平11・3・24判タ1063号188頁・判時1741号150頁。

☆2　株主総会議事録の閲覧謄写請求が権利濫用に当たるとした例として，東京地判昭49・10・1判時772号91頁。

☆3　例えば，福岡高決平21・6・1金判1332号54頁。

☆4 　取締役会議事録について，東京地決平18・2・10判時1923号130頁。
☆5 　札幌地判平9・2・4資料版商事156号148頁。ただし，会社においてコピー機を用意し，株主等が自ら謄写することが考えられます。実際には，分量が少ない場合等においては，会社においてコピーをして株主等に交付する等の対応によることも考えられます。
☆6 　会計帳簿の閲覧謄写等の請求について，東京高決平13・12・26金判1140号43頁。

少数株主のキャッシュアウト

　事業承継において少数株主のキャッシュアウトを行う場合において、どのような手法が考えられますか。例えば、株式併合によるキャッシュアウトの手続はどのように行うのでしょうか。また、キャッシュアウトの結果、一株未満の株式（端数株式）が生じることとなりますが、このような端数株式について、どのように処理をすればよいのでしょうか。

　少数株主のキャッシュアウトの手法としては、株式併合による方法、全部取得条項付種類株式の取得による方法、株式等売渡請求による方法が考えられます。
　株式併合によるキャッシュアウトを行う場合には、①株主に対する通知公告、株式併合の事前開示、②株主総会の招集通知の発送、③株主総会の開催（株式併合に係る議案の決議）、④株式併合の効力発生、事後開示の手続を経ることとなる。
　キャッシュアウトの結果、端数株式が生じる場合には、裁判所に対し、端数相当株式の任意売却許可の申立てを行います。会社は、裁判所の決定に基づき、少数株主に対しキャッシュアウトの対価として金銭の交付を行います。
　また、キャッシュアウトに反対する株主は、裁判所に対し、株式買取価格決定等の申立てを行うことができます。

☑ キーワード

株式併合、全部取得条項付種類株式、株式等売渡請求、端数株式の売却、株式買取価格の決定、全部取得条項付種類株式の株式取得価格の決定、株式等売渡請求の売買価格の決定

Q 33 ◆少数株主のキャッシュアウト

解　説

1　少数株主のキャッシュアウト

　株式の大多数を自ら承継したものの，一部少数株主が親族に残ったような場合や，事業承継の一環としてMBOを行った場合など，事業承継の場面において，一部，少数株主が残ってしまう場合があります。このような場合に，これらの少数株主を排除した方が今後の事業運営が容易になる場合があります。

2　キャッシュアウトの手法

(1)　概　　観

　キャッシュアウトのアウトの手法としては，株式併合を用いる方法，全部取得条項付種類株式を用いる方法，株式等売渡請求による方法等が考えられます。

(2)　**株式併合を用いる方法**

(a)　**株式併合によるキャッシュアウト**

　株式併合とは，数個の株式を併せてそれよりも少数の株式とする行為をいいます。

　平成26年会社法改正前では，株式併合においては反対株式の買取請求権が認められていないこともあり，株式併合を用いたキャッシュアウトはあまり用いられていませんでした。しかしながら，平成26年会社法改正により，反対株主の株式買取請求等について定められるなど，株式併合を用いたキャッシュアウトを行うための規定が整備されました。その結果，平成26年会社法改正後は，(株式の保有割合が90％未満の場合には) 全部取得条項付種類株式ではなく，株式併合をキャッシュアウトの手法として用いられることが多くなりました。

　株式併合を用いるキャッシュアウトの流れは，大まかには，①株主に対する通知公告，株式併合の事前開示，②株主総会の招集通知の発送，③株主総会の開催（株式併合に係る議案の決議），④株式併合の効力発生，事後開示となります。

　まず，株式併合によりキャッシュアウトを行う場合には，株式併合の効力発生日の20日前までに，株主及びその登録株式質権者に対して通知又は公告を行うことが必要とされています（会社182条の4第3項・181条）。また，株式併合を

215

行う会社が株券発行会社である場合には，効力発生日の１か月前までに，株主及び登録質権者に対して，株券の提出について公告及び各別の通知を行う必要があります（会社219条１項２号）。

　株式併合によりキャッシュアウトを行う場合には，事前開示手続及び事後開示手続をとることが必要となります。事前開示については，株主総会の２週間前の日又は通知・公告の日のうち最も早い日から株式併合の効力発生日後６か月を経過する日まで，法令で定められた事項（会社182条の２，会社則33条の９）について記載又は記録した書面等を会社の本店に備置する必要があります。また，事後開示については，株式併合の効力発生日後６か月を経過する日まで，同様に法令で定められた事項について記載又は記録した書面等を会社の本店に備置する必要があります（会社182条の６，会社則33条の10）。

　株式併合のための株主総会は特別決議によることが必要です。具体的には，①株式併合の割合，②効力発生日，③株式会社が種類株式発行会社である場合には，併合する株式の種類，④効力発生日における発行可能株式総数について，株主総会において定めることが必要となります（会社180条・309条２項４号）。また，種類株式発行会社である場合には，種類株主総会の決議についても必要となります。公開会社については，④効力発生日における発行可能株式総数については，効力発生日における発行済株式の総数の４倍を超えることができないこととされています（会社180条３項）。

(b) **反対株主の保護**

　株式併合によるキャッシュアウトがなされる場合について，当該株式併合に反対する株主は株式買取請求権を行使することができます。株式買取請求権の行使の結果，株主と株式会社との間に協議が調ったときは，株式会社は，効力発生日から60日以内にその支払を行います（会社182条の５第１項）。株式の価格の決定について，株式併合効力発生日から30日以内に協議が調わないときは，株主又は株式会社は，その期間の満了の日後30日以内に，裁判所に対し，価格の決定の申立てをすることができます（同条２項）。

　また，株式併合が法令又は定款に違反する場合において，株主が不利益を受けるおそれがあるときは，株主は，株式会社に対し，株式併合の差止めを請求することができます（会社182条の３）。

　その他，反対株主としては，株式併合に係る株主総会決議について，決議取

消しの訴え（会社831条）を提起することが考えられます（**Q35**参照）。

(3) 全部取得条項付種類株式を用いる方法

　会社法の平成26年改正前は，全部取得条項付種類株式を用いてキャッシュアウトがなされることが一般的でした。全部取得条項付種類株式を用いたキャッシュアウトの大まかな流れは，①株主に対する通知公告，事前開示（会社171条の2），②株主総会の招集通知の発送，③株主総会の開催，④全部取得条項付種類株式の取得の効力発生，事後開示（会社173条の2）となります。

　株主総会においては，①種類株式発行会社となる旨の定款変更，②普通株式による全部取得条項を付する旨の定款変更，③全部取得条項付種類株式の取得の3つの議案を上程し，それぞれについて特別決議を得ることとなります。また，②については，普通株主による種類株主総会の特別決議も必要となり（会社111条2項1号・324条2項1号），一般的には，株主総会と同日に開催されます。

　全部取得条項付種類株式の取得に反対する株主は，裁判所に対して，価格決定の取得価格の決定の申立てを行うことができます（会社172条）。

(4) 株式等売渡請求による方法

(a) 株式等売渡請求によるキャッシュアウト

　会社の総株主の議決権の10分の9以上を保有する株主（「特別支配株主」といいます。）は，当該株式会社の株主の全員に対し，その有する当該株式会社の株式の全部を売り渡すことを請求することができます（会社179条1項）。また，株式等売渡請求にあたっては，新株予約権も売渡請求の対象とすることができます。このような特別支配株主による請求を株式等売渡請求といいます。

　株式等売渡請求によるキャッシュアウトは，株主総会決議や端数処理による売却手続が不要であるため，キャッシュアウトに係るスケジュールが株式併合や全部取得条項付種類株式による場合に比べて短いことに特徴があります。

　株式等売渡請求の大まかな流れは，①特別支配株主による会社への通知，②会社の取締役会による承認，③株式売渡請求によりその有する対象会社の株式を売り渡す株主（「売渡株主」といいます。）に対する通知・公告，事前開示，④売渡株式等の取得，事後開示となります。

　株式等売渡請求を行う特別支払株主は，会社に対して，売渡株主に対して株式の対価として交付する金銭の額や売渡株式等を取得する日等法令で定められる事由について（会社179条の2，会社則33条の5），通知を行います。

上記の通知を受けた会社は，株式等売渡請求の承認を行います。取締役会設置会社の場合は，承認の決定を取締役会の決議によって行う必要があります（会社179条の3第1項・3項）。承認にあたっては，売渡株主ないし売渡新株予約権者（総称して「売渡株主等」といいます。）に交付される対価の相当性，対価の交付の見込み，取引条件についての定めがあるときはその相当性等を踏まえて判断することになります。対価の交付の見込みについては，資金確保の方法及び負債の面を含め，特別支配株主が売渡株主等に対して対価を交付することが合理的に見込まれるかどうかを確認することが必要となります。具体的には，特別支配株主の預金残高証明や金融機関からの融資証明，特別支配株主の貸借対照表等を確認のうえ，判断することとなります。

会社は株式等売渡請求を承認した場合には，株式等の取得日の20日前までに，売渡株主等に対し，当該承認をした旨を通知する必要があります（会社179条の4第1項。なお，売渡株主に対しては公告ではなく通知を行う必要があります〔同条2項〕。）。具体的には，株式等売渡請求に係る承認をした旨，特別支配株主の氏名又は名称及び住所，特別支配株主が会社に通知をした事項等について通知をする必要があります（同条1項）。また，会社は，売渡株主に対する通知の日又は公告の日から取得日後6か月（ただし，対象会社が公開会社でない場合には1年）を経過する日まで，法令に定められた事由について事前開示を行い（会社179条の5第1項，会社則33条の7），加えて株式等の取得後，取得日から6か月が経過するまで，法令に定められた事由について事後開示を行う必要があります（会社179条の10，会社則33条の8）。

株式等売渡請求をした特別支配株主は，取得日に，売渡株式等の全部を取得することとなります（会社179条の9第1項）。また，対価の支払を取得日時点の株主に対して行うことになります。実務上は，取得日に対価を支払うことが難しい場合には，対価の支払の時期について取引条件として定めておくことが考えられます（会社則33条の5第1項第2号）。

(b) **反対株主の保護**

株式等売渡請求によるキャッシュアウトがなされる場合について，当該株式等売渡請求に反対する株主は取得日の20日前から取得日前日までの間，売渡株式の売買価格決定の申立てを行うことができます（会社179条の8第1項）。

また，①株式売渡請求が法令に違反する場合，②売渡株主等に対する通知又

は事前開示手続に違反した場合，③売渡株主等に対価として交付する金銭の額もしくは算定方法又は金銭の割当に関する事項が対象会社の財産の状況その他の事情に照らして著しく不当である場合には，売渡株主等は特別支配株主に対し，株式等売渡請求に係る売渡株式等の全部の取得をやめることを請求することができます（会社179条の7）。

さらに，売渡株主等であった者等は，株式等売渡請求に係る売渡株式等の全部の取得の無効の訴えを提起することができます（会社846条の2第1項）。提訴期間は取得日から6か月（ただし，公開会社でない会社は1年）以内とされています。特別支配株主とするための議決権保有割合の要件が充たされていない場合，株式等売渡請求について対象会社の承認を受けていない場合や売渡株主等の大部分について対価が支払われていない場合，売渡株式等の売買価格が著しく不当である場合等が無効事由に当たると考えられます。

3 取得条件及び端数株式の処理

(1) 取得条件の決定

株式併合及び全部取得条項付種類株式を用いる方法による場合には，端数処理を行うことが必要となります。具体的には，①既存株主（大株主）には1株以上の株式が，②少数株主には1株に満たない端数が交付され，かつ，③少数株主に交付される端数の合計数が1株以上となるように，株式併合の割合（全部取得条項付種類株式を用いる場合には，取得対価の交付割合）を設定する必要があります。

少数株主に交付される端数の合計数が1株以上となるようにする必要があるのは，端数処理による金銭の交付は，合計して1株以上となった株式を売却した対価が原資となり，端数の合計数が1株に満たない場合には端数が切り捨てられるからです（会社234条1項）。上記の株式併合の割合（あるいは取得対価の交付割合）を間違えた場合には，再度キャッシュアウトの手続をやり直す必要が生じますので，注意が必要です。

(2) 端数処理

株式併合ないし全部取得の効力が生じた後，会社は端数部分について処理を行います（会社235条1項・234条1項2号）。

具体的には，キャッシュアウトにより生じた株式の端数について，会社がま

とめて1株以上となった部分を，裁判所の許可を経て，競売以外の方法により既存株主に売却し（会社235条2項・234条2項），対象会社が買い取る（会社235条2項・234条4項）こととなります。会社による買取りの場合には，財源規制（会社461条1項7号）が及ぶことには注意が必要です。

　会社は，端数相当株式の任意売却許可の申立てを，会社の本店所在地を管轄する裁判所に対して（会社868条1項）行います。申立てにあたっては，会社の取締役全員の同意が必要となります（会社235条2項・234条2項）。また，端数部分を会社が買い取る場合には，取締役会決議において，買取株式数及び株式の買取りと引換えに交付する金銭の総額について，取締役会決議を行う必要があります（会社235条2項・234条4項）。申立てを行う会社は，上記の同意に係る書面，取締役会議事録のほか，端数株式目録，株価鑑定書等を添付資料として提出することとなります。裁判所は，売却価格の適正さを中心に行われます。

　裁判所による許可決定が出された後，会社（あるいは既存株主）はキャッシュアウトの対価について，少数株主に対して交付をすることとなります。

4　株式買取価格の決定，全部取得条項付種類株式の株式取得価格の決定及び株式等売渡請求の売買価格の決定

　株式併合に反対する少数株主は株式買取請求権の行使を行い，協議が調わない場合には，裁判所に対して買取価格の決定の申立てを行うことができます（会社182条の5第2項）。また全部取得条項付種類株式の取得に反対した株主は，裁判所に対し，取得価格決定の申立てを行うことができます（会社172条1項）。加えて，株式等売渡請求がなされた場合には，売渡株主等は，裁判所に，売買価格の決定をの申立てをすることができます（会社179条の8第1項）。これらの価格の決定について，裁判所は合理的な裁量に基づいて，「公正な価格」ないし「公正な売買価格」が決定されることとなります☆1。

　「公正な価格」について，シナジーその他企業価値の増加が生じない場合には，買取請求日におけるナカリセバ価格となり☆2，それ以外の場合には，条件の公正さを前提とした買取請求日における株式の客観価値となります。なお，この点，公開買付けに続き，全部取得条項付種類株式の取得によるキャッシュアウトの方法によりMBOがなされた事案において，「多数株主が株式会社の株式等の公開買付けを行い，その後に当該株式会社の株式を全部取得条項付種類株式とし，当該株式会社が同株式の全部を取得する取引において，独立

した第三者委員会や専門家の意見を聴くなど多数株主等と少数株主との間の利益相反関係の存在により意思決定過程が恣意的になることを排除するための措置が講じられ，公開買付けに応募しなかった株主の保有する上記株式も公開買付けに係る買付け等の価格と同額で取得する旨が明示されているなど一般に公正と認められる手続により上記公開買付けが行われ，その後に当該株式会社が上記買付け等の価格と同額で全部取得条項付種類株式を取得した場合には，上記取引の基礎となった事情に予期しない変動が生じたと認めるに足りる特段の事情がない限り，裁判所は，上記株式の取得価格を上記公開買付けにおける買付け等の価格と同額とするのが相当である。」とされています☆3。本決定の射程は，株式併合に基づく株式買取価格の決定や株式等売渡請求の売買価格決定にも及ぶと考えられます。

裁判所の審理にあたっては，専門委員による関与がなされるほか（非訟33条1項），裁判所が「公正な価格」を決定する前提として鑑定を行うことが考えられます。鑑定にあたっては，ネットアセットアプローチ，インカムアプローチ及びマーケットアプローチのうち複数の評価手法を組み合わせて価格が決定される場合が多いと考えられます☆4。ただし，株式価格の算定にあたっては，譲渡制限株式の売買価格の決定の場合（**Q28参照**）とは異なり，非上場会社の株式であったとしても，少なくともインカムアプローチによる株式買取価格の決定等の際には，非流動性ディスカウントが考慮されない可能性があることには注意が必要です。

〔生野　聡〕

■判　例■

☆1　最決平23・4・19民集65巻3号1311頁。
☆2　前掲注（☆1）最決平23・4・19，最決平23・4・26裁判集民236号519頁・判タ1352号135頁・判時2120号126頁。
☆3　最決平28・7・10民集70巻6号1445頁。
☆4　最決平27・3・26民集69巻2号365頁（収益還元方式を用いて株式買取価格を決定する場合に非流動性ディスカウントを否定した事例），東京高決平22・5・24金判1345号12頁（ＤＣＦ法を用いて株式買取価格を決定する場合に非流動性ディスカウントを否定した事例）。

役員報酬・役員退職金

　事業承継を視野において，次男を取締役に登用して相応の役員報酬を将来にわたり保証するとともに，報酬の一部はストック・オプションか株式報酬として渡しておきたいと考えています。また，現在取締役をしている長男は取締役を退任させ，退職慰労金を支給したいと考えています。法的手続と注意点を教えてください。

　取締役に報酬を支給するには，株主総会の決議によりその額等を定める必要があります。株主総会の決議なしに行った報酬の決定は無効ですので注意が必要です。もっとも，株主総会では，具体的な支給額を決定する必要はなく，上限のみを定め，具体的な支給額の決定を取締役会に委任することも可能です。
　ストック・オプションや株式報酬は，上場企業において広く活用されているエクイティ報酬ですが，非公開会社において支給することも可能です。この場合，報酬としての決議のほか，新株等の発行の決議が必要です。
　退職慰労金は，退任後に支給する場合であっても，在任中の職務執行の対価ですので，報酬として株主総会の決議が必要です。退職慰労金規程を定めている会社であっても，株主総会の決議がなければ支給することができません。逆に，退職慰労金規程を定めていない会社でも，株主総会において具体的な支給額を決議することで，適法に支給することができます。

☑ キーワード

役員報酬，ストック・オプション，譲渡制限付株式，株式報酬型ストック・オプション，退職慰労金

解説

1　報酬の支給手続

(1)　株主総会の決議

　取締役の報酬は，定款の定め，ないし株主総会の決議によって「その額」等を定めるものと規定されています（会社361条1項）。

　役員報酬に関する決定は，本来は会社の業務執行に属するものですが，取締役会にその決定を無制約に委ねると，お手盛りにより株主の利益が害されるおそれがあるため，そのようなことのないよう，株主総会の決議を要するものとして，取締役の決定権限に制約を加えているのです。

　もっとも実務上は，株主総会の決議によって個人別の具体的な支給金額を定めることはしません。取締役の報酬等の総額は年額〇億円以内とする，というように，総額の上限を年額又は月額で定め，その枠（いわゆる報酬枠）の範囲内での具体的な配分は取締役会の決定に一任するのが一般的であり，このような決議の方法は判例上も許容されています。お手盛りの防止という法の趣旨は，取締役全員の報酬総額の上限を株主総会の決議をもって定めることでまっとうされるからです。なお，上限を定めずに一任することは，株主総会の決議による場合はもちろん，定款の定めをもってしても許されません。

　いったん限度額を決定すれば，限度額を変更しない限り翌年以降の株主総会決議を経る必要はありません。取締役の構成や員数に変動が生じる場合も同様です。

　株主総会の決議によって報酬枠の範囲内の配分の一任を受けた取締役会は，具体的な報酬配分の決定を，さらに代表取締役その他の特定の取締役等に再一任することも許容されると解されています。

(2)　報酬の減額

　注意しなければならないのは，いったん報酬を決定してしまうと，会社と取締役間の委任契約の内容となり，原則として，本人の承諾なく任期中の報酬の金額を一方的に減額することはできないないということです。

　これは，例えば代表取締役が平取締役になるなど役職に変更が生じた場合や，非常勤取締役になった場合も同様です。

任期中に減額する必要が生じることが想定される場合には，あらかじめ取締役全員の一致により役員報酬規程を定めて，報酬を変更することができる旨を定めておいたり，取締役会で代表取締役の報酬の一任をする際に変更についても一任する旨の決議をするなど，報酬減額について本人の同意があったものと取り扱うことのできる事実関係を作っておくとよいでしょう。

2　エクイティ報酬の支給

(1)　ストック・オプション

ストック・オプションとは，将来の一定時期（権利行使期間）において，あらかじめ設定された価格（行使価額。典型的には付与の決定時点における株式の価額と同額に設定する。）の払込みをもって株式を取得することができる権利をいいます。付与を受けた者は，権利行使時点における株式の時価が高ければ高いほど，多くの利鞘を得ることができます。そのため，主に上場企業において，企業価値向上に向けたインセンティブとして役職員に対して付与されます。

他方，非上場企業では，株式を自由に譲渡，換金することができないため，将来的に上場を視野に置いている場合を別とすれば，ストック・オプションを役職員に付与することは必ずしも一般的ではありません。ただし，本設問のように，将来的に一定割合の株式をもたせること自体に意味がある場合など，戦略的にストック・オプションを付与することがあります。

ストック・オプションは，譲渡制限の付いた新株予約権を無償で発行し，役員に割り当てる方法で付与します。新株予約権の発行は，新株発行と同様に，株主総会の特別決議が必要です。また，新株予約権を無償で交付するのは，一方的な贈与ではなく，役員としての職務執行の対価として交付するものと考えられますので，報酬としての株主総会決議が必要です。

ストック・オプションのような金銭以外のものによる報酬については，額だけでなく，「具体的な内容」，すなわち，ストック・オプションの内容を決議する必要があることを注意してください（会社361条1項3号）。

(2)　株式報酬

これまでわが国では，株式を無償で取締役に発行することは手続的に困難ではないか，名目的な価格で発行するとしても株主総会の特別決議が必要ではないかという会社法上の論点のほか，株式を付与した時点で株式の時価相当額の

個人所得が認識される一方、会社側は資本取引として損金算入の余地がないという税務上も論点があり、役員に対して報酬として直接株式を付与することはほとんど行われてきませんでした（上場企業では、その代用として、行使価格を1円とする新株予約権〔株式報酬型ストック・オプション〕などが用いられていました。）。

しかし、株式の公正な価額に相当する金銭報酬請求権を付与したうえで、新株発行ないし自己株式の処分を行い、当該金銭請求権を現物出資することは、現行会社法の解釈として可能であり、金銭報酬請求権が実際に付与されている以上、仮装払込みの誹りを受けるものではないと解されます。

そして、こうして付与した株式について、会社と役員との間の割当契約において譲渡を禁止すること（譲渡制限付株式）は債権的には有効です。

これら会社法上の解釈についてはこれまで明確な整理がなされていませんでしたが、平成27年7月24日に経済産業省が公表した「コーポレート・ガバナンス・システムの在り方に関する研究会」報告書において、このような解釈を許容する旨の解釈指針が示されました。

また、平成28年度税制改正により、一定の譲渡制限付株式について、法人税額の計算における損金算入が認められました（法税54条・34条1項2号）。そのため、これまで擬似的な株式報酬として利用されてきた株式報酬型ストック・オプションなどに代わり、近年、譲渡制限付株式の活用が急速に進んでいます。

非上場企業でも上記の論理構成によって株式報酬を支給することは可能と考えられます。ただし、税務上は、非上場株式による株式報酬は法人税の計算において損金に算入することはできません。

3 退職慰労金

(1) 退職慰労金のメリット

退職慰労金は、退任の際に支給される報酬です。わが国では、上場企業では退職慰労金制度をもたない会社が多数に上っていますが、非上場企業では、現在もなお広く利用されています。

わが国において退職慰労金制度が広く導入されている背景には、税制上の優遇措置があります。

すなわち、わが国の所得税法上、退職所得は、退職後（特に老後）の生活保障的な所得であること、及び長期間にわたる職務執行の対価が一時期にまとめ

て後払いされるものであることへの配慮から、①退職所得控除、②分離課税、及び③いわゆる2分の1課税という3つの優遇軽課措置が認められています。

具体的には、勤続1年につき40万円（最低80万円。また、勤続年数が20年を超える分については1年につき70万円）が控除され、控除後の2分の1の額が課税の対象としての所得となり（所税30条）、こうして金額が算定される退職所得は、他の所得と分離されることで、緩和された累進税率により税額が計算されるのです（所税89条）。

とりわけ、消費税が導入される以前は所得税の累進性が強く、最高税率も70％（昭和61年以前）と高かったため、2分の1課税の適用される退職慰労金の税効率は際立っていました。

もっとも、このうち2分の1課税については、平成24年度税制改正により、役員としての勤続期間が5年以下の役員等に係る退職手当等について、優遇措置のうち2分の1課税が廃止されたことに留意する必要があります（所税30条2項）。これにより、勤務期間が5年以下であるか否かにより税負担が大きく異なるという不均衡が生じることになるため、役員人事上の論点を惹起しかねないという懸念があります。

(2) **退職慰労金と株主総会の決議**

退職慰労金も報酬等の一類型ですので、退任役員に退職慰労金を支給するためには、株主総会の決議が必要です。

実務上は、退職慰労金に関する内規を作成しておき、株主総会の決議では「会社が定める支給基準に従って、その具体的な金額、支給期日、支給方法を、取締役会の決定に一任する」という決議を行うのが一般的です。

ただし、こうした具体的な金額を明記しない決議を有効に行うためには、支給金額を一義的に算定することができる基準を内規として定め、当該内規については、少なくとも株主総会の招集通知発送後、総会までの間、本店に備え置き、株主から請求されたときは閲覧させることができる状態としておく必要があります。

非公開会社では、退職慰労金規程を制定していない会社も少なくありません。この場合でも、株主総会の決議によって具体的な支給額を決議することにより、退職慰労金を適法に支給することができます。

反対に、退職慰労金支給に関する内規が存在する場合でも、支給する旨の株

主総会の決議がない限り退職慰労金請求権は発生しません。また，原則として，代表取締役は当該内規に従った退職慰労金贈呈議案を株主総会に上程する義務を負わないと解されています。

　非公開会社では，役員間や役員と株主との間の対立により，退職慰労金の支給がなされず，紛争に発展することがしばしばみられます。退任取締役側としては，株主総会の決議がないと原則として支給を受けられないということを念頭においたプラニングが必要となります。

〔髙田　剛〕

株主総会の招集

株主総会の招集はどのように行えばよいでしょうか。株主総会の招集手続又は決議内容に瑕疵があると、事業承継においてどのような影響があるでしょうか。

　会社が株主総会を招集する場合には、取締役（取締役会設置会社の場合には取締役会）により招集の決定を行い、必要な事項が記載された招集通知を株主に送付します。

　総株主の議決権の100分の3以上の議決権を6か月前から引き続き有する株主（ただし、公開会社でない場合には継続保有要件は不要です。）は、会社に対して株主総会の招集を請求することができます。会社が遅滞なく招集の手続を行わない場合、又は、請求があった日から8週間以内の日を株主総会の日とする株主総会の招集通知の発送を行わない場合には、株主は、裁判所に対し、株主総会の招集許可決定の申立てを行うことができます。実務上は、申立権の濫用があると認められない限り、裁判所により、株主総会の招集が許可されることとなります。

　株主総会の手続又は決議方法が問題となり得る場合には、総会検査役を選任することが考えられます。

　株主総会の招集手続又は決議内容に瑕疵がある場合には、株主総会に係る瑕疵の種類に応じて、株主決議取消しの訴え、株主総会決議無効確認の訴え又は株主総会決議不存在確認の訴えを提起することが考えられます。

☑ キーワード

招集通知、少数株主による招集請求、少数株主による株主総会招集許可申立て、総会検査役、株主総会決議取消しの訴え、株主総会決議不存在確認の訴え、株主総会決議無効確認の訴え

解　説

1　株主総会の種類と株主総会の招集

　株主総会には，会社が毎年一定の時期に開催をする定時株主総会と，臨時株主総会とがあります。定時株主総会は，毎事業年度の終了後一定の時期に招集をしなければなりません（会社296条1項）。一般的には事業年度終了後3か月以内に招集されます。他方で，臨時株主総会はいつでも招集することができます（同条2項）。

　株主総会の招集は，取締役により株主総会を招集する場合（会社296条3項）と，株主が裁判所の許可を得て株主総会の招集をする場合（会社297条4項）とが考えられます。定時株主総会については，取締役により株主総会の招集がなされます。他方で，臨時株主総会は，取締役が招集をする場合と，株主が招集する場合とが考えられます。

2　株主総会の招集

(1)　取締役による株主総会の招集

　取締役が，株主総会を招集する場合には，①株主総会の日時及び場所，②株主総会の目的である事項（議題）があるときは，当該事項，③株主総会に出席しない株主が書面によって議決権を行使することができることとするとき（書面投票を認めるとき）は，その旨，④株主総会に出席しない株主が電磁的方法によって議決権を行使することができることとするとき（電子投票を認めるとき）は，その旨，⑤その他法務省令で定める事項（会社298条1項5号，会社則63条各号）について，決定をする必要があります。取締役会設置会社においては，上記事項について，取締役会決議によらなければなりません（会社298条4項）。議決権を行使することができる株主が1000人以上の会社は，原則として，書面投票を認める必要があります（同条2項）。また，上場会社は，議決権を行使できる株主の数を問わず，原則として書面投票を採用しなければなりません（東証・有価証券上場規程435条）。

　会社において，株主総会の招集決定がなされた場合には，株主に対して招集の通知を行う必要があります。招集通知は，公開会社では株主総会の日の2週

間前，そうでない場合にはでは1週間前（取締役会非設置会社においては，定款においてこの期間を短縮可能です。）までに，発送をする必要があります。なお，この点，「2週間前」とは，招集通知の発送日と株主総会開催日との間に2週間が空いていることが必要であることに注意が必要です。したがって，株主総会の日が6月29日である場合には，6月14日までに招集通知を発送する必要があります。

取締役会設置会社においては，招集通知は書面で行う必要があります（会社299条2項2号）。ただし，株主のあらかじめの承諾がある場合には，電子メール等の電磁的方法によることも可能です（同条3項）。取締役会非設置会社においては，法律上，株主総会の招集は，書面によって行う必要はありません。したがって，口頭による招集も可能です。ただし，書面投票又は電子投票を行う場合には，取締役会設置会社と同様に，原則として招集通知は書面で行う必要があります。

書面投票又は電子投票を認めるときは，招集通知に，株主総会参考書類を添付する必要があります（会社301条1項・302条1項）。また，書面投票を認める場合には，議決権行使書を交付する必要があります（会社301条1項）。株主総会の参考書類には，議案及び提案の理由（会社則73条1項1号・2号）のほか法務省令（会社則73条〜94条）に定められた事項を記載しなければなりません。

また，株主提案がなされた場合には，当該株主があらかじめ議案の要領の記載を請求した場合において，当該請求が要件を充足した適法なものである場合（会社305条1項〜4項）には，招集通知に，議案及び株主による提案理由等（会社則93条1項3号）を記載する必要があります。ただし，提案理由が長い場合には，概要を記載することで足りるとされています（同条柱書）。当該株主提案に対する取締役（ないし取締役会）の意見がある場合には，当該意見の内容も記載できます（同条2号）。

取締役会設置会社は，定時株主総会の招集通知において，計算書類及び事業報告（監査役設置会社の場合には監査報告を，会計監査人設置会社の場合には会計監査報告を含みます。）を株主に提供する必要があります（会社437条）。

招集通知の送付先は，株主名簿に記載もしくは記録されている株主の住所又は株主が通知した場所もしくは連絡先となります（会社126条1項）。

(2) 株主による株主総会の招集請求

総株主の議決権の100分の3以上の議決権(ただし,定款において引下げが可能です。)を6か月前から引き続き有する株主(ただし,公開会社でない会社においては6か月前からの継続要件は不要となります。)は,取締役に対し,株主総会の議題及び招集の理由を示して,株主総会の招集を請求することができます(会社297条1項~3項)。

株主が上記の請求を行ったにもかかわらず,会社が①遅滞なく招集の手続を行わない場合,又は,②請求があった日から8週間(これを下回る期間を定款で定めた場合にあっては,その期間)以内の日を株主総会の日とする株主総会の招集通知の発送を行わない場合には,株主は,裁判所に対して,株主総会の招集許可の申立てを行うことができます(会社297条4項)。実務上は,申立てを行った株主が株主権(持株数)等の要件を充たす場合には,申立権の濫用があると認められない限り,裁判所により,株主総会の招集は許可されることとなります。申立権の濫用については,①株主総会を招集することに実益がなく,かえって有害であること,②申立人に害意があること,が必要であると考えられています☆1。

裁判所による許可を得た場合には,株主が株主総会を招集することになります。実務上は,裁判所より招集の期限が定められます。株主総会においては,裁判所が許可した目的についてのみ決議することができます☆2。

株主が招集した場合には,株主総会の運営についても株主が主導します。株主が招集する株主総会について,会社の定款における議長の定めは,適用されません☆3。株主総会の招集許可の申立てを行った株主が仮に議長の席について具体的には議事進行を行ったうえで,株主総会において議長を選出することとなります。このように,株主による株主総会の招集がなされた場合には,会社にとって,株主総会の運営が難しくなりますので,注意が必要です。

少数株主が株主総会の招集及び開催に要した費用のうち,会社にとり有益な費用であったときは,株主は会社に対し合理的な額を求償できると解されています(民702条)。

(3) 総会検査役の選任

株主総会の手続又は決議方法が問題となり得る場合には,株主総会に先立ち,総会検査役の選任の申立てを行うことが考えられます。会社又は総株主の

議決権の100分の1以上の議決権を有する株主（公開会社の場合には，6か月前から継続して株式を保有している必要があります。）は，当該株主総会に先立ち，裁判所に対し，総会検査役の選任の申立てを行うことができます（会社306条1項・2項）。

総会検査役は，株主総会の招集の手続（取締役会による招集決定，招集通知の記載内容や発送状況等）及び決議の方法（出席株主の資格の確認，委任状等の状況，議事の運営状況，採決の状況等）を調査し，裁判所に対して報告をします。なお，総会検査役は違法行為を発見ないし是正させたりするものではありません。他方で，事後的に株主総会に関する手続が問題となった場合に，総会検査役の報告書が重要な証拠となります。

3　株主総会決議の瑕疵

(1)　株主総会決議の瑕疵と事業承継

株主総会の決議に瑕疵がある場合には，株主総会で決議をした内容の効力が生じないこととなるため，注意が必要です。例えば，キャッシュアウトに係る株主総会決議（**Q33**参照）等に瑕疵があった場合には，キャッシュアウトの効力が生じないこととなり，事業承継のスキームに大きな影響が生じることとなります。

会社法においては，株主総会の決議の手続や内容に法令又は定款違反などの瑕疵がある場合について，会議体の一般原則に従って無効とするのではなく，瑕疵の種類に応じて，決議の争い方を定めています。

具体的には，一定の瑕疵については，形成の訴えである株主総会決議取消しの訴え（会社831条）によってのみ主張できるものとし，その他の重大な瑕疵については，当該瑕疵を確認する訴えである株主総会決議不存在確認の訴え，株主総会決議無効確認の訴え（会社830条），によって主張をできるものとしています。

(2)　株主総会決議取消しの訴え

(a)　訴え提起の要件

株主総会決議取消しの訴えを提起できるのは，株主，取締役，執行役又は監査役（ただし，監査の範囲が会計監査に限定されている場合を除きます。）に限られます（会社831条1項）。株主については，訴え提起時から口頭弁論終結時まで継続

して株主としての資格を有することが必要です。ただし，決議の取消しにより株主となる者にも原告適格が認められています。このように株主総会決議取消しの訴えの原告適格は限定され，会社債権者等に原告適格は認められていません。

　株主総会決議取消しの訴えの被告は会社となります（会社834条17号）。会社を代表するのは，通常は代表取締役ですが，監査役設置会社においては，取締役が提訴した場合には監査役が会社を代表します（会社386条1項）。

　株主総会決議取消しの訴えは，決議の日から3か月以内に提起をしなければなりません（会社831条1項）。この期間は除斥期間です。取消事由の追加も上記期間内にしなければならないと考えられています☆4。なお，決議無効確認の訴えにおいて，無効原因として主張された瑕疵が決議取消事由に該当するものであり，また，決議取消しの訴えの原告適格及び出訴期間の要件が満たされているときには，決議の取消しの主張が出訴期間経過後になされたとしても，決議無効確認の訴え提起時から決議取消しの訴えが提起されていたものとして取り扱われます☆5。

(b)　**株主総会の決議取消事由**

　株主総会の決議取消事由は，①株主総会の招集の手続又は決議の方法が法令もしくは定款に違反し，又は著しく不公正なとき（会社831条1項1号），②株主総会の決議内容の定款違反（同項2号），③特別利害関係人の議決権行使による著しく不当な決議（同項3号）とされています。

　①株主総会の招集の手続又は決議の方法が法令もしくは定款に違反し，又は著しく不公正なときとは，例えば，取締役会設置会社において取締役会決議に基づかずに代表取締役が株主総会を招集した場合（株主総会の招集手続が法令又は定款に違反する場合）や取締役会設置会社以外の会社において，招集者が株主総会の目的事項を一部の株主にのみ通知した場合（株主総会の招集手続の著しく不公正な場合）等が当たります。

　株主総会等の招集の手続又は決議の方法が法令又は定款に違反するときであっても，その違反する事実が重大でなく，かつ，決議に影響を及ぼさないものであると認められるときは，裁判所は決議取消しの請求を棄却することができます（「裁量棄却」といいます。会社831条2項）。具体的には，例えば，株主でない者が決議に参加した場合や議長が賛否の算定を誤った場合で，決議の成立に影

響が及ばないような場合にはその瑕疵が軽微であり、株主の権利を侵害したものとはいえない場合には、株主の請求は裁判所により裁量棄却されることが考えられます。

②株主総会の決議内容の定款違反について決議取消事由とされているのは、決議内容の法令違反の場合とは異なり、内部規律の違反にすぎないから内部規律に服する株主等の請求によって決議を無効にすれば足りると考えられているからです。具体的には、例えば定款所定の員数を超えて取締役を選任する決議がなされた場合等が挙げられます。

③特別利害関係人の議決権行使による著しく不当な決議については、親会社が議決権を行使し子会社に著しく不利な合併条件を内容とする親子会社間の合併契約の承認決議を成立させた場合等、決議事項につき特別利害関係を有する株主の利益相反的な議決権行使により不当な決議がなされた場合が挙げられます。特別の利害関係を有する株主（特別利害関係人）とは、決議の内容について、株主としての資格を離れた個人的な利害関係を有する者のことをいいます。なお、特別利害関係人の議決権を除いても可決に必要な議決権数がある場合等、特別利害関係人が議決権を行使したとしても、これにより著しく不当な決議がなされたといえない場合には、決議取消事由には当たりません。

(c) 判決の効力

株主総会決議取消しの訴えにおいて、原告勝訴の判決が確定すると、かかる判決は第三者に対しても効力を有することになります（会社838条）。このことを判決の対世効といいます。このような判決の対世効があるため、請求の認諾はできず、また、認容判決と同様の内容となる和解はすることができないと解されています。

決議取消判決が確定した場合には、株主総会決議は遡って無効となります。また、その決議を前提とする会社の行為も影響を受けることとなります（会社839条参照）。

(3) 株主総会決議不存在確認の訴え及び無効確認の訴え

(a) 株主総会決議の不存在及び無効

株主総会決議が存在しない場合には、決議不存在となり、株主総会決議不存在確認の訴えを提起することができます（会社830条1項）。株主総会決議がされたという外観があるのに、実際にはそのような決議が行われていない場合や、

株主総会において一応決議がなされているが，瑕疵が著しく法律上決議があったとは評価できないような場合に提起することができます。

また，株主総会決議が無効である場合には，株主総会決議無効の訴えを提起することができます（会社830条2項）。株主総会決議の無効とは，株主総会決議が法令に違反する場合のことをいいます。決議の内容が法令に違反する場合には，当該決議は当然に無効となります。

(b) **訴え提起の要件**

株主総会決議不存在の訴え及び株主総会決議無効確認の訴えについて，原告適格の定めはありません。したがって，確認の利益が認められる限り，株主等でない者であっても訴えを提起できます。被告が，株式会社（会社834条16号）であることは，株主総会決議取消しの訴えと同様です。

また，提訴期間についても，原則として制限はありません。

(c) **判決の効力**

株主総会決議不存在確認の訴え及び株主総会決議無効の訴えにおいて，原告勝訴の判決が確定すると，判決は対世効を有し，第三者に対しても効力を有することとなります（会社838条）。多数の法律関係を画一的に確定する要請に基づくものであるからです。

請求の認諾及び認容判決と同様の内容となる和解ができないこと，並びに判決が確定した場合の効果は，株主総会決議取消しの訴えと同様です。

〔生野　聡〕

= ■判　例■ =

☆1　権利の濫用に当たるとした事例として神戸地尼崎支決昭61・7・7判タ620号168頁。
☆2　金沢地判昭34・9・23下民集10巻9号1984頁。
☆3　広島高岡山支決昭35・10・31下民集11巻10号2329頁。
☆4　最判昭51・12・24民集30巻11号1076頁。
☆5　最判昭54・11・16民集33巻7号709頁。

株主総会議事録・取締役会議事録

事業承継対策を実行するにあたって，様々な場面で株主総会決議，取締役会決議を行う予定です。株主総会決議，取締役会決議に係る議事録を作成するにあたって注意すべき点を教えてください。

　　株主総会議事録及び取締役会議事録のいずれも，作成者や作成時期，署名押印の要否などが問題となります。また，一定の要件の下に，株主や債権者に閲覧及び謄写をする権利が認められますので，その点にも注意する必要があります。

☑ キーワード

株主総会，取締役会，議事録

解　説

1 はじめに

株主総会においても，取締役会においても，その議事の内容等について議事録を作成しなければなりません（会社318条・369条3項）。会社としての記録のためという意味もありますが，株主等の権利を保護するという趣旨でもあります。

2 株主総会議事録

(1) 記載事項

株主総会議事録に記載すべき事項は次のとおりです（会社則72条3項・4項）。

① 株主総会が開催された日時及び場所（当該場所に存しない取締役，監査役，会計監査人，株主等が出席をした場合における当該出席の方法を含む。）
② 株主総会の議事の経過の要領及びその結果
③ 監査等委員である取締役の選任等議案への意見や，会計参与選任議案への意見など，一定の規定により述べられた意見又は発言があるときは，その内容の概要
④ 出席した取締役，執行役，会計参与，監査役又は会計監査人の氏名又は名称
⑤ 議長が存するときは，議長の氏名
⑥ 議事録の作成に係る職務を行った取締役の氏名

(2) **作 成 者**

上記のとおり，株主総会議事録には，作成に係る職務を行う取締役の氏名を記載することとされていますので，その点も踏まえて，作成者は取締役ということになります。なお代表取締役が作成者となる必要はなく，代表取締役以外の取締役も作成者となることができると解されています。

(3) **作成の時期**

株主総会の議事録をいつ作成するべきかについて，会社法は，特に明確な定めを置いていません。ただし，株主総会に基づき登記事項を変更するような場合は，登記申請書の添付資料として株主総会議事録が必要となります。そして登記の申請は，登記事由の発生から２週間以内に行う必要がありますので，その関係からすれば，事実上，株主総会の決議から遅くとも２週間以内に作成する必要があるということになります。

(4) **署名押印等**

会社法は，議事録に署名押印等することを特に求めてはいません。もっとも実務上は，適切に文書管理を行うため，また，偽造防止のため，議事録作成を行った取締役の署名押印又は記名押印がなされます。これに加えて，出席した取締役や監査役が署名押印等することもあります。

(5) **備　　置**

株主総会議事録は，株主総会の日から10年間，本店に備え置かなければなりません。また支店がある場合には５年間備え置く必要があります（会社318条２項・３項）。なお株主総会議事録は，書面ではなく電磁的記録により作成する

こ␣とも可能です（会社318条1項，会社則72条2項）。したがって電磁的記録により作成した場合は，その記録された電子ファイルを備え置くことになります。ただし，支店において本店の電子ファイルにアクセスして閲覧できるような場合は，支店での備置は不要です。

　これらの備え置かれた株主総会議事録について，株主と債権者は営業時間中にいつでも閲覧及び謄写の請求をすることができます（会社318条4項）。親会社の社員（株主等）は，その権利を行使するために必要があるときで，かつ，裁判所の許可を得た場合に限り，子会社の株主総会議事録を閲覧，謄写することが認められています（会社318条5項）。

　株主総会議事録の備置き義務に違反した場合や，正当な理由なく閲覧・謄写を拒んだ場合は，100万円以下の過料の罰金が科されるという定めが設けられています（会社976条4号・8号）。

3　取締役会議事録

(1)　記載事項

取締役会議事録に記載すべき事項は次のとおりです。
① 　取締役会が開催された日時及び場所（当該場所に存しない取締役，監査役，会計監査人，株主等が出席をした場合における当該出席の方法を含む。）
② 　当該取締役会が特別取締役による取締役会（会社373条）であるときは，その旨
③ 　定款等に定める取締役以外の取締役による請求により取締役会が招集された場合や，株主の請求により請求により招集された場合など，一定の特殊な招集により開催された場合は，その旨
④ 　議事の経過の要領及びその結果
⑤ 　決議を要する事項について特別の利害関係を有する取締役があるときは，当該取締役の氏名
⑥ 　競業避止義務や利益相反取引など一定の規定に基づき述べられた意見又は発言があるときは，その意見又は発言の内容の概要
⑦ 　出席した執行役，会計参与，会計監査人又は株主の氏名又は名称
⑧ 　議長が存するときは，議長の氏名

(2) 作成者と作成時期

取締役会議事録についても，会社法上，作成者と作成時期の明確な定めはありません。実務上は議長が作成することもありますし，他の取締役が作成することもあります。

作成時期については，やはり遅滞なく作成することが望ましいでしょう。

(3) 署名押印等

株主総会議事録と異なり，取締役会議事録については，出席した取締役及び監査役の署名押印又は記名押印が求められます（会社369条3項）。これは，取締役会議事録の法的な効果によるものです。つまり，取締役会議事録に異議をとどめなかった取締役は，その決議に賛成したものと推定されるのです（同条5項）。したがって，取締役会決議に基づき取締役の責任が追及されるような場合を想定すると，取締役としてはリスクヘッジのため，異議がある場合はきちんと記録に残しておく必要があるということになります。

なお電磁的記録により議事録を作成した場合は電子署名を行います（会社則225条1項）。

(4) 備　　置

取締役会議事録は，取締役会決議の日から10年間，本店に備え置かなければなりません（会社371条1項）。そして株主は，その権利を行使するために必要があるときは，裁判所の許可を得ることを要件に，議事録の閲覧及び謄写を請求することができます（同条2項）。このように閲覧・謄写の要件が株主総会議事録よりも厳しくなっているのは，取締役会議事録ではより経営の深い事情が記載されているためです。ただし監査役を設置していない会社では，裁判所の許可は不要となります。

株主が閲覧・謄写するための要件である「権利を行使するために必要があるとき」とは，具体的にどのような場合なのでしょうか。例えば，株主総会で事前の質問をするときや，株主提案権を行使するときなどが考えられます。また，取締役会議事録の閲覧・謄写の結果によっては，権利行使をすると想定することができる場合であって，かつ，当該権利行使に関係のない取締役会議事録の閲覧・謄写を求めているということができないときは必要性の要件を充たすと判断された事例もあります☆1。

また親会社社員も，その権利を行使するために必要があるときは，裁判所の

許可を得て閲覧・謄写をすることができます。

　債権者は，役員又は執行役の責任を追及するために必要があるときに，裁判所の許可を得て閲覧・謄写の請求をすることができます（会社371条4項）。

　これら備置き又は閲覧・謄写の定めに違反した場合も罰則があります（会社976条4号・8号）。

〔野村　彩〕

■判　例■

☆1　佐賀地決平20・12・26金判1312号61頁。

組織再編手続

　会社法で認められている組織再編手法（①合併，②会社分割，③株式交換，④株式移転），及びこれらの組織再編手法と類似の効果のある手法について，手続の概要と留意点を教えてください。

　組織再編とは，会社の組織及び支配関係の変動を生じさせる行為であり，会社法では，合併，会社分割，株式交換，株式移転という4つの組織再編行為の手続が置かれています。
　いずれについても，原則として，株主総会の特別決議が必要であり，さらに，反対株主には株式買取請求権が与えられます。
　また，合併は，会社に属する財産，権利義務に変動を来すことから，債権者保護手続が必要です。具体的には官報公告と個別の催告により合併の実行を知らしめ，異議を申し出た債権者に対しては原則として弁済等を行わなければなりません。会社分割についても，原則として債権者保護手続が必要ですが，省略できる場合もあります。株式交換，株式移転は，原則として会社の財産に変動が生じないため，債権者保護手続は必要ありません。
　さらに，会社分割については，会社分割によって不当な処遇がなされないよう，従業員の保護手続が設けられています。
　これら4手法のほか，剰余金の配当，株式譲渡，全部取得条項付種類株式，事業譲渡なども，組織再編に活用することのできる手法です。

☑ キーワード

吸収合併，会社分割，物的分割，人的分割，株式交換，株式移転，剰余金の配当，事業譲渡，債権者保護手続，株式買取請求

第2章◇事業承継と会社法

解　説

1　吸収合併

(1) 吸収合併とは

　合併とは，2つ以上の会社を1つの会社に合一させる組織行為です。合併後の会社を新たに設立する新設合併もありますが，実務上は，当事会社の1つに他の会社を合一させる吸収合併（会社749条）を用いるのが一般的です。当事会社のうち合併後存続する会社を存続会社，存続会社以外の当事会社を消滅会社といいます。

　吸収合併をすると，消滅会社の資産・負債その他の私法上の権利義務はすべて包括的に存続会社に移転し，消滅会社は解散となります。消滅会社の株主はその株式を失うことになりますが，その代わりに存続会社の株式等の交付を受けます。株式「等」と記載したのは，法令上は吸収合併の対価の種類に制限はなく，金銭，子会社株式といった，存続会社の株式以外の財産を交付する旨を吸収合併契約に定めることも認められているからです。通常は存続会社の株式を対価として用いますが，株式を対価にすると，存続会社の既存株主の持株比率が希薄化します。これに対し，株式以外の対価，例えば金銭を対価にすれば，既存株主の持株比率は変動しません。

　また，吸収合併の際に対価を交付しないことも会社法は許容しています。無対価合併と呼ばれ，100％子会社を吸収合併する場合や，株主が同じ兄弟会社間で吸収合併を行う際などに用いられます。

(2) 吸収合併の手続の概要

　吸収合併を行うには，吸収合併契約の締結のほか，会社法の定める株主保護手続，及び債権者保護手続を経る必要があります。

(a) 株主保護手続

　株主保護手続には，①株主総会の決議による吸収合併契約の承認，②株主への通知，公告，③反対株主の株式買取請求があります。

　まず，株主総会の決議です。吸収合併は会社組織に重大な変更を生じさせることから，存続会社，消滅会社のいずれにおいても，効力発生日の前日までに，原則として株主総会の特別決議によって合併契約書を承認する必要があり

ます。例外的に株主総会の決議が不要な場合は、①簡易合併の要件を満たす場合、及び②略式合併の要件を満たす場合です。

　簡易合併は、存続会社において、吸収合併に際して消滅会社の株主に交付する対価の額がその純資産の額の5分の1以下である場合をいいます（会社796条2項）。ただし、この割合を満たす場合でも、吸収合併の計算において合併差損が生じる場合には、当該存続会社が連結配当規制適用会社でない限り簡易合併によることができません。

　略式合併とは、吸収合併の一方当事者が他方当事者の総株主の議決権の90％以上を有する場合です。この場合、当該他方当事者における株主総会の決議は原則として不要です（会社784条1項・796条1項。例外的に、存続会社が非公開会社である場合に、吸収合併の対価を当該存続会社の譲渡制限株式とする場合には株主総会の決議が必要です。）。

　次に、株主への通知、公告です。吸収合併に行う場合には、効力発生日の20日以上前に、株主（略式合併における特別支配会社を除きます。）に対して吸収合併を行うこと等を通知します（会社797条3項）。公開会社では公告でこれに代えることができます。この通知、公告は、反対株主の株式買取請求権の行使の契機となるほか、通知から2週間以内に総株主の議決権の6分の1（定款の定めにより特別決議の定足数を緩和している場合には、当該定足数割合の3分の1）の株主から反対があった場合には存続会社における簡易合併の要件を満たしている場合でも株主総会の決議が必要となるという効果が結び付けられています。したがって、簡易合併の場合でも通知・公告を行う必要があります。

　最後に反対株主の株式買取請求権です。吸収合併について株主総会の決議を要する場合には、株主総会に先立って吸収合併に反対である旨を会社に通知し、かつ実際に株主総会において反対の議決権行使を行った株主は、効力発生日の前日までに、会社に対し、自己の有する株式を公正な価格で買い取ることを請求することが認められています（会社797条）。簡易合併として株主総会の決議を経ずに行う場合には、株主には株式買取請求権は与えられません。略式合併の場合は、特別支配株主以外の少数株主の全員に株式買取請求権が与えられます。株式買取請求権が行使されると、当該請求に係る株式は、吸収合併の効力発生と同時に自己株式となります。

　なお、消滅会社が新株予約権を発行している場合、新株予約権についても買

取請求権が与えられる場合がありますので注意が必要です（会社787条）。

　(b)　**債権者保護手続**

　吸収合併により会社債権者の債権回収に不安が生じることのないよう，会社債権者は吸収合併に異議を述べることができます。

　存続会社及び消滅会社は，それぞれ，①吸収合併をする旨，②相手方当事者の商号及び住所，③各当事者の最終貸借対照表に関する事項，及び④債権者が一定の期間内に異議を述べることができる旨を，官報に公告し，かつ，知れている債権者には各別に催告しなければなりません（会社789条・799条）。異議を述べる期間は1か月以上に設定する必要があります。なお，定款所定の公告方法が日刊新聞紙又は電子公告である場合には，官報公告と定款所定の方法による公告を行うことで，債権者に対する各別の催告を省略することができます。

　債権者が異議を述べたときは，会社は，当該吸収合併等をしても当該債権者を害するおそれがない場合を除き，当該債権者に対して弁済，担保提供等を行わなければなりません。

　(c)　**情報開示**

　このように，吸収合併は，株主，債権者に重大な影響を及ぼすおそれがあることから，各種保護手続が設けられています。そして，株主，債権者がこれらの手続において十分に保護を受けることのできるよう，会社が吸収合併を行おうとするときは，会社法所定の事項を記載した書面を，事前に本店に備え置き，株主や債権者の閲覧・謄写に供する必要があります。この書面を，事前開示書面と呼びます（会社782条・794条）。

　また，吸収分割の効力発生日後においては，吸収分割の手続の過程について所定の事項を記載した書面を本店に備え置きます。この書面を，事後開示書面と呼びます（会社791条・801条）。

　(d)　**効力の発生と登記**

　吸収合併の効力は，株主保護手続及び債権者保護手続が完了していることを条件として，吸収合併契約において定めた効力発生日に生じます。

　以前は登記によって効力が生じるものとされていましたが，現在は，登記は効力発生要件ではありません。したがって，土曜日や日曜日を効力発生日と定めることも可能です。

2 会社分割

(1) 会社分割とは

会社分割とは、会社が事業に関して有する権利義務の全部又は一部を分離し、別の会社に承継させる組織行為です。承継先の会社を新たに設立する新設分割（会社762条）と、既存の会社に承継させる吸収分割（会社757条）があります。当事会社のうち承継を受ける会社を承継会社、承継会社以外の当事会社を分割会社といいます。

合併と異なり、会社分割における分割会社は分割後も存続します。そして、分割会社は、分離した権利義務を承継させた対価として、承継会社の株式等の交付を受けます。

新設分割においては承継会社の株式を対価にしなければなりませんが、吸収分割では承継会社の株式に限定されず、対価を交付しないこと（無対価分割）も可能です。

事業承継の局面では、分割型分割が用いられることも少なくありません。

かつて会社法の前身である商法において、会社分割は、①承継会社の株式を分割会社に交付する類型と、②承継会社の株式を分割会社の株主に交付する類型が規定されており、前者を物的分割ないし分社型分割、後者を人的分割ないし分割型分割と呼んでいました。

現在の会社法では、会社分割における対価は分割会社に交付されるものと整理されていますが、対価の交付を受けた分割会社が、その対価を株主に配当することが可能になったため（会社758条8号ロ・763条1項12号ロ）、これにより従前の分割型分割と同じ効果を得ることは可能です。

(2) 会社分割の手続の概要

会社分割の手続は、その骨格において合併と共通しますが、いくつかの点で違いがあります。ここでは重要な2点のみ触れておきましょう。

(a) 異議を述べることのできる債権者の範囲

最も重要な違いは、異議を述べることのできる債権者の範囲です。

合併では、すべての債権者が合併に異議を述べることができますが、会社分割（人的分割を除きます。）における分割会社の債権者のうち、会社分割後引き続き分割会社に履行請求をすることのできる債権者は、会社分割に異議を述べる

ことができません（会社789条1項2号・810条1項2号）。

　そのため，承継会社に債務を一切承継させない会社分割や，承継させる債務についてすべて重畳的債務引受けとしたり，分割会社が連帯保証する方法にすることで，分割会社おける債権者保護手続を省略することができます。

(b) **労働者保護手続**

　労働者を保護するための手続が定められているのも会社分割の特徴です。合併では，消滅会社と労働者との間の雇用契約は，すべて存続会社に承継されます。これに対し，会社分割では，分割会社と労働者との間の雇用契約は，承継会社に承継させることもできますし，分割会社に残すこともできます。そのため，会社分割の際に，労働者の不当な切分けがなされる危険があることから，これを防止するための手続が定められているのです。

　具体的には，会社分割に伴って，分割会社において従事していた事業と異なる処遇がなされることとなる労働者には異議権が与えられ，異議権の発動契機として分割会社には通知義務が課せられます。このほか，労働者の代表者との間の事前協議手続，労働者との個別協議手続が法定されています。

(3) **事業譲渡との違い**

　事業譲渡とは，会社の事業の全部又は一部を目的物とする売買取引です。現金を対価にする会社分割によって同様の効果を得ることができますが，手続上の違いを理由に，事業譲渡が選択されることがあります。

　株主保護の手続は，会社分割と近い枠組みが定められています。すなわち，会社が事業の全部を譲渡する場合や，重要な一部の譲渡をする場合には，株主総会の特別決議による承認が必要です（会社467条1項2号）。また，反対株主の株式買取請求権もあります（会社469条）。

　他方，会社分割と異なり，債権者保護手続は定められていません。これは，事業譲渡において債務を承継させるには，各債権者の同意が必要であるため，これとは別に債権者保護手続を置く必要がないからです。

　同様に，労働者保護手続も定められていませんが，これは，事業譲渡に伴う転籍には各労働者の個別の同意が必要だからです。

3 株式交換・移転

(1) 株式交換とは

株式交換とは，ある会社が，ある株式会社の株主が有する株式の全部を取得し，その対価として，自社の株式等を交付する組織行為です（会社767条）。これにより，対象会社（株式交換完全子会社）は当該会社（株式交換完全親会社）の完全子会社となります。

買収，統合の手段という点では合併と類似しますが，株式交換完全子会社の財産には，原則として変動が生じません。移動するのは株式だけです。

株式交換完全子会社の株主は，株式を失う代わりに，株式交換完全親会社の株式等の交付を受けます。株式を用いるのが一般的ですが，財産の種類に制限はありません。

株式交換において金銭を対価として交付することで，株式の強制的な買取り（スクイーズ・アウト）の手段として利用することができます。

スクイーズ・アウトに利用することができる会社法上の制度としては，現金対価の株式交換のほか，株式併合（会社180条）があります。かつては全部取得条項付種類株式（会社171条）による方法も利用されていましたが，平成26年の会社法改正で株式併合に関する規律が整備されてからは，手続がより単純な株式併合を選択する事例が増えています。また，総株主の議決権の90％以上を有する株主（特別支配株主）であれば，株式等売渡請求制度（会社179条）を利用することも考えられます。

(2) 株式移転とは

株式移転とは，ある会社（複数の会社でも差し支えありません。）が，その発行済み株式の全部を新たに設立する株式会社に取得させ，株主に対して設立する株式会社の株式を交付する組織行為です（会社772条）。これにより，当該会社（株式移転完全子会社と呼びます。）は新たに設立する会社（株式移転完全親会社と呼びます。）の完全子会社となります。

設立時において株式移転完全親会社の有する財産は，株式移転完全子会社の株式のみです。したがって，株式移転は，持株会社を設立する手法といえます。

持株会社化の手法には，株式移転のほか，会社分割，事業譲渡，会社設立と

株式譲渡の組合せなどがありますが，株式移転は資産及び負債に変動が生じないため，他の手法と比べ，手続的負担が軽いのが特徴です。

(3) 剰余金の配当

剰余金の配当（会社453条）は，金銭を配当財産として行われるのが一般的ですが，会社法上，金銭以外のものを配当することも可能です。組織再編の手法として用いられるのは，子会社株式を配当財産とする剰余金の配当です。

例えば，子会社株式を株主に配当すると，親子会社を，兄弟会社のような関係に組織替えすることができます。また，親会社，子会社，孫会社と，縦に連なる企業グループにおいて，子会社が親会社に対して孫会社株式を配当すれば，親会社が2つの会社を子会社にもつ組織形態に変更することができます。孫会社の子会社化は，株式交換によっても達成することができます。

〔髙田　剛〕

38 MBO

私は妻子がいずれも会社の経営に興味がないため，当社の事業は当社の取締役陣に継いでもらおうと考えています。その方法と留意点を教えてください。

　経営陣が会社の支配権を取得するマネージメント・バイアウト（MBO）取引は，支配株式を有する株主から経営陣に対する株式の譲渡によって行うことができます。

　経営陣が自己資金で株式を購入することができない場合には，購入資金の調達が問題となります。

　資金調達の方法としては，金融機関からの借入れ，エクイティファンドからの投資受入れのほか，劣後債や種類株式を用いたメザニンファンドを利用する方法があります。

　社長が保有する支配株式とは別に，少数株主が存在する場合には，事前に株式の買集めを行うか，あるいは，株式併合，株式売渡請求の行使等によって，少数株主を排除することが求められる場合も少なくありません。

☑ キーワード

MBO，キャッシュアウト，株式交換，株式併合，LBO

解説

1　MBOとは何か

オーナー企業において社長の親族でない者に事業を承継する方法には，

株式を新規上場する方法（IPO：Initial Public Offering），第三者に売却する方法（M&A：Merger and Acquistion）もありますが，社長とともに会社を育ててきた親族以外の経営陣や，従業員に承継させる方法もあります。経営陣が会社の支配権を取得することを，マネジメント・バイアウト（MBO：Management Buyout）を呼びます。具体的には，オーナーから経営陣に対する株式の売却によって行われます。まったくの第三者に売却する場合を比べると，会社の業務内容，組織，風土に精通した経営陣が経営権を買い取ることから，友好的な買収といえます。

経営陣が自己資金で株式の買取りを行うことができる場合は稀で，通常は，金融機関やファンド等から，買収資金を調達して行われます。株式を取得する主体となる新会社を設立し，資金調達を行います。そのため，MBOを実行した後は，事業の合理化と拡大，第三者とのM&A，あるいは株式上場準備など，資金の出し手のイグジットをにらみながら，企業価値の向上のための施策を講じていくことになります。

2　株式の集約

経営陣が自己資金でオーナーの保有する株式を購入することができる場合を別とすれば，MBOにおいて最も重要となるのは株式取得資金の調達です。資金の出し手であるファンド等は，MBO実行後に株式価値を高めてこれを売却することで利益を得る必要があります。オーナー以外に株主が分散していると，MBO実行後の各種施策の実行におけるリスク要因となり得ますし，また，株式価値を高めることにより生じる利益も少数株主に分散してしまいます。そのため，株主が分散していると，MBOにおける資金調達上も不利になります。

事前に株式を集約する方法としては，オーナーが各株主と個別に交渉して株式を買い集める方法が最も一般的です。しかし，交渉に応じてくれない株主がいる場合や，連絡がつかない株主がいる場合もあり得るところです。

このような場合，オーナーが総株主の90％以上の議決権を有する場合には，あらかじめ会社の取締役会の決議による承認を得て，少数株主に対する株式の売渡請求をすることができます（会社179条以下）。

各株主に対する請求は会社が行います。連絡がつかない株主であっても，株

主名簿に記載された住所に宛てて通知を発送すれば，通常到達するであろう時期に到達したものとみなされます。したがって，現実に到達しなくても，所定の取得日に株式取得の効力が生じ，すべての少数株主から株式を買い集めることができます。この制度は，特別支配株主によるキャッシュアウトと呼ばれます。

オーナーの議決権比率が90％に満たない場合でも，株式交換，株式併合等の会社法上の制度を用いて，強制的に株式を集約することは可能ですが，取得の対価の設定が不合理である場合など，少数株主に不利益な取扱いがあるときは，差止請求を受けたり，買取価格を争われるおそれがありますので注意が必要です。

3 資金調達の方法

経営陣による株式取得の資金調達の方法には，大別して，金融機関等からの借入れと，投資ファンド等による出資引受け（株式）があり，これを組み合わせることもあります。

借入れによる資金調達は，資金の出し手に議決権を与える必要がないことや，事業が成功した場合でも所定の利息の支払と元本の返済をすればよいというメリットがあります。経営陣やファンド等の株主の立場からすると，自らの投資金額を抑えることで，利益率を高めることができます。このように，借入金を梃子にした企業買収の手法を，LBO（Leveraged Buyout〔レバレッジド・バイアウト〕）と呼びます。

借入金の返済原資は，対象会社の事業によるキャッシュフローです。そのため，LBOスキームでは，バイアウト後に受皿会社と対象会社の合併を行うことが少なくありません。

普通株式の発行による資金調達は，資金の出し手に議決権を与えることになります。投資ファンドから資金調達をする場合，買収資金の大半を投資ファンドが拠出し，経営陣の拠出割合は低く抑えられることが多く，この場合，投資ファンドが会社の支配権を握ることになります。そのため，経営陣側としては，投資ファンドとの間で会社経営について株主間契約を締結し，MBO後に信頼感をもって経営にあたることのできるように手当てをしておくことが重要になります。検討されるべき事項としては，例えば，役員体制に関する事項，

報酬，ストック・オプションに関する事項，株式の買取請求に関する事項などがあるでしょう。

　近年では，借入れと株式の中間的な性質を有する資金調達が行われることもあります。例えば，配当優先無議決権株式，劣後ローン，劣後債です。これらは，議決権がないため会社の支配権に影響を与えず，かつ，会計上は自己資本として扱われるため財務の健全性を確保することができるというメリットがあります。メザニン（劣後）ファイナンスと呼ばれます。通常は，数年間（5年から7年）の償還期間が定められます。

〔髙田　剛〕

第 3 章

事業承継と税法

Q39 相続税・贈与税の概要

息子への事業承継の時期を検討中です。相続開始前に後継者に資産を生前贈与する場合と，相続する場合とでは，税金はどのくらい異なりますか。相続税と贈与税の課税対象や納税義務者，税額の計算方法など概要を教えてください。

　贈与税は相続税の補完税と位置づけられ，相続税より贈与税の方が高税率となっています。したがって，一般的には相続税の方が税負担は少なくなりますが，各種の特例の利用や対策をすることで相続よりもスムーズに事業承継ができる場合もあります。事業承継の方法に関しては，個人が自ら事業を営んでいる場合と，法人形態の場合とでは異なります。また，後継者が個人事業又は法人の株式を売買により譲り受ける方法のほか，相続又は贈与により譲り受ける場合など様々です。なお，一定の要件に該当すれば，法人の株式について贈与税及び相続税の納税猶予の適用を選択することができます。また，相続の場合は，個人の事業用や同族会社の事業用の宅地等について課税価格を減額する特例が設けられています。

　本設問では，相続税と暦年課税の贈与税の仕組みと計算方法について概説し，事業承継税制などの各種特例，相続時精算課税，最適贈与については，他のQで説明します（**Q67**，**Q41**，**Q42**参照）。

☑ キーワード

相続，贈与，納税義務者，財産の所在，税額計算

解　説

1　課税制度の概要

　わが国の相続税は，まず，遺産を法定相続分に応じて相続したと仮定して，相続税額の合計額を算出し，これを各人が相続又は遺贈によって取得した財産の額の遺産総額に占める割合で按分する方式（修正遺産取得税方式）を採用しています。その際，相続開始前3年以内の贈与は持戻しされ，相続財産に加算して計算します。また，生前贈与することにより相続税の負担が回避されることを封じるため，相続税の補完税として生前贈与に対しては相続税より高率の贈与税が課されます。贈与税は原則として受贈者ごと，かつ，単年分ごとの申告で完結する暦年課税方式が採用されています。平成15年度の税制改正により，贈与税については，一定の場合に相続時に他の相続財産と合わせて課税される相続時精算課税を選択できるようになりました（相税21条の9）。

2　納税義務者

　相続税の納税義務者は，相続又は遺贈により財産を取得した個人（相続人又は受遺者）です。原則として，その者が相続開始時に，日本国内に住所があるか否かを基準として，国内に住所がある者（無制限納税義務者）に対しては，その取得した財産の全部が課税の対象とされ，住所がない者（制限納税義務者）に対しては，原則として，取得した財産のうち，国内にある財産のみが課税の対象とされています（相税1条の3第1項・2条）。また，贈与税についても，財産を贈与した者（贈与者）ではなく，贈与により財産を取得した個人（受贈者）に対して課されます（相税1条の4第1項）。納税義務者の区分及び納税義務の範囲も相続税の場合と同様に判定されます（相税2条の2）。

　しかし，制限納税義務者の規定を利用して，被相続人となる者や贈与者の財産を国外移転し，制限納税義務者のステータスを得た相続人又は受贈者に対し，財産を取得させることなどによる租税回避が行われるようになったことから[1]，これを封じるため，累次の改正が行われてきました。その際，日本で一時的に就労する外国人にとって予期しない相続税や贈与税の負担が来日や長期滞在の障害とならないように，一時居住の外国人の相続・贈与及び外国人が

Q 39 ◆相続税・贈与税の概要

出国後に行った相続・贈与に係る納税義務の緩和措置も設けられています。平成29年度税制改正後の納税義務の範囲をまとめると以下のとおりとなり（相税1条の3第1項1号～4号・1条の4第1項1号～4号），平成29年4月1日以後の相続又は贈与について適用されています。

■図表1　相続税・贈与税の納税義務判定

被相続人・贈与者 \ 相続人・受贈者	国内住所あり	国内住所あり 短期滞在の外国人①	国内住所なし 日本国籍あり 10年以内に国内住所あり	国内住所なし 日本国籍あり 10年以内に国内住所なし	国内住所なし 日本国籍なし
国内住所あり					
国内住所あり／短期滞在の外国人①					
国内住所なし／10年以内に国内住所あり					
国内住所なし／10年以内に国内住所あり／短期滞在の外国人②					
国内住所なし／10年以内に国内住所なし					

（出典：財務省「平成29年度税制改革の解説」579頁）

（注）網掛け部分に該当する場合は国内及び国外のすべての財産に課税
　　　網掛け部分以外に該当する場合は国内財産のみ課税
　　　①は出入国管理及び難民認定法別表第1の在留資格を有する者で，過去15年以内において国内に住所を有していた期間の合計が10年以下の者
　　　②は日本国籍のない者で，過去15年以内において国内に住所を有していた期間の合計が10年以下の者
　　　日本と他の国との二重国籍者は日本国籍を有する者として判定

■図表1の判定において，国外転出時課税制度（所税60条の2）又は国外転出（贈与）時課税制度（所税60条の3）の適用対象者で，所得税の納税猶予に係る期限の延長の適用を受けている者（所税137条の2第2項）又は所得税の納税猶予の適用を受ける者から贈与により財産を取得した者（所税137条の3第1項，ただし贈与前5年以内のいずれの時においても国内に住所を有していた者は除外）が死亡した場合，その死亡した者については，相続開始前5年以内のいずれかの時に日本国内に住所を有していたものとみなして，納税義務の範囲が判定されます（相税1条の3第2項各号）。贈与税についても同様の規定があります（相税1条の4第2項各号）。

また，死亡した者（被相続人）から生前に贈与を受け，相続時精算課税の適

用を受けていた受贈者は，相続又は遺贈により財産を取得していない場合であっても，相続税の納税義務者となります（相税1条の3第1項5号）。

3　相続税の計算

(1)　相続税の対象となる財産

　相続税の対象となる財産は原則として相続又は遺贈により取得することとなる財産の全部です（相税2条1項）。この財産には，動産・不動産のみならず，無体財産権（特許権や著作権，意匠権など）や営業上の権利（漁業権や鉱業権など），契約上の地位などが広く含まれ，課税対象となります。

　また，被相続人の財産ではなく，相続の開始により相続人に直接帰属することとなる生命保険金や退職金，定期金に関する権利，一定の信託の受益者となる場合の信託の権利などについても相続財産とみなされて課税されます（相税3条・4条・9条の2）。なお，相続又は遺贈により取得した財産を，相続税の申告期限までに公益目的で国，地方公共団体，公益法人等に対し贈与又は信託財産として支出した場合には，その贈与又は信託された財産については，相続税の課税対象から除外されます（租特70条1項ほか）。また，社会政策的配慮や財産の性質等から課税することが適当でない一定の財産は相続税の非課税財産として課税の対象から除外されています（相税12条）。

　上記❷のとおり，相続開始時の納税義務者の住所等により国外財産が課税対象として含まれるか否かが異なるため（相税2条），財産の所在が日本国内にあるか否かが問題となる場合もあります☆2。財産の所在の判定は財産の種類に応じて判定されます（相税10条）。

　代表的なものを挙げると，動産・不動産はその財産の所在する場所（船舶・航空機は登録した機関の場所），預貯金等は預入れをした支店等の場所，保険金は保険契約を締結した保険会社の本店又はその事務を行う事業所のある場所，社債や株式等の有価証券は発行法人等の本店所在地，特許権等の権利はその登録をした機関の所在地です。

　したがって，日本国内の不動産を被相続人が直接保有していた場合は国内財産ですが，同族会社である外国法人を通じて日本国内の不動産を保有していた場合には国外財産となります。納税義務者の判定により，国内財産のみが課税対象となる相続人がいる場合には，このような方法で財産の所在を国外に移転

することによる相続税負担の軽減が可能です。ただし，移転時にはキャピタルゲインが実現するため，被相続人の生前に譲渡所得税が課されますし，その外国法人の所在する国の税法により，相続税に相当する税が課される場合もありますので，総合的な判断が必要となります。

(2) 債務控除と葬式費用

相続財産には，プラスの財産もありますが，債務などのマイナスの財産もあります。また，人が亡くなった場合，相続人等はその被相続人の葬儀を執り行うことが通常であり，葬儀のための費用（葬式費用）を支出する必要が生じます。

そこで，相続税の計算においては，各人が取得した財産の価額の合計額から被相続人の債務や葬式費用の金額を控除して，相続税の課税価格を計算することとしています（相税13条）。

控除できる債務は確実と認められるものに限られ，保証債務などのように相続開始の時において確実と認められない債務は控除できません（相税14条1項）。また，控除できる葬式費用には香典返しの費用や法要に要した費用，墓地・墓石の購入費用などは含まれません（相基通13-5）。なお，国内財産のみが課税対象となる者は，控除できる債務に制限があり，取得した財産に関連する債務以外の債務や葬式費用を控除できません（相税13条2項）。

(3) 相続税の総額の計算と各人が納付すべき相続税額の計算

相続税の計算は，相続又は遺贈により各人が取得した財産（みなし相続財産や相続時精算課税の適用を受けた財産を含みます。）の価額の合計額から債務及び葬式費用の金額を控除した後の純資産価額に，相続開始前3年以内に生前贈与された財産の価額を加算して相続税の課税価格を計算し（相税19条1項），さらに，法定相続人の数に応じた基礎控除額（3,000万円＋600万円×法定相続人の数）を控除した課税遺産総額を計算します（相税15条）。

これを法定相続人がその法定相続分で相続したものとして法定相続分の割合を乗じた額に，それぞれ累進税率を適用して計算される相続税の額を合計した額が相続税の総額となります（相税16条）。

さらに，相続税の総額に，相続税の課税価格のうちに，各相続人が実際に相続等により取得した財産の価格の占める割合を乗じて各人の相続税額を計算します（相税17条）。孫への遺贈などはここで算出された相続税額に2割加算しま

す（相税18条）。持戻しされた生前贈与に係る贈与税額，配偶者の税額軽減や未成年者及び障害者に係る税額控除，相続が続けて開始した場合の相次相続控除，外国税額控除の適用がある場合には，これらを控除して納付すべき税額を計算します（相税19条〜20条の2）。最後に相続時精算課税の適用を受けた贈与税額等を控除し（相税21条の15第3項），農地等又は非上場株式等などに係る納税猶予の適用を受ける場合の納税猶予額を控除して（租特70条の6第1項・70条の6の4第1項・70条の7の2第1項・70条の7の4第1項・70条の7の12第1項），相続税の納付すべき税額を計算します。

なお，申告期限までに遺産分割協議が調わず，未分割である場合には，各相続人が法定相続分又は包括遺贈の割合に従って財産を取得したものとみなして，各人の相続税額を計算して申告します（相税55条）。この場合には，配偶者の税額軽減や小規模宅地等の特例の適用を受けることができませんが，申告書に申告期限後3年以内の分割見込書を添付することにより，その後，分割された日から4か月以内に相続税の更正の請求をして，これらの特例の適用を受けることができます（相税19条の2・32条，租特69条の4）。なお，遺産分割が調停や訴訟の対象となっているなど，相続税の法定申告期限後3年を経過する日までにその未分割であることについてやむを得ない理由がある場合には，延長承認申請書を提出して，税務署長の承認を受け，判決の確定の日など一定の日の翌日から4か月以内に更正の請求をすることにより，特例の適用を受けることができます（相税19条の2第2項括弧書・3項，相令4条の2）。

4　贈与税の計算

(1) 贈与税の対象となる財産

贈与税の対象となる財産は，原則として，個人が他の個人から贈与により取得した財産です。財産を法人から贈与により取得した場合には，一時所得として所得税の課税対象となります（所基通34－1(5)）。なお，死因贈与は，贈与者の死亡により権利が移転することから，贈与税ではなく相続税が課されます（相税1条の3第1項1号）。財産の所在の判定は相続税と同様です。みなし贈与財産となる定期金に関する権利のほか，個人が低額譲渡を受けた場合や債務免除を受けた場合など一定の経済的利益を受けた場合，信託の受益権を得た場合などにも贈与とみなして課税されます（相税5条〜9条の2・9条の4・9条の

5)。また，扶養義務者相互間の生活費等や公的目的とする事業に供するものなど非課税とされる財産があります（相税21条の3・21条の4，租特70条〜70条の2の3）。

(2) **贈与税の計算**

暦年課税の贈与税は，贈与者の人数や贈与者が誰であるかにかかわらず，受贈者が暦年で1年間に贈与により取得した財産の価額の合計額から基礎控除額の110万円を控除して贈与税の課税価格を計算します（相税21条の2，租特70条の2の4）。

贈与税の税率は相続税より高率の累進税率（相税21条の7，一般税率）ですが，平成27年1月1日以後に直系尊属からの贈与により取得した一定の財産については「特例贈与財産」として若干軽減された税率（特例税率）を乗じて計算されます（租特70条の2の5）。同じ暦年中に，「一般贈与財産」と「特例贈与財産」の贈与を受けた場合には，すべての財産を一般税率又は特例税率で計算した税額に占める「一般贈与財産」又は「特例贈与財産」の占める割合を乗じた額を合計した税額となります。

なお，贈与税は相続税より高率ですが，一定の配偶者に対する居住用不動産の贈与，子や孫に対する住宅取得等資金，教育資金，結婚子育て資金の一括贈与を受けた場合などに適用される贈与税固有の特例があります（相税21条の6，租特70条の2〜70条の2の3）。相続税も累進税率ですので，これらの贈与税の特例を利用して生前に贈与することにより，課税される相続財産を減らすことができ，相続税負担を軽減できる場合があります。また，相続税と異なり，原則として暦年で計算されますので相続時精算課税を選択していない限り，基礎控除枠を毎年利用できるというメリットもあります。

さらに，一定の要件を満たす非上場株式等や農地等，認定医療法人の持分に係る経済的利益については，贈与税の納税猶予の特例があり（租特70条の4・70条の7・70条の7の5・70条の7の9），定期的に継続適用の届出書を提出する必要がありますが，贈与を受けても資産を譲渡等しない限り，納税が一定期間猶予され，贈与者の死亡などにより免除されます。事業承継を検討する場合には納税猶予制度を併せて検討するとよいと考えます。

5　財産評価

　相続，遺贈又は贈与により取得する財産は必ずしも金銭や預貯金に限られませんので，相続税又は贈与税の課税価格及び税額を計算するためには，財産評価が必要です。その評価は，別段の定めがある場合を除き，その財産の取得の時における時価により，控除すべき債務の金額は，その時の現況により評価します（相税22条）。

　しかしながら，相続税法には時価の定義がなく，裁判例では「客観的な交換価値」☆3あるいは「不特定多数の独立当事者間で自由な取引が行われた場合に通常成立すると認められる価額」をいう☆4と解されています。もっとも時価の解釈によっても財産の時価を客観的に評価することは困難を伴います。そこで，課税実務及び申告実務上は，国税庁による相続税財産評価基本通達（平3・12・18課評2－4ほか，最終改正平成29・9・20課評2－46）や各種の個別通達が定める評価方法に従い，評価されることが多いと思われます。なお，通達は法令ではないことから，納税者は通達の定める評価方法以外の方法によることができ，実務上も不動産鑑定評価を得て申告することも行われています（ただし，不動産鑑定評価が時価として適正な評価であると認定されるとは限りません☆5。）。また，納税者が通達の評価方式に従って申告をしていても，その財産の事情を考慮すると，それが合理性を欠くとして，課税当局が通達とは異なる方式で課税する場合もあります。財産の時価が争われた場合には，裁判所は通達に拘束されませんが，上記時価の解釈を前提に通達の評価方法が合理的であるか否かを判定し，著しく合理性を欠くなど特別の事情がある場合に限り，通達以外の評価方法を認めるという傾向にあります☆6。

6　その他

(1)　租税回避に対処するための規定

　相続税及び贈与税の回避や不当な減少を防止するため，同族会社の行為又は計算，もしくは法人の組織再編成における資産・負債の移転法人又は取得法人の行為又は計算を税務署長が否認して課税価格を計算する規定（相税64条）が設けられています。

　また，公益増進法人等に贈与又は信託することにより相続税又は贈与税の対

象から除外された財産が，その贈与又は信託のあった日から2年以内にその公益を目的とする事業の用に供されていない場合には，その贈与等がなかったものとして，相続税又は贈与税を再計算することになります（租特70条2項・4項）。

さらに，財産を持ち分のない法人である一般社団法人・一般財団法人に贈与することにより，税率の低い法人税での受贈益課税がされるにとどまり，移転後に相続が開始しても当該法人の財産について相続税が課されないという節税策に対処するため，平成30年度税制改正において，同族関係者が理事の過半を占めている一般社団法人等について，その同族理事の1人が死亡した場合，当該法人の財産のうち一定金額を対象に当該法人に相続税を課すこととされました（相税66条の2，平成30年4月1日以後の相続又は同日前に設立された一般社団法人等については平成33年4月1日以後の相続に適用されます。）。

(2) 連帯納付義務

相続人又は受贈者が相続税又は贈与税を納付しなかった場合，他の相続人又は贈与者は，その相続等又は贈与により受けた利益の価額を限度として，連帯して相続税又は贈与税を納付する義務があります（相税34条1項）。また，被相続人が負っていた相続税及び贈与税の納税義務についても相続人に連帯納付義務が課されています（同条2項）。さらに，その相続等又は贈与により取得した財産を贈与等により取得した者もその取得した財産に対応する部分について，受けた利益の価額を限度として連帯納付義務が課されています（同条3項）。

連帯納付義務により相続税又は贈与税を納付した場合には，その納付をした者は，本来納付すべき者に対し，求償することができます。しかし，遺産分割協議等において争いがある場合や他の相続人が資力を喪失して，求償しても弁済されないリスクがあります。このような事態に備え，相続の開始や贈与の実行前に納税資金も併せて検討しておくことが望まれます。

なお，相続税については延納や物納の制度（相税38条1項・41条1項）がありますので，相続財産に不動産や自己株式等の占める割合が多く，納税資金が不足することが見込まれる場合には，相続開始前の早い段階から納税資金についても検討しておく方がよいでしょう。

〔原木　規江〕

第3章◇事業承継と税法

■判　例■

☆1　最判平23・2・18裁判集民236号71頁・判タ1345号115頁，名古屋高判平25・4・3訟月60巻3号618頁・税資263号順号12192。

☆2　東京高判平14・9・18判時1181号58頁・税資252号順号9193。

☆3　最判平22・7・16裁判集民234号263頁・判タ1335号57頁，最判平25・7・12民集67巻6号1255頁ほか。

☆4　東京高判平7・12・13行集46巻12号1143頁・税資214号順号7626，東京地判平7・7・20行集46巻6・7号701頁・税資213号順号7556。

☆5　最判平10・2・12税資230号順号8081，広島高判平15・4・10税資253号順号9319，福岡高判平19・2・2税資257号順号10627ほか。反対に課税庁が行った鑑定評価の合理性を認めた事例として東京高判平12・9・12税資248号順号8718，東京高判平16・4・7税資254号順号9620。

☆6　東京高判平10・3・30税資231号順号8131，東京地判平8・12・13訟月44巻3号390頁・税資221号順号7830ほか多数。反対に評価通達に合理性がないとされた事例として東京地判平24・3・2判時2180号18頁・税資262号順号11902。

40 居住者の認定

　居住者とはどういう者をいうのでしょうか。また認定は，どのように行うのでしょうか。

　　居住者とは，日本に住所又は引き続いて1年以上継続する居所を有する個人をいい，居住者以外の個人を非居住者といいます。居住者と非居住者とでは，株式の譲渡所得に対する課税の有無など課税の範囲が異なることから，事業承継を考えるにあたっても，居住者かどうかは重要な意味をもちます。
　　居住者に当たるか否かは，①滞在日数の多寡，②住居の状況，③職業，④生計を一にする配偶者その他の親族の居所，⑤資産の所在に加えて，⑥住民票の登録状況などを勘案して判断します。これまでの裁判例では，基本的には滞在日数の多寡を重視しますが，滞在日数に有意的な差異がない場合には，相対的に客観的な認定が可能な，職業の状況を重視する傾向にあります。

☑ キーワード

住所・居所，生活の本拠，国外転出，滞在日数の重要性，職業・住居の状況，立証責任

解　説

1 **非居住者の意義とその重要性**

　所得税法上の居住者とは，国内に住所を有し，又は現在まで引き続いて1年以上居所を有する個人をいい（所税2条1項3号），非居住者とは居住者以外の

個人をいいます（同項5号）。

居住者・非居住者の別は，課税関係を考えるにあたって極めて重要です。

まず，非居住者は，国内源泉所得のうち一定のものに限り，課税が行われます（所税7条1項3号・164条）。逆をいえば，非居住者については，課税の対象とならない所得が存在します。例えば，株式の譲渡に係る所得は，不動産の譲渡に類するもの又は事業譲渡に類するものなど，所得税法又は租税条約で特に定められたものを除けば，非居住者において課税の対象となりません（所税161条1項3号，所税令281条1項4号参照）。したがって，株式の譲渡に対する課税がない国に住所を移した後に，株式を譲渡した場合には，原則，日本では当該株式の譲渡に係る所得に対する課税はないということになります。

このような節税策を封じるために，平成27年度税制改正において，「国外転出」時に株式その他の有価証券等を譲渡したとみなして，所得税を課する制度が導入されました（所税60条の2第1項。国外転出時課税制度）。ここでいう「国外転出」とは，国内に住所及び居所を有しなくなること，すなわち，居住者が非居住者となることを意味します（同項）。したがって，「国外転出時課税」制度の適用にあたっても，株式等の保有者がいつ居住者から非居住者になったのかは非常に重要な問題となります。

それ以外にも，国外財産調書の提出義務，外国子会社合算税制の適用など居住者か非居住者かが重要な意味をもつ場面は少なくありません。また，居住者の判定をするうえで検討することになる「住所」の有無は，相続税及び贈与税の課税財産の範囲を画するうえでも，重要な意味をもちます。

2　居住者の判定基準

(1) 住　所

居住者の判定基準は，第一に，国内に住所を有するか否かです。住所とは，生活の本拠，すなわち，その者の生活に最も関係の深い一般的生活，全生活の中心を指すものです。そして，一定の場所がある者の住所であるか否かは，客観的に生活の本拠たる実態を具備しているか否かにより判断されます☆1。

客観的に生活の本拠たる実態を具備しているか否かは，それぞれの事案に応じた個別判断となります。それも，絶対的な判断というよりは，相対的な判断（どちらの国とより深い結びつきがあるか）となります。これが，住所判定（ひい

ては居住者判定）の難しいところです。これまでの裁判例では，①滞在日数の多寡，②職業，③生計を一にする配偶者その他の親族の居所，④資産の所在に加えて，⑤住民票の登録状況などが考慮要素とされています。

このうち，滞在日数が最も基本的な考慮要素といえます。これまでの裁判例においても，種々の事情が考慮要素とされていますが，滞在日数に相当の差がある場合には，結局のところ，滞在日数が多い国に住所があったと認定されています☆2。もちろん，事前に綿密に計画をすれば，滞在日数を調整することは可能なので，滞在日数の多寡を過度に重要視すべきではないという指摘があります。しかし，前掲（☆1）最判平23・2・18〔武富士事件〕の判示内容に照らせば，住所の認定に際して，主観的な節税の意図を過度に重視して滞在日数の多寡を軽視することは難しいように思われます。

滞在日数に有意的な差がない場合には，住居の状況（所有，賃貸，宿泊等の別），職業の状況（役職，職務内容）が重視される傾向が強いようです。例えば，賃借物件すらなく，ホテルに宿泊しているといった事情は，考慮の程度はさておき，住所を認定する際には消極的な事情として評価されます。また，職業についても，各国の法人・事務所での職位（高い方が住所として認められやすい。），職務内容（その国で従事する必要性があるか）などが勘案されます。

それ以外の考慮要素は補充的な色彩が強いのですが，両親の養育下にある幼児に関しては，両親の生活の本拠が重要な考慮要素となります☆3。

(2) 居　所

居住者の判定基準は，第2に，現在まで引き続いて1年以上居所を有するか否かです。居所とは，生活の本拠に至らないものの，相当期間継続して居住する場所をいいます☆4。居所であることについて一定の継続性が求められるわけですが，一時的な出国であることが明らかな場合には，その国外に赴いていた期間においても，国内に居所を有すると解されています（所基通2-2）☆5。

住所と異なり，居所に関して判示した裁判例は，それほど多くありません☆6。そのためどの程度の実態が備わっていれば，「居所」があったといえるのか，必ずしも明確ではありません。生活の本拠に至らない継続的な居住場所という定義からすれば，基本的には，住所と同様の考慮要素に照らして，判断するということになると思われます。

第3章◇事業承継と税法

3 納税者のジレンマ

　これまでは株式の譲渡に係る所得に対して課税ができるか否かが争われた場合，納税者が，自らが居住者でないことを積極的に主張立証してきました。そして，居住者であることが積極的に認定できないような状況になった場合には，課税当局は，株式の譲渡に係る所得に対する課税をあきらめるしかありませんでした。

　しかしながら，平成27年度税制改正で国外転出時課税制度が導入された結果，自らが居住者でないことを積極的に主張立証することによって，同時に，国外転出時課税制度の課税要件である「国外転出」の事実を自ら主張立証することになります。

　課税当局側で，特定の年分において「国外転出」が生じたとの認定は容易ではないことに鑑みれば，居住者認定が困難となった場合に，通常の譲渡所得課税に代替する方法として，国外転出時課税制度が持ち出されるケースが増えるのではないでしょうか。

〔石井　亮〕

■判　例■

☆1　東京地判平25・5・30判時2208号6頁，大阪高判昭61・9・25訟月33巻5号1297頁・税資153号817頁。また，最判平23・2・18裁判集民236号71頁・判タ1345号115頁（相続税法上の「住所」）。

☆2　前掲（☆1）東京地判平25・5・30，東京高判平20・7・10税資258号順号10987，神戸地判平14・10・7税資252号順号9209，大阪高判平3・9・26税資186号635頁など。

☆3　名古屋高判平25・4・3訟月60巻3号618頁。

☆4　前掲（☆2）神戸地判平14・10・7。

☆5　当該通達の解釈が相当としたものとして，東京高判平20・2・28判タ1278号163頁・税資258号順号10904。

☆6　居所の有無について判断したものとして，前掲（☆5）東京高判平20・2・28，前掲（☆2）神戸地判平14・10・7。

相続時精算課税

　贈与税には，暦年課税のほかに，相続時精算課税という制度があると聞きました。相続時精算課税とはどのような制度ですか。この制度を利用する場合の要件やメリット・デメリット，注意点はありますか。

　相続時精算課税は，財産の贈与を受けた場合に，財産の贈与をした人ごとに，納税者の選択により，その選択をした年分以降，その選択に係る贈与者から贈与を受けた財産のすべてについて，他の贈与とは別に，贈与税を計算して納め，その後，その贈与者が亡くなった時にその贈与財産の贈与時の価額と相続財産の価額とを合計した金額を基に計算した相続税額から，既に納めたその贈与税相当額を控除することにより，贈与税・相続税を通じた納税を行う制度です（相税21条の9〜21条の18）。

　贈与税の計算においては，贈与者の死亡時までの総額で2,500万円までを特別控除額として贈与財産の価額から控除し（マイナスとなる場合，贈与税の課税価格は0円となります。），一律20％の税率で計算します（相税21条の12・21条の13）。

　精算時（相続税申告時）に加算される贈与財産の価額は，贈与時の価額（時価）ですので，相続時までに価額が上がる場合は，相続時精算課税を利用して早期に財産を移転することで贈与税相続税の総額を軽減することができます。逆に，相続時までに価額が下がる場合は，かえって税負担が重くなります。なお，いったん，本制度を選択すると，撤回できません。

☑ キーワード

相続時精算課税，特定贈与者，推定相続人，孫，贈与税額控除，2,500万円の特別控除額，贈与税の税率が一律20％

解　説

1　相続時精算課税について

(1) 制度の趣旨

　わが国の贈与税は暦年課税（単年の贈与について累進税率で課税）が採用されています。また，生前贈与を通じた相続税の課税回避の防止の観点から，相続税に比べると高い累進税率で課税されます。

　その結果，高齢者から次世代への資産移転が阻害されており，高齢化に伴い，資産移転の時期が大幅に遅れているとの指摘がありました*1。そこで，高齢者の保有する資産をより早い時期に次世代に移転させることが，資産の有効活用を通じた経済社会の活性化にも資するという社会的要請の下，生前贈与と相続との間で資産移転の時期の選択に対して税制の中立性を確保するとして*2，平成15年度税制改正において，相続時精算課税が設けられました。

　その後，平成25年度税制改正では，若年層への資産の移転の一層の促進という観点から，贈与者の年齢制限，受贈者の範囲が緩和されています。また，平成29年度税制改正では，非上場株式についての相続税・贈与税の納税猶予制度との併用が可能になりました。

(2) 相続時精算課税の要件

　相続時精算課税は，次の場合に該当する納税者が，財産の贈与者ごとに選択をして適用を受けることができます（相税21条の9第1項）。

① 贈与の年の1月1日において贈与者が60歳以上であること
② 贈与の年の1月1日において受贈者が20歳以上であること
③ 受贈者は贈与者の直系卑属（子や孫など）である推定相続人又は孫であること

　ここでいう「贈与者の推定相続人」は，贈与をした日現在において，贈与者の相続人と見込まれる者のうち，最も先順位の相続権（代襲相続権を含みます。）のある者をいいます（相基通21の9－1）。したがって，配偶者の父母など養子縁組をしていない義理の父母からの贈与は相続時精算課税の適用を受けることができません。また，贈与の日で判定しますので，例えば，養子縁組した年の贈与であっても，養子縁組前の贈与は相続時精算課税の適用を受けることはで

きません。

(3) **住宅取得等資金の贈与を受ける場合の特例**

相続時精算課税は，贈与者が60歳以上であることが要件となっていますが，平成33年12月31日までの間に住宅取得等資金の贈与を受けた場合には，贈与者がその贈与の年の1月1日において60歳未満であっても，相続時精算課税を選択することができるという例外規定があります（租特70条の3）。事業承継とは直接関係ありませんが，受贈者や取得する居住用家屋等に要件があり，一定の書類を提出する必要があります（**Q42**参照）。

(4) **適用を受けるための手続**

相続時精算課税制度の適用を受けようとする受贈者は，その選択に係る贈与者（以下「特定贈与者」といいます。）からの，その制度の適用を受けようとする最初の贈与に係る贈与税申告書の提出期限までに，納税地の所轄税務署長に対し，「相続時精算課税選択届出書」に受贈者の戸籍謄本，戸籍の附票，贈与者の住民票など一定の書類を添付して，提出する必要があります（相税21条の9第2項，相税令5条2項，相税則10条・11条）。同「届出書」の提出時期は，原則として相続時精算課税の適用を受けようとする贈与を受けた年の翌年2月1日から3月15日（贈与税の申告書の提出期間と同じ）です（相税令5条）。提出期限を過ぎてから提出しても適用を受けることはできません。

(5) **贈与税額の計算**

相続時精算課税を選択した場合には，その選択をした年分以降の贈与税額の計算は次のとおり行うことになります（相税21条の9第3項）。

(a) **贈与税の課税価格の計算**

その年中に特定贈与者から贈与を受けた財産のすべてについて，贈与税の課税価格の計算上，2,500万円を特別控除額として贈与財産の価額から控除します（相税21条の12）。ただし，前年までにこの特例を適用した場合には，2,500万円から既適用分を控除します。控除後の金額がマイナスとなる場合は，贈与税の課税価格は0円となります。

(b) **贈与税額の計算**

上記(a)で計算した課税価格に対し，一律20％の税率で計算します（相税21条の13）。

なお，相続時精算課税を選択した者が，特定贈与者以外の者からも財産の贈

与を受けた場合には，相続時精算課税に係る贈与財産と区別して，通常の暦年課税（**Q39**参照）により計算します。

(6) 相続時精算課税に係る相続税額

(a) 相続税の課税価格

相続時精算課税の適用を受けていた場合に，特定贈与者が死亡したときは，その相続税の課税価格の計算上，相続財産の価額に相続時精算課税を適用した贈与財産の価額を加算して，相続税額を計算します（相税21条の15第1項）。この場合に，加算する価額は，贈与を受けた財産の相続時の価額（時価）ではなく，贈与時の価額（時価）です。

なお，相続時精算課税の適用を受けた贈与財産は相続又は遺贈により取得したものとみなされますので，相続時精算課税の適用を受けた者が，特定贈与者から相続又は遺贈により財産を取得しない場合であっても，上記のとおり計算し，必要に応じて申告することになります（相税21条の16第1項）。

(b) 相続税額の計算

相続時精算課税の適用を受けて納付した贈与税がある場合には，その贈与税相当額を各人の相続税額から控除します（相税21条の15第3項）。控除しきれない場合は，申告をすることにより還付を受けることができます（相税33条の2）。この場合に，相続時精算課税分の贈与税について，外国税額控除の適用があった場合には，控除する税額は，その贈与税の外国税額控除前の税額です。また，還付を受けることができる金額は，控除しきれない額（マイナスとなった額）からその控除した外国税額を控除した後の額となります。

なお，相続人でない孫（孫が養子縁組をして相続人となった場合で，子〔孫の親〕が死亡していない場合も含みます。）への相続又は遺贈については，相続税額の2割加算の制度の適用があります（相税18条）。相続時精算課税を適用して祖父母から相続人でない孫への贈与があった場合にも，相続税の計算において相続税額の2割加算の制度が適用されますので（相税令5条の2），注意が必要です。

(7) 特定贈与者が死亡した場合

特定贈与者が年の中途において死亡した場合にも，相続時精算課税の適用を受けることができますが，その届出書の提出先は，受贈者の所轄税務署長ではなく，贈与者の所轄税務署長となります（相税令5条3項）。提出期限は，①贈与税の申告書の提出期限（通常は贈与を受けた年の翌年3月15日）と②贈与者に

係る相続税の申告書の提出期限のいずれか早い日までです（相基通21の9－2参照）。相続時精算課税の適用を受けるためには，相続税の申告書を提出する必要がない場合でも，その選択届出書と一定の添付書類を提出する必要があります。住宅取得等資金の贈与は持戻しの適用がないため，贈与を選択する方が有利です。

(8) 受贈者が死亡した場合

特定贈与者の死亡以前に，受贈者が死亡した場合は，その受贈者の相続人が相続時精算課税に係る権利又は義務を承継します（相税21条の17第1項）。権利又は義務の承継とは，受贈者の相続人として，特定贈与者の死亡時に，受贈者につき相続時精算課税の適用を受けた財産を相続税の課税価格に加算し，相続税の計算をして納付することです。

また，相続時精算課税の適用を受けることができる受贈者が「相続時精算課税選択届出書」を提出する前に死亡し，届出書が提出されていなかった場合でも，その者の相続人等は，一定の手続をすることにより，その受贈者について相続時精算課税の適用を受けることができます。適用を受けるために必要な手続は，相続人が，受贈者の所轄税務署長に対し，受贈者に係る相続税の申告期限までに，贈与税の申告書及び同届出書に「相続時精算課税選択届出書付表」のほか一定の書類を添付して，提出します（相税21条の18・相税令5条の7第2項・相税則11条2項）。この場合，上記と同様に，受贈者の相続人はその制度の適用を受けることに伴う納税に係る権利又は義務を承継します（相税21条の17・21条の18）。なお，受贈者の相続人が2人以上いる場合，相続人全員が同「付表」に連署しなければ，適用を受けることはできません。

2 選択のメリット・デメリット

(1) メリット

相続時精算課税は，早期に財産を次世代に移転することにより次世代が財産を有効活用できるようにするという制度であり，事業承継の手段として活用することが可能な制度といえます。例えば，既に創業者が高齢で長期間にわたって暦年贈与を行うことが困難な場合には，相続時精算課税を選択して，一気に後継者となる推定相続人等に株式を移転させるということも検討の対象となるでしょう。平成30年度税制改正後は，非上場株式の納税猶予を併用すること

で，納税負担を回避することも可能です。

その場合，創業者の相続税の計算において，贈与された株式の贈与時の価額（時価）が加算されるため，価額（時価）が上がると見込まれる財産を早期に贈与により移転しておくことにより，贈与税・相続税の総額を軽減することができます。相続と異なり，贈与の時点を選択できるので，一定の株価対策を行ったうえで，株式の価額（時価）が低い時点で，相続時精算課税を選択して贈与を行うということも可能です（ただし，相続時精算課税を選択して行った贈与といえども，遺留分額・遺留分侵害額を計算するにあたっては，相続時の価額（時価）を用いることには，注意が必要です。）。

相続時精算課税は，一定の年齢に達した祖父母から孫への贈与にも適用されますので，相続を一世代飛ばすことができ，その分だけ相続税の節税となります。

(2) デメリット

価額（時価）が上がると見込んで早期に本制度を適用して贈与した財産であっても，その後の社会情勢や経済環境等により，価額（時価）が下がってしまう場合もあります。また，贈与を受けた財産自体がなくなってしまう場合もあります。その場合であっても，相続時には，贈与時の価額を加算しなければならず，結果として，相続時精算課税を選択することによって，贈与税・相続税の総額が増えることになります。

さらに，いったん，相続時精算課税を選択すると，相続時まで引き続き適用されますので，その後に，特定贈与者から少額（例えば，贈与税の基礎控除以下の110万円）の贈与を受けても，暦年課税の基礎控除を受けることはできず，税率も一律20％が適用されることになります。つまり，暦年贈与を使った対策は，それ以降，実行することができなくなります。

このように，相続時精算課税は，実際に特定贈与者の相続が生じるまで，その選択により有利な結果となるのか，不利な結果となるのか，不透明だという点が残ります。

なお，養子縁組をして推定相続人となっていた場合，その後に養子縁組の解消により推定相続人でなくなった場合であっても，その特定贈与者からの贈与により取得した財産については，引き続き相続時精算課税が適用されますので，注意が必要です。

〔原木　規江〕

■注　記■

＊１　平成14年６月政府税制調査会「あるべき税制の構築に向けた基本方針」及び平成14年11月同調査会「平成15年度における税制改革についての答申―あるべき税制の構築に向けて」。
＊２　前掲（＊１）。

第3章 ◇ 事業承継と税法

相続税と贈与税の相関関係・最適暦年贈与

相続税の方が贈与税より税率が低いということは，生前贈与などしないで相続ですべての財産を譲り受ける方が課税上，有利なのではないでしょうか。生前贈与する方が有利となる場合はありますか。ある場合は，どのような場合でしょうか。

生前贈与する方が有利となる場合があります。
相続税は累進課税となっているので，贈与により相続財産の総額を減らすことで，相続税額は減少します。もちろん，相続税の代わりに，同様に累進課税となっている贈与税が課されますが，複数年に分割して贈与すれば，各年の贈与額も小さくなるうえ，基礎控除を毎年利用できるので，贈与税の総額が相続税の減少額よりも小さくなる可能性があります。贈与税の基礎控除以外にも，贈与税の配偶者控除や住宅取得等資金など，贈与税固有の制度を適用することにより，贈与税の税負担を減らしつつ相続財産を減らすことが可能です。
さらに，孫等に一世代飛ばして贈与することで，相続税が課される機会を減らし，贈与税・相続税の総額を減少できる場合もあります。

☑ キーワード

生前贈与，基礎控除，配偶者控除，住宅取得等資金，教育資金，結婚・子育て資金

Q 42 ◆相続税と贈与税の相関関係・最適暦年贈与

解　説

1　はじめに

　贈与税は相続税の補完税として，生前贈与を通じた相続税の課税回避の防止の観点から，相続税に比べると高い累進税率で課税されます。そのため，本設問のとおり，まったく同じ財産を一時に贈与する場合と相続する場合であれば，相続税の方が少なくなります。しかし，相続税は人の死亡という一事に起因し，被相続人1人に対して1回の課税しかありませんが，贈与は生前に何度でもすることができます。また，財産の早期移転や政策的配慮等から贈与税固有の特例も設けられています。そのため，相続が開始する前の早い段階から計画的に贈与をする方が有利となる場合も多くあります。

2　複数年に分割して贈与することの効果

　相続税は，10%から55%までの累進税率を採用しています。そのため，贈与によって相続財産を減少させて　適用税率を引き下げれば，相続税額を軽減することができます。

　もちろん，贈与税も，10%から55%までの累進税率を採用しており，かつ，相続税よりも，最高税率に達する金額は小さいですが，贈与は，相続と異なり，複数年にわたって行うことができるので，複数年の贈与で，各年ごとの贈与額を減らし，相対的に低い税率によって財産の移転を行うことが可能となります。その結果，軽減される相続税額が，納付した贈与税の総額を上回り，節税につながります。

　また，複数年にわたる贈与の場合には，贈与税の基礎控除を複数回利用することができます。暦年課税の場合，贈与税の課税価格の計算上，年110万円が基礎控除額として控除されます（相税21条の5，租特70条の2の4第1項）。例えば，配偶者と子2人で推定相続人が3人いる場合，各人に110万円ずつ，1年で合計330万円を10年間贈与した場合，贈与税も相続税も負担することなく，総額3,300万円（330万円×10年）の財産を移転することができます。

　ただし，相続財産の総額が高額である場合には，基礎控除額での贈与では，相続財産を減らす効果が小さいので，基礎控除額を超える贈与が必要となって

277

きます。例えば、配偶者と子2人で推定相続人が3人いる場合で、保有資産が7億円という状況では、年間500万円程度の贈与を行うことが最も効率的との試算もあります（厳密には小規模宅地等の特例の適用等や贈与税の各種控除の適用により異なりますので、財産状況に応じて試算する必要があります。）。

さらに、推定相続人以外の者への贈与についても基礎控除額は同額ですので、祖父母から孫へ贈与することにより相続を一世代飛ばすことも可能です。暦年贈与の場合には、孫に贈与をしたとしても、贈与税額の2割加算はありません（相税18条1項。なお、相続時精算課税を選択した場合には、相続税額の2割加算があります（**Q41**参照）。

3　贈与税の特例

贈与税には各種の特例制度があります。贈与税の配偶者控除や住宅取得等資金の贈与など、贈与税固有の制度を適用することにより、生前贈与であっても相対的に税負担が軽減した形で、相続財産を減らすことが可能となります。

(1) 贈与税の配偶者控除

一般的に事業承継は次世代へ事業関連資産を承継することが目的となりますが、親世代の夫婦間で財産の偏りがある場合、夫婦間の財産を分散することにより、次世代が相続する際の税負担の軽減に繋がります。

居住用不動産に係る贈与税の配偶者控除制度は、婚姻期間が20年以上の夫婦間で、自らが住むための国内の居住用不動産又は居住用不動産を取得するための金銭の贈与が行われた場合、基礎控除110万円に加えて、最高2,000万円までを控除できる制度です（相税21条の6）。基礎控除と異なり、同じ配偶者からの贈与は一生に一度のみ適用できます。贈与税の申告期限までに現実に住んでいること等が要件となり、申告書に戸籍謄本や戸籍の附票等を添付することが必要となります（同条2項、相税則9条）。

ただ、生前贈与をしないで、そのまま相続をした場合に、小規模宅地等の特例（租特69条の4）が適用できる場合には、居住用宅地等の贈与によってかえって贈与税・相続税総額での税負担が増えることになりかねないので、注意が必要です。また、生前贈与を行わなくとも、遺産の総額に与える影響が小さく、配偶者に対する相続税額の軽減（相税19条の2）によって配偶者に税額が生じないような場合に、贈与税・相続税の負担軽減とはならず、かえって不動産取得

税等の費用などの負担が増えることもあります。

(2) 住宅取得等資金の贈与の非課税

　住宅取得等資金の贈与も，次世代が事業承継をするための資金の確保や総額としての税負担軽減に繋がります。この非課税制度は，暦年贈与の基礎控除と併用が可能です。

　平成27年1月1日から平成33年12月31日までの間に，父母や祖父母など直系尊属からの贈与により，住宅取得等資金を取得した場合において，一定の要件を満たすときは，新築等をする住宅用の家屋の種類等，贈与を受ける時期，消費税の税率に応じ，300万円から3,000万円の非課税限度額までの金額は，贈与税が非課税となります（租特70条の2）。断熱や耐震等の性能に応じた等級又は高齢者等に対する配慮対策の等級などが一定等級以上の省エネ等基準を満たす省エネ等住宅の場合については，その他の住宅に加えて，非課税限度額が500万円加算されています（同条2項6号）。

　「住宅取得等資金」は，自己の居住の用に供する日本国内にある住宅用の家屋の新築，取得又は増改築等の対価に充てるための金銭です。「住宅用家屋の新築，取得又は増改築等」の対象には，その家屋等のみならず，その敷地の用に供される土地等の取得も含まれ，家屋等については，その床面積や建築年数など一定の要件があり，贈与税の申告書に非課税の特例の適用を受ける旨を記載し，戸籍謄本等一定の書類を添付して提出します（租特70条の2第14項，租特則23条の5の2第10項）。

　この特例を受けることができるのは，受贈者が次の場合に該当する場合です。
① 贈与を受けた時に贈与者の直系卑属であること
② 贈与を受けた年の1月1日において20歳以上であること
③ 贈与を受けた年の年分の所得税の合計所得金額が2,000万円以下であること
④ 過去に贈与税の申告で本特例又は旧非課税制度の適用を受けたことがないこと
⑤ 自己の配偶者，親族など一定の特別の関係がある人からの取得等でないこと
⑥ 贈与を受けた年の翌年3月15日までに住宅取得等資金の全額を充てて新築等をし，その家屋に居住すること又はその後遅滞なく居住することが確

実であると見込まれること
⑦　贈与時に日本国内に住所を有していること（日本国籍を有する場合等につき，一定の例外があります。）

(3) 教育資金の一括贈与の非課税

　財産の性質や贈与の目的など社会政策的配慮等から一定の財産の贈与については贈与税を課さないこととされています（相税21条の3）。

　親子など扶養義務者から被扶養者の教育費に充てるために取得した財産で通常必要と認められるものも贈与税の非課税財産の一つです（相税21条の3第2号）。「通常必要と認められるもの」は，必要なつど直接これらに充てるためのものに限られ，預金を贈与した場合等は含まれません。

　これに加えて，信託等による教育資金の一括贈与であっても一定の場合に非課税とする制度が設けられました。具体的には，平成31年3月31日までの間に，30歳未満の者が，教育資金に充てるため，金融機関等との教育資金管理契約に基づいて，直系尊属から信託の受益権を取得した場合や書面により受けた金銭等を金融機関の預貯金として預け入れ，又はMRFもしくはMMFの購入をした場合で，一定の要件に該当する場合には，その信託受益権，金銭又は金銭等の価額のうち1,500万円を限度として，一定の手続をすることにより贈与税が非課税となります（租特70条の2の2）。

　信託財産等の価額が0となった場合又は受贈者が30歳になった場合など上記契約が終了し，残額がある場合や教育資金以外の支払に充てた場合は，その終了の日の属する年の贈与税の課税価格に算入されます。贈与時及び払出時は金融機関等を通じて行う手続のみですが，終了した場合に課税価格が基礎控除を超える場合には贈与税の申告書を提出することになります。贈与者が死亡しても相続税が課されることはなく，契約が終了した時の状況により贈与税が課されます。税務署に対して申告をすることなく，1,500万円もの財産を次世代に一括贈与できるという点にメリットがありますが，使途が制限されること，終了時に領収書の提出が必要となり煩雑であるなどのデメリットもあります。

(4) 結婚・子育て資金の一括贈与の非課税

　教育資金の一括贈与の非課税制度と類似する制度として，直系尊属からの結婚・子育て資金の一括贈与についても一定の場合に非課税とする制度があります。具体的には，平成31年3月31日までの間に，20歳以上50歳未満の者が，結

婚・子育て資金に充てるため，金融機関等との結婚・子育て資金管理契約に基づいて，直系尊属から信託の受益権を取得した場合や書面により受けた金銭等を金融機関の預貯金として預入又はMRFもしくはMMFの購入をした場合で，一定の要件に該当する場合には，その信託受益権，金銭又は金銭等の価額のうち1,000万円を限度として，一定の手続をすることにより贈与税が非課税となります（租特70条の2の3）。

　信託財産等の価額が0となった場合又は受贈者が50歳になった場合など上記契約が終了し，残額がある場合や結婚・子育て資金以外の支払に充てた場合は，その終了の日の属する年の贈与税の課税価格に算入されます。契約期間中の管理・手続やメリット・デメリットは教育資金の一括贈与の場合と同じですが，贈与者が死亡した場合の残金をその贈与者から相続又は遺贈により取得した財産として相続税の課税対象とされる点で異なります。ただし，この場合に，相続税の2割加算及びその財産以外に相続財産がない場合には3年以内贈与財産の持戻しは適用されません。

〔原木　規江〕

みなし贈与課税の範囲とリスク

「みなし贈与課税」とは何でしょうか。具体的に事業承継のどのような場面で、課税されるリスクがあるでしょうか。

　「贈与」は「諾成契約」であることから、贈与者・受贈者双方の意思表示の合致によって有効に成立します。贈与契約が有効に成立すると、財産の所有権が贈与者から受贈者に移転し、それに伴い、受贈者に贈与税の納税義務が発生することになります。しかし法律的には「贈与」により財産を取得しているわけではないにもかかわらず、実質的にそれと同様の経済的効果をもつとされた場合は、贈与税を課税されることがあります。これが「みなし贈与課税」です。特に事業承継の実務では、自社株式の譲渡が行われることがあります。その際の譲渡価額が「著しく低い価額」と認定された場合、譲渡人から譲受人へ経済的利益の移転があったとして、譲受人に「みなし贈与課税」がなされることとなります。

☑ キーワード

贈与，諾成契約，名義預金，みなし贈与，著しく低い価額

解　説

1　贈与税の原則

　贈与税の納税義務者は基本的に「『贈与』により財産を取得した個人」ということになります（相税1条の4）。そして「贈与」は「ある財産を無償で相手方に与える意思を表示し、相手方が受諾をすることによって、その効力を生ず

る」と民法に定められています（新民549条）。

つまり贈与者が「ある財産を無償で相手方に与える＝贈与する」と意思を表示し，受贈者が「受諾をする」ことで「贈与」が成立し，それに伴い「財産」の所有権は「贈与者」から「受贈者」に移転することになります。その結果「『贈与』により財産を取得した個人＝受贈者」に贈与税の納税義務が生ずることになります。

ここでのポイントは「贈与」は「売買」や「賃貸借」と同じく「諾成契約」すなわち，当事者の意思表示の合致によって成立する法律行為であるということです。このことが贈与税及び相続税の実務に大きな影響を及ぼします。

2 名義預金と贈与

相続税の税務調査で最も申告漏れが指摘される財産は「現金・預貯金等」です。国税庁報道発表資料によると平成28事務年度では「現金・預貯金等」は1,070億円の申告漏れとなっており，第2位の「有価証券」の535億円を大きく上回っています。このような「現金・預貯金等」の申告漏れの多くは「名義預金」と呼ばれるものから生じます。

例えば父親が長男名義の銀行口座を作り，そこに自身の1億円の現金を入金したとしましょう。長男はこのことを知らずに，入金から一定期間を経過した時点で父親から銀行口座の存在を告げられており，どの時点においても贈与税の申告はしていないとします。贈与税の時効は申告期限から6年（「偽りその他不正の行為」があった場合は7年〔相税36条3項〕）ですから（相税36条1項，税通70条），父親による入金時から（あるいは父親から銀行口座の存在を告げられた日から）一定期間内に税務調査がなかった場合は時効が成立し，贈与税を払うことなく，銀行口座に入っているお金は長男のものになってしまうのでしょうか。

このような場合は，この銀行口座に入っているお金が誰のものなのかということがポイントになります。このような場合，銀行口座の「名義」だけでなく「その原資となった金員の出捐者」，「管理・運用状況」，「贈与の事実の有無」などを総合的に勘案して判断するということになります☆1。その中でも特に重要となるのが「贈与の事実の有無」です。つまり長男は銀行口座の存在を知らなかったわけですから，入金時に父親から長男に対して「贈与する」という意思表示があったわけでもなく，長男が受諾したわけでもありません。また

銀行口座の存在を告げられた時点で、父親から「贈与する」という意思表示があり、それを長男が受諾したかは定かではありません。そうすると「贈与」が「諾成契約」である以上、入金時点・存在を告げられた時点のいずれにおいても、「贈与」そのものが成立していたのかはっきりしないということになります。仮に「贈与」そのものが成立していなかったとするならば、この銀行口座に入っているお金の所有権は長男には移転しておらず、相続発生時点においても（その名義にかかわらず）銀行口座のお金は父親のもの、すなわち相続財産であるということになります。そうなると相続税の申告に含めていなければ、それは相続税の申告漏れということになります。これが「名義預金」です。

もちろん「管理・運用状況」なども勘案されますので、最終的に「名義預金」と認定されるかどうかは一概にはいえませんが、この「名義預金」の問題は「贈与の事実の有無」が重要な判断基準となるのです。

3 みなし贈与課税

これに対して「みなし贈与課税」とは、「贈与」がないにもかかわらず「贈与税」の納税義務だけが発生することを意味します。つまり法律的には「贈与」により財産を取得しているわけではないにもかかわらず、実質的にそれと同様の経済的効果をもつ場合は、課税の公平を図る観点から贈与税を課税するというのが「みなし贈与課税」です。

(1) みなし贈与課税の典型例——生命保険金

「みなし贈与課税」の典型例は生命保険金です。自分自身が保険金受取人となっているが、保険料は別の者が負担している生命保険に保険事故が発生し、死亡保険金を受け取ったような場合は「みなし贈与課税」となります（相税5条）。

例えば、被保険者を母親とする死亡保険金3,000万円の生命保険に加入し、契約者として父親が保険料を負担していますが、保険金受取人は長男であったとしましょう。母親が死亡すれば、3,000万円の死亡保険金は長男の手元に入ることになります。しかしこの生命保険の保険料を負担していたのは父親であって、長男ではありません。長男はまったく保険料を払っていないにもかかわらず3,000万円の死亡保険金を受け取る一方で、これまで保険料を負担していた父親はまったくお金がもらえないということになります。一方でこれは生命

保険契約に基づいて死亡保険金が長男に支払われたにすぎず，父親が「贈与する」という意思を表示し，長男が受諾したことにより生命保険金の「贈与」がされたということでもありません。しかし実質的には父親から長男への経済的利益の移転が行われていると考えられますから，法形式にかかわらず長男に贈与税を課税することで，課税の公平性を保つことになります。

(2) みなし贈与課税の範囲

みなし贈与課税の範囲には，このほかにも「定期金に関する権利」(相税6条)，「財産の低額譲受による利益」(相税7条)，「債務免除等による利益」(相税8条)，「その他の利益の享受」(相税9条)，「信託財産」(相税9条の2～9条の6)」があります。

(3) 事業承継と「みなし贈与課税」

次に「みなし贈与課税」が大きな問題となった事例について，実際の裁判例に基づき解説していきます☆2。事業承継対策においては，支配株主による自社株式の買集めが行われることがあります。本件では少数株主から自社株式の買集めをした時の，譲受価額が問題となりました。

株式会社Aの代表取締役である原告は，116人の少数株主から，A社株式を買い集めました。ところがI税務署は，譲受価額が「著しく低い価額」であると認定し，相続税法7条(財産の低額譲受による利益)に基づき原告に対して贈与税の課税処分を行いました。裁判では「相続税法7条は，取引当事者が，租税回避の問題が生じるような特殊な関係にある場合に限り適用されるものであるか」，「同条にいう『時価』の意義及び財産評価基本通達(以下「評価通達」という。)の採る株式評価方法の合理性」の2点が問題となりました。

まず判決では「著しく低い価額の対価で財産の譲渡が行われた場合には，それによりその対価と時価との差額に担税力が認められるのであるから，税負担の公平という見地から同条が適用されるというべきであり，租税回避の問題が生じるような特殊な関係にあるか否かといった取引当事者間の関係及び主観面を問わないものと解するのが相当である。」とし，相続税法7条は租税回避の問題が生じるような特殊な関係にある場合に限り適用されるものではないということを明確にしました。そのうえで原告は「本件各譲受価額は，原告と何の関係も持たない本件各譲渡人との間で行われた独立第三者間取引によるものであり，また，本件各譲受価額は，売買当事者が任意に決めた合理的な価額であ

るから，本件各譲受日における本件各株式の時価である」と主張しました。しかし裁判所は「本件における買取価額は，公認会計士や税理士等の専門家に相談して決めたものでも，評価通達に定められた評価方法を基に算定したものでもなく」かつ「本件各譲受けは，終始原告の主導で行われたものであり，本件各譲渡人は，原告と対等に売却価額等売却の条件について交渉できる立場になかったものと認められるから，本件各譲受価額が，本件各譲渡人と原告との間でのせめぎ合いにより形成されたと認めることはできない。」としたうえで「原告と本件各譲渡人との関係，本件各譲受けに至る経緯及び本件各譲受価額が形成された過程に照らすと，本件各譲受価額が，当事者間の主観的事情に左右されず，当該株式の客観的交換価値を正当に反映した価額であるということはできない」としました。そのうえで「本件において，評価通達に定められた評価方法を画一的あるいは形式的に適用することによって，かえって実質的な租税負担の公平を著しく害し，相続税法あるいは評価通達自体の趣旨に反するような結果を招くというような特別な事情は認められない。したがって，本件各譲受日における本件各株式の時価は，原則どおり，評価通達の定める方法によって評価すべきものである。」としました。そのうえで「本件各譲受けは，同条にいう『著しく低い価額の対価で財産の譲渡を受けた場合』に当たるというのが相当である」として，評価通達の定める方法による評価額と，譲受価額との差額を「みなし贈与」に当たると認定したのです。

　ここでも各譲渡人が「評価通達の定める方法による評価額」と「譲受価額との差額」を「贈与する」と意思を表示し，原告が受諾をしたわけではありませんが，A社株式を「著しく低い価額の対価」で原告が譲り受けることによって，各譲渡人から原告へと経済的価値の移転が行われており，実質的に贈与があったのと同じ経済効果があることから「みなし贈与課税」がなされたということになります。

　このように事業承継対策において，自社株式の譲渡を行う際には，譲受価額が「著しく低い価額」と認定されると「みなし贈与課税」がされることになりますので慎重な対応が必要です。特に民法における「贈与」の考え方と，相続税法における「贈与税」の考え方にズレがありますので，専門家としてはそれぞれを十分に理解する必要があります。

〔金井　義家〕

■判　例■

☆1　国税不服審判所裁決平25・12・10裁決事例集93集299頁。
☆2　東京地判平19・1・31税資257号順号10622・TAINS。

遺産分割のやり直し，遺留分減殺請求権と相続税

　遺産分割後に，財産評価に誤りがあったことが判明し，遺産分割をやり直したいと考えていますが，可能ですか。既に，相続人全員で相続税は申告及び納付していますが，やり直し後に，相続税の更正の請求や修正申告をすることはできますか。

　また，遺贈を受けた財産について，他の相続人から遺留分減殺請求を受け，裁判所の調停で和解しました。この部分に係る相続税額を還付してもらうことはできますか。その財産の一部は，中小承継円滑化法に基づく認定を受け，相続税の納税猶予を受けていた株式が含まれます。この場合に適用関係はどうなりますか。

　遺産分割のやり直しは，課税上は原則として新たな相続人間の贈与と扱われます（相基通19の2－8）。そもそも，当初の遺産分割の際の財産評価が誤っていたため税負担が過大になることが判明したこと，すなわち税負担の錯誤を理由に，当初の分割の錯誤が私法上無効になることは極めて限定的です。加えて，仮に私法上無効となったとしても，あるいは相続人間で遺産分割を合意解除したとしても，課税上は，法定申告期限前で，財産の帰属者も再分割後の状態にしたという場合を除き，原則として，相続税の更正の請求はできないと解されています。ただし，財産の帰属に関する判決等があった場合や遺留分の減殺請求がされた場合など更正の請求の特例の事由に該当するときは，更正の請求をすることができます。なお，相続税の納税猶予は遺留分減殺請求を受けたとしても，これにより猶予期間が確定することはありません。

Q 44 ◆遺産分割のやり直し，遺留分減殺請求権と相続税

☑ **キーワード**

遺産分割のやり直し，修正申告，更正の請求，遺留分減殺請求，遺留分侵害額請求，納税猶予

解 説

1　遺産相続の方法

(1)　遺言と遺産分割協議

　遺産相続には，被相続人の遺言に基づく遺贈による場合，相続人間の協議による場合があります（民907条1項*1・908条）。

　遺産分割協議は，相続の開始によって共同相続人の共有となった相続財産について，その全部又は一部を，各相続人の単独所有とし，又は新たな共有関係に移行させることによって，相続財産の帰属を確定させるものです☆1。遺産の分割は，遺産に属する物又は権利の種類及び性質，各相続人の年齢，職業，心身の状態及び生活の状況その他一切の事情を考慮して行われるものですので（民906条），必ずしも法定相続分（民900条）どおりとする必要はなく，共同相続人間で法定相続分によらない合意をすることも可能です。また，共同相続人中に特別受益者（民903条*2）や相続財産の維持又は増加について特別の寄与をした者（民904条の2）がいる場合など，実際の相続分が法定相続分と異なることもあります。相続人間で遺産分割協議がまとまらない場合には，裁判手続である調停や訴訟により解決が図られることになります（民907条2項*3）。

　こうして成立した遺産分割協議であっても，相続開始後認知された相続人が現れたり（民910条），相続財産の評価が誤っていたことなどにより再協議をする場合があります。また，遺言書があった場合であっても，他の相続人から遺留分減殺請求がされ（民1031条*4），遺言の内容とは異なる相続がされる場合があります。

　このようなやり直しの場合に，各人の当初の相続税の申告や税額を変更することができるかが問題となります。

(2)　遺留分に係る民法改正

　民法改正により，現行法の遺留分減殺請求権は，遺留分侵害額請求権に改め

289

られます。いずれも形成権である点は同じですが、現行法では遺留分権利者が遺留分減殺請求権の行使により、現物の返還を求めることしかできず、請求を受けた者において現物又は価額賠償を選択できる制度であったのに対し、改正法では、遺留分権利者に対して遺留分侵害額を金銭で支払うことが原則とされ、請求を受けた者が金銭の支払に代えて、現物給付することができる制度となります（新民1046条1項・1047条3項）。すなわち、原則と例外が逆転します。

また、相続人に対する贈与のうち、相続開始より10年以上前に贈与された財産については、遺留分算定の価額の対象とならないことになります（新民1044条3項）。早期に後継者に自社株式を贈与することにより、事業承継ができるのみならず、遺留分の問題を回避することに繋がります。ただし、当事者双方が遺留分権利者に損害を加えることを知って贈与をした場合は除外されますので（同条1項）、注意が必要です。

2 相続人や相続財産が申告期限後に異動する場合

(1) 原則的取扱い

遺産分割協議等が成立すると、各相続人は必要に応じ相続税の申告をすることになります（ただし、申告期限までに分割協議が調わない場合には、未分割で遺産を法定相続分により取得したものとみなして申告をすることになります。）。その後、法定申告期限後に、遺産分割協議をやり直し、当初の分割及び申告の内容とは異なる合意をして、相続人間で財産を移転させた場合には、原則として相続人間で新たな贈与があったものとして扱われ、贈与税の申告納税義務が生じます（相基通19の2－8）。

(2) 例外的取扱い

相続に関しては、上記(1)のような単なる遺産分割協議のやり直しではなく、相続人の出現や遺留分減殺請求など相続人の責めによらない事由により、相続税額に異動を生じる場合もあります。このような場合に対処するために、相続税法は一定の事由が生じた場合には、納税義務者は、更正の請求及び修正申告をすることができると規定しています（相税3条・32条）。

また、相続財産に含めて申告していた財産について、その後、訴訟等により他の者に帰属するとされる判決等がされる場合もあります。このような場合にも相続税の更正の請求をすることができます（税通23条2項）。

Q44 ◆遺産分割のやり直し，遺留分減殺請求権と相続税

(3) 課税負担の錯誤を理由とする分割協議のやり直しに係る例外的取扱い

納税者が納税義務の発生の原因となる私法上の法律行為を行った後，当該法律行為の際に予定していなかった納税義務が生じたり，当該法律行為の際に予定していたものよりも重い納税義務が生じることが判明する場合があります。このような税負担の錯誤は動機の錯誤であって，法律上の錯誤に該当しないと解されています☆2。ただし，例外的に，離婚による財産分与に関し，税負担の錯誤に係る動機が意思表示の内容をなしたとされ，錯誤による無効を認めた裁判例☆3があります。なお，相続人間の協議により，合意解除することも可能です。

そこで，仮に，税負担の錯誤を理由に，当初の遺産分割協議が私法上無効とされあるいは合意解除され，新たな分割協議がされた場合に，提出済の相続税の申告に影響を与えるかということが問題となります。この点については，申告納税制度の趣旨・構造及び税法上の信義則に照らし，法定申告期限の経過後は，原則として課税負担の錯誤による当該法律行為の無効を主張できないと解されています☆4。

ただし，遺産分割協議をやり直した場合であっても，特段の事情があるとして，新たな贈与と認定せず，相続税の更正の請求等が認められた裁判例☆5があります。同裁判例は，通常の更正請求期間内にされた更正の請求においてその主張を認めても他の弊害が生ずるおそれがなく，申告納税制度の趣旨・構造及び租税法上の信義則に反するとはいえないと認めるべき「特段の事情」があるとして，例外的に錯誤無効の主張が許されると判示しています。裁判所は，(a)通常の更正請求期間内に，(b)課税庁からの調査時の指摘，修正申告の勧奨，更正処分等を受ける前に，自ら誤信に気づいて更正の請求をし，(c)新たな遺産分割の合意による分割内容の変更をして，当初の遺産分割の経済的成果を完全に消失させており，(d)その分割内容の変更がやむを得ない事情により誤信の内容を是正する一回的なものと認められる場合であったとしています。具体的には，申告後に財産評価に誤りがあり，税負担が過大となることに気づいてやり直したという事案でした。

このような事案は極めて例外的な取扱いですので，遺産分割協議にあたっては，適正な財産評価をすることや分割協議書に記載誤り等がないことを十分に確認して行うことが必要です。

291

3 贈与税の納税猶予を受けていた場合

(1) 贈与税の納税猶予制度

　贈与により，中小企業における経営の承継の円滑化に関する法律（以下「中小承継円滑化法」といいます。）に基づく都道府県知事の認定を受ける非上場会社の株式等を後継者となる受贈者（経営承継受贈者）が経営者である贈与者（先代経営者）から取得し，経営をしていく場合には，一定要件の下，その非上場株式等に対応する贈与税の納税が猶予される制度があります（租特70条の7第1項）。この制度の適用を受け，納税が猶予された贈与税額は，先代経営者又は経営承継受贈者が死亡した場合などには，この間に譲渡その他納税猶予期限の到来事由に該当しない限り，納税が免除され（租特70条の7第16項），相続財産とみなして贈与時の価額で課税されます（租特70条の7の3。ただし，非上場株式等に係る相続税の納税猶予が適用可能〔租特70条の7の4〕）。

　この特例の適用を受けるためには，一定の中小企業者に該当すること等，適用されるための各種の要件があります（詳細は **Q67**）。また，手続的にも，贈与の日の属する年の翌年1月15日までに，都道府県知事への認定申請を行い，適用を受ける株式等の明細や認定を受けたことを証する書類を添付するなど一定の申告要件があります。さらに，申告後5年間は毎年，その後は3年ごとに，所轄税務署長に対し納税猶予の継続届出書を提出する必要があり，免除されることとなる場合にも免除届出書等を提出する必要があります。

　なお，平成30年度税制改正により，10年間（平成30年1月1日から平成39年〔2027年〕12月31日までの相続又は贈与で，平成35年〔2023年〕3月31日までの間に特例承継計画を都道府県に提出した場合に限ります。）の特例措置として，納税猶予の対象となる株式や納税猶予割合，雇用維持要件，承継パターンなどについて拡大・緩和する措置が設けられました（租特70条の7の5第1項）。また，事業承継税制の導入の際の懸念事項であった承継後の譲渡等に係る税負担を軽減するため，会社を譲渡（M&Aを含みます。）・解散した場合には，一定の要件の下，解散時の相続税評価額又は実際の売却価格で税額を再計算することとされました（事業承継税制の詳細は **Q67**）。

　一般の贈与税の納税猶予制度はこのほか，農地等，認定医療法人の持分に係る経済的利益についても同様の納税猶予制度があります（租特70条の4・70条の

7の9)。

このような贈与税の納税猶予を受けていた場合に，その後の遺産相続において，後継者以外の相続人から遺留分の減殺請求をされることが想定されます。この点，上記**1**(2)のとおり，贈与者及び受贈者の双方が遺留分権利者に損害を与えることを知って贈与した場合は別ですが，そうでない場合は，相続開始から10年以上前にされた贈与は遺留分の対象とされないことに改正されます（新民1044条3項）。

(2) 民法特例による事前合意

後継者に自社株式等を贈与したとしても，その後に，他の相続人から遺留分減殺請求された場合，他に相続財産がほとんどないなどの理由により，結果として株式等が分散してしまう可能性があります。そこで，このような遺留分の問題に対処するため，中小承継円滑化法に遺留分に関する民法の特例（中小承継4条1項）（以下「民法特例」といいます。）が規定されています。

この民法特例により，後継者を含む現経営者の推定相続人全員の合意のうえで，現経営者から後継者に贈与等された自社株式について，①遺留分の算定となる基礎財産から除外しておく合意（除外合意。中小承継4条1項1号），又は，②遺留分の算定の基礎となる財産に算入する価額を合意時の時価とすることの合意（固定合意。中小承継4条1項2号）をすることができます。これらは選択的な合意ではなく，一部を固定合意の，残りを除外合意の対象とすることも可能です。民法特例を利用するには，中小承継円滑化法の適用要件を満たしたうえで，推定相続人全員の合意を得て，合意書を作成し，経済産業大臣の確認及び家庭裁判所の許可を得る必要があります（中小承継7条1項・8条1項）。

推定相続人間で争いがない場合には民法特例は有効な方法ですが，場合によっては，推定相続人間に想定外の紛争を生じさせる場合もあるため注意が必要です。

なお，民法特例以外にも，遺留分を有する相続人が被相続人の生前に自分の遺留分を放棄するという方法もあります。しかしながら，遺留分の放棄は，後継者でない各相続人による裁判所に対する申立てが必要となり（民1043条1項＊5），遺留分権利者にとってメリットがないのに煩雑であること，また，裁判所による許可・不許可の判断が異なる場合も想定されることから，実務上は利用しにくい制度となっています。

(3) 事前合意がなかった場合

　中小承継円滑化法に基づく贈与税の納税猶予の適用を受けていた場合で，その後に先代経営者が死亡すると，猶予された贈与税額は免除されます。納税猶予を受けた贈与について中小承継円滑化法の民法特例による事前合意がされていなかった場合に，その後，その先代経営者の遺産相続に関し，他の相続人から経営承継受贈者である相続人に対して遺留分減殺請求がされ，贈与税を免除された受贈株式等の一部を遺留分権利者である他の相続人に対し返還する場合も想定されます。

　遺留分権利者が取り戻した財産は，遺産分割の対象となる遺産に帰属せず，遺留分権利者の固有財産として直接同人に帰属すると解されています☆6。

　そのため，後継者が先代経営者から受けた生前贈与に対して，他の相続人から遺留分減殺請求がされ，返還した場合，遺留分減殺請求者に対し返還した株式等はその返還時にいったん遡及的に贈与者である先代経営者の所有に帰属するものではないと考えることが適当であることから，後継者が適用を受けていた贈与税の納税猶予の特例についても遡及して当該特例の対象となる贈与の要件を満たしていたか否かを判定する必要はないと考えられ，当初の贈与に係る贈与税の納税猶予の特例の適用が，適用時に遡及して取り消されることはないと解されています*6。なお，当初の贈与税の申告における課税価格及び贈与税額が過大となったときは更正の請求をすることができます（相税32条1項3号）。

　また，経営承継受贈者が，相続税の納税猶予の特例の適用を受けている場合には，遺留分の減殺請求があったことにより返還した株式等は，贈与者が死亡した場合の相続税の納税猶予の特例（租特70条の7の4）の対象とならず，後継者は相続税の申告における課税価格及び相続税額が過大となったときは，相続税についても更正の請求をすることができます。なお，株式等を返還することに代えて，現金等による価額弁償があった場合も，同様に更正の請求をすることができます*7。

〔原木　規江〕

Q44 ◆遺産分割のやり直し,遺留分減殺請求権と相続税

▰▰判　例▰▰

☆1　最判平11・6・11民集53巻5号898頁。
☆2　最判平10・1・27税資230号順号8064（控訴審・大阪高判平8・7・25訟月44巻12号2201頁・税資220号順号7759）。
☆3　最判平元・9・14裁判集民157号555頁・判タ718号75頁・判時1336号93頁。
☆4　高松高判平18・2・23訟月52巻12号3672頁（上告審・最判平18・10・6税資256号順号10525），神戸地判平7・4・24訟月44巻12号2211頁・税資209号順号7507（控訴審・前掲（☆2）大阪高判平8・7・25，上告審・前掲（☆2）最判平10・1・27），大阪地判平12・2・23税資246号順号8594（控訴審・大阪高判平12・11・2税資249号順号8764，上告審・最決平13・4・13税資250号順号8882）。
☆5　東京地判平21・2・27判タ1355号123頁。
☆6　最判昭51・8・30民集30巻7号768頁，最判平8・1・26民集50巻1号132頁。

▰▰注　記▰▰

＊1　民法（相続関係）等の改正により，民法907条は改正されます。詳しくは，**Q11❷**(2)(c)参照。
＊2　民法（相続関係）等の改正により，民法903条3項について，「その意思表示は，遺留分に関する規定に反しない範囲内で，その効力を有する」が「その意思に従う」に改正されています。これは，本改正により遺留分の算定方法等が見直されましたが，その内容が持戻免除の意思表示により遺留分が侵害された場合についても適用される規律となっていることを理由とします（民法（相続関係）部会資料8「遺留分制度の見直し」17～18頁）。
＊3　前掲（＊1）に同じ。
＊4　民法（相続関係）等の改正により，民法1031条は削除されます。詳しくは，**Q19❺**の遺留分侵害額の請求（新民1046条1項）を参照。
＊5　民法（相続関係）等の改正により，民法1043条は1049条に条数が変更になります。
＊6　平成22年2月16日国税庁資産課税課情報「非上場株式等についての相続税・贈与税の納税猶予の特例等に関する質疑応答事例について」問41。
＊7　前掲（＊6）問41（注2）。

45 持分なし医療法人への移行と課税関係

持分のある医療法人が持分なし医療法人へ移行する場合，贈与税又は法人税などが課税されるリスクはありますか。

> まず医療法人に対する法人税については，法人税法等により，医療法人に受贈益がないものとして扱われます。
>
> 医療法人に対する贈与税については，現行の相続税法上，医療法人を個人とみなして，出資者が出資持分を放棄したことにより得られる経済的利益について贈与税が課される可能性があります。ただし相続税法施行令等により，一定の基準が満たされた場合は課税されないという手当てがされていました。
>
> もっとも平成29年度税制改正によって，上記の移行にあたり非課税となる仕組みが変更されました。この改正では，持分なし医療法人へ移行するための認定の要件が変更され，かかる要件を満たして認定を受けた場合は，原則として当該医療法人に贈与税は課されないことになりました。

☑ キーワード

相続税法，贈与税，医療法人，持分なし医療法人，認定医療法人

解　説

1　持分なし医療法人への移行と課税リスク

持分なし医療法人は，社員が退社する際に持分払戻請求を受けることがなく，解散する際も残余財産の分配をする必要がないため，経営の安定を維持す

ることができるというメリットがあります。また，そもそも持分がないのですから，持分に関する課税というものもありません。

平成19年施行の医療法改正により持分あり医療法人を新設することができなくなって以降，平成26年度税制改正などにより，持分あり医療法人から持分なし医療法人への移行が促されてきました。ただし持分なし医療法人へ移行するにあたっては，出資者にその持分を放棄してもらうことになるため，これによる課税のリスクを検討しなければなりません。

具体的には，各出資者に対する所得税及び贈与税，並びに，医療法人に対する法人税及び贈与税のリスクが問題となります。

2　出資者の課税関係

(1)　出資者の所得税

各出資者が出資持分を放棄した場合，持分の払戻しが行われないため，配当とみなされる額はなく，みなし配当課税の課税関係は生じません。したがって，出資者には所得税が課税されません。

(2)　出資者の贈与税

出資者全員が同時に出資持分を放棄するのであれば，放棄に伴う経済的利益は医療法人に帰属することになり，各出資者に何ら経済的利益が発生しません。したがって，その場合は贈与税も課税されません。

ただし出資者の1人が放棄する場合は，他の残存する出資者に対して，出資持分の放棄に伴う出資者の権利の消滅に係る経済的利益について，贈与税が課税されます（相税9条）。

3　医療法人の課税関係

(1)　医療法人の法人税

持分あり医療法人は，もともと，出資者が退社するときに出資払戻請求権に応じる義務があり，また，解散時には残余財産分配請求権に応じる義務を負っています。しかし出資者が持分を放棄すれば，これらの義務を免れることになるため，経済的利益が生じます。もっともこの経済的利益については，法人税法施行令の規定により，医療法人の益金に算入されず，資本取引として利益積立金になることとされています（法税令9条1項1号チ・136条の3第2項）。

したがって，医療法人に対し，法人税は課税されません。

(2) **医療法人の贈与税**

(a) **平成29年度税制改正前の定め**

　持分なし医療法人への移行にかかる贈与税の仕組みについては，平成29年度税制改正で変更されました。そこでまずは，改正前の考え方についてご説明します。

　出資者全員が同時に出資持分の放棄を行った場合，当該出資持分，すなわち出資額と利益剰余金の部分にかかる権利が消滅することになり，法人の経済的利益が観念されます。そこで相続税法は，医療法人を個人とみなして，当該経済的利益について課税されることがあるものとしています。具体的には，相続税法66条4項において，持分なし法人に対して財産の贈与があった場合において，その贈与により，その贈与をした者の親族その他これらの者と特別の関係がある者の贈与税の負担が不当に減少する結果となると認められるときは，その法人を個人とみなして，贈与税を課するものとされています。

　そして同条のいう「相続時又は贈与税の負担が不当に減少する結果となると認められるとき」に当たるかどうかの具体的な判断基準は，相続税法施行令33条3項に定められています。具体的には，不当減少とならないための基準として，①組織運営が適正であること，②役員等のうち親族・特殊の関係がある者が3分の1以下であること，定款・寄附行為にその旨の定めがあること，③法人関係者に対し，特別の利益を与えないこと，④残余財産を国，地方公共団体，公益社団・財団法人その他の公益を目的とする事業を行う法人（持分の定めのないもの）に帰属させること，定款・寄附行為にその旨の定めがあること，⑤法令に違反する事実，帳簿書類の隠ぺい等の事実その他公益に反する事実がないことが定められ，このほかにも理事・監事・評議員の定数，理事会・社員総会・評議員会の運営等に関する要件もあります。

　また上記①組織運営が適正であることの具体的な内容は，個別通達「贈与税の非課税財産（公益を目的とする事業の用に供する財産に関する部分）及び持分の定めのない法人に対して財産の贈与等があった場合の取扱いについて」（昭和39年6月9日付直審(資)24，直資77）にて定められています。

　なお上記②については，厚生労働省の平成26年1月23日事務連絡「持分の定めのない医療法人への移行に係る質疑応答集（Q&A）について」によって，

「役員等」に社員が含まれないことが示されています。

 (b) 平成29年度税制改正

 (ア) 改正に至る経緯　　持分あり医療法人は，出資者の相続に伴い払戻請求が行われるなどの影響があることから，平成19年施行の医療法改正により新設することができなくなりました。しかし実際には，既存の持分あり医療法人が持分なし医療法人へ移行するということも少なく，そこでこの移行を支援するために，平成26年度税制改正において「医療継続に係る相続税・贈与税の納税猶予等の特別措置」が設けられました。これは，持分なし医療法人への移行計画について厚生労働大臣の認定を受けた場合，移行期間に発生する贈与税等を猶予し，一定の基準（上記(a)で述べた基準）を充足した場合は，移行後にその猶予税額を免除するというものです。この制度は平成26年10月より3年間の期限付きで始まりましたが，やはり利用件数は伸びず，平成29年度税制改正において，適用期限が3年間延長されました。

 そして平成29年度税制改正においては，厚生労働大臣の認定を受けた医療法人（以下，平成29年度税制改正に基づき認定を受けた医療法人を「新認定医療法人」といいます）の出資者が出資持分を放棄し，移行計画に記載された移行期間までに持分のない医療法人へ移行した場合は，医療法人が放棄により受けた経済的利益については，贈与税が課されないこととなり，これによって移行の促進が図られました。

 つまり平成29年度税制改正が適用されると，新認定医療法人が持分のない医療法人へ移行をした場合には，医療法人に対して贈与税は課されないということになりました。したがって，持分なし医療法人への移行における課税リスクを検討するにあたっては，上記(a)で述べたように相続税法66条4項の贈与税の不当減少の有無により判断するのではなく，新認定医療法人として認定を受けることができるかどうかを判断するということになりました。

 なお新認定医療法人が，持分のない医療法人へ移行をした日から6年を経過する日までの間に認定が取り消された場合には，当該医療法人を個人とみなして贈与税が課されるため，その点は注意が必要です。

 (イ) 改正の内容　　では新認定医療法人の認定要件はどのようなものなのでしょうか。非課税基準としては，どのような点が変わったのでしょうか。

 まず，相続税法施行令33条3項が規定する要件のうち，役員数や役員の親族

要件が緩和されました。

　ただ，他方で，運営の適正性要件が追加されています。具体的には，法人関係者に特別の利益供与をしないことや，役員報酬について不当に高額にならないよう定めていること，社会保険診療に係る収入が全体の80％以上であることなど，社会医療法人類似の非課税要件となっており，厳格化した側面もあるといえます。

　なお改正の適用時期ですが，改正医療法の施行日（平成29年6月14日）から，平成32年9月30日までに認定を受けた医療法人が，移行計画に記載された移行期限（認定日から3年以内）までに移行した場合の贈与税について適用されます。

〔野村　彩〕

46 非上場株式の評価方法

　財産の評価にあたり，取引相場のない株式は，どのように評価されるのでしょうか。

　　取引相場のない株式の評価の方法は，相続や贈与等で株式を取得した株主が同族株主であるかどうかで変わります。国税庁の財産評価基本通達によると，同族株主の株式については原則的評価方式によりますが，この場合も会社の規模により分けて考えられています。同族株主外の株主の場合は特定的な評価方式を用います。
　　また特定の評価会社の株式についても，その評価方法が同通達で定められています。
　　なお平成29年度税制改正において，取引相場のない株式の評価の見直しがされましたので，この点も留意が必要です。

☑ キーワード

非上場株式，取引相場のない株式，同族株主，類似業種比準方式，純資産価額方式，配当還元方式

解　説

1 **はじめに**

　事業承継において，株式をどのように承継させるかは非常に重要な問題です。事業承継にあたり，承継させる株式をどのように評価するかについて，特に税務的な観点から問題となります。
　この点，上場している株式であれば，その価格も明確ですが，非上場株式，

特に取引相場のない株式の場合は客観的に明確になる数値がありません。そこでどのように考えるかが問題となりますが，国税庁は，財産評価基本通達において，取引相場のない株式についての評価基準を示しています。この基準における「取引相場のない株式」とは，上場株式及び気配相場等のある株式以外の株式を指します。

上記財産評価基本通達によると，評価にあたっては，まず株式を取得した株主が同族株主か否かで考え方が異なります。同族株主にとっての株式の価値と，そうではない株主にとっての株式の価値は異なるという趣旨によるものです。つまり，同族株主であれば，その支配力から会社の経営に関わることが予定されるため，企業の価値そのものを判断することが妥当です。これに対し同族株主でなければ，株主として価値を見出す点は主に株式の生み出す配当ということになります。したがって配当に着目して評価することが実態に合致します。

同族株主とは，その株式を発行した会社の経営支配力をもっている株主をいいます。具体的には，課税時期における評価会社の株主のうち，株主の1人及びその同族関係者の有する議決権の合計数が，その会社の議決権総数の30％以上である場合におけるその株主及びその同族関係者をいいます（財基通188(1)）。ただし，その評価会社の株主のうち，株主の1人及びその同族関係者の有する議決権の合計数が最も多いグループの有する議決権の合計数が，その会社の議決権総数の50％超である会社にあっては，その会社の議決権総数の50％超の場合における株主及びその同族関係者をいいます。ここにいう「同族関係者」とは，法人税法施行令4条「同族関係者の範囲」に規定する特殊の関係のある個人又は法人を指します。

2　同族株主の取得した株式の評価（原則的評価方式）

まず，同族株主が取得した株式について検討します。このような場合は，発行会社を総資産価額，従業員数及び取引金額により大会社，中会社，小会社に区分して評価します。この区分方法については，平成29年度税制改正で変更がありました。改正については5で述べます。

後述するとおり，原則的評価方式においては類似業種比準方式もしくは純資産価額方式の一方又は双方が用いられます。これらの方式による評価は，いず

れも会社の決算により変動します。したがって，事業承継にあたり相続税や贈与税の考慮をするときは，毎期の決算ごとにきちんと決算内容の数値を検討する必要があります。

(1) **大 会 社**

大会社については，原則として類似業種比準方式により評価します。非上場会社の場合でも，その規模等において上場会社に匹敵するようなものであれば，上場会社における評価を参考にすることができると考えられるためです。

類似業種比準方式とは，類似業種の会社の株価をもとに，1株当たりの配当金額，利益金額及び純資産額（簿価）の3点を比準して評価するものです。具体的には，類似業種比準株価に，配当比準値，利益比準値及び純資産比準値や斟酌率その他の調整数値を掛け合わせて算出します。類似業種の業種別の株価などは国税庁が公表しています。

(2) **小 会 社**

これに対し小会社の場合，類似業種とはいえ上場会社と同様に評価することは現実的ではありません。

そこで会社がもつ資産に着目して，原則として純資産価額方式によって評価します。純資産価額方式による評価にあたっては，まず会社の総資産や負債の価値を，原則として相続税の評価に洗い替えます。そしてこれにより算出された総資産の価額から，負債及び評価差額に対する法人税額等相当額を差し引いて，残余の金額により評価します。ただし，納税義務者の選択により，類似業種比準方式との折衷法を用いることもできます。

(3) **中 会 社**

中会社については，大会社と小会社の評価方法を併用して評価します。中会社はさらに大，中，小に区分され，それぞれ類似業種比準方式を用いる比率と純資産方式を用いる比率が定められています。

なお，株式会社において，同族株主以外の株主が取得した場合の株式の評価として配当還元方式が用いられることとされていますが，医療法人の持分の評価においては，配当還元方式は用いられません。前述のとおり，医療法人は非営利の団体であり，剰余金の配当が行われないためです。

3 同族株主以外の株主の取得した株式の評価（特例的な評価方式）

以上に対し，同族株主以外の株主の取得した株式については，特に規模の大小による評価方法の違いはありません。原則として，一律に配当還元方式を用います。具体的には，株式を所有することによって受け取る1年間の配当金額を，一定の利率（10％）で還元して元本の価額を求め，これをもって株式の評価とします。

4 特定の評価会社の株式の評価

以上の分類とは異なるものとして，国税庁は，特定の評価会社について定めています。これは，資産や営業の状況が一般的な会社とは異なる会社について，別個に区分して考えるというものです。

具体的には，①類似業種比準方式における配当金額，利益金額及び純資産価額について，直前期末の比準要素のいずれか2つが0であり，かつ，直前々期末の比準要素のいずれか2つ以上が0である会社（比準要素数1の会社），②株式保有特定会社，③土地保有特定会社，④開業後3年未満の会社等，⑤開業前又は休業中の会社については，純資産価額方式によることとされます。また⑥清算手続中の会社は，清算分配見込額により評価します。

②株式保有特定会社とは，総資産価額中に占める株式や出資の価額の合計額の割合が一定の割合以上の会社をいいます。また，③土地保有特定会社とは，総資産価額中に占める土地などの価額の合計額の割合が一定の割合以上の会社をいいます。②③いずれも，該当すると評価額が高くなるのが一般的ですので，事業承継にあたっては注意が必要です。

上記①ないし④については，同族株主以外の株主が取得した株式であれば，配当還元方式を選択することが可能です。

5 平成29年度税制改正

平成29年度税制改正では，取引相場のない株式の評価について見直しが行われました。主に会社の規模の判定基準及び類似業種比準方式の計算の方法が改正されました。

(1) 会社規模の判定基準の見直し

会社規模の判定基準については，大会社及び中会社の範囲が拡大されました。例えば，改正前は大会社に該当するには従業員が100人以上又は純資産額や資本金の額が一定以上であること等が必要であったのに対し，改正後は従業員が70人以上の会社はすべて大会社とされました。

この判定基準の見直しによって会社規模が大きくなる場合，株価は概ね下がるものと考えられています。また，中会社から大会社になる場合は，土地保有特定会社に該当することになる可能性があり，小会社から中会社又は大会社になる場合は，土地保有特定会社に該当するか否かを確認する必要があります。

(2) 類似業種比準価額算定方法の見直し

類似業種比準方式については，類似業者の株価を参照する際に選択肢が拡充され，課税時期の属する月以前2年間の平均株価も反映させることができるようになりました。これにより，上場会社の株価が継続して上昇傾向にある業種について，上昇の影響を緩和できるという利点があります。また類似業種の比準要素として，単体決算ではなく連結決算を基礎とすることとされました。さらに比準割合の比重が変更され，配当：利益：簿価純資産の比準が1：3：1であったのが，1：1：1となりました。

(1)及び(2)の改正は平成29年1月1日以降の相続・遺贈又は贈与より適用されています。

以上の改正は，同族株主以外の株主が保有する株式については影響がありません。

〔野村　彩〕

第3章◇事業承継と税法

 評価通達によらない評価（総則6項）

相続税評価額を評価通達によらずに算定すべき場合とはどのような場合でしょうか。具体的にどのような事例がありますか。

　相続税評価額は財産評価基本通達をはじめとする国税庁通達（以下「評価通達」といいます。）により算定することが大原則です。財産の中には客観的な評価が容易ではないものも多く存在する一方で，相続税・贈与税の計算において納税者間で評価が異なることは，課税の公平性等の観点から好ましくありません。このため相続税・贈与税の課税実務においては，評価の一般的基準を評価通達によって定め，そこに定められた画一的な評価方法によって相続税評価額を算定することとされています。一方で「評価通達による評価方法によらないことが正当と認められる特別の事情」がある等の場合には別の合理的な評価方法によるものとされています。このことを示したのが「財産評価基本通達第1章総則（以下「総則」といいます。）6項」です。総則6項の適用基準は高度に実務的であるため，その判断は通達の趣旨・目的なども勘案しながら極めて慎重に行う必要があります。

☑ キーワード

　課税価格，時価，課税の公平性，評価通達，特別の事情

解　説

 相続税評価額を評価通達により算定するのは「課税の公平性」等の観点による

相続税法における課税価格の算定は，取得した財産の「価額」によるものと

され（相税11条の2・21条の2），「価額」とは当該財産の取得の時における「時価」とされます（相税22条）。さらに評価通達1(2)では「時価」とは「この通達の定めによって評価した価額による」とされています。

相続税・贈与税の課税実務においては，評価通達により「時価」を算定し，それを相続税評価額とすることが大原則です。そもそも「時価」というものは，必ずしもただ1つの正解があるとは限らない曖昧な概念です。むしろ不動産や取引相場のない株式など「時価」に一定の幅があり，その客観的な評価が容易ではない財産も多く存在します。しかし納税者間で評価が異なることは，課税の公平の観点から好ましくありません。このため相続税・贈与税の計算にあたっては，評価の一般的基準を評価通達によって定め，そこに定められた画一的な評価方法によって相続税評価額を算定することとしているのです。

2 相続税評価額の算定は評価通達によるという論理構成

相続税評価額の算定は評価通達によるという課税実務について，裁判例[☆1]を踏まえながらもう少し詳しく見ていきましょう。

裁判例では「相続税法22条は，贈与により取得した財産の価額については，原則として，当該財産の取得の時における時価により評価すべき旨定めているところ，ここにいう時価とは，当該財産の取得時における当該財産の客観的な交換価値，すなわち，不特定多数の当事者間で自由な取引が行われる場合に通常成立すると認められる価額をいうものと解するのが相当」としたうえで「財産の客観的な交換価値というものが必ずしも一義的に確定されるものではないことから，課税実務上は，納税者間の公平，納税者の便宜，徴税費用の節減という見地から，相続税法が規定する相続税及び贈与税の対象となる財産の評価の一般的規準が評価基本通達により定められ，そこに定められた画一的な評価方法により同財産の評価をすることとされている。このように画一的な評価方法により同財産の評価を行うことは，その評価方式が合理性を有するものであり，相続税法22条に規定する時価を超えないものである限り適法なものということができる。」としています。

この裁判例で示されているポイントは，評価通達に係る他の裁判例や裁決においても判示されるもので，相続税法22条と評価通達の関係を示す論理構成の基本ともいえる内容です。つまり「時価」とは当該財産の客観的交換価値をい

い，必ずしもただ1つの正解があるわけではないということを大前提に，相続税・贈与税の計算においては評価通達による画一的な評価方法によることを原則とすることが納税者間の公平等の見地から必要であり，またその評価通達による評価方式が合理性を有している限り適法であるということを示しています。

3　総則6項の意義

では「評価通達による評価方式が合理性を有さない」場合や「相続税法22条に規定する時価を超える」等の場合はどうなるのでしょうか。

この点について裁判例はさらに以下のように続けています。「他方，評価基本通達に定められた評価方法によるべきであるとする趣旨が上記のようなものであることからすると〔対象となる贈与財産が形式的には同通達の定める財産であっても，その実質が対象財産と評価することができないものであったり〕上記の評価方法を画一的に適用するという形式的平等を貫くことによって，かえって実質的な租税負担の公平を著しく害することが明らかな場合など，上記評価方法によらないことが正当と是認される特別の事情がある場合には，別の合理的な評価方法によることが許されるものと解すべきである。」としています。

この考え方は総則6項にも明記されています。

> （この通達の定めにより難い場合の評価）
> 6　この通達の定めによって評価することが著しく不適当と認められる財産の価額は，国税庁長官の指示を受けて評価する。

裁判例の中でも「このことは，評価基本通達6において，評価基本通達の定めによって評価することが著しく不適当と認められる財産の価額は，国税庁長官の指示を受けて評価するとされていることからも明らかである。」と示しています。

つまり相続税法における課税価格の算定はあくまでも評価通達によることが原則ですが「評価通達による評価方法によらないことが正当と認められる特別の事情」があるような場合は，別の評価方法によるということになり，その考え方を示した通達が総則6項ということになります。そういう意味では総則6項も評価通達の一部ですから，適用されたからといって評価通達から逸脱した

Q 47 ◆評価通達によらない評価（総則6項）

わけではなく，むしろ総則6項も含めた評価通達に基づき相続税評価額は算定されると考えるのが正しい理解でしょう。

4　総則6項が適用された事例

次に総則6項が適用された裁判例☆2を確認していきましょう。

被相続人Aは，平成5年6月に甲社の新株157,800株（以下「本件株式」といいます。）を引き受けました。被相続人Aは1株当たり1万7,115円で引き受け，総額27億74万7,000円を払い込みました。1株当たりの払込金額は，純資産価額方式に基づいて計算されており，払込金額のほとんどは乙銀行からの借入れでした。被相続人Aは，その約半年後の平成5年11月に死去しました。

相続人Bは相続税の当初申告において，本件株式について財産評価基本通達188－2に定められた「特例的評価方式（配当還元方式）」により計算された1株当たり208円，総額で3282万2,400円を相続税評価額としました。なぜならば本件会社の発行済株式総数の51.39％は税理士であるC氏が代表取締役を務める会社が所有しており，本件株式は財産評価基本通達188の「特例的評価方式（配当還元方式）」の要件を形式的には満たしていたからです。

しかし国税当局はこれを認めずに総則6項を適用し，本件株式の相続税評価額は相続発生日の純資産価額である1株当たり1万7,223円，総額で27億1,778万9,400円とすべきであるとして更正処分をしたため争いとなりました。

裁判で特に問題となったのは，本件株式について，純資産価額での買取保証がついていたことでした。つまり被相続人A（及び相続人B）は，希望すればいつでも純資産価額方式に基づいて計算した価額で本件会社に買い取ってもらうことが可能でした。実際に平成7年には，本件株式の大半をその時の純資産価額方式に基づいて計算した1株1万7,282円で，甲社に売却し，乙銀行に借入金を返済していたのです。

これらの状況を総合的に勘案した結果，裁判では「評価通達が，同族株主以外の株主の有する取引相場のない株式の評価に際して配当還元方式を採用しているのは，通常，少数株主が株式を保有する経済的実益は主として配当金の取得にあることを考慮したものであるところ，本件株式については，同族株主以外の株主がその売却を希望する場合には，時価による価額の実現が保障されており，本件株式に対する配当の額と比較して本件株式を売却する場合に保障さ

れる売却代金（時価）が著しく高額であることからすると，本件株式を保有する経済的実益は，配当金の取得にあるのではなく，将来純資産価額相当額の売却金を取得する点に主眼があると認められる。そうすると，同族株主以外の株主の保有する株式の評価について配当還元方式を採用する評価通達の趣旨は，本件株式には当てはまらないというべきである。」としたうえで「本件株式を配当還元方式で評価し本件借入金等を相続債務として控除した場合の相続税額は約3億円となるのに対し，本件株式が取得されなかった場合の相続税額は約21億円となり，約17億円もの税額差が生じる〔引用者注：当時の相続税の最高税率は70％〕ことからすれば，形式的に評価通達を適用することによって，かえって実質的な公平を著しく欠く結果になると認められる。」とし，形式的には評価通達の「配当還元方式」の要件を満たしているものの，その趣旨に合致しないうえ，これを認めた場合は著しく課税の公平性を欠くことになるとしました。結論として「（被相続人は）本件株式の評価を評価通達に従い配当還元方式で行うことによって，相続税の軽減を図るために本件株式を取得したものと認められるところ，右のように租税負担の実質的な公平を著しく害してまで，相続税回避という意図を保護すべき理由はない。」として，これを租税回避行為であると認めたうえで，更正処分は適法であると結論づけました。

　このように総則6項がある以上は，形式的に評価通達の要件を満たしていても，必ずしも認められるとは限りません。通達の趣旨や目的なども十分に理解したうえで，判断をすることが重要です。特に租税回避的な「自社株式の相続税評価額の引下げ策」が金融機関やコンサルタントなどから持ち込まれることもあります。もし総則6項が適用されて否認されたような場合は，申告代理をした税理士も法的責任を問われる可能性がありますから十分な注意が必要です。
〔金井　義家〕

■判　例■

☆1　大阪地判平16・8・27税資254号順号9727。
☆2　東京地判平11・3・25訟月47巻5号1163頁・税資241号345頁。

Q48 純資産価額方式の株価引下げ

純資産価額方式の株価引下げには，どのような方法が考えられますか。また総則6項との関係はどのようになりますか。

　純資産価額方式の株価引下げ策として，最もポピュラーなものは「借入れをして不動産を取得する」ことです。しかし取得後3年を経過しないと株価が下がらない「3年間ルール」が存在するので注意が必要です。また「3年間ルール」の適用を受けない航空機を取得する等の手法によった場合でも，相続直前に取得している場合や，株価が極端に下がるような場合は，財産評価基本通達第1章総則6項（以下「総則6項」といいます。）や行為計算否認規定の適用を受ける可能性があります。多くの場合，これらの株価の引下げ策は，金融機関等から不動産や航空機，海外生命保険などの投資勧誘の一環として提案されることが多いのですが，税務調査で否認されると，新聞報道等がなされ，会社のブランド価値が毀損する「レピュテーションリスク」が顕在化する可能性もあります。加えて投資損失が発生する危険性もあることから，実行にあたっては中立的な専門家の意見も踏まえて十分な吟味が必要です。

☑ キーワード

借家権，路線価，貸家建付地，3年間ルール，レピュテーションリスク

解説

1 純資産価額方式による株価の算定

「取引相場のない株式」の純資産価額方式による株価の算定については，財

産評価基本通達185から186－3までに定めがあります。財産評価基本通達をはじめとする国税庁通達（以下「評価通達」といいます。）によると課税時期における会社の各資産を評価通達に定めるところにより評価した価額の合計額から，各負債の金額の合計額及び「評価差額に対する法人税額等」に相当する金額を控除した金額を基に行います。つまりは会社の資産及び負債について一つ一つ相続税評価額を算定し，その差額を発行済株式数で割ったものが「純資産価額方式」による株価と考えて差し支えないでしょう。「評価差額に対する法人税額等」については，Q51において詳説していますので，そちらをご確認ください。

2 「純資産価額方式」による株価の引下げ策

「純資産価額方式」による株価の引下げ策として，最もポピュラーなものは「借入れをして不動産を取得する」という手法です。詳しく見ていきましょう。

(1) 個人が「借入れをして不動産を取得する」と相続税が安くなる理由

「純資産価額方式」による株価について解説する前に，より簡単な個人の例について説明していきます。個人に「相続税対策」と称して「借入れをして不動産を取得する」こと，特にアパートの建築やマンション・ビル購入などを勧める投資勧誘は，銀行やハウスメーカーによって伝統的に行われています。このようにメリットを強調することで，自社商品・サービスのセールスにつなげようとする活動を「提案型営業」と呼ぶわけですが，このような「提案型営業」が存在する理由は，個人において「借入れをして不動産を取得する」と相続税が安くなるという仕組みがあるからです。ではなぜ個人が「借入れをして不動産を取得する」と，相続税が安くなるのでしょうか。

今，ここに現預金5億円をもっている個人がいて，相続人は配偶者と子供2人であったとします。2億円の借入れをして，1億円の土地を購入し，その上に1億円の建築費で建物を新築し，賃貸の用に供したとしましょう。この場合のこの個人の相続税額の変化について確認していきます。■図表1に試算例をまとめましたが，不動産を取得する前の時点での相続税の総額は1億3,110万円となっています。

まず建物から見ていきましょう。建物の相続税評価額は固定資産税評価額によると評価通達に定められています（財基通89）。建物の固定資産税評価額は

Q 48 ◆純資産価額方式の株価引下げ

■図表1　個人が借入れをして不動産を取得すると相続税が安くなる仕組み

(1) 現況：相続財産が現預金5億円だけの場合の相続税試算
　　※相続人は配偶者と子供2人とする
　① 基礎控除
　　　5億円－（3,000万円＋600万円×3人）＝4億5,200万円
　② 相続税の総額
　　　配偶者：2億2,600万円×45％－2,700万円＝7,470万円
　　　子：1億1,300万円×40％－1,700万円＝2,820万円
　　　子：1億1,300万円×40％－1,700万円＝2,820万円
　　　相続税の総額：7,470万円＋2,820万円＋2,820万円＝1億3,110万円

(2) 不動産を取得した後の相続税試算
　　（資産構成の変化）

	相続税評価額
現預金	5億円
建物	3,500万円
土地	6,400万円
借入金	▲2億円
合計	3億9,900万円

　① 基礎控除
　　　3億9,900万円－（3,000万円＋600万円×3人）＝3億5,100万円
　② 相続税の総額
　　　配偶者：1億7,550万円×40％－1,700万円＝5,320万円
　　　子：8,775万円×30％－700万円＝1,932万5,000円
　　　子：8,775万円×30％－700万円＝1,932万5,000円
　　　相続税の総額：5,320万円＋1,932万5,000円＋1,932万5,000円＝9,185万円

「固定資産評価基準」という総務大臣が定める基準によって算定されます（地税388条1項）が，それが建築費や取得費に対してどのくらいの水準になるかということはケースバイケースです。実際にはおおむね建築費や取得費の40％ないし60％になることが比較的多いといわれています。さらに賃貸用不動産の場合，賃借人に借地借家法に基づく「借家権」という権利が発生します。賃借人に借家権が発生すると，通常は正当事由なく立退要求や更新拒絶ができなくなるなど，建物オーナーは自らの所有権に一定の制約を受けることになります。もちろん借家権が賃借人に発生したからといって，建物の価値が下がるかとい

うとそのようなことはないのですが、評価通達ではこれを「所有権の侵害」と考えて30％の評価減を認めています（財基通93・94）。したがって、例えば１億円の建築費をかけて建物を新築した場合、その建物の相続税評価額は１億円×50％×70％＝3,500万円くらいになることも珍しくありません。もちろん建物の築年数などによってかなりバラつきはあるのですが、建築費や取得費に対して相続税評価額の方が低くなることが多く、物件によっては大きく乖離することもあります。

　次は土地について見ていきます。土地の相続税評価額の算定は路線価方式が基本です（財基通13）。路線価は公示価格（＝時価）の８割程度を目途に設定されています。これは実際には１億円で売買されている土地について路線価を基礎に評価すると、通常は8,000万円程度となることを意味しています。さらに、この土地が賃貸用不動産の場合、前述の賃借人の「借家権」は建物を通して間接的に土地にまで及ぶことになります。評価通達では、借家権が建物だけでなく「土地の所有権も侵害」していると考えて、土地からも評価減をすることが認められています（財基通26）。このような土地を「貸家建付地」と呼ぶわけですが、貸家建付地の評価減割合は「借地権割合×借家権割合」で決まることになります。借家権割合は一律で30％ですが、借地権割合は場所によってバラバラで、路線価図等によって確認する必要があります。しかし相対的に70％の場所と60％の場所が多いと考えられますので「貸家建付地」については、70％×30％＝21％ないし、60％×30％＝18％の評価減がとれる場所が多いといえます。試算ですので、平均的に20％の評価減がとれると仮定すると、１億円で売買されている土地の場合、その土地の相続税評価額は１億円×80％×80％＝6,400万円程度になると考えられます。

　一方で土地・建物を取得するために２億円の借入れをしていたとすると、借入金は額面で債務控除ができます（相税13条）。そうするとこの不動産の取得によって財産全体の相続税評価額に与える影響は3,500万円＋6,400万円－２億円＝▲１億100万円と、１億円以上も下がったことになります。■図表１に試算を載せましたが、不動産を取得した後は相続税の総額は9,185万円となり、不動産を取得する前に比べて3,925万円も減少しています。もちろん物件によって評価の下がり方は異なりますし、また相続税の税率は10％から55％までの８段階ありますから、資産規模が大きくて高い税率が適用になっている個人ほど

Q48 ◆純資産価額方式の株価引下げ

■図表2　借入れをして不動産を取得すると「純資産価額方式」によって株価が下がる仕組み

(1) 現況：純資産が現預金5億円だけの場合の株価試算

貸借対照表

	相続税評価額	帳簿価額		相続税評価額	帳簿価額
現預金	5億円	5億円	純資産	5億円	5億円
合　計	5億円	5億円	合　計	5億円	5億円

発行済株式を10,000株とすると「純資産価額」による株価は
　5億円÷10,000株＝50,000円

(2) 2億円の借入れをして不動産を取得した場合の株価試算

貸借対照表

	相続税評価額	帳簿価額		相続税評価額	帳簿価額
諸資産	5億円	5億円	借入金	2億円	2億円
建　物	3,500万円	1億円	純資産	3億9,900万円	5億円
土　地	6,400万円	1億円			
合　計	5億9,900万円	7億円	合　計	5億9,900万円	7億円

発行済株式を10,000株とすると「純資産価額」による株価は
　3億9,900万円÷10,000株＝39,900円

純資産が1億100万円減少し，純資産価額方式による株価も下がった。
　※しかし不動産を取得してから3年間は以下のとおりとなる（3年間ルールの存在）

貸借対照表

	相続税評価額	帳簿価額		相続税評価額	帳簿価額
諸資産	5億円	5億円	借入金	2億円	2億円
建　物	1億円	1億円	純資産	5億円	5億円
土　地	1億円	1億円			
合　計	7億円	7億円	合　計	7億円	7億円

発行済株式を10,000株とすると「純資産価額」による株価は
　5億円÷10,000株＝50,000円

大きく相続税が減ることになります。しかしこのような仕組みがあるため，個人が借入れをして不動産を取得すると，多かれ少なかれ相続税が安くなるという理屈は誤りではありません。

(2) 「純資産価額方式」による株価の算定でも原理は同じ

「純資産価額方式」による株価についても，上記の仕組みは同じように効果を発揮します。「純資産価額方式」による株価の算定は，会社の資産及び負債を一つ一つ相続税評価し，その差額を発行済株式数で割ったものですから，会社が借入れをして不動産を取得すれば，個人とまったく同じ原理が働いて株価が下がるということになります。

試算例を■図表２にまとめました。

(3) ３年間ルールの存在

しかし，このような仕組みを逆手にとることで，相続発生の直前（例えば株主が余命宣告されている状態）に会社で多額の借入れをして不動産を取得するような租税回避行為が想定されます。このため財産評価基本通達185括弧書においては「評価会社が課税時期前３年以内に取得又は新築した土地及び土地の上に存する権利（以下「土地等」という。）並びに家屋及びその附属設備又は構築物（以下「家屋等」という。）の価額は，課税時期における通常の取引価額に相当する金額によって評価するものとし，当該土地等又は当該家屋等に係る帳簿価額が課税時期における通常の取引価額に相当すると認められる場合には，当該帳簿価額に相当する金額によって評価することができるものとする。」とあります。つまり■図表２の試算例を前提とすると，不動産を取得してから３年間は「純資産価額方式」による株価の算定にあたっては，土地・建物のいずれも，それぞれ取得価額（建物については未償却残高）を基礎とすることが，実務上の原則になります。したがって，借入れをして不動産を取得すれば，確かに「純資産価額方式」による株価引下げ策にはなるのですが，取得してから３年間はほとんど効果を発揮しないということになりますから注意が必要です。

(4) 総則６項と行為計算否認規定

このような事情から，相続直前に３年間ルールの適用対象外であるような資産，例えば航空機や船舶などの減価償却の早い固定資産を取得したり，解約返戻金が契約後数年間は極めて低水準で推移するような海外の生命保険に加入するなどの節税策が，金融機関やブローカーなどから提案されるケースがあるようですが，このような対策は「租税回避行為」と認定され総則６項のほか，相続税法64条の「行為計算否認規定」が適用される可能性があります。

実際の事例☆１を見ていきましょう。

Q48 ◆純資産価額方式の株価引下げ

　被相続人は平成20年5月13日にR銀行に相続・事業承継について相談しました。そして平成21年1月30日に甲不動産，平成21年12月25日に乙不動産を，いずれもR銀行から借入れをして取得しました。その後，被相続人は平成24年6月に死去しました。相続人らは，相続財産である甲不動産，乙不動産を評価通達に沿って評価し相続税の申告をしたところ，M税務署はこれらの不動産の価額について，評価通達の定めによって評価することが著しく不適当と認められるとして，総則6項を適用し，国税庁長官の指示を受けて評価した価額による相続税の各更正処分等をしました。本件について総則6項が適用された最大の理由は，評価通達に沿った評価額が，甲不動産及び乙不動産の取得価額（及び鑑定評価額）の約4分の1と極めて低い水準であったことです。加えて，R銀行に調査に入って貸出稟議書等の資料を閲覧したところ，そこに「相続対策のため不動産購入を計画，購入資金につき借入れの依頼があった旨及び相続対策のため本年1月に不動産購入，前回と同じく相続税対策を目的として収益物件の購入を計画，購入資金につき借入れの依頼があった」等の記載があり「被相続人は，上記の金員の借入れを申し込むに際し，R銀行との間で，金員の借入れの目的が，相続税の負担の軽減を目的とした不動産購入の資金調達にあるとの認識を共有していた」ことが確認できたことも大きな理由となりました。これらを受けて国税不服審判所は「被相続人及び請求人らなどによる本件各不動産の取得から借入れまでの一連の行為は，本件被相続人が本件各通達評価額と本件各鑑定評価額との間に著しい乖離のある本件各不動産を，借入金により取得し，本件申告において評価通達に定める評価方法により評価することにより，本件借入金債務合計額が本件各不動産はもとよりほかの積極財産の価額からも控除され，請求人らが本来負担すべき相続税を免れるという結果をもたらすこととなる。」とし「本件各不動産については，評価通達に定める評価方法を画一的に適用するという形式的な平等を貫くことによって，相続税の目的に反し，かえって実質的な租税負担の公平を著しく害することが明らかであることから，評価通達によらないことが相当と認められる特別の事情があると認められ，本件各不動産の価額は，上記（イ）のとおり，ほかの合理的な時価の評価方法である不動産鑑定評価に基づいて評価することが相当である。」として，M税務署の主張を全面的に認めました。また本裁決事例における一つの大きな特徴は，甲不動産，乙不動産は相続発生のそれぞれ約2年半前，3年半前

に取得されており，かつ乙不動産は相続直後に売却されたものの，甲不動産については継続所有されているという点です。したがって従来より一部で指摘をされていた，総則6項の適用は相続直前に不動産を取得し，相続直後に売却したような極端な事例に限定されるという説を真っ向から覆す内容となっています。また近年は，本件のように金融機関に残された資料のほか，電子メールなどの閲覧によって租税回避の意思を確認したうえで，それを否認の理由の一つとして更正処分等をすることが急増しています。安易な気持ちで相続税の節税対策を実行すると大きなトラブルに巻き込まれる危険性があります。

　この裁決事例は個人の相続税対策に関するものですが，基本的な考え方は「純資産価額方式」による株価算定でも同じになります。明らかに節税しか目的としていない場合や，相続や贈与の直前に極端な株価引下げ策を実行しているような場合は，評価通達どおりに株価を算定することが認められない可能性があるのです。

(5)　そもそも投資がうまくいくとは限らない

　不動産を取得することにより「純資産価額方式」による株価を引き下げたいということであれば，少なくとも3年間は不動産を継続所有しなくてはならないということになります。3年間もあると不動産市況は大きく変化することもあるため，投資損失が発生することも十分に考えられます。今の日本にある「相続・事業承継対策」の大半は金融機関等によるセールス目的で提案されているものばかりですから「節税メリット」ばかりを強調し，投資や税務調査のリスクなどはほとんど説明が行われないということが通例です。相続税は確かに安くなったとしても，それ以上に投資損失が出てしまったら元も子もありませんし，税務調査で否認されるようなことになると，大規模企業オーナーであれば新聞報道等がされて，企業のブランド価値を大きく損なう「レピュテーションリスク」が顕在化する危険性もあります。金融機関やブローカーなどの「うまそうな話」に飛びつくのではなく，実行にあたっては中立的な専門家の意見も踏まえて，十分な吟味が必要です。　　　　　　　　〔金井　義家〕

■判　例■

☆1　国税不服審判所裁決平29・5・23TAINS。

49　類似業種比準方式の株価引下げ

類似業種比準方式の株価引下げには，どのような方法が考えられますか。また総則6項との関係はどのようになりますか。

　「類似業種比準方式」による株価は，不況や投資損失などの影響で赤字決算になり，純資産が大きく減少したような場合は，一時的に大きく下がることがあります。一方でこれを意図的に引き下げるような租税回避行為は，数年前から国税当局の重点調査項目になっているなど，大きなリスクを伴うことになります。更正処分や税務訴訟になった場合，新聞報道等により「レピュテーションリスク」が顕在化する危険性もあります。一方で会社経営においては不況の影響などで一時的に業績が低迷したり，経営判断の誤りにより投資損失が発生するなどの局面は定期的にやってきます。中長期的なしっかりした事業承継計画を策定するとともに，自然に株価が下がったタイミングで自社株式を動かすような対策が望ましいといえます。また税制改正の影響など，しっかりと最新の情報を収集しておくことも重要です。

☑ キーワード

利益，純資産，総則6項，中長期の事業承継計画，レピュテーションリスク

解　説

1　類似業種比準方式による株価の算定

　財産評価基本通達をはじめとする国税庁通達（以下「評価通達」といいます。）に従った「類似業種比準方式」による株価の算定については，財産評価基本通

第3章◇事業承継と税法

達180から184までに定めがあります。「類似業種比準方式」というのは「上場会社比較法」ともいえるもので、類似業種の上場会社との比較により「株価」「配当」「利益」「純資産」の４項目を基礎に株価を算定するものです。

財産評価基本通達180に定められた「類似業種比準方式」による株価の算式は以下のとおりとなっています。

$$A \times \left[\frac{\frac{Ⓑ}{B} + \frac{Ⓒ}{C} + \frac{Ⓓ}{D}}{3} \right] \times 斟酌率(0.5, 0.6, 0.7)$$

「A」＝類似業種の株価
「Ⓑ」＝評価会社の１株当たりの配当金額
「Ⓒ」＝評価会社の１株当たりの利益金額
「Ⓓ」＝評価会社の１株当たりの純資産価額（帳簿価額によって計算した金額）
「B」＝類似業種の１株当たりの配当金額
「C」＝類似業種の１株当たりの年利益金額
「D」＝類似業種の１株当たりの純資産価額（帳簿価額によって計算した金額）

(注)(1) 類似業種比準価額の計算にあたっては、B、C及びDの金額は財産評価基本通達183≪評価会社の１株当たりの配当金額等の計算≫により１株当たりの資本金等の額を50円とした場合の金額として計算することに留意する。
(2) 上記算式中の「0.7」は、財産評価基本通達178≪取引相場のない株式の評価上の区分≫に定める中会社の株式を評価する場合には「0.6」、同項に定める小会社の株式を評価する場合には「0.5」とする。

2 どのようなときに「類似業種比準方式」による株価は上がるのか、また、下がるのか

ではどのようなときに上記算式による「類似業種比準方式」による株価は上がるのか、あるいは下がるのでしょうか。

まず４項目のうち「類似業種の株価＝A」の影響について見ていきます。一見してわかるとおり「類似業種の株価＝A」が上昇すれば、株価は上昇することになります。逆に類似業種の「配当＝B」「利益＝C」「純資産＝D」が上昇すれば、今度は分母が大きくなりますから、逆に株価は下落することになります。例えば景気がよくなって、類似業種の上場会社の「配当」「利益」「純資産」が伸びると同時に「株価」が上昇した場合、「類似業種比準方式」による

株価を上昇させる効果と，下降させる効果で綱引きが行われることとなり，結局のところどちらへ転ぶかはよくわからないということになります。これは不況等により類似業種の上場会社の「配当」「利益」「純資産」が落ち込むと同時に「株価」が下落した場合でも同様です。

一方で自社の「配当＝Ⓑ」「利益＝Ⓒ」「純資産＝Ⓓ」が上昇すれば，これらは分子ですから「類似業種比準方式」による株価を上昇させる効果が働き，下落すれば株価も下落させる効果が働くということになります。非上場会社の場合，ほとんどの会社は「配当」については無配ないし極めて低水準です。したがって，自社の「利益」と「純資産」によって「類似業種比準方式」による株価は大きく影響を受けるということになります。

「純資産」というのは過去の積上げによるものです。特に業歴数十年の老舗企業であればその間の蓄積ですから，一時的に業績が低迷したり，投資損失が出ても100あったものが急にゼロになったりするようなことはありませんし，万が一，そのようなことが起きれば事業承継どころではありません。これに対して「利益」は単年度の業績にすぎませんから，不況や投資損失などの影響でたまたま赤字決算になるようなことは十分に起こり得ます。そのような場合は「類似業種比準方式」による株価が一時的に大幅に下落することも十分に考えられるということができます。

3 「類似業種比準方式」による株価を無理に引き下げる租税回避行為は，数年前から国税当局の重点調査項目になっている

しかしながら，そもそも会社経営において「利益」を望むとおりに増やしたり，減らしたりすることができたら誰も苦労しないということになります。むしろほとんどすべての会社は「利益」を少しでも増やすことを望みながら，実際はなかなかうまくいかず苦労しているのではないでしょうか。

とはいうものの「利益」を増やすよりも減らす方が比較的意図的に行うことができるともいえます。例えば，恣意的に特別損失を発生させるなどして，計算上の「類似業種比準方式」によって株価を引き下げることは可能ではあります。しかしそれが行き過ぎた内容であると租税回避行為と認定され，前述の総則6項の適用を受ける可能性もあり，大きな税務リスクを伴います。例えば，Q48「純資産価額方式の株価引下げ」でも述べた「航空機や船舶への投資を行って，初年度に大量の減価償却費を計上して『利益』と『純資産』を大幅に引

き下げる」ような対策や「解約返戻金が契約当初は極めて低水準で推移するような海外の生命保険に加入して『純資産』を大幅に引き下げる」ような対策をしておいて，直後に株式を贈与するような手法は，総則6項の適用を受ける危険性が高いといってよいでしょう。

　実際にはこのような「類似業種比準方式」による株価を恣意的に引き下げる租税回避行為が多く行われていることは，数年前から国税当局の中でも大きな問題となっており，水面下では極めて厳しい税務調査が行われています。更正処分や税務訴訟になった場合，新聞報道等がなされ，会社のレピュテーションリスクが顕在化することも考えられます。これらの租税回避行為は多くの場合，金融機関などが営業活動の一環として提案しています。

4　結局のところ，中長期の視点から事業承継対策を実行するのがベスト

　会社経営というのは常に絶好調ということはほとんどなく，多かれ少なかれ景気変動の影響を受けたり，投資損失が出ることもあります。そして前述のように自社の「利益」と「純資産」によって「類似業種比準方式」による株価は大きな影響を受けますから，会社がたまたま不況の影響や投資損失などで赤字になれば大きく下落し，バブルの発生や大型案件の受注などによって過去最高益となれば，株価も過去最高水準となる可能性があるなど，毎年変化するということになります。

　したがって，何より重要なのは中長期の視点をもって事業承継対策を実行するということです。最初にしっかりした中長期的な事業承継計画を立案すると同時に，常に株式の相続税評価額を算定し，監視しておくことが必要です。そのようにしていれば，たまたま不況の影響や投資損失で赤字決算となってしまった時に，一気に後継者への株式の生前贈与を実行するという意思決定にたどり着き「災い転じて福となす」ことも可能です。そのような時は「類似業種比準方式」による株価は大きく下落している可能性がありますから，そのような時期に次世代に自社株式を贈与してしまうことで，少ない税負担で自社株の承継を実現することが可能になることがあるのです。しかし通常は業績が悪化すると立て直すことに精一杯になってしまいますから，中長期のしっかりした事業承継計画や助言してくれる専門家などが存在しないと，そのようなところにまで頭がなかなか回らず，せっかくの好機を逃してしまうということにもなり

かねません。

5 金融機関等の営業活動は業績のよい会社に集中する

　つまり本来，事業承継対策というのは，業績悪化時や不況期こそ最大の好機といえるわけです。しかし一方で金融機関等は，業績の好調な会社に群がり，相続税の脅威をことさらに強調して「事業承継対策」と称して投資勧誘や，多額の借入れを伴う「持株会社方式」を勧めるなどしてきます。これは彼らの目的が事業承継対策ではなく，自社商品・サービスのセールスであることから当然といえば当然です。しかしここで彼らが勧めてくるときに動くということは「最も業績がよい時＝最も相続税評価額が高い時＝最も自社株対策をやってはいけない時」に，事業承継対策を実行するということを意味します。確かに今の好業績が続いていくと仮定すれば，将来的に相続税は多額になるかもしれません。しかしその分，個人金融資産も役員報酬などで蓄積されますし，役員報酬が増加していけば，将来の退職金をさらに増やしても問題にならないということになります。何より会社経営は月夜の晩ばかりが続くということはあり得ません。したがって，好業績により株式の相続税評価額がどんどん上がっていったからといって慌てず，冷静に少し熱が収まるのを静かに待つことが重要ということになります。逆にいうと金融機関などが次から次へと提案をもってきているような時は，基本的には事業承継対策については最も好ましくない時期ということになります。しかしきちんとした中長期の事業承継計画をもっていなかったり，金融機関等から独立した立場にある専門家がいないと，冷静になることができずに浮足立ってしまい，慌てて金融機関などのいいなりになってしまう危険性があります。その結果，更正処分や税務訴訟になって新聞報道等がなされたり，相続税が急増して多額の資金流出につながるなどの失敗に終わるケースが多いのです。特に金融機関等からは税務リスクやデメリットについて，十分な説明が受けられることはまず考えにくいですから，その点も要注意です。

　一方で業績が少し悪くなると，金融機関などからはパタリと連絡が来なくなります。彼らが自社に関心を失った時こそ，事業承継対策の最大の好機ということになります。

　結局のところ中長期の事業承継計画を立案し，常に正確な株価を算定しなが

ら，金融機関等から独立した専門家の意見を聴きつつ実行のベストタイミングを見極めることが重要ということになります。

6　平成29年度税制改正の影響

　また平成29年度税制改正において「類似業種比準方式」による株価の計算方法は大きく見直しになっています。平成28年12月31日までの相続・贈与については「配当」「利益」「純資産」の比重が1：3：1の割合だったのが，平成29年1月1日後の相続・贈与については1：1：1となったのです。これは従来に比べて「利益」の影響力が低下し「配当」と「純資産」が大きく影響することになったということを意味します。つまり「利益」が高いわりに「純資産」が少ないような会社，典型的には新興のITベンチャーのような会社は「類似業種比準方式」による株価が下がる一方で，「利益」が低いわりに「純資産」が多いような会社，典型的には高度経済成長期に巨大化したものの，今となってはビジネスモデルが陳腐化してしまった老舗企業などは逆に上昇すると考えられます。また会社区分についても変更がありましたので，従来は中（大）会社だったものが，大会社に変わっている可能性もあります。そのほかにも「類似業種の株価」等の算定方法などいくつかの見直しが入ったので，平成29年度税制改正が各社の「類似業種比準方式」による株価に具体的にどのように影響するかは，各自検証するしかないということになります。このように突然の税制改正が思わぬ影響をもたらすこともありますから，常に最新の情報を収集し，何かあった時には素早くリカバリーができるようにしておくことが重要です。そのためには繰り返しですがしっかりした中長期の事業承継計画を立てておくことが必要です。

〔金井　義家〕

50 自己株式の取得とそのリスク

　後継者が決まったので，後継者の経営基盤を確立するために株式を譲渡しようと思いましたが，後継者には資金的な余裕がありません。そこで，会社が経営者や他の株主から自己株式を取得することにより，後継者の保有割合を高くしようと考えています。この場合の株主と会社の課税関係はどうなりますか。また，自己株式を譲り受ける法人と譲渡する株主との取引ですので，後継者への課税はないという理解で正しいでしょうか。

　法人が自己株式を取得する場合，原則として，譲受者である発行法人については資本取引に該当し，課税関係は生じませんが，譲渡者である株主については，その対価のうち，発行法人の資本金等の額に対応する額を超える部分に対してみなし配当課税され，それ以外の部分については譲渡損益課税されます。なお，発行法人はみなし配当について源泉徴収義務が課されます。
　また，自己株式の取得の対価の額が，その発行法人の株式の時価に比べて低額である場合には，時価と対価の額との差額について，株式保有割合に応じ，他の株主（後継者）に対する贈与とみなされ，贈与税又は所得税（一時所得）が課される場合があります。この場合，譲渡者が個人株主の場合は，法人に対し著しく低い価額で譲渡したと認定されれば時価で譲渡したものとして，対価の額を超える部分についても譲渡所得課税され，法人株主の場合は，時価と対価との差額について寄附金の損金不算入規定の対象となります。
　さらに，自己株式の取得がグループ法人税制の適用がある法人間で行われる場合は，譲渡損益や受贈益等について上記と異なる取扱いがされます。

第3章◇事業承継と税法

☑ キーワード

自己株式，発行法人の税務，株主の税務，みなし配当，源泉徴収義務，みなし贈与，低額譲渡，時価，非上場株式の贈与税の納税猶予

解　説

1　株主の課税関係

　株主が保有する株式をその発行法人に対して譲渡した場合には，発行法人の資本金等の額のうちにその譲渡する株式の占める割合に対応する額を超える部分について，配当とみなされ，個人株主においては配当所得課税され，法人株主においては受取配当益金不算入規定の対象となります（所税25条1項4号，法税24条1項4号）。

　そして，株式の対価の額のうち，配当とみなされる額以外の部分については，譲渡収入として譲渡損益を計算し，個人株主については株式等に係る譲渡所得課税され，法人株主については所得金額を構成します（租特37条の10第3項4号，法税61条の2第1項）。

　なお，みなし配当については，通常の配当と同様に，発行法人において源泉徴収の対象となります（所税181条1項）。

2　発行法人の課税関係

　自己株式の取得は，発行法人においては，会計上は自己株式として資本の部の減算項目となり，税務上も，資本等取引に該当するため法人税の所得金額計算には何ら影響しません（法税22条3項）。取得対価の額のうち，みなし配当に対応する部分は利益積立金額を減算し，それ以外の部分については資本金等の額を控除します（法税令8条1項17号・9条1項12号）。

　なお，上記**1**のとおり，株主に対してはみなし配当となりますので，その額を計算し，源泉徴収する義務があります（所税181条1項）。

3　低額譲渡又は高額譲渡と認定される場合のリスク

　自己株式の取得に係る対価の額が，その株式の時価より低額又は高額であっ

Q50 ◆自己株式の取得とそのリスク

た場合には，上記**1**及び**2**の原則に加え，贈与や寄附金と認定され課税される場合があります。

(1) 発行法人

発行法人においては，株式の対価の額が時価より低額であった場合，時価と対価の額との差額について受贈益を認定され，課税されるリスクがあります。反対に高額であった場合には，時価と対価の額の差額については，株主に対する贈与ないし寄附として，寄附金損金算入限度額を超える部分について損金不算入とされるリスクがあります。

いずれの場合も，取得した自己株式の取得価額は時価で行われたものとして上記**1**の処理をすることになります。

(2) 個人株主

株主が個人の場合，法人に対する株式譲渡の対価の額が時価より著しく低い価額でされたと認定されると，時価で譲渡したものとみなして，譲渡損益が計算されます（所税59条1項2号）。この場合，「著しく低い価額」であるか否かの判定は，その株式の時価の2分の1に満たない金額か否かで判定されます（所税令169条）。

反対に対価の額が時価より高額であった場合には，時価との差額について法人からの贈与となり，原則，一時所得として所得税が課されます（所基通34－1(5)）。

(3) 法人株主

株主が法人の場合，株式の譲渡対価の額が時価より低い価額でされたと認定されると，時価との差額について，発行法人に対する寄附と認定され，寄附金損金不算入規定の対象となります。反対に対価の額が時価より高額であった場合には，時価との差額について受贈益として，益金の額に算入されますが，対価の額が譲渡収入となるか受贈益となるかの違いですので，所得金額への影響はありません。

(4) 株 主 間

自己株式の取得が時価で行われなかったと認定される場合の課税関係は，上記(1)から(3)の譲受人である発行法人と譲渡者である株主との取引以外に，取引当事者間ではない株主間の課税関係にも注意する必要があります。譲渡した株主ではない他の株主について，個人株主の場合はみなし贈与として課税された

第3章◇事業承継と税法

り，法人株主の場合は受贈益課税がされる場合があるからです☆1。

個人の場合，対価を支払わないで又は著しく低い価額の対価で利益を受けた場合には，贈与があったものとみなして贈与税が課されます（相税9条）。発行

■図表1　低額譲渡の場合

課税関係 \ 譲渡者の区分	個人株主（注1）	法人株主
譲渡者	時価相当部分について，譲渡所得課税及び（資本金等の金額に対応する部分までは）みなし配当課税 時価の2分の1に満たない場合は時価で行われたものとみなして計算する。	みなし配当及び配当益金不算入規定の適用並びに譲渡収入金額益金算入 時価との差額について寄附金認定課税
発行法人	時価との差額については受贈益課税（の可能性）	時価との差額については受贈益課税（の可能性）
他の株主　個人（注1）	贈与税課税	一時所得課税
他の株主　法人	受贈益課税	

■図表2　高額譲渡の場合

課税関係 \ 譲渡者の区分	個人株主（注2）	法人株主（注3）
譲渡者	時価相当部分について，譲渡所得課税及び（資本金等の金額に対応する部分までは）みなし配当課税 時価との差額は一時所得課税（の可能性）	益金算入
発行法人	時価との差額については寄附金認定課税（の可能性）	時価との差額については寄附金認定課税（の可能性）
他の株主　個人	課税なし	課税なし
他の株主　法人	株主への贈与と認められる場合は寄附金認定課税の可能性	株主への贈与と認められる場合は寄附金認定課税の可能性

（注1）　著しく低い価額の対価で利益を受けたとみなされる場合に限ります。
（注2）　理論上は，高額譲渡した個人株主について，時価を超える部分は法人への贈与として，課税関係が生じないことになりますが，実務上は個人株主が譲渡所得の申告をしている場合に時価を超える部分を高額取引として税額を減額する処理はされていないものと考えます。
（注3）　法人株主は税額に影響はありません。

法人が他の株主から時価より低い価額で自己株式を取得することによって，実質的に他の個人株主の保有割合が増え，その保有する株式の価値が増加することとなるため，譲渡者である株主からその増加した価値に相当する利益を受けたとして，譲渡者が個人の場合は贈与税が課され，譲渡者が法人の場合は一時所得として所得税が課される可能性があります。

法人の場合も同様に，譲渡者である個人株主又は法人株主から利益を受けたとして，その受けた利益に相当する額を益金の額に算入して法人税の所得金額を計算される可能性があります。

上記で可能性があるとしているのは，利益を受けたか否か，実質的に贈与と認められるか否かは個々の事情に即して判断されるためです。

(5) まとめ

上記(1)から(4)の課税関係を一覧表にすると■図表1，■図表2のとおりです。

4 グループ法人税制の適用がある場合

発行法人と法人株主の間に完全支配関係がある場合にはグループ法人税制が適用されるため，上記とは異なる取扱いがされます。

完全支配関係がある内国法人間では，保有株式を発行法人に譲渡した場合，譲渡損益が計上されず（法税61条の2第17項），その株主の資本金等の額を加算又は減算することになります（法税令8条1項19号）。法人株主におけるみなし配当の計算及び発行法人における処理は上記**1**及び**2**と同じです。

ただし，低額譲渡又は高額譲渡があった場合におけるみなし配当の計算については，上記**3**の通常の場合の取扱いとは異なり，時価で譲渡したものとして扱われ寄附金及び受贈益を認識されることがないため，現実の譲渡対価の額に基づき，発行法人の資本金等の額に対応する部分を超える部分を全額みなし配当として計算します。したがって，譲渡に係る受贈益及び寄附金が認識されず，子会社株式に係る寄附修正事由も生じないことになります。

5 非上場株式の時価

上記**3**のとおり，株式を譲渡した場合に，その対価の額が時価であるか否かは課税関係を考えるうえで非常に重要です。

しかしながら，非上場株式は，その呼称のとおり，株式市場に上場されていないため，時価がいくらであるかがしばしば問題となります。法人税法，所得税法，相続税法にはいずれも「時価」の定義はなく，裁判例☆2においては「客観的交換価値」，「不特定多数の独立当事者間の自由な取引において通常成立する価額」と解されていますが，最終的には時価をいくらとするかという評価の問題となります。

同族関係や支配関係のない独立当事者間で取引される場合には，特段の事情がない限り，時価で行われたものと判断されるものと思いますが，そうでない場合には，売買実例額や相続税財産評価通達等を参酌して評価することとなるものと考えます（時価評価については**Q46**参照）。

6 みなし配当課税の例外

上記のとおり，保有する株式をその発行法人に対して譲渡した場合には，資本金等の額を超える部分はみなし配当課税の対象となりますが，次のような場合には例外的にみなし配当課税を行わず，金額を株式の譲渡収入金額として譲渡所得の額を計算します（法税令23条3項，所税令61条1項，租特9条の7）。

① 市場又は店頭における購入（公開買付け〔TOB〕は除く。）
② 一定の金融取引業者が行う有価証券の売買の媒介等に基づく売買
③ 事業の全部譲受けによる取得
④ 組織再編による移転
⑤ 合併に反対する反対株主からの買取請求による買取り
⑥ 端株等の買取請求に基づく買取り
⑦ 全部取得条項付種類株式に係る取得決議に基づく一定の取得
⑧ 取得請求権付株式の取得等の対価として生ずる端株の対価としての金銭交付
⑨ 相続又は遺贈により財産を取得し，相続税を納付する者がその相続又は遺贈により取得した株式を法定申告期限の翌日から3年を経過する日までの発行法人へ譲渡

なお，⑨のとおり，相続後に相続人から自己株式の取得をした場合には，通常は，みなし配当課税が行われず，かつ，取得費加算の特例も利用できることから，相続税の納付資金捻出のためであれば，相続を待って相続人から自己株

Q50 ◆自己株式の取得とそのリスク

式の取得を行うのが通例です（租特39条）。

7　設問の場合

　設問のケースのように，同族会社においては，経営者がその発行済み株式の多数を保有している場合が多く，後継者に経営を委譲する場合に，その経営基盤を確立するために，また，現経営者に相続が発生した場合に他の相続人に株式が分散していくことを避けるために，あらかじめ株式を後継者に譲渡したり，贈与したりする場合があります。

　贈与する場合には，非上場株式等に係る贈与税の納税猶予制度（**Q67参照**）を利用するという方法もありますが，現経営者のその後の生活保障等のため，株式を現金化したいと考える者もいます。この場合に，後継者に十分な資力があれば後継者が買い取ればよいのですが，資力がない場合，代わりに発行法人がその株式を取得する方法もあります。

　後継者が株式を保有している場合，発行法人が経営者の保有する株式を取得することにより，後継者の株式保有比率が増加します。この場合，一般的には配当とみなされて課税される部分があることから，取得原価の額と発行法人の資本金等の額にもよりますが，発行法人以外の者に譲渡する場合に比べて，高い所得税率で課税されることになり，譲渡者の税負担は重くなる傾向にあります。

　また，経営者株主の税負担や発行法人の金銭等資産の流出を少なくするために，時価より低い価額で譲渡すると，上記**3**のとおり，時価で譲渡した場合の税負担に加えて，さらに後継者株主に贈与税課税がされる場合があるため注意が必要です。

〔原木　規江〕

━━■判　例■━━━━━━━━━━━━━━━━━━━━━━━━━━━━

☆1　広島高判平28・7・27判例集未登載（原審・山口地判平27・4・15税資265号順号12648），東京高判平27・4・22税資265号順号12654ほか。なお，有利発行の場合の発行法人と株主の課税関係について東京高判平27・9・29税資265号順号12727参照。

☆2　最判平22・7・16裁判集民234号263頁・判タ1335号57頁，最判平25・7・12民集67巻6号1255頁，東京高判平7・12・13行集46巻12号1143頁・税資214号順号7626ほか。

純資産価額方式における法人税額等相当額の控除

　純資産価額方式で株式を評価する際，評価差額（含み益）に対する法人税額等相当額が控除できない場合があると聞きました。どういった場合に控除できないのでしょうか。また，古い資料が残っていないため，法人税額等相当額を控除できるか否かがはっきりしない場合はどうなるのでしょうか。

A

　所得税法，法人税法において，純資産価額方式を用いて株式を評価する際には，評価差額（含み益）に対する法人税額等相当額を控除することはできません。相続税法において，純資産価額方式を用いて株式を評価する際にも，現物出資等により恣意的に作出された評価差額（含み益）に対する法人税額等相当額は控除することはできません。ただ，帳簿書類の保存年限が経過するなどして，評価差額（含み益）が生じた原因が明確ではないという場合は，実務上は評価差額（含み益）に対する法人税額等相当額を控除せざるを得ないと思われます。

☑ キーワード

評価差額，累積控除の禁止，現物出資等受入れ差額の除外，帳簿書類の保存期間，立証責任

解　説

 評価差額に対する法人税額等相当額の控除

　財産評価基本通達185は，いわゆる純資産価額方式による評価方法を定めています。これによれば，おおむね①評価会社の保有資産を財産評価基本通達に

より評価した価額の合計額から，②各負債の金額の合計額及び③同通達186－2により計算した評価差額に対する法人税額等相当額を控除した金額を，課税時期における発行済株式総数で除して，株式の価額を計算することになります。

　純資産価額方式で評価差額に対する法人税額等相当額を控除する趣旨は，個人が財産を直接所有し支配している場合と，個人が会社を通じて当該財産を間接的に所有し支配している場合との，評価の均衡を図るところにあるとされています。すなわち，株式の所有を通じて会社の資産を間接的に保有する場合と，個人事業主がその事業用資産を直接所有した場合とでは，その経済的な条件に違いがあることから，その違いを調整して経済的に同一の条件の下に置きかえるために，法人税額等相当額を控除する必要があると説明されています☆1。

　なお，この評価差額に対する法人税額等相当額の控除は，純資産価額方式だけではなくて，株式保有特定会社の「$S_1＋S_2$方式」のS_2の金額を算定する際にも行われます（財基通189－3）。

2　法人税額等相当額を控除しない場合（相続税法）

　ただ，相続税法上の評価においても，法人税額等相当額の控除が認められない場合があります。

(1)　累積的な控除の禁止

　評価差額に対する法人税額等相当額の控除は，評価会社が保有する株式等を純資産価額方式で評価する場合には行わないこととされています（財基通186－3（注））。評価差額に対する法人税額等相当額の控除を累積的に利用して純資産価額を引き下げるのを防止するための措置です。

　実質的な論拠としては，資産の直接保有と株式を通じた間接保有との評価上の均衡は，「個人」と個人が保有する株式の発行会社との関係で考慮すれば足り，重ねて当該発行会社とその保有する株式の発行会社との均衡まで考慮する必要はないから，と説明されています。

(2)　現物出資等受入れ差額の除外

　対象会社の保有資産の中に，①現物出資もしくは合併により著しく低い価額で受け入れた資産，又は，②株式交換もしくは株式移転により著しく低い価額

Q 51 ◆純資産価額方式における法人税額等相当額の控除

で受け入れた株式がある場合には，当該資産について現物出資等時点での財産評価基本通達による評価額と帳簿価額との差額を評価差額から除外したうえで，控除すべき法人税額等相当額を計算することとされています（財基通186－2(2)括弧書）。

これは，現物出資等を用いて恣意的に評価差額を作出して，純資産価額を引き下げるのを防止するための措置です。バブル時期には，現物出資・合併を利用して恣意的に評価差額を作出して，その法人税額等相当額を控除するという節税策が広く行われていました（いわゆるA社B社方式など）。しかし，このような恣意的に作出された評価差額についてまで，法人税額等相当額の控除を認めることは適当でないとして，財産評価基本通達186－2(2)括弧書の定めが設けられました。

ただし，評価の簡便性に考慮して，課税時期において（現物出資等の時点ではありません。），相続税評価額による総資産価額に占める現物出資等受入れ資産の相続税評価額の合計額の割合が20％以下である場合には，このような法人税額等相当額の控除を制限しないこととされています（財基通186－2（注3））。また，現物出資後に相続税評価額が下落した場合には，課税時期における相続税評価額を用いて現物出資等受入れ差額を計算できることとされています（財基通186－2（注2））。

3　法人税額等相当額を控除しない場合（所得税法・法人税法）

また，法人税基本通達上の評価，所得税基本通達上の評価においては，原則として，法人税額等相当額の控除が認められないとされています。

(1) 所得税法での取扱い

所得税法では，当事者で合意された金額を前提として収入金額を算定するのが原則ですが（所税36条1項），法人に対する株式の譲渡（所税59条）など収入金額を算定するにあたって，株式の価額（時価）を用いることもあります。

株式の価額（時価）の算定方法について，所得税基本通達は，一定の条件の下，財産評価基本通達の例により算定した価額を用いることを許容しています。その条件の一つが，純資産価額方式では評価差額に対する法人税額等相当額を控除しないことです（所基通59－6(4)）。

所得税基本通達上の評価において，評価差額に対する法人税額等相当額の控

除を行わない理由としては，個人の取引相場のない株式の実際の取引事例を見ると，評価差額に対する法人税額等相当額は控除していない例が相当数であったことから，そのような取引実態に鑑みて，当該控除を行わないこととしたと説明されています。

平成12年度通達改正前はこのような制限はなく☆2，評価差額に対する法人税額等相当額を控除することを認めていたことと整合性を欠くとの指摘もありますが，これまでの裁判例を見る限り，当該通達改正前後で異なる取扱いを許容するというのが一応の結論といえそうです☆3。

(2) **法人税法での取扱い**

法人税法では，無償譲渡及び低額譲渡は時価での譲渡があったものとして，無償譲受け及び低額譲受けは時価での譲受けがあったものとして，収益の額を算定するのが原則です（法税22条2項）。

このような場合の株式の価額（時価）の算定方法について，法人税基本通達も，一定の条件の下，財産評価基本通達の例により算定した価額を用いることを許容しています。その条件の一つが，純資産価額方式では評価差額に対する法人税額等相当額を控除しないことです（法基通2－3－4・4－1－6(3)）。

法人税基本通達上の評価において，評価差額に対する法人税額等相当額の控除を行わない理由としては，評価差額に対する法人税額相当額の控除は，資産の直接保有と株式を通じた間接保有の均衡を図るためのものであるが，継続的に事業を行うことを前提とする法人税における評価では，清算価値を求める際に行う法人税額等相当額を控除することは採用できないからだと説明されています。

なお，法人税基本通達においても，平成12年度通達改正前はこのような制限はなく☆4，評価差額に対する法人税額等相当額を控除することを認めていたこと，そのような取扱いは整合性を欠くとの指摘があること，裁判例を見る限り，当該通達改正前後で異なる取扱いを許容するというのが一応の結論といえることは，所得税基本通達の場合と同様です☆5。

4　現物出資等の経緯が不明な場合

現物出資等受入れ差額は，恣意的に作出されたものとして，評価差額の計算において除外されています。しかも，通達の文言上は，現物出資等が行われた

時期を特に限定していないので，現物出資等が課税時期より相当前に行われた場合であっても，その受入れ差額は，評価差額の計算において除外されることになりそうです。

しかし，バブル時期から既に10年以上が経過するに至り，帳簿等の保存期間が経過したことから，評価差額が生じた経緯等を把握することが困難となってきています。評価差額の計算において現物出資等受入れ差額を除外するためには，現物出資等があり，それも著しく低い価額で受け入れたことが要件となっていますが，その立証責任は国側・課税当局側が負うことから，現物出資等の経緯が不明な場合は，評価差額に対する法人税額等相当額の控除を認めざるを得ないと思われます。

〔石井　亮〕

■判　例■

☆1　最判平17・11・8裁判集民218号211頁・判タ1198号121頁，最判平18・1・24裁判集民219号285頁・判タ1203号108頁。
☆2　前掲（☆1）最判平17・11・8。
☆3　東京地判平27・12・11税資265号順号12769等。
☆4　前掲（☆1）最判平17・11・8。
☆5　前掲（☆3）東京地判平27・12・11等。

不動産管理会社

不動産管理会社にはどのようなメリットがあるのでしょうか。またデメリットや税務リスクには，どのようなものがありますか。

不動産管理会社というと，所得税の節税メリットばかりが強調されがちです。しかし個人が既に所有している不動産を不動産管理会社所有にするためには，登録免許税等のコストがかかるだけではなく，相続税が増加するなどのデメリットがあるほか，不動産の時価評価などに一定の税務リスクを伴います。また，金融機関が個人所有の不動産を不動産管理会社所有とすることを勧めてくることがありますが，これらはあくまでも自社商品・サービスのセールス目的であるため，前述のデメリットや税務リスク等について十分な説明が受けられることはまずありません。一方で不動産管理会社は，「不動産の共有問題解決」に対して大きな効果を発揮するという魅力があります。最終的には中立的な専門家の意見を踏まえて，メリット・デメリット・コストなど様々な要因を総合判断して実行の意思決定をする必要があります。

☑ **キーワード**

所得税の節税メリット，登録免許税等，不動産の共有問題，説明義務違反，税理士法

解 説

1 不動産管理会社とは何か

不動産管理会社は不動産オーナーの事業承継においてよく検討されます。実

際には，不動産管理会社で不動産を実際に所有する「所有型法人方式」と，所有しない「管理型法人方式」の2パターンがあります。今回は影響力の大きい「所有型法人方式」を念頭に解説していきます。

2 よく強調される「所得税の節税メリット」

　不動産管理会社について，よく強調されるのが「所得税の節税メリット」です。例えば不動産を個人所有していた場合，不動産所得に対して課税されるのは所得税です。所得税については，住民税を合わせると15％から55％までの7段階の税率となっています（復興特別所得税は無視します。以下同じ。）。これに対して不動産を法人所有した場合，課税されるのは法人税です。法人税の実効税率は地方税を合わせても約30％となっています。

　したがって，個人で不動産を所有していると，不動産所得に対して最大で55％の所得税・住民税が課税されてしまいます。これに対して法人で所有していれば，地方税を入れても約30％の税率で済みます。そう考えると最大で25％の税率差が生じることになり，個人が高額所得者である場合は，確かに節税メリットがあるということになります。

　しかし，一方でデメリットやリスクもあります。例えば，不動産管理会社に資産を蓄積していったとして，それを役員報酬等で個人に戻そうとすると，結局，その時に所得税が課税されることになりますから，見方によっては二重課税になるともいえるのです。また既に個人で不動産を所有している場合だと，それを不動産管理会社所有にするためには「譲渡＝売却」をするということになります。そうするとその際に個人に譲渡所得が発生して所得税・住民税が課税されることがあるだけでなく，登録免許税・不動産取得税・消費税といった税負担も考えなくてはなりません。さらに詳細は**Q57**で述べますが，個人から不動産がなくなるため，相続税が増加するというデメリットもあります。また，個人と不動産管理会社との取引は「特殊関係者間取引」すなわち身内の取引ということになりますから，譲渡価額が時価として妥当であるかどうかについての税務調査が想定されます。そうなりますと鑑定評価を用意するなどの対応をしておく必要もありますし，万が一，認められなかった場合は，個人と不動産管理会社の双方に更正処分がされる可能性があるなど，一定のコストやデメリット，税務リスクが伴います。

第3章◇事業承継と税法

3 不動産共有問題の解決が不動産管理会社の最大の魅力

　このように「所得税の節税メリット」ばかりに目が行っていると、必ずしも魅力的ではないのが不動産管理会社ですが、実はもっと大きなメリットがあります。それは「不動産の共有問題解決」です。

(1) 不動産共有のリスク

　例えば、相続において「法定相続分」にこだわるあまり、不動産を共有にしているケースが見られます。例えば、親の相続財産が特定の不動産に偏っていると、この不動産を誰か一人が相続してしまうと、その人に相続財産が集中してしまい不平等になります。かといって売却して現金化するのは思い入れもあって嫌だということから、安易に不動産を法定相続分で共有にしてしまうケースがよくみられます（■図表1）。しかし、このような判断は将来においてとてつもなく大きなリスクになっていきます。というのは、不動産を共有にしてしまうと、共有者全員が合意しないと、譲渡や建替えなどの意思決定ができなくなるからです。そうしますと、例えば兄弟3人で3分の1ずつ共有にしたところ、長男と次男が何らかの理由で不仲になってしまって、コミュニケーションがとれなくなり、全員の合意を得ることが困難になるという事態が十分に想定されます。あるいは共有者の誰かが認知症等により意思能力が失われると、必然的に全員の合意が揃わなくなります。今は全員の人間関係が良好で、体調に問題はなくとも、時間が経過すれば状況はいくらでも変わりますから、将来的にはこれらのリスクが顕在化することも十分に考えられるのです。また、共有者の誰かに再び相続が発生すれば、その配偶者や子供にまた共有され、瞬く間に共有者が10人を超えることも珍しくありません。そうするとますます全員の合意を得ることは困難になります。その時になって売却しようと思ってもそれすらできず、時価数十億円の不動産が幽霊屋敷のようになってしまうケースも実際には存在しているのです。

(2) 不動産管理会社による問題解決

　このように相続財産が特定の不動産に偏っており、共有問題が生じる可能性が高いと判断される場合、相続が起きる前に不動産管理会社を作って、そこに不動産を所有させることが考えられます。不動産を兄弟3人で3分の1ずつ共有するというのと、不動産管理会社の株式を兄弟3人で3分の1ずつ所有する

Q52 ◆不動産管理会社

■図表1　不動産が共有になるケース

(事例) 不動産オーナー・A氏
　　相続人：長男B, 次男C, 三男D

相続財産	時価
現預金	1億円
貸しビル	9億円
合計	10億円

パターン1：共有を避けるため，貸しビルを長男Aが単独で相続するとする (遺産分割)

長男B	貸しビル	9億円	⎫ 相続財産が長男Bに偏り，あまりに
次男C	現預金	5,000万円	⎬ もバランスが悪い
三男D	現預金	5,000万円	⎭

パターン2：貸しビルを売却して現預金化し，兄弟3人で分ける
　　　　　(注：売却に伴う所得税等は無視している)

長男B	現預金	3億3,334万円	⎫ 不動産を売りたくないという理由
次男C	現預金	3億3,333万円	⎬ から却下
三男D	現預金	3億3,333万円	⎭

結局，貸しビルを3人で3分の1ずつ共有にするという安易な意思決定に走る。
➡後から大きな禍根に！！

というのはまるで状況が違います。というのは不動産管理会社は株主総会の過半数で基本的には動けますから，仮に不仲の組み合わせが出てしまっても，全員がバラバラにならなければ意思決定は可能です。また，株主に意思能力のない人が出た場合でも，「定足数」を満たしていれば株主総会は開けます。また，代表取締役に意思能力がなくなったら，株主総会で交代させてしまえばよいですし，筆頭株主が代表取締役でなくてはならないなどという法律はどこにもありません。

このように不動産管理会社は，不動産共有がもたらす様々なリスクに対して極めて有効な効果を発揮するのです。もちろん前述のコスト等があることに変わりはありませんが，共有問題が大きくなった場合の負担に比べれば，ずっと

軽いことが多いのです。

4　金融機関による不動産管理会社の提案と説明義務違反

　金融機関が不動産管理会社を提案してくることがありますが，あくまでも目的は自社商品・サービスのセールスです。個人所有の不動産を不動産管理会社所有とさせることで，ライバル行から顧客を横取りすることが可能であるため，一部の金融機関は非常に積極的です（詳細は**Q57**参照）。しかし前述の相続税が増加するなどのデメリット等について，金融機関が十分な説明をしているケースはほとんどないことから，説明義務違反による損害賠償請求や，税理士法違反になる危険性が高い提案ということになります。

　事業承継対策の一環として不動産管理会社を検討しているならば中立的な専門家のアドバイスを受けながら，メリットだけではなく，リスクやコスト，デメリットなども総合判断して意思決定することが重要です。

〔金井　義家〕

同族株主の判定方法と配当還元方式の活用

　自社株式算定上，どの程度の議決権割合を有していると同族株主に該当するのでしょうか。また，同族株主でも配当還元方式が適用できるケースがあると聞きましたが，活用方法や留意すべき点について教えてください。

　同族株主とは，本人及び親族等で会社の議決権総数の30％以上（一定の場合には50％超）を有する当該本人及び親族等をいいます。
　同族株主が自社株式を取得する場合は，原則的評価方式である類似業種比準価額や純資産価額が適用されますが＊1，一定の要件を満たす場合，特例的評価方式である配当還元方式が適用できます。
　例えば，オーナー社長が自社株式の大半を保有する場合に，オーナー社長の甥姪等が相続・贈与等で自社株式を取得する際，配当還元方式を適用できるケースがあります。
　ただし，株式が分散し過ぎると，将来，株式を後継者に集約する時に，買取価格で交渉が難航することも想定されるため留意が必要です。

☑ キーワード

　配当還元方式，同族株主，中心的な同族株主，中心的な株主

解　説

1 「同族株主」とは

　同族株主とは，株主本人及びその同族関係者で会社の議決権総数の30％以上（株主及びその同族関係者の有する議決権の合計数が50％超の株主グループがある場合に

第3章◇事業承継と税法

は，50％超）を有する場合における当該株主及びその同族関係者をいいます（財基通188⑴）。

【同族関係者】
(a) 株主の親族（■図表１参照）
(b) 株主と内縁関係にある者
(c) （個人である）株主の使用人
(d) (a)〜(c)以外の者で株主から受ける金銭等によって生計を維持している者
(e) (b)〜(d)の者と生計を一にするこれらの者の親族
(f) 特殊の関係にある法人（法税令４条〔同族関係者の範囲〕に規定）

---

2 「中心的な同族株主」と「中心的な株主」とは

「中心的な同族株主」とは，同族株主の１人並びにその株主の配偶者，直系血族，兄弟姉妹及び１親等の姻族（これらの者が議決権総数の25％以上を有する会社を含む。）の有する議決権の合計数がその会社の議決権総数の25％以上である場合におけるその株主をいいます（財基通188⑵）。■図表１の中でグレーに塗りつ

■図表１　親族及び中心的な同族株主の範囲

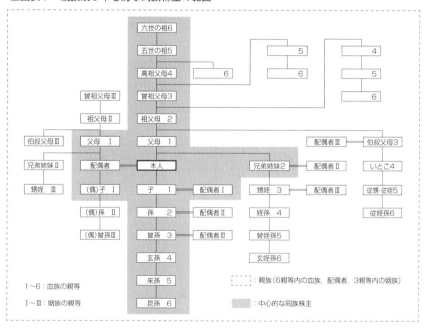

ぶした親族が該当します。

「中心的な株主」とは，同族株主のいない会社において，株主の1人及びその同族関係者の有する議決権の合計数がその会社の議決権総数の15％以上の株主グループに属し，かつ，単独でその会社の議決権総数の10％以上の議決権を有している株主をいいます（財基通188(4)）。

3 同族株主でも配当還元方式が適用できる場合

財産評価基本通達は，少数株主が有する株式の評価方法として配当還元方式を認めています。これは，経営への関与度合いが少ない一部の同族株主や従業員持株会のような少数株主が保有する株式の価値は単に配当を期待する権利にとどまるという実態と評価手続の簡便性を考慮したためです。

同族株主の中にも，保有株式数が少なく，会社主宰者との親族関係も遠く，かつ，役員でもない株主が存在します。これらの株主について中心的な同族株主と同じ評価方法を適用することは必ずしも適当とはいえない事情を配慮し，同族株主であっても一定の要件を満たす場合，特例的に配当還元方式を適用す

■図表2　株主判定フローチャート

株主の態様					評価方法*2
同族株主	いる	同族株主	取得後の議決権割合が5％以上		原則的評価方式
			取得後の議決権割合が5％未満	中心的な同族株主がいない場合	
				中心的な同族株主がいる場合：中心的な同族株主	
				役員（※）	
				その他	特例的評価方式
		同族株主以外の株主			
	いない	議決権割合の合計が15％以上のグループに属する株主	取得後の議決権割合が5％以上		原則的評価方式
			取得後の議決権割合が5％未満	中心的な株主がいない場合	
				中心的な株主がいる場合：役員（※）	
				その他	特例的評価方式
		議決権割合の合計が15％未満の株主グループに属する株主			

※ 「役員」の定義は以下のとおりです（いわゆる平取締役は原則として「役員」に含まれません。）。
　① 社長，理事長，代表取締役，代表執行役，代表理事，清算人
　② 副社長，専務，常務，その他これらに準ずる職制上の地位を有する役員
　③ 取締役（委員会設置会社の取締役に限る），会計参与，監査役，監事

第3章◇事業承継と税法

ることが認められています(■図表2の中でグレーに塗りつぶした取得者が該当します。)。

同族株主でも配当還元方式が適用できるケースについて以下で具体的に説明します。

〔ケース①〕
(前提)
・社長の弟の子は役員ではなく(相続税申告期限までに役員とはなっていない。),持株もない。
・議決権割合は,社長60%,弟12%,その他28%。

(親族関係図)

```
       ┌─────────┐
       │         │
      社長      弟───妻
     (60%)    (12%)
                │
             ┌──┼──┐
             子  子  子
```

社長の弟に相続が発生した場合,子が各々議決権割合5%未満の範囲内で株式を相続することで,配当還元方式を適用することができます。

〔ケース②〕
(前提)
・社長には子がいない。
・社長の弟の子は入社し,次期社長候補だが役員ではなく(相続税申告期限までに役員とはなっていない。),持株もない。
・議決権割合は,社長60%,その他40%。

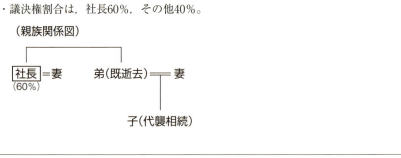

社長に相続が発生すると,社長の弟は既に亡くなっているため,社長の弟の

346

子が社長の財産の一部を相続（代襲相続）します。その際に，議決権割合5％未満の範囲内で株式を相続することで，配当還元方式を適用することができます。

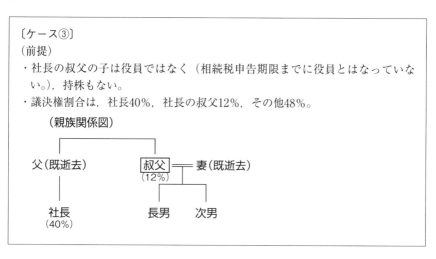

社長の叔父に相続が発生した場合，叔父の子（長男・次男）が株式を平等に相続すると議決権割合が各々6％（＝5％以上）となり，2人とも原則的評価方式が適用されます。ところが，例えば，長男8％，次男4％の議決権割合で相続すると，長男は原則的評価方式を適用せざるを得ないものの，次男は特例的評価方式である配当還元方式を適用することができます。なお，叔父の議決権割合を生前に10％未満としておけば，すべての株式を配当還元方式で評価することも可能ですので，生前に社長等に対し株式の譲渡等を検討することも有効です（遺言で社長等に対し一部の株式を遺贈することで同様の効果を得ることができます。）。

このように，同族株主間でも一定の要件を満たすことで配当還元方式を適用することが認められています☆1＊3。

しかし，配当還元方式が適用される相続や贈与は，会社経営に関与しない株主に株式が渡ることを意味します。過度に株式が分散してしまうと，将来，後継者等に株式を集約する必要が生じた際に買取価格で交渉が難航し，その集約に支障をきたす等の潜在的な経営リスクを負うことにもなります。当該リスクを防止するために種類株式の活用も有効です＊4。

4 同族株主の相続対策上留意すべき点

　経営に関与しない同族株主（社長の兄弟等）に相続が発生した場合，相続する株式が原則的評価方式で評価されてしまうと，多額の相続税が課され，納税資金確保のために，最終的に会社が自社株買いに応じざるを得ないようなケースが多く見受けられます。

　このような事態を避けるためにも，会社オーナーは大株主のみでなく少数株主に相続が生じた場合に，どのような影響が生じるかについても検討しておかなければなりません。
〔佐藤　順一郎〕

━━■判　例■━━━━━━━━━━━━━━━━━━━━━━━━

☆1　例えば，東京地判平16・3・2訟月51巻10号2647頁，東京高判平27・4・22税資265号順号12654，国税不服審判所裁決平9・7・4裁決事例集54集451頁。

━━■注　記■━━━━━━━━━━━━━━━━━━━━━━━━

＊1　**Q46**参照。
＊2　**Q46**参照。
＊3　ただし，配当還元方式を形式的に適用できるケースでも，実質的な支配関係を鑑みて，配当還元方式の適用を不可とした判決等もでている（前掲（☆1）東京地判平16・3・2，東京高判平27・4・22）。
＊4　**Q58**参照。

役員退職金

　役員退職金を支払うと自社株式の株価が下落すると聞きましたが，具体的にどのような影響が生じるのでしょうか。また，役員退職金をめぐって税務調査で指摘される事案が増加しているようですが，どのような問題が生じているのでしょうか。

　　会社が役員退職金を支払うと「利益」と「純資産」が減少します。この2つの項目は，自社株式の評価方法である「純資産価額方式」と「類似業種比準価額方式」の計算要素であるため，自社株式の株価が下落する要因となります。
　　役員退職金をめぐって税務調査で指摘される事案には，大きく分けると「役員退職給与が過大と認定されるケース」と「実質的に退職していると認められないケース」という2つの論点があります。

☑ キーワード

純資産価額方式，類似業種比準価額方式，過大役員退職給与，分掌変更等に伴う退職（みなし退職）

解　説

1　役員退職金を支払うことによる株価への影響

　役員が退職する際に支払われる退職金は，比較的多額になるケースが多いことから，会社の財務諸表に多大な影響を与えます。
　役員退職金の支払によって会社の「利益」や「純資産」が減少すると，次の

ように自社株式の評価にも影響してきます*1。

したがって、事業承継対策では「役員退職金を支払って株価が下落したところで自社株式を後継者等に移転する」というパターンがよくとられます。

(1) **純資産価額方式**

純資産価額方式は、「資産の相続税評価額」から「負債」と「資産等の含み益に対する法人税額等相当額」を控除して株価を算出します。役員退職金を支払うと「現金預金等の資産減少」又は「支払資金調達のための銀行借入れ等による負債増加」が生じ、これらに見合う内部留保が取り崩されますので、その結果純資産（＝株価）が減少します。

(2) **類似業種比準価額方式**

類似業種比準価額方式は、同業種の上場会社と1株当たりの「配当」「利益」「簿価純資産」を比較して株価を算出します。役員退職金の支払により「利益」と「簿価純資産」が減少しますので、その結果株価が下落します。

なお、類似業種比準価額方式は前期決算を基に算出しますので、実際に株価が下落するのは、役員退職金支払事業年度の翌事業年度です。

2　役員退職金をめぐって税務調査で問題となる事項

役員退職金は、比較的多額になるケースが多いことから、税務調査ではその適正性について問題とされやすい事項です。

役員退職金をめぐって税務調査で指摘される事案には、大きく分けると次に掲げる2つの論点があります。

(1) **過大役員退職給与**

法人税法では、不相当に高額な役員退職給与は損金の額に算入しないと規定されています（法税34条2項）。

不相当に高額とは、「業務に従事した期間」、「役員の退職事情」、「同業種規模類似法人の支給状況」を勘案して判定すると規定されているだけで、具体的な計算方法は法令・通達に定めがありません（法税令70条2号）。

税務上許容される役員退職金の計算方法が明示されておらず、過去の判例や裁決事例等を基に、適正額を手探りで判断しなければならないことが、実務上一番悩ましいところです。

なお、実務では過去の判例等でも示された、次の2つの方法がよく採用され

ています。

(a) **功績倍率法**☆1

> 退職役員の最終月額報酬×勤続年数×功績倍率

　この方式の考え方は，「最終月額報酬」は一般的に在職期間中の最高水準で，かつ，功績を最もよく反映しており，「役員在職年数」は役員の功績評価にも影響を及ぼし，「功績倍率」は役員の功績や法人の退職金支払能力等の個別的要素を総合評価した係数であるとして，これらの要素を複合して合理的な金額を算定しようとするものです。

　もっとも，この計算式は一例であり，各役位の在任年数ごとに累積する計算方法などもあります。

　功績倍率は，過去の判例等から一般的に1倍から3倍程度を目安として役員退職金を計算されることが多いのですが，税務調査では役員退職金の適正額を総合的な視点から判断されるので，単純に3倍以内であれば大丈夫とか3倍を超えると否認されるということではありません。

(b) **1年当たり平均額法**☆2

> 同業類似法人の1年当たり退職給与×勤続年数

　この方式は，例えば役員の月額報酬に大きな変動があり，(a)功績倍率法により算出した金額が適正額とみられない場合等に採用されます。

　功績倍率法や1年当たり平均額法を採用する際に，一番重視されるのは類似法人のデータです☆3。業種は日本標準産業分類，事業規模は売上高・課税所得・総資産・資本金，その他には地域や経済事情の特性などを勘案します。

　参考となるデータには，ＴＫＣ経営指標や政経研究所刊行の『役員の退職慰労金』などがあります。

　しかし，これらの方法は各社横並びの平均的な金額算出を前提とする考え方となっており，退職した役員の会社に対する本当の功績を算出できるものとはいいきれません。

　だからこそ，前述のように法令や通達で具体的な計算方法を規定しきれない限界があるともいえます。

　税務調査では，上記の計算式を前提として第一次的に役員退職金適正額が判

断されることは事実ですが，一方においては「退職した役員が，自分が会社に与えてきた功績について自信をもって熱く語る」という対応も非常に重要です。

(2) **分掌変更等（みなし退職）に伴う役員退職給与**

オーナー企業では，オーナーから後継者への事業引継にはある程度の時間が必要で，すぐには完全引退できないのが実情です。

そこで法人税法では，オーナーから後継者等への円滑な事業承継を進めるために一定の配慮をしており，オーナーが引き続き役員として在職する場合であっても，役員としての地位や職務の内容が激変し，実質的に退職したと同様の事情があると認められる場合には，役員退職給与の支給を認めています（法基通9－2－32）。

(a) **法人税基本通達の内容**

法人税基本通達では，実質的に退職したと同様の事情があると認められる場合として，具体的に次の例が示されています。

① 常勤役員が代表権を返上して非常勤役員になったこと
② 取締役が監査役（同族会社の主要株主であるケースを除く。）になったこと
③ 分掌変更等の後にその役員の給与がおおむね50％以上減少したこと

なお，上記いずれの場合でも，「その法人の経営上実質的に主要な地位を占めていると認められる場合」には退職したとは認められません。

「その法人の経営上実質的に主要な地位を占めていると認められる場合」には，例えば次のようなケースが想定されます。

(i) 取締役会における中心的な議事運営や稟議書を決済するなど意思決定に多大な影響を及ぼしている。
(ii) 朝礼や会議で役員・従業員に対して経営方針を語っている。
(iii) 役員・従業員の人事権を掌握している。
(iv) 主要な取引先や銀行等との折衝に同席している。
(v) 会社の重要な技術開発に関与している。
(vi) 名刺・ホームページ・パンフレット等で対外的に代表権があるような記載（例：代表取締役会長等）がされている。

みなし退職をしても引き続き大株主であることが，法人の主要な地位を占めているという考え方☆4*2も一般的に広く認識されていますが，一方で議決権

等の行使は間接的な影響であり役員の立場に基づくものではないから，大株主であることは退職した状況判断の妨げとはならないという判例もあります☆5。

この論点は，正否が明確になっておらず並立しているため，実務上留意しておくべき事項です。

(b) **実質的に退職したと認められない場合**

法人税基本通達に例示されている形式的な要件を満たしても，その法人の経営上主要な地位を占めていると認められる場合には，実質的に退職したとは認められないため，退職という事実が否認されます。

そうすると，法人が支払った金銭等は「役員退職給与」ではなく「役員賞与」と認定されますので，次のような影響が生じます*3。

① 法人税：役員賞与として支払金額はすべて損金不算入となり，法人税が増加します。

② 所得税：退職給与は退職金収入から勤続年数に応じた退職所得控除額を控除した残額の2分の1が課税対象です。

　　　　役員賞与には，これらの優遇措置がありませんので，所得税が増加します。

③ 贈与税・株式譲渡所得税：役員賞与として支払金額が全額損金不算入になり課税所得が増加する結果，株価が上昇します。

　　　　役員退職金を支払ったタイミングで，後継者等に対して株式を贈与又は譲渡している場合には，贈与税や株式譲渡所得税が増加します。

このように，みなし退職の事実が否認されると，法人税のみならず所得税・贈与税・株式譲渡所得税等にも連動して，結果として納税額に多大な影響を及ぼしてしまいます。

みなし退職を前提とした事業承継スキームを検討する場合には，上記の論点を十分に留意したうえでの慎重な判断が必要です。

〔鈴木　寛〕

第3章◇事業承継と税法

■判　例■

☆1　東京地判昭55・5・26行集31巻5号1194頁，札幌地判平11・12・10判タ1046号112頁。
☆2　札幌地判昭58・5・27行集34巻5号930頁。
☆3　東京地判平28・4・22（平成25年（行ウ）第5号）LEX/DB。
☆4　国税不服審判所沖縄事務所裁決平24・12・18。
☆5　東京地判平20・6・27判タ1292号161頁。

■注　記■

＊1　具体的な計算については，**Q48**・**Q49**参照。
＊2　渡辺淑夫＝山下清次編集代表『法人税基本通達の疑問点〔5訂版〕』（ぎょうせい，2012）562頁。
＊3　このほか，法人住民税・法人事業税・地方特別法人税・復興特別所得税・住民税も増加し，更に税額増加に伴って過少申告や延滞に係る加算税・加算金も発生する。

株式保有特定会社

株式保有特定会社とは何でしょうか。またこれをめぐる大きな税務訴訟があると聞いたのですが，具体的に教えてください。

「株式保有特定会社」の定義は財産評価基本通達189(2)に定められており，具体的には会社の各資産を相続税評価したときに，その合計額に占める「株式及び出資」の割合が50％以上の会社をいいます。会社が「株式保有特定会社」に該当すると，多くの場合，株式の相続税評価額は上昇します。その結果，該当しなかった場合に比べて相続税が数倍になることもあるため「株式保有特定会社」を外すための租税回避行為を実行するインセンティブが企業オーナーに働くことがあります。しかしこのような租税回避行為は「株特外し」と呼ばれ，財産評価基本通達をはじめとする国税庁通達（以下「評価通達」といいます。）の中でも明確に否定されています。否認されると，本税のほかに多額の延滞税や過少申告加算税などが発生するうえ，新聞報道等により会社のブランド価値を毀損する「レピュテーションリスク」が顕在化することがあります。

☑ キーワード

株式保有特定会社，純資産価額方式，株式相互保有，株特外し，レピュテーションリスク

解　説

 株式保有特定会社の評価通達における定義

「株式保有特定会社」は評価通達において「課税時期において評価会社の有

する各資産をこの通達に定めるところにより評価した価額の合計額のうちに占める株式及び出資の価額の合計額……の割合が50％以上である評価会社」と定義されています（財基通189(2)）。つまり会社の各資産を相続税評価し，その合計額に占める「株式及び出資」の割合が50％以上であるような会社が「株式保有特定会社」ということになります。

2　株式保有特定会社の相続税評価額の算定

取引相場のない株式の相続税評価額は「純資産価額」と「類似業種比準価額」の折衷方式により算定することが基本です。しかし財産評価基本通達189－3では「『株式保有特定会社の株式』の価額は，185≪純資産価額≫の本文の定めにより計算した1株当たりの純資産価額（相続税評価額によって計算した金額）によって評価する。……ただし，上記の株式保有特定会社の株式の価額は，納税義務者の選択により，次の(1)の『S_1の金額』と(2)の『S_2の金額』との合計額によって評価することができる。」とあります。つまり「株式保有特定会社」に該当した場合，「類似業種比準価額」との折衷によらず「純資産価額」がそのまま相続税評価額になるのが原則ということになります。また通達後段には「$S_1＋S_2$方式」によることも可能とあります。これについては **4** で詳述します。

3　相続税評価額は常に「純資産価額」を上回ることはない

取引相場のない株式の相続税評価額の算定にあたって「純資産価額＞類似業種比準価額」の場合は，その折衷によって相続税評価額を算定することで「相続税評価額」は「純資産価額」を下回る水準になります。これに対して「純資産価額＜類似業種比準価額」の場合は，「純資産価額」がそのまま相続税評価額となります。換言すれば，相続税評価額は「純資産価額」より高くなることはあり得ないことから，「純資産価額」は最も（相続税が高くなる）不利な相続税評価額ということになります（■図表1）。

4　株式保有特定会社に該当すると相続税評価額が上昇する理由

「株式保有特定会社」に該当すると「純資産価額」がそのまま相続税評価額になるということですから「類似業種比準価額」との折衷ができず，不利にな

■図表1　類似業種比準価額と純資産価額

（事例）
　A社は財産評価基本通達178の「小会社」に該当するものとする。

(1) 類似業種比準価額 ＜ 純資産価額の場合
　　類似業種比準価額　　100
　　純資産価額　　　　1,000

　　相続税評価額　　100×0.5+1,000+0.5=550
　　※「小会社」であるため「類似業種比準価額」と「純資産価額」を各50％
　　　折衷する。

(2) 純資産価額 ＜ 類似業種比準価額の場合
　　類似業種比準価額　2,000
　　純資産価額　　　　1,000

　　相続税評価額　　　1,000
　　※類似業種比準価額が純資産価額より高い場合は，純資産価額がそのまま相続
　　　税評価額となる。
　　　「2,000×0.5+1,000×0.5=1,500」というような計算にはならない。

逆にいえば，相続税評価額の上限は純資産価額ということ！

ることはあっても有利になることはありません。

　ではもう一つの評価方法である「S_1+S_2方式」とは何でしょうか。この「S_1+S_2方式」というのは非常にわかりにくいので，■図表2にイメージをまとめました。会社を「株式及び出資」と「それ以外」の2つの部分にわけて考え，「株式及び出資」の部分（いわゆる「S_2」部分）については「純資産価額

■図表2　S₁+S₂方式のイメージ

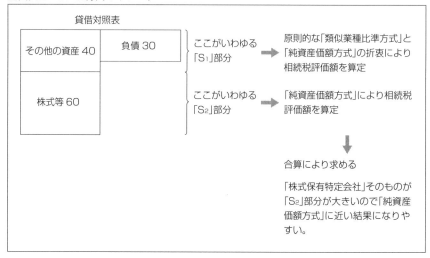

方式」，「それ以外」の部分（いわゆる「S₁」部分）については「類似業種比準方式」と「純資産価額方式」の折衷により相続税評価額をそれぞれ算定し，合算するというイメージになります。しかし「株式保有特定会社」そのものが「株式及び出資」で大部分が構成されているようなものですから，「S₁＋S₂方式」によった場合でも，実務上は「純資産価額方式」とまったく同じか，それに近い評価額が算定されることが多いのです。

このように「株式保有特定会社」に該当すると，相続税評価額は「純資産価額」か，それに極めて近い評価額になることが実務上非常に多いのです。このため「株式保有特定会社」に該当すると，そうでない場合に比べて相続税が急増し，場合によっては，相続税額が何億円，何十億円も異なるということも珍しくはありません。

5　株式保有特定会社をめぐる大型訴訟

次は「株式保有特定会社」をめぐる大型訴訟について見ていきましょう☆1＊1。

被相続人は非上場会社であるT社とU社の株式を保有していました。製造業を営むT社は総資産（簿価）2,000億円以上，売上高1,800億円以上，従業員数

5,000人以上，また不動産賃貸業であるU社も総資産（簿価）が100億円近くあり，いずれも大規模な非上場会社でした。

　ここでT社株式とU社株式の相続税評価額の計算にあたり，一つ大きな問題がありました。T社はU社の発行済株式の83.8％を所有し，U社はT社の発行済株式の74.7％を所有する「株式相互保有」の関係にあったのです。ここで大きな問題が生じました。T社株式の相続税評価額を算定するにあたっては，最初にT社が「株式保有特定会社」であるかの判定をしなくてはなりません。そのためにはT社の各資産の相続税評価額を算定しなくてはなりませんが「株式及び出資」には「U社株式」が含まれるため，先に「U社株式」の相続税評価額を計算しないと，総資産の相続税評価額に占める「株式及び出資」の割合が算定できないということになります。では先にU社株式の相続税評価額を算定しようと思っても，そのためには最初にU社が「株式保有特定会社」かどうかの判定をする必要があります。しかし同じようにU社の「株式及び出資」には「T社株式」が含まれますから「T社株式」の相続税評価額を先に出さないとU社の「株式保有特定会社」の判定ができません。このように株式相互保有がある場合における「株式保有特定会社の判定」は「ニワトリが先か，卵が先か」の議論と同じように，循環している関係にあります。そしてこのような「株式相互保有」がある場合の「株式保有特定会社」の判定方法については，評価通達のどこにも定めがないのです（■図表3）。

　これに対して相続税の確定申告を依頼された税理士は，独自の計算方法によってT社の「株式保有特定会社」の判定を行い「株式及び出資」の割合は25％をわずかに下回るため「株式保有特定会社」ではないと判断しました。

　しかし税務調査が入り，国税当局が数学的に最も正しい理論的な方法で再計算したところ，T社の「株式及び出資」の割合は25％をわずかに上回りT社は「株式保有特定会社」に該当するという結論になったため，更正処分が行われました。その結果，本税だけで70億円以上も相続税の額が増加したため，大規模な税務訴訟になってしまったのです。

　この判例はやや極端なケースではありますが「株式保有特定会社」に該当するかしないかで，数億円単位で相続税の額が異なるというようなことは珍しくないということになります。

第3章◇事業承継と税法

■図表3　株式相互保有と株式保有特定会社

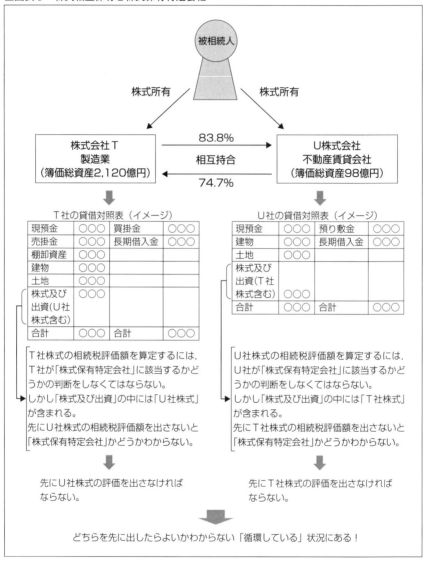

6　株式保有特定会社を外す租税回避行為は最も税務リスクが高い

このように「株式保有特定会社」に該当するかどうかで，相続税が極端に違

うことも珍しくありませんから，この「株式保有特定会社」を外す租税回避行為のインセンティブが働くことは，ある意味，致し方ない部分があります。しかしこのような租税回避行為は「株特外し」といわれて，非常に大きな税務リスクが伴います。「株特外し」は過去に何度もトラブルになっていることから，税務調査での重点調査項目になっているからです。

　その証拠に，財産評価基本通達189のなお書において，「なお，評価会社が，次の(2)又は(3)に該当する評価会社かどうかを判定する場合において，課税時期前において合理的な理由もなく評価会社の資産構成に変動があり，その変動が次の(2)又は(3)に該当する評価会社と判定されることを免れるためのものと認められるときは，その変動はなかったものとして当該判定を行うものとする」と記載されています。ここでいう(2)が「株式保有特定会社」を示しています。このようななお書をわざわざ設けなくとも「総則6項」がありますから否認はできるのですが，あえて評価通達がこのような記載をしていることからも「株特外し」の税務リスクの高さがわかります。

　最近，大きな話題となった「トステム」と「キーエンス」の創業者一族の相続税対策が否認された事例は，この「株特外し」だったといわれています。このクラスの大規模企業オーナーになると，金融機関や（自称）プライベートバンカーなどが，営業活動の一環としてこの「株特外し」を安易に勧めてくることが多く見られます。そもそも彼らは税理士資格をもたず税務相談はやってはいけないことに加え，税務知識が極めて乏しいのが実態です。しかし聞きかじったような知識を基に「株特外し」を含む，税務リスクが極めて高い租税回避行為を提案してくることも珍しくありません。何よりもこのように否認されたことが大々的に新聞報道されてしまった結果，トステムやキーエンスのブランド価値は大きく毀損してしまいました。「レピュテーションリスク」が顕在化した典型的な事例といえるでしょう。金融機関等の持ち込んでくる「うまそうな節税話」を安易に信用せず，税理士や公認会計士など，本物の専門家の意見を聞くことが重要です。無責任な提案を受けて否認された場合は，提案した金融機関等に対する損害賠償請求訴訟のほか，税理士法違反で告発することも検討する必要があるでしょう。

〔金井　義家〕

第3章◇事業承継と税法

■判　例■

☆1　東京地判平24・3・2判時2180号18頁・税資262号順号11902・TAINS。

■注　記■

＊1　当時は評価通達の改正前であったため，判例の中では「株式保有特定会社」の判定について「株式及び出資」の割合が25％以上で行っていることに留意してください。

56 生命保険の活用

法人が加入する生命保険にはどのような効果（目的）があるのですか。特に，事業承継対策では長期平準定期保険等がよく活用されているようですが，その仕組みや留意点について教えてください。

 法人が事業承継対策として生命保険に加入する目的には，「売上高減少のカバー」，「保証債務の返済」，「役員退職金の支払」，「金庫株・個人保有不動産等の買取り」などがあります。
 事業承継対策としてよく活用される生命保険には，長期平準定期保険等があります。この保険では，上記の目的に対応するために，資金と利益を用意することが可能です。
 長期平準定期保険等は，解約返戻率がピークになる時点で中途解約されることがよくありますが，解約時点で保険解約益が生ずるため，役員退職金等によって利益（＝株価）が下がった時点で株式を贈与・譲渡する対策を実施する場合には，注意が必要です。

☑ キーワード

長期平準定期保険，逓増定期保険

解　説

1　法人の生命保険加入目的

　法人が事業承継対策として生命保険に加入する目的には，次のようなものがあります。

(1) 売上高減少のカバー

中小企業では，オーナーの人脈で商売が成り立っているケースが少なくありません。そのような状況で，突然オーナーに万一のことが生ずると業績に相当のダメージが生じてしまいます。

会社の存続のためにも，オーナーの不慮の事故等に伴う相続が会社の業績に与える影響をシミュレーションして，当面の運転資金の確保ができるような保険にあらかじめ加入しておくべきです。

(2) 保証債務の返済

中小企業庁の資料によれば，中小企業では借入れの際に約87％の企業でオーナーが個人債務保証を行っており，そのうち約69％は個人資産以上の金額の保証をしています*1。

このような個人債務保証があると，親族内承継でも心理的抵抗が強く，ましてや従業員等への親族外承継は非常に困難です。

(3) 役員退職金の支払

オーナーに支払う退職金は比較的多額になるケースが多いことから，支払時には会社のキャッシュフローや利益が不足する可能性があります。

役員退職金の支払原資を社内で積み立てようとしても，固定資産等の投資に振り替わってしまったり事業資金に使用されたりと，なかなか現金預金として確保しておくことが難しいので，生命保険に加入して社外に半強制的に積み立てておくことが有効です。

なお，保険金額と役員退職金の適正額とは別個の問題ですので，保険金額まで役員退職金を支払ったとしても，税務上は無条件に認められるわけではありません☆1*2。

(4) 金庫株・個人保有不動産等の買取り

オーナーが有する事業用資産（自社株式，会社利用不動産，会社への貸付金等）は，その相続税評価額が個人財産のかなりの部分を占めるにもかかわらず，相続税を納税するために第三者にその一部を譲渡することは困難です。

そこで，自社株式や会社利用不動産を会社に買い取ってもらったり，貸付金を会社から返済してもらうことで，会社から納税資金を調達する手法もよく採用されます。

このため，オーナーの相続税額をあらかじめ試算しておき，会社の協力を得

ながら相続税の納税をスムーズに行うため，会社において事業用資産の買取資金や借入金の返済原資の確保ができるような保険に加入しておくことが有効です。

2 長期平準定期保険等の仕組み

長期平準定期保険や逓増定期保険は，会社に資金と利益を確保することができるため，事業承継対策によく活用されています。

ここでは，資金と利益を確保する仕組みと税務上の取扱いについて説明します。

(1) 長期平準定期保険・逓増定期保険の仕組み

(a) 保険の種類

定期保険のうち，特に長期の保険期間が設定されるものをいいます。

定期保険なので満期保険金はなく，保険期間内に保険事故が発生しなければ，保険満了時には価値がゼロになります。

なお，保険期間中に中途解約した場合には，掛捨て型の定期保険と異なり解約返戻金が発生します。

(b) 保険金額

長期平準定期保険の保険金額は保険期間にわたり定額ですが，逓増定期保険の保険金額は保険期間中に5倍以内まで増加します。

(c) 契約形態

　契約者（保険料負担者）　：会社
　被保険者　　　　　　　　：オーナー等の役員
　死亡保険金受取人　　　　：会社
　解約返戻金受取人　　　　：会社

解約返戻金のイメージは■図表1のようになります。

(d) 解約返戻金が生ずる仕組み

■図表2をご覧ください。縦の棒グラフで示したように，掛捨て型定期保険の保険料は年齢を重ねるごとに増加していきます。一方，長期平準定期保険の保険料は横の棒線で示したように，保険期間を通じて一定です。

長期平準定期保険は，当初は掛捨て型定期保険よりも保険料が高く設定され，前払保険料が生ずるようになっています。この前払保険料は，ある年齢を

■図表1　解約返戻金と支払保険料累計額の推移（イメージ）

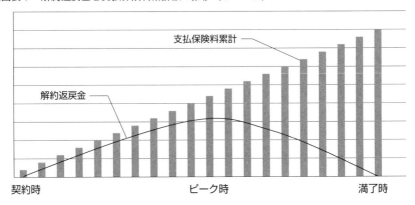

■図表2　掛捨て型定期保険と長期平準定期保険の保険料推移（イメージ）

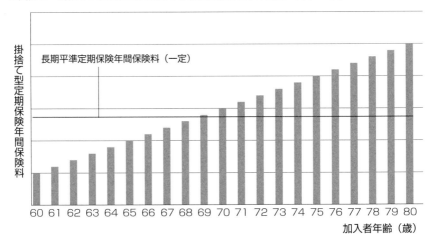

超えてから不足する保険料に充当される仕組みです。

　すなわち，中途解約した場合に生ずる解約返戻金は，この前払保険料の部分です。

　なお，逓増定期保険の場合には，将来保険金が増加する部分の保険料も勘案して年間保険料が設定されますので，この前払保険料部分がより大きくなります。

(2)　**法人税個別通達に定める税務上の取扱い**[*3]

(a)　**長期平準定期保険**

(ア) 保険料支払時

保険期間の前半6割の期間は，支払った保険料の2分の1を損金算入し，残額の2分の1を前払保険料として資産計上します。

保険期間の後半4割の期間は，支払った保険料全額を損金算入するとともに，前半6割の期間に資産計上した前払保険料相当額を残りの期間に応じて取り崩します。

(イ) 死亡保険金受取時・解約返戻金受取時

死亡保険金又は解約返戻金と，資産に計上している前払保険料との差額を雑収入として計上します。

(b) 逓増定期保険

(ア) 保険料支払時

保険期間の前半6割の期間は，逓増定期保険の税務上の区分に応じ，各々支払った保険料の4分の1ないし2分の1を損金算入し，残額を前払保険料として資産計上します。

保険期間の後半4割の期間は，支払った保険料全額を損金算入するとともに，前半6割の期間に資産計上した前払保険料相当額を残りの期間に応じて取り崩します。

(イ) 死亡保険金受取時・解約返戻金受取時

死亡保険金又は解約返戻金と，資産に計上している前払保険料との差額を雑収入として計上します。

3 長期平準定期保険等の留意点

オーナーの退職金に係る資金と利益を確保するため，長期平準定期保険等は広く活用されており，その契約の多くはちょうどオーナーの退職予定時期に解約返戻率のピークがくるように設計されています。

長期平準定期保険等の加入目的から考えれば当然のことなのですが，役員退職金支払等[4]によって利益（＝株価）が下がった時点で，株式を後継者に贈与・譲渡する対策を検討している場合には，注意が必要です。

なぜならば，長期平準定期保険等は中途解約時点で保険解約益が生ずるため，役員退職金等によって利益が下がる事業年度と同じ事業年度に保険を解約すると，せっかくの株価引下げ効果が半減してしまうことになるからです。

第3章◇事業承継と税法

　したがって，このような対策を実行する場合には，加入している保険の解約返戻金のピークにとらわれることなく，役員退職金支払等の前事業年度又は翌事業年度において解約を検討することも有効です*5。

　解約返戻金がピークになっている案内を受けると，事業承継対策との連携まで意識が働かず，単純に解約してしまうケースが多く見受けられます。

　生命保険契約を解約した場合，後になって気づいても解約の取消しはできないため，十分な注意が必要です。　　　　　　　　　　　　　　〔鈴木　寛〕

━━■判　例■━━━━━━━━━━━━━━━━━━━━━━━━━━━━━

☆1　長野地判昭62・4・16訟月33巻12号3076頁，東京高判平元・1・23税資169号5頁。

━━■注　記■━━━━━━━━━━━━━━━━━━━━━━━━━━━━━

＊1　中小企業庁「中小企業等における個人保証等の在り方研究会」第6回研究会配布資料「参考データ集」3頁・11頁（平成24年度個人保証制度に関する中小企業の実態調査）。

＊2　**Q54**参照。

＊3　税務上，支払保険料の損金算入時期に制限が入る長期平準定期保険と逓増定期保険の定義は次の通達を参照。「法人税個別通達　法人が支払う長期平準定期保険等の保険料の取扱いについて（平成20年2月28日課法2－3により改正）」。

　　　したがって，同通達の定義に該当しない場合には，保険料支払時にその全額を損金算入できるケースもある。

＊4　このほかに，貸倒損失・棚卸資産や固定資産の処分損失・有価証券売却損失・特別償却等の計上によるケースも多くみられる。

＊5　役員がみなし退職（**Q54**参照）ではなく，完全退職するケースでは，翌事業年度まで保険料を支払って解約することはできない。

「積極納税型」の対策

事業承継対策というと「節税型」の対策が多いようなイメージがありますが「積極納税型」の対策とは何でしょうか。また「積極納税型」の対策には，どのようなメリットがあるのでしょうか。

「積極納税型」の対策とは，実行すると税額，特に相続税が増加するような対策のことで，その典型例は「不動産管理会社」と「持株会社方式」です。しかし，税務面以外のメリットがあるため，「積極納税型」だから一概に悪いということはありません。しかし，現実的には金融機関等が，自社商品・サービスのセールス目的で，実は「積極納税型」であることをまったく説明せずに提案し，実行させているケースが多く見られます。しかし，実際には増加する相続税が巨額になるなど深刻なケースもありますので，悪質な場合は損害賠償請求も検討するべきテーマといえます。

☑ キーワード

積極納税型，不動産管理会社，持株会社方式，時価と相続税評価額，損害賠償

―― 解　説 ――

1　「積極納税型」の対策

事業承継対策というと「相続税の節税」ばかりイメージする企業オーナーも多いと思われますが，実際には「相続税の節税」の優先順位は決して高くありません。特に相続人が不仲で相続争いが想定されるような場合や，不動産が共有になってしまっているような場合などは，相続税以上に大きな潜在的リスク

があるといえます（不動産の共有問題については**Q52**を参照のこと）。このように税務面以外に大きなリスクを抱えている場合は，より深刻な問題を優先的に解決するために，相続税が増加したとしても，あえて「積極納税型」の対策を実行することがあります。

2 「不動産管理会社」は実は「積極納税型」

Q52で述べた「不動産管理会社」は基本的には「積極納税型」の対策になります。■図表１をご覧ください。個人が所有している不動産を不動産管理会社に売却する場合は「時価」によることになります。**Q48**では，不動産は「時価＞相続税評価額」になることから，借入れをして不動産投資をすると相続税が安くなるという仕組みを解説しました。「不動産管理会社」はその逆，つまり個人からみると不動産を売って借入れを返済するわけですから，相続税は増加することになります。これが「積極納税型」の対策の典型例です。

しかし子供同士の人間関係が極めて悪いような場合は，この不動産をめぐって相続争いになったり，遺産分割協議がまとまらずに不動産が共有になることが想定されます。相続争いや不動産の共有は，とてつもなく大きなリスクですから，たとえ相続税が増加しようとも，これらのリスクの方が大きいと判断して「積極納税型」の対策であってもあえて生前に「不動産管理会社」を選択するというのは正しい戦略といえるでしょう。また既に共有になっている場合に「不動産管理会社」によって問題解決を図ることができるというのも**Q52**で述べたとおりです。

3 「積極納税型」の対策と不十分な説明

このように，きちんとメリット・デメリット・リスク等を十分に理解し，総合勘案したうえで「積極納税型」の対策を実行していればよいのですが，実際には十分に理解しないまま実行しているケースが多数みられます。特に■図表１にあるように「不動産管理会社」に買取資金を融資することで，ライバル行から顧客を横取りできるため，一部の金融機関は「不動産管理会社」の提案に極めて積極的です。しかし，これは自社商品・サービスのセールス目的の提案すなわち「提案型営業」ですから，顧客に「不動産管理会社」を選択させるために「所得税の節税」（詳細は**Q52**参照）などメリットばかりを強調し，「相

続税」については「積極納税型」になることはほとんど説明を受けていないことが一般的です。場合によっては「不動産管理会社」を選択させた後に、それが原因で相続税が急増したことは説明せずに、相続税の見込額が多額になるという事実だけを強調して、いわゆる「タワーマンション節税」などの、さらなる投資勧誘につなげている事例も見受けられます。あまりにも悪質な場合は、金融機関等に対する損害賠償請求も検討すべきといえます。

4 「不動産管理会社」よりもインパクトの強い「積極納税型」の対策——持株会社方式

さらに強力な「積極納税型」の対策があります。それは特に銀行が企業オーナーに「事業承継対策」と称して持ち込んでくる「持株会社方式」です。「持株会社方式」自体は税務面以外に様々なメリットがあるのですが、こと相続税に関していえば「不動産管理会社」以上に強力な「積極納税型」です。詳しく見ていきましょう。

(1) 持株会社方式の概要

■図表2に、典型的な「持株会社方式」の仕組みを書きました。株式移転などの組織再編を使うケースもありますが、このように基本的には親族内承継を志向している会社に対して、後継者の出資で「持株会社」を作らせて、そこに銀行が融資し、父親（現経営者）の所有する自社株式を買い取るという手法が最も典型的です。

(2) 持株会社方式が「積極納税型」になる仕組み

一見、単純な仕組みのようですが、この「持株会社方式」を実行すると相続税が増加し、場合によっては巨額となることがあります。一番のポイントは「不動産管理会社」と同じく、非上場株式についても「時価と相続税評価額は異なる」ということです。持株会社に自社株式を譲渡するときには「時価」で行う必要があります。しかし非上場株式については創業以来、譲渡取引が一度もされたことのない会社も多く、「時価」といわれても非常に曖昧です。このため特に親族などの同族関係者間で非上場株式を譲渡する場合の「時価」の算定については、実務上は法人税基本通達9－1－14（所基通59－6）によることが一般的です。この通達は「課税上弊害がない限り」（所得税基本通達は「原則として」）、この通達に定められた計算式に基づいて計算した結果を「時価」として譲渡取引をすれば、税務調査においては「これを認める」とされていま

第3章◇事業承継と税法

■図表1 「不動産管理会社」が「積極納税型」である仕組み

(現況)

父親の相続財産は5億円の現預金と時価2億円の不動産。
その他に借入金が2億円ある。
相続人は配偶者と子供2人
不動産譲渡に伴う所得税・住民税はないものとする。
不動産の「時価」と「相続税評価額」についてはQ48参照

父親の財産目録

	相続税評価額	時価		相続税評価額	時価
現預金	5億円	5億円	借入金	2億円	2億円
建 物	3,500万円	1億円	純資産	3億9,900万円	5億円
土 地	6,400万円	1億円			
合 計	5億9,900万円	7億円	合 計	5億9,900万円	7億円

相続税は純資産の相続税評価額(3億9,900万円)に対してかかる。

(相続税の試算)
① 基礎控除
　3億9,900万円 − (3,000万円+600万円×3人) = 3億5,100万円
② 相続税の総額
　配偶者：1億7,550万円×40%−1,700万円=5,320万円
　子：8,775万円×30%−700万円=1,932万5,000円
　子：8,775万円×30%−700万円=1,932万5,000円
　相続税の総額：5,320万円+1,932万5,000円+1,932万5,000円=9,185万円

(相続財産)
父親 ― 現預金5億円
父親 ― 時価2億円(相続税評価額9,900万円)の不動産

A銀行(メインバンク) ― 貸付金2億円 → 父親

不動産売却 時価2億円の不動産 対価(2億円)支払
父親 ⇔ 不動産管理会社

譲渡取引なので「相続税評価額=9,900万円」ではなく「時価=2億円」で売買する必要がある。
B銀行はライバル行であるA銀行から、顧客を奪い取ることに成功！

(不動産管理会社)
不動産管理会社 → 2億円を返済！ → A銀行(メインバンク)

買取資金2億円を融資！
B銀行(ライバル行) → 不動産管理会社

Q57 ◆「積極納税型」の対策

(その後)
父親の手元から不動産と借入金がなくなった。
相続財産は現預金5億円のみ。

(相続財産)

父親 現預金5億円

父親の財産目録

	相続税評価額	時価		相続税評価額	時価
現預金	5億円	5億円	純資産	5億円	5億円
合計	5億円	5億円	合計	5億円	5億円

➡ 相続税は純資産の相続税評価額(5億円)に対してかかる。

(相続税の試算)
①基礎控除
　5億円 − (3,000万円 + 600万円×3人) = 4億5,200万円
②相続税の総額
　配偶者:2億2,600万円×45% − 2,700万円 = 7,470万円
　子:1億1,300万円×40% − 1,700万円 = 2,820万円
　子:1億1,300万円×40% − 1,700万円 = 2,820万円
　相続税の総額:7,470万円 + 2,820万円 + 2,820万円 = 1億3,110万円

不動産管理会社にする前に比べて
「1億3,110万円 − 9,185万円 = 3,925万円」の相続税が増加した!
⇔不動産と借入金が消滅したのだから、当然といえば当然。

⇨「不動産管理会社」は積極納税型の対策ということになる。
しかし税務面以外でのメリットの方が大きければ、実行することは正しいといえる。

問題なのは、このようなデメリットについて十分に説明していないこと!

場合によっては損害賠償請求訴訟を検討する必要性があるケースも!

第3章 ◇事業承継と税法

■図表2 持株会社方式が「積極納税型」になる仕組み

前提条件：相続人は配偶者と子供2人

(現況)

父親
- 自社株式（時価6.5億円、相続税評価額9,900万円）
- 現預金4億円
- 時価2億円（相続税評価額9,900万円）の不動産

（相続財産）

父親の財産目録

	相続税評価額	時価		相続税評価額	時価
現預金	4億円	4億円	借入金	—	—
自社株式	1億円	6億5,000万円※			
建物	3,500万円	1億円			
土地	6,400万円	1億円	純資産	3億9,900万円	2億円
合計	5億9,900万円	12億5,000万円	合計	5億9,900万円	12億5,000万円

※ 非上場株式の時価は法人税基本通達9-1-14（又は所得税基本通達59-6）で算定することが実務上は多い。[時価]は相続税評価額と大きく乖離することも珍しくない。

➡ 相続税は純資産の相続税評価額（3億9,900万円）に対してかかる。
（相続税の試算）
① 基礎控除
3億9,900万円 −（3,000万円＋600万円×3人）＝ 3億5,100万円
② 相続税の総額
配偶者：1億7,550万円×40％−1,700万円＝5,320万円
子：8,775万円×30％−700万円＝1,932万75,000円
子：8,775万円×30％−700万円＝1,932万75,000円
相続税の総額：5,320万円＋1,932万75,000円＋1,932万75,000円＝9,185万円

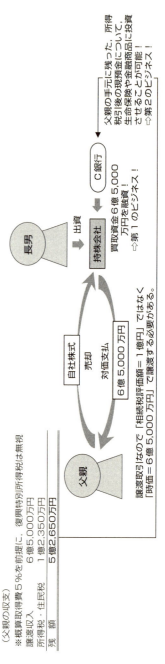

長男
↓ 出資
持株会社
買取資金6億5,000万円を融資
⇨第1のビジネス！

C銀行

父親
↓ 自社株式売却
↑ 対価支払 6億5,000万円

譲渡取引なので「相続税評価額＝1億円」ではなく、
[時価＝6億5,000万円]で譲渡する必要がある。

父親の手元に残った、所得税引後の現預金について、生命保険や金融商品に投資させることが可能！
⇨第2のビジネス！

(持株会社方式)
(父親の収支)
※概算取得費5％を前提に、復興特別所得税は無視

譲渡収入	6億5,000万円
所得税・住民税	1億2,350万円
残額	5億2,650万円

Q 57 ◆「積極納税型」の対策

（持株会社方式の実行後）

自社株式が消減し、現預金が増加した。

父親の財産目録

	相続税評価額	時価		相続税評価額	時価
現預金	4億円	4億円	借入金	2億円	2億円
現預金（自社株式の税引後の譲渡対価）	5億2,650万円	5億2,650万円	純資産	8億2,550万円	9億2,650万円
建物	3,500万円	1億円			
土地	6,400万円	1億円			
合　計	10億2,550万円	11億2,650万円	合　計	10億2,550万円	11億2,650万円

相続税は純資産の相続税評価額（8億2,550万円）に対してかかる。

（相続税の試算）
① 基礎控除
　8億2,550万円 −（3,000万円 + 600万円 × 3人）＝ 7億7,750万円
② 相続税の総額
　配偶者：3億8,875万円 × 50% − 4,200万円 ＝ 1億5,237万5,000円
　子：1億9,437万5,000円 × 40% − 1,700万円 ＝ 6,075万円
　子：1億9,437万5,000円 × 40% − 1,700万円 ＝ 6,075万円
　相続税の総額：1億5,237万5,000円 + 6,075万円 + 6,075万円 ＝ 2億7,387万5,000円

持株会社方式実行前に比べて「2億7,387万5,000円 − 9,185万円 ＝ 1億8,202万5,000円」も相続税が増加した。譲渡に伴う所得税・住民税も考えると「1億8,202万5,000円 + 1億2,350万円 ＝ 3億552万5,000円」も負担が増加したことになる。相続税が増加するのは当然といえば当然。
⇔非上場株式と現預金が入れ替わっただけなのだから。

⇒「持株会社方式」は積極納税型の対策ということになる。
しかし税務面以外でのメリットの方が大きければ、実行することは正しいといえる。

問題なのは金融機関等が、このようなデメリットについて十分に説明していないこと！

それどころか「持株会社方式」によって増加した相続税の「節税対策」と称して、追加借入れによるタワーマンション購入などを動めてくることも!!（第3のビジネス）

場合によっては損害賠償請求訴訟を検討する必要性があるケースも！

（相続財産）
現預金
9億2,650万円

時価2億円（相続税評価額9,900万円）の不動産

父親

375

第3章◇事業承継と税法

す。通達の注書き（課税上弊害がない限り）の意味は「租税回避行為＝行き過ぎた節税策」でない限りと理解しておけば十分ですから，**Q55**で解説した「株特外し」などを行っておらず，自然体で算定された株価であれば税務調査で問題になることはありません。誤解しないでもらいたいのは通達による計算結果が「唯一絶対の時価」ということではないということです。しかし同族関係者間，特に親子で自社株式の譲渡取引を行うような場合，売主に特に高く売りたいという要望があるわけではなく，むしろ税務調査で問題にならないことを最優先に進めるというケースが多いのです。また国税庁の定めた計算式によっているため客観性が高く信頼性があることから，同族関係者間での非上場株式の譲渡取引は，この通達により算定された時価で譲渡されることが実務上は多く見られます。同時にこれより低い株価で譲渡取引を行うと税務調査で「低額譲渡取引」と認定される危険性が著しく高くなるため，これ未満の株価での譲渡取引は実務上は困難ということになります。

　そして，この通達には大きな特徴があります。通達の計算式は，相続税評価額に基本的に3項目の調整を加える，いうなれば加工して算定する評価額ということになります。■図表3に法人税基本通達9－1－14を載せました。しかしこの3項目の調整をすることで，通常は相続税評価額を上回る計算結果となります。2倍から3倍の乖離は当然で，場合によっては5倍以上の乖離も起こります。特に(1)の「小会社方式」でやることが原則という部分が，実務上は極めて大きなインパクトをもっています。これは相続税評価額の算定では「大会社」に該当し，類似業種比準価額をそのまま相続税評価額とできる会社であっても，「時価」の算定にあたっては，不利な，「純資産価額」を50％は折衷しなくてはならないことを意味するため，多くの場合株価を上昇させる方向に作用します。また，(2)についても土地や上場有価証券等について，相続税評価額ではなく「価額＝時価」を基礎に「純資産価額」を算定せよということですから，特に土地については基本的に「時価＞相続税評価額」である以上は，こちらも株価を引き上げることになります。(3)についても「評価差額に対する法人税額等」を控除しないということは，会計的にいえば「繰延税金負債」を計上できないということですから，こちらも株価を上昇させます。そう考えると3つの調整項目のいずれもが多くの場合，株価を上昇させる方向に作用しますから，法人税基本通達9－1－14（所得税基本通達59－6）により算定された「時

■図表3　法人税基本通達9-1-14

> 9-1-14　法人が，上場有価証券等以外の株式（9-1-13の(1)及び(2)に該当するものを除く。）について法第33条第2項《資産の評価換えによる評価損の損金算入》の規定を適用する場合において，事業年度終了の時における当該株式の価額につき昭和39年4月25日付直資56・直審（資）17「財産評価基本通達」（以下9-1-14において「財産評価基本通達」という。）の178から189-7まで《取引相場のない株式の評価》の例によって算定した価額によっているときは，課税上弊害がない限り，次によることを条件としてこれを認める。（昭55年直法2-8「三十一」により追加，昭58年直法2-11「七」，平2年直法2-6「三」，平3年課法2-4「八」，平12年課法2-7「十六」，平12年課法2-19「十三」，平17年課法2-14「九」，平19年課法2-17「十九」により改正）
>
> (1)　当該株式の価額につき財産評価基本通達179の例により算定する場合（同通達189-3の(1)において同通達179に準じて算定する場合を含む。）において，当該法人が当該株式の発行会社にとって同通達188の(2)に定める「中心的な同族株主」に該当するときは，当該発行会社は常に同通達178に定める「小会社」に該当するものとしてその例によること。
>
> (2)　当該株式の発行会社が土地（土地の上に存する権利を含む。）又は金融商品取引所に上場されている有価証券を有しているときは，財産評価基本通達185の本文に定める「1株当たりの純資産価額（相続税評価額によって計算した金額）」の計算に当たり，これらの資産については当該事業年度終了の時における価額によること。
>
> (3)　財産評価基本通達185の本文に定める「1株当たりの純資産価額（相続税評価額によって計算した金額）」の計算に当たり，同通達186-2により計算した評価差額に対する法人税額等に相当する金額は控除しないこと。

価」は，通常は「相続税評価額」を上回る結果となり，場合によっては大きく乖離することも珍しくないのです。■図表4に数値例をまとめましたが，5倍以上乖離することはまったく珍しくありません。

　■図表2で「持株会社方式」の実行前後での「相続税」の変化を試算しました。「持株会社方式」実行前は，相続税の総額で9,185万円にとどまっていた

第3章◇事業承継と税法

■図表4　相続税評価額と法人税（所得税）基本通達によって「時価」が大きく乖離する数値令

	時　価 （法人税・所得税基本通達）	相続税評価額 （財産評価基本通達）	備　考
類似業種 比準価額	7,000万円	1億円	類似業種比準価額は斟酌率が「小会社」の0.5となるため「相続税評価額」の方が高くなることもある。
純資産 価　額	12億3,000万円	10億円	「純資産価額」については，法基通9－1－14の(2)(3)（※所基通59－6では(3)(4)）の調整により「時価」の方が高くなる。
評価額	6億5,000万円	1億円	法基通9－1－14(1)（※所基通59－6では(2)）により「時価」は「小会社」が基本となるため「純資産価額」を50％折衷しなくてはならない。この調整項目のインパクトが強い。
解　説	「小会社」に該当するものとして，50％折衷で評価	大会社であるため，類似業種比準価額100％で評価	

2倍から3倍の乖離は当然で5倍以上の乖離も珍しくない！

ものが，実行後は非上場株式と現預金が入れ替わったことにより2億7,387万5,000円へと急増しています。これに譲渡に伴う所得税・住民税1億2,350万円を加えれば3億552万5,000円もの税負担が増加していることになります。

5　積極納税型の「持株会社方式」にもメリットがある

　しかし，このように税務面では明らかに不利になる「持株会社方式」ですが，それ以外の部分ではメリットがあります。

　特に「相続税の納税資金対策」を考えた場合「持株会社方式」は非常に魅力的です。自社株対策を必要としている現経営者は，通常は「成功した会社経営者」です。したがって，大きな自宅や，賃貸用不動産，多額の金融資産等，自社株式以外にも多くの資産を有していることが一般的です。自社株式のみを後

継者に所有権移転しても，その他の相続財産から発生する相続税の問題は解決しません。それが「持株会社方式」を実行すると，■図表2からもわかるように，父親に多額の現預金が入りますから「相続税の納税資金対策」は一気に解決することになります。このほかにも自社株対策を「贈与」によると，他に子供がいる場合「特別受益」となって「遺留分」が増加するというリスクがあります（詳細は**Q17**を参照）。これに対して「持株会社方式」であれば，自社株式は「譲渡（＝一種の等価交換）」によって承継されていますから「特別受益」であるとして「遺留分」が増加するというリスクは，贈与に比べて著しく低いと考えてよいでしょう。

このように「不動産管理会社」と同じく「持株会社方式」にはメリットがたくさんありますから，相続税が増加したとしても，それ以上のメリットがあると判断するならば実行することはむしろ正しい戦略ということになります。

6　金融機関にとって3段階のビジネスになる「持株会社方式」

「不動産管理会社」と同じく，これらのメリット・デメリット等を十分に理解し，全体を総合勘案して実行を決めたのであれば問題ないのですが，実際には金融機関に勧められるがまま，あまり詳細な検討をせず実行しているケースが多く見られます。では金融機関はなぜこの「持株会社方式」を勧めてくるのでしょうか。

■図表2にまとめましたが，この「持株会社方式」は金融機関にとって3段階のビジネスになります。最もわかりやすいのは，持株会社への自社株式買取資金の融資ですが，それ以外にも2つあります。■図表2の父親の手元に，所得税・住民税を払っても多額の現預金が入りますから，これを投資信託や仕組債，生命保険などの運用へ振り向けさせれば，多額の手数料収入が期待できます。さらに，「不動産管理会社」の場合と同じく「持株会社方式」によって相続税が増加したことは説明せずに，相続税の見込額が多額になるという事実だけを強調して，追加の借入れによる不動産購入などの，さらなる金利ビジネス，仲介料ビジネスにつなげている事例も見受けられます。

このように「持株会社方式」は金融機関から見ると，何段階ものビジネスになることから，何としてでもやらせたいということになります。このため「相続税の納税資金対策になる」等のメリットだけをことさらに強調し「相続税が

増加する」というデメリットやリスクについてほとんど説明していないというケースがほとんどです。しかも「不動産管理会社」以上に税額が増えるケースも少なくないことから，この税負担増加が大きなダメージとなるケースも珍しくありません。こちらも説明義務違反が明白で悪質な場合は，弁護士に相談して損害賠償請求も検討すべきテーマといえるでしょう。

〔金井　義家〕

種類株式の評価

種類株式の評価方法について教えてください。事業承継対策では，どのように種類株式が活用されているのでしょうか。

　種類株式の評価は，相続税法等に特段の定めがされておらず，国税庁課税部資産評価企画官情報として①配当優先の無議決権株式，②社債類似株式，③拒否権付株式の3つの評価方法についてのみ示されるにとどまっています。この情報を受けて，株式評価実務上，議決権や拒否権の価値は原則として評価しないということが通説となっています。

　普通株式は，「支配権」と「財産権」が一体となっていることから，株価が低いタイミングで財産権を移すために後継者に株式を移転すると，オーナーの支配権も同時に移ってしまいます。一方，支配権を後継者に移転しようとすると，同時に財産権も後継者に移ってしまい，後継者に多額の納税負担が発生するという問題点があります。

　種類株式は，「支配権」と「財産権」を分離することができるため，上記問題解決のために有効に活用されています。

　また，近年は種類株式に代わる手段として，信託制度の活用も増えています。

☑ キーワード

種類株式，配当優先の無議決権株式，社債類似株式，拒否権付株式，取得条項付株式，拒否権付株式，信託制度

第3章◇事業承継と税法

解　説

1　種類株式とは

種類株式とは，株式会社が，剰余金の配当・残余財産の分配・議決権行使事項等について，普通株式と異なる定めをした株式をいいます（会社108条）。

2　種類株式の種類

種類株式は性質に応じて，■図表１に記載された９つの種類が認められています。「無議決権」と「配当優先権」の２つの事項について定めるなど，組み合わせは自由です。

■図表１　種類株式の概要

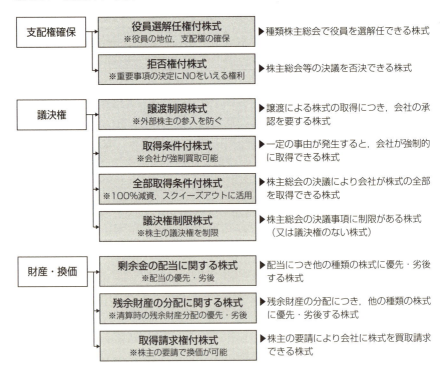

3 種類株式の評価方法

平成18年5月の会社法施行によって，多種多様な種類株式の発行が認められるようになりました。しかし，その具体的な評価方法について，明確な定めがありません。唯一評価の参考となる資料として，国税庁から，種類株式のうち，中小企業の事業承継等で活用が想定される3類型の種類株式（①配当優先の無議決権株式，②社債類似株式，③拒否権付株式）について，平成19年2月26日付で「相続等により取得した種類株式の評価について（照会）」と題する文書回答及び平成19年3月9日付で資産評価企画官情報第1号「種類株式の評価について（情報）」が公表されており，実務上の取扱いの指針となっています。それぞれの評価方法については次に説明します。

(1) 配当優先の無議決権株式

（原則）

普通株式と同様に評価します。ただし，類似業種比準方式における，「1株当たりの配当金額」については，株式の種類ごとに計算して評価します。

（例外）

同族株主が相続又は遺贈により取得した株式は，一定の要件を満たす場合，無議決権株式を5％評価減し，その評価減した金額を議決権がある株式に加算する評価方法も認められています。これは，議決権の有無によって株式の価値に差が生じるという考え方があることを考慮したものです。

(2) 社債類似株式

社債類似株式とは，次の(a)から(e)の条件を満たすものをいいます。

(a) 配当金については優先して分配する。

　　ある事業年度の配当金が優先配当金に達しないときは，その不足額は翌事業年度以降に累積することとするが，優先配当金を超えて配当しない。

(b) 残余財産の分配については，発行価額を超えて分配は行わない。

(c) 一定期日において，発行会社は本件株式の全部を発行価額で償還する。

(d) 議決権を有しない。

(e) 他の株式を対価とする取得請求権を有しない。

社債類似株式は，利付公社債の評価（財基通197-2(3)）に準じて，発行価額

で評価します（既経過利息に相当する配当金の加算は行いません。）。

なお，社債類似株式以外の株式の評価をする際には，社債類似株式を社債であるものとして計算します。

(3) 拒否権付株式

拒否権を考慮せずに普通株式と同様に評価します。

以上のように，無議決権株式や拒否権付株式は，原則として普通株式と同様に評価する方針が示されていることから，株式評価実務上は，議決権や拒否権の価値を株式評価に反映しないという取扱いが通説となっています。

国税庁は，議決権や拒否権に一定の価値があることについて認識しつつも，その評価の困難性から原則として議決権や拒否権の価値評価を行わないとしているものと思われます。

ただし，種類株式を悪用して不当に同族内で価値移転を行った場合には，財産評価基本通達6項[*1]や相続税法64条（同族会社の行為計算否認）等により，実態に応じた評価がなされる可能性があります。

実務家としては，中小企業の自社株承継で種類株式をより有効に活用するためにも，種類株式の評価方法について更に多くの事例と評価方針の公表を願うところです。

4 事業承継対策での活用事例

(1) 配当優先の無議決権株式

配当優先の無議決権株式とは，株主総会で議決権を行使できないかわりに普通株式に優先して配当を受ける権利を付与した株式です。事業承継対策では，オーナーが保有する株式の一部及びオーナー以外の株主が保有する株式を配当優先の無議決権株式に変更し，オーナーが保有する配当優先の無議決権株式を同族外の役員や従業員等に贈与・譲渡する対策が行われています。

現行の財産評価基本通達では，同族株主の判定を保有割合ではなく，議決権割合で行うことから（財基通188），完全無議決権株式は同族株主の判定上，議決権がないものとされ（財基通188-5），中心的な同族株主が存在する場合に，完全無議決権株式を同族外の役員や従業員等に贈与・譲渡する場合には配当還元方式を適用できます。

配当優先の無議決権株式を用いた事業承継対策が行われる理由は，オーナー

が保有する自社株式を同族外の役員や従業員等に特例的評価方式で贈与・譲渡すると，議決権割合を確保しつつ，保有割合が下がることにより相続財産が減少するためです。

例えば，X社の100％株主Aが保有する株式の30％を配当優先の無議決権株式とし，当該株式を同族外の役員や従業員等に譲渡したとします。その際，役員や従業員等が株主Aから自社株式の譲渡を受ける際の価格は特例的評価方式が適用できます。そうすると，株主AはX社を引き続き100％支配しながら自社株式の評価額が30％減少する効果を得ることができます。

また，将来自社株式の評価が上昇することが見込まれる場合には，株主Aに議決権を留保するために，株主Aが保有するX社株式のうち1株以外の株式を完全無議決権株式として当該株式を後継者に原則的評価方式で贈与・譲渡する方法が用いられます。これにより，株主Aの相続財産はX社株式1株に減少しますが，X社を引き続き支配することができます。

ただし，株主Aが保有するX社株式のうち1株以外の株式を完全無議決権株式として当該株式を特例的評価方式が適用できる同族株主等に特例的評価方式で譲渡するような極端なケースにおいては財産評価基本通達6項の適用の可能性が高くなる点に留意が必要です。

(2) 取得条項付株式

取得条項付株式とは，株主の同意なしに，一定の事由が生じたことを条件として，当該株式を発行会社が強制的に取得することができる株式です（会社108条1項6号）。取得の対価として，金銭以外に，自社株式（他の種類株式等）も可能です。なお，取得対価が自社株式以外の場合には，分配可能限度額までしか買取りができません[*2]。

例えば，X社の株主はオーナー60％，その他が40％，後継者はオーナーの子とします。その他の株主に相続が発生した場合，自社株式が分散してしまうおそれがあります。その他の株主の保有する株式を，相続が発生したことを一定の事由と定めた取得条項付株式に変更し，対価を無議決権株式とします。将来，その他の株主に相続が発生した際，当該株式を無議決権株式に転換することで議決権が分散することを防止することができます。

(3) 拒否権付株式

拒否権付株式とは，株主総会での決議事項のうち一定のものについて，種類

株主総会の決議も必要とすることを定めた株式です（会社108条1項8号）。事業承継対策では，評価が低いタイミングで自社株式を後継者に贈与・譲渡すると同時にオーナーに対して拒否権付株式を発行し，オーナーが存命中は経営に対する一定の監視権をもち，遺言で後継者に拒否権付株式を相続させたり，オーナーの相続を起因とする取得条項を付したりする方法が用いられます。

拒否権付株式は「黄金株」とも呼ばれますが，拒否権付株式はあくまで事前に定められた事項について拒否する権利のみが付与された株式であり，積極的に会社の意思決定に関与できる株式ではない点に留意が必要です。

事業承継では，例えば，株主AがX社の100％を保有している場合，そのうち1株を拒否権付株式とし，残りの株式を後継者に承継するというような方法が活用されています。

なお，信託制度を利用することで，拒否権付株式と似たような効果を得ることも可能です。例えば，オーナーを委託者兼受託者，子を受益者，自社株式を信託財産として信託を設定します。議決権行使の指図権をオーナーがもつことで，オーナーは自社株式の財産価値（受益権）を子に移転しつつ，引き続き経営権を保持することができます。

また，信託には上記以外にも次のようなメリットがあります。

(a) 無議決権株式や拒否権付株式を発行する場合には，原則として株主全員の同意及び登記が必要なのに対し，信託はそのような手続が不要です。

(b) オーナーより先に自社株式を承継している子に相続が発生した場合，生前に株式を贈与・譲渡していると，後継者の配偶者や子等に，経営に関与しているか否かにかかわらず，自社株式が渡ってしまうリスクがあります。その点，信託は「第二受益者」を別途定めておけば，このような懸念を軽減することができます。

(c) 後継者に経営の才能がないため経営権を別の後継者候補に譲る場合，既に自社株式を後継者に対して贈与・譲渡していると，再度他の後継者候補に贈与・譲渡するためには後継者の承諾が必要となります。ところが，信託であれば，信託設定時に「受益者変更権」をあらかじめ付与することで，オーナーが後継者（受益者）の意思にかかわらず，受益者を他の後継者候補に変更することも可能です[*3]。

〔佐藤　順一郎〕

―■注　記■―

＊1　**Q47**参照。
＊2　**Q30**参照。
＊3　ただし，後継者から他の後継者候補に信託受益権の贈与が行われたことになるため，贈与税の負担が生じる。

財産の国内外判定と評価方法への影響

事業承継対策の一環で海外不動産や外国株式の取得を検討しています。財産の国内外判定基準や評価方法の違いを教えてください。

> 財産の国内外判定は原則として相続税法10条に従います。また、判定時期は財産を相続もしくは遺贈又は贈与により取得した時の現況により判断することとされています（同条4項）。財産評価は基本的には財産評価基本通達に基づき評価しますが国外の非上場会社株式や不動産はそのまま通達規定で評価できない場合がありますので注意を要します。また、国内にある現金を贈与する場合には贈与契約の締結方法（贈与契約書の有無）に注意が必要です。なお、米国が関係する場合には日米相続税租税条約の検討が別途必要となります。

☑ キーワード

財産の国内外判定、贈与契約書、国外の非上場株式の評価、国外不動産の評価、国外送金、邦貨換算、日米相続税租税条約

解 説

1 納税義務者区分と相続財産の国内外判定

日本の相続税・贈与税を計算するうえで、まず財産を取得する者の納税義務者区分と課税される財産の範囲を確定することが重要となります。なぜなら、課税される財産の範囲を確定するにあたり、まず財産を取得する者の納税義務者区分に応じて、取得する財産の評価必要性の有無を判定することとなるからです。特に国外財産の場合にはその財産の国内外判定との関係においてそれが

より重要となり，制限納税義務者が国外財産を取得した場合には評価そのものが不要となるケースもあります。なお，その相続又は贈与に米国が関係している場合にはその財産の所在地判定や納税義務者区分に関し日米相続税租税条約の検討も必要となります。

2 相続財産としての国内外判定の概要

(1) 評価の流れ

相続又は遺贈もしくは贈与により財産を取得した場合，まず財産を取得した者の納税義務区分に応じて評価の必要性を判定します。評価が必要な場合には財産評価基本通達に基づいて評価することとされ，国外財産についても原則として同基本通達に基づいて評価することとされています（財基通5－2）。

ただし，海外不動産等，国外の財産については財産評価基本通達に基づき評価することが困難なケースもあります。すなわち，国内不動産では主としてあらかじめ国税庁により提供されている路線価を利用して評価するところ，海外不動産についてはそもそも路線価がなく，単純に財産評価基本通達の路線価方式による評価方法を適用することが不可能となります。このような場合には財産評価基本通達に定める評価方法に準じて売買実例価格又は精通者意見価格等を参酌して評価することとなります（財基通5－2なお書）。

(2) 邦貨換算

国外財産・債務を評価するにあたり外貨建てである場合には邦貨換算の必要が生じます。国外財産については原則として財産を取得する者の取引金融機関が公表する相続等の日における最終対顧客直物電信買相場（いわゆるTTB）により，国外債務は最終対顧客直物電信売相場（いわゆるTTS）により評価することとされています（財基通4－3）。

なお，相続等の日が土日等で相場情報がない場合には相続等の日前の最も近い日の為替相場により評価することとなります（財基通4－3）。

3 個別評価項目についての留意点

(1) 現金の国外送金

現金等の動産は贈与等による財産の取得時にその動産の所在地により内外判定をすることとなります。制限納税義務者への現金の海外送金による贈与の場

合であれば贈与契約時点(贈与契約書の有無)も重要なポイントとなります。すなわち,贈与契約は贈与契約書がある場合にはその契約書による効力発生時に,贈与契約書がない場合にはその贈与履行時に成立☆1することとされています。仮に,贈与契約書がない口頭での国内所在の現金贈与契約である場合に,制限納税義務者が国内に所在する現金を贈与により取得し,後日国外送金した時点で贈与契約が成立し,日本の贈与税が課税されることとなります。この場合,課税実務上,国外送金時点が贈与契約成立時点とされることから,生前贈与加算の対象期間の判定に注意を要します。

(2) 国外の非上場株式の評価

日本国内の非上場会社株式を評価する場合には原則として財産評価基本通達178から193までの定めに従って評価され,具体的には類似業種比準方式や純資産価額方式等により評価されることになります。一方,日本国外の非上場会社株式については,原則として日本国内の非上場会社と同様に評価することとなるものの,類似業種比準方式においてはその比準値が日本所在の上場内国法人をベースに算出しているため,制度の違う外国法人については比準そのものができず適用不可となります。純資産価額方式についても法人税等相当額の控除(現在は37%で適用)とされているところ,外国法人を評価する場合には所在地国の税率を用いて評価することが必要となります。また,配当還元方式に関しても内国法人の場合には10%の還元率を用いて評価しますが,外国法人の評価にあたってはその還元率について別途十分な検討が必要となります。なお,内国法人に適用される財産評価基本通達に定める評価方法の適用が困難な場合には売買実例価格や精通者意見価格等により評価することとなります。

(3) 国外の不動産

(a) 評価方法

国外不動産は,日本国内不動産における路線価や固定資産税評価額の情報がないことから,原則として財産評価基本通達5-2なお書による売買実例価額や精通者意見価格等により評価することとなります。売買実例がある不動産は,課税上弊害がない限り,その財産の取得価額を基にその財産が所在する地域もしくは国におけるその財産と同一種類の財産の一般的な価格動向に基づき時点修正して求めた価額又は課税時期後にその財産を譲渡した場合における譲渡価額を基に課税時期現在の価額として算出した価額により評価(財基通5-2

注書）すべく、その基礎となる売買実例価格をインターネット環境を用いてデータ収集することとなりますが、実務上そもそも売買実例がないか仮に存在しても課税時期と大幅に乖離していてその数値を用いることができないケースが多く、その場合には現地専門家による精通者意見価格等を算出してもらうことが必要となります。

精通者意見価格につき、例えば米国や英国においては不動産鑑定制度が存在することから現地不動産鑑定士などにより評価依頼することとなります。また中国所在の不動産についてはそもそも一個人が土地そのものを所有することができない一方で日本の借地権制度のような形で土地を使用収益できる権利を評価することとなり、この場合のその使用収益権相当額を現地精通者から取得することとなります。

(b) 小規模宅地の特例の適用

租税特別措置法69条の4に規定する小規模宅地等についての相続税の課税価格の計算の特例制度は被相続人や相続人の居住地、宅地等の所在地が国外であっても原則として適用対象としていることから検討対象となります。ただし、特定居住用宅地等に係る特例の適用上、一定のケースについては日本国籍がない制限納税義務者である相続人が取得したケースでは適用対象外となりますので取得対象者に注意を要します。

(c) 贈与税の配偶者控除の適用

贈与税の配偶者控除とは婚姻期間が20年以上の配偶者間で国内所在の居住用不動産を贈与した場合、又は国内所在の居住用不動産を取得するための金銭を贈与した場合で当該居住用不動産を一定の期間内に居住の用に供し、その後も継続して居住の用に供する場合には、贈与税の計算上その課税価格から2,000万円を控除することができる規定です（相税21条の6）。この規定は文字どおり国内所在の不動産が対象となっているため国外所在の居住用不動産は適用対象外となっています。

4　租税条約の取扱い

現在、日本が締結している相続税及び贈与税に係る租税条約は米国1か国のみとなっています。対象となる税目は、日本側では相続税及び贈与税が、米国側では連邦遺産税及び連邦贈与税のみが対象となっており、州税である遺産税

等については適用外となっております。相続に関する租税条約も所得に係る租税条約同様，原則として国内法に優先して適用されることとなっているので，米国が関係する相続や贈与の場合には注意が必要となります。特に財産の所在地判定に関しては日米相続租税条約3条（財産の所在地）に定められており，国内法である相続税法10条と日米相続租税条約の財産の所在はほぼ同様の内容ですが，動産，貸付金債権及び項目列挙されている財産以外のその他の財産に関して相違点があるので注意が必要です。

5　財産評価基本通達6項について

　相続等に係る財産の評価は原則として財産評価基本通達の各項に定める方法により評価されることとなりますが，この通達の定めによって評価することが著しく不適当と認められる財産の価額は，国税庁長官の指示を受けて評価することとされています。国外財産についても原則として財産評価基本通達5-2により同一区分に属する国内財産と同様の方法により評価することとされていますが，特に非上場会社株式や国外不動産についてはそもそも評価基礎となる数値がない場合等が想定されるため，その評価にあたっては6項規定の適用を想定に入れて慎重に評価することが必要となります。

〔佐野　比呂之〕

━━━■判　例■━━━━━━━━━━━━━━━━━━━━━━━━━━━━

☆1　贈与による財産の取得時期について那覇地判平7・9・27税資213号743頁。

合同会社と株式会社の相違点及び事業承継への活用

合同会社とはそもそも何でしょうか。株式会社の株式の評価と合同会社の持分の評価の違いや事業承継にあたっての活用方法，留意点を教えてください。

> 合同会社とは，会社法に定める持分会社のうち，全出資者が間接有限責任社員で構成される類型のものをいいます。合同会社の出資持分は財産評価基本通達194に従い，株式会社の株式評価方法の定めに準じて評価することとなります。事業承継にあたっては資本多数の原則に基づかない議決権行使や別途，定款で定めることにより種類株式制度を更に拡大した制度設計が可能となります。相続時には「相続により取得した非上場株式を発行会社に譲渡した場合の課税の特例」が適用できない点に留意が必要です。

☑ キーワード

相続により取得した非上場株式を発行会社に譲渡した場合の課税の特例，取得費加算の特例，合同会社の出資持分

解　説

1　合同会社の概要

　合同会社とは，会社法が定める持分会社の一形態で，株式会社と同様に出資者の間接有限責任が確保されています。株式会社に比べ定款自治の範囲が大幅に拡大され，会社内部関係の意思決定について原則として社員全員の一致を前提とした組合的な規律が導入されている新しい会社形態といえます。また，原

則として社員＝経営者＝代表者という形で所有と経営が一致しており，死亡が法定退社事由として定められていることも大きな特徴です。

近年，西友が米国ウォルマートの子会社化に伴い，その意思決定の迅速性を求める観点から株式会社から合同会社に改組されたことは記憶に新しいところですが，事業承継の現場においては創業した上場・未上場会社株式の株式保有会社や不動産取得時の将来的な価格上昇時の評価額低減等を目的とした不動産保有資産管理会社としても活用される場面が多くなっています。

2　合同会社と株式会社の課税関係の比較

(1) 会社設立時

株式会社設立には最低20万円（公証人定款認証料5万円プラス最低登録免許税15万円）必要となるのに対し，合同会社設立には最低で登録免許税6万円と低額での設立（電子定款の利用が前提）が可能です。また，合同会社には株式会社設立時に適用される払込額の2分の1を資本金としなければならないという出資規制が適用されないことから特に株式や不動産による現物出資により設立する場合には株式会社に比べ大幅な登録免許税の負担軽減が可能となります。

設立のスピード面で，株式会社の場合には定款について公証人による認証が必要なのに対して合同会社の場合には不要ですので，発起人自らの設立手続もしやすく，最短で1週間程度での設立が可能となっています。

(2) 会社運営時

法人税上，合同会社は株式会社と同様普通法人に区分されることから構成員課税を選択した米国LLCのような構成員課税はされず，合同会社に対し株式会社と同様の税率等による法人税課税がなされます。

合同会社は，先述のとおり組合的規律を基本としていることからその業務執行に際し，社員の過半数で決定され，定款変更については総社員の同意を原則としていますが，定款で別段の定めを置くことも可能となっています。また，利益配当についても出資価額に基づかず，自由に定款で定めることができます。ただ，この場合には税務上，別途社員間でのみなし贈与課税等の検討が必要となります。

近年資本政策の一環として自己株式の取得がなされるケースが多くなっており，株式会社の場合には当該自己株式はいわゆる金庫株として特に期限を定め

ることなく発行会社が保有できますが，合同会社の場合には自己持分という概念そのものがなく，合併等による譲渡以外の方法で自己の持分を取得した場合には当該持分は消滅し，会社が保有し続けることはできません（一定の限度はあるが出資の払戻しもしくは持分の払戻しは可能）。ただし，株式会社における自己株式取得と合同会社における自己の持分取得時における譲渡側と取得会社側で課税関係に差異はなく，譲渡側ではみなし配当部分につき法人社員の場合には収益計上され受取配当等の益金不算入規定の適用，個人社員の場合には配当金が所得計上され配当控除規定の適用があり（所税92条，租特8条の4・8条の5・9条），株式等の譲渡損益部分につき法人社員の場合には損金又は益金として，個人社員の場合には株式等に係る譲渡所得等として申告分離課税によりそれぞれ法人税，所得税が課税されることとなります。

(3) **譲渡及び相続時**

(a) **持分の相続**

　株式会社の株式は，その株主に相続が開始した場合には原則として相続人等に相続され，株主となりますが，合同会社の持分は当然には相続されず，定款に相続等により承継する旨を定めていない場合，相続人等が合同会社に対して持分の払戻請求権を有するにとどまり，原則として現金清算され相続により当然には社員になりません。この場合，社員としての地位は相続することはできませんが，払戻請求権を合同会社に行使することにより出資の払戻しを受けることができるため，この持分払戻請求権が相続財産として相続税の対象となります。ただし，定款に別段の定めを設けることで通常の株式のように出資持分を相続人等に対して承継させることができるので，相続人への承継を希望する場合には設立時等の定款に相続その他一般承継に関する条項を設けることが必要となります。この場合，社員間におけるみなし贈与課税に配慮した払戻価額の算定が必要となります。

(b) **株式・持分の評価**

　合同会社の出資持分は相続及び贈与時にはともに財産評価基本通達194（持分会社の出資の評価）により株式会社の株式の評価時に適用される同通達178（取引相場のない株式の評価上の区分）から193（配当期待権の評価）の定めにより評価することとされており同一の財務状況であれば評価額は同額となります。なお，持分会社のうち，合名会社，合資会社の無限責任社員の出資持分を評価するに

あたり，その会社が債務超過の場合には当該債務超過部分の債務は無限責任社員間での連帯債務とされ，当該社員の相続税計算上その債務を負担した相続人につき，その負担部分について債務控除が適用されることとなりますが，株式会社及び合同会社は間接有限責任であることから債務超過状態であったとしても債務控除の適用はないこととなります。

3　事業承継上の留意点

(1) 相続取得した非上場株式を発行会社に譲渡した場合の課税の特例

　個人株主が非上場会社株式をその発行会社に譲渡して，発行会社から対価として金銭その他の資産の交付を受けた場合，その交付を受けた金銭の額及び金銭以外の資産の価額の合計額がその発行会社の資本金等の額のうち，その交付の基因となった株式に対応する部分の金額を超えるときは，その超える部分の金額は配当所得とみなされて所得税が課税されます。しかし，相続又は遺贈により財産を取得して相続税を課税された人が，相続の開始があった日の翌日から相続税の申告書の提出期限の翌日以後3年を経過する日までの間に，相続税の課税の対象となった非上場株式をその発行会社に譲渡した場合は，その者が株式の譲渡対価として発行会社から交付を受けた金銭等の額が，その発行会社の資本金等の額のうちその譲渡株式に対応する部分の金額を超えるときであっても，その超える部分の金額は配当所得とはみなされず，発行会社から交付を受ける金銭等の全額が株式の譲渡所得に係る収入金額とされます（租特9条の7）。また，この場合の非上場会社株式の譲渡による譲渡所得金額を計算するにあたり，その非上場株式を相続又は遺贈により取得したときに課された相続税額のうち，その株式の相続税評価額に対応する部分の金額を取得費に加算（加算される金額は，この加算をする前の譲渡所得金額が限度となります。）して収入金額から控除することができます（以下，「取得費加算の特例」といいます。）（租特39条）。株式会社の株式の場合，この相続により取得した非上場株式を発行会社に譲渡した場合の課税の特例と相続税額の取得費加算の特例により，非常に有利な税制で相続税等の納税資金の捻出ができますが，合同会社の場合には取得費加算の特例しか適用できず，多くの場合ほとんどの対価部分がみなし配当に係る配当所得として課税されるため，効率的に取得費加算の特例を使うことができないケースが多いといえます。したがって，これらの特例制度を使うため

には相続開始前に計画的に株式会社への組織変更を検討する必要があります。

(2) **種類株式制度の適用**

　株式会社の株式については，定款変更により無議決権株式等の種類株式を募集株式の発行等の方法により発行することができます。また，その所有する株式を他の種類株式に変更する株主全員の合意及び変更されない株主全員の同意により既発行株式の一部のみについて他の種類株式に変更することもできます。合同会社の場合は，そもそも種類持分といった概念がありません。ただし，別途定款規定によりその持分につき，疑似種類株式のような性質をもついわゆる種類持分を発行することができます。また，合同会社の社員は株式会社における株主のように出資額の多寡に応じて議決権割合が変わらず，各社員それぞれ1票を有することとなるため，事業承継にあたり株式会社の割合的単位による仕組みや種類株式の仕組みをあらかじめ定款規定に定めておくことも必要となるケースが考えられます。事業承継上，具体的には出資持分につき定款規定により割合的単位による仕組みを導入したうえで，種類株式における拒否権付株式や議決権制限株式に相当する定款規定を設けていくことになります。なお，税制上はこういった種類持分につき，評価方法等の定めがないため原則的には株式会社における種類株式の評価の例に従って評価することになると思われます。

〔佐野　比呂之〕

医療法人の持分の評価

医療法人の出資者の持分は，どのように評価されるのでしょうか。

> 医療法人の出資者の持分を評価するに際しては，原則として取引相場のない株式の評価の方法が用いられます。ただし，医療法人は非営利の法人であり剰余金の配当などが行われないという性質等に鑑み，かかる株式の評価方法から若干の変更が加えられています。

☑ キーワード

医療法人，出資額限度法人，類似業種比準価額，純資産価額

解説

1 はじめに

医療法人とは，病院，医師もしくは歯科医師が常時勤務する診療所又は介護老人保健施設を開設することを目的として，医療法の規定に基づき設立される法人です。

平成19年施行の医療法改正前は，出資を受けて医療法人を設立することができました。これにあたり金銭等により出資をした者は，出資持分を有することになります。いわば株式会社における株主にとっての株式のようなものです。財産評価基本通達も，医療法人の出資持分を評価するにあたって，取引相場のない株式の評価の方法をいくつか用いています。しかしながら，医療法人は営利を目的としてはならず，したがって剰余金の配当が禁じられるなど，株式会社とは異なる性質も有しています。

そこで国税庁は，医療法人の持分を評価するにあたり，上記取引相場のない株式の評価から若干の変更を定めています（財基通194-2）。

なお，上記のとおり平成19年に医療法が施行され，新たに出資持分のある医療法人を設立することはできないものとされました。出資持分がある医療法人の場合，出資者の相続に伴い払戻請求が行われるなどの影響があることから，経営安定のためにこういった制度を廃止することとしたものです。

ただし，既存の出資持分のある医療法人については，依然として持分評価の検討が必要です。

2　規模による評価方法の違い

医療法人も，株式会社において同族株主が株式を取得した場合の株式の評価と同様に，規模に応じて評価基準が異なることとなります（財基通179）。

つまり，医療法人の規模を従業員，純資産の額及び取引の額により区分し，株式会社でいうところの大会社，中会社又は小会社に当てはめて検討します。

(1) 大会社に相当する医療法人

大会社相当とされた場合は，原則として類似業種比準価額によって評価します。ただし，これによる評価額が純資産価額による評価より低い場合は，納税者の選択により，純資産価額による評価で判断します。

類似業種比準方式とは，類似業種の会社の株価をもとに，一株当たりの配当金額，利益金額及び純資産額（簿価）の3点を比準して評価するものです。

具体的には，類似業種比準株価に，利益比準値及び純資産比準値や斟酌率その他の調整数値を掛け合わせて算出します。

類似業種の業種別の株価などは国税庁が公表していますが，医療法人はどの種の法人と比準すればよいのでしょうか。これについては，類似の業種がないため，「その他の産業」として評価することとされています。

そして実際に計算をするにあたっては，医療法人において配当金額がないことから，計算式が株式会社とは少し異なることになります。具体的には，財産評価基本通達180に記載されている数式が，次のとおりに変更されることとなります。

$$A \times \left[\frac{\frac{Ⓒ}{C} \times 3 + \frac{Ⓓ}{D}}{4} \right] \times 0.7$$

ここで示されている「A」は,類似業種(「その他の産業」)の株価,「C」は医療法人の1株当たりの利益金額,「D」は医療法人の1口当たりの純資産価額(帳簿価額によって計算した金額),「Ⓒ」は課税時期の属する年の類似業種の1株当たりの年利益金額,「Ⓓ」は課税時期の属する年の類似業種の1株当たりの純資産価額(帳簿価額によって計算した金額)が入ります。なお,株式会社における類似業種比準価額の計算式では「B」「Ⓑ」として配当金額に係る数値が入りますが,前述のとおり医療法人では配当がされないため,この点を考慮しないということになります。

なお,この計算にあたっては,「Ⓒ」及び「Ⓓ」の金額は,財産評価基本通達183(「評価会社の1株当たりの配当金額等の計算」)により1株当たりの資本金等の額を50円とした場合の金額として計算することに留意してください。

(2) **小会社に相当する医療法人**

小会社相当の場合は,1口当たりの純資産価額によって評価します。純資産価額は,相続税評価額に基づいて計算します。これにより算出された総資産の価額から,負債及び評価差額に対する法人税額等相当額を差し引いて,残余の金額により評価します。医療法人は配当を行わないため内部留保の金額が高くなりやすく,したがって,純資産価額による評価額も高額となる傾向があります。

ただし,納税者の選択により一定の方法により類似業種比準価額による評価を併用することもできます。

(3) **中会社に相当する医療法人**

中会社相当の場合は,類似業種比準価額と純資産価額を併用します。それぞれの基準を反映させる割合は,帳簿価額により算出した総資産価額,従業員数又は直前期末以前1年間における取引金額などにより決まります(財基通179)。ただし,これによる評価額が純資産価額による評価より低い場合は,納税者の選択により純資産価額で評価することができます。

類似業種比準価額の算定にあたっては,上記(1)で述べた式の「0.7」という数字を「0.6」にして計算します。

3 特定の評価会社の株式の評価

　医療法人の出資持分を評価するにあたっても，株式会社に対する定めと同様の考え方から，特定の評価会社については別個に評価することとされています。資産や営業の状況が一般的なものとは異なる場合に別個に区分して考えるという趣旨は，医療法人にも合致するためです。

　具体的には，①比準要素数１の医療法人，②株式（医療法人の場合は出資）保有特定法人，③土地保有特定法人，④開業後３年未満の医療法人等，⑤開業前又は休業中の医療法人については，純資産価額方式によることとされます。また，⑥清算手続中の医療法人は，清算分配見込額により評価します。

　この点，①比準要素１の医療法人とは，財産評価基本通達183（「評価会社の１株当たりの配当金額等の計算」）の(2)又は(3)に定める「１株当たりの利益金額」（筆者注：１口当たりの利益金額）又は「１株当たりの純資産価額（帳簿価額によって計算した金額）」（筆者注：１口当たりの純資産価額）のそれぞれ金額のうち，いずれかが０であり，かつ，直前々期末を基準にして同項の定めに準じそれぞれの金額を計算した場合に，それぞれの金額のうち，いずれか１以上が０である評価対象の医療法人の出資をいいます。

　また，②株式（出資）保有特定会社（法人）とは，総資産価額中に占める出資の価額の合計額の割合が一定の割合以上の法人をいいます。ただし，これに該当する場合でも，一定の要件の下に類似業種比準価額の数値を一定割合反映させることができます。このときの類似業種比準価額の数値を算出するにあたっては，上記 **2** (1)で述べたとおり，株式会社とは若干異なる数式を用いる必要がありますので，注意が必要です。

　また，③土地保有特定会社（法人）とは，総資産価額中に占める土地などの価額の合計額の割合が一定の割合以上の法人をいいます。②③いずれも，該当すると評価額が高くなるのが一般的ですので，事業承継にあたっては注意が必要です。

4 出資額限度法人に移行した場合

(1) **出資額限度法人とは**

　本項で述べる持分の定めのある医療法人は，定款を変更して，持分の定めの

ないものに移行することが可能です。また、出資持分を残したまま、定款変更により出資額限度法人とすることもできます。出資額限度法人とは、社員の退社時における出資払戻請求権及び医療法人の解散時における残余財産分配請求権に関し、その法人財産に及ぶ範囲を実際の払込出資額を限度とすることを定款上明らかにした医療法人をいいます。

(2) **移行した場合の評価について**

(a) **原　　則**

出資額限度法人に移行した場合、その後の相続税及び贈与税の計算において出資の価額を評価するにあたっては、通常の出資持分の定めのある医療法人と同様に、上記❶の財産評価基本通達194－2の定めに基づいて評価されます。なぜなら、出資額限度法人といっても、依然として各出資者が出資持分をもつものであり、出資者の出資払戻請求権等の制限は、将来社員が退社したときにはじめて問題となるものですから、これらの権利が行使されない限りは、社員の医療法人に対する事実上の権限に影響を及ぼすものとはいえないためです。

(b) **社員が死亡により退社した場合**

社員が死亡により退社して、相続人が定款に基づき出資を相続等した場合において、相続人等が払戻しに代えて出資を取得し、社員たる地位を取得することとなるときには、当該出資又は出資払戻請求権の価額は、出資としての評価額となり、上記のとおり、財産評価基本通達194－2の定めに基づき評価した価額となります。

一方、相続人等が現実に出資払戻額の払戻しを受けたときには、当該出資払戻請求権については、出資払込額により評価します（医政発第0608002号　平成16年6月8日「持分の定めのある医療法人が出資額限度法人に移行した場合等の課税関係について（照会）」）。

5　平成29年度税制改正

平成29年度税制改正では、取引相場のない株式の評価について見直しが行われました。医療社団法人の評価については上記のとおり取引相場のない株式の評価が用いられるため、その出資持分の評価の方法も改正による影響が及ぶことになります。平成29年度税制改正の内容については、**Q45**及び**Q46**をご参照ください。

〔野村　彩〕

62 信託受益権の種類と事業承継への活用

円滑で確実な事業承継のために信託の活用を考えています。事業承継上，信託受益権を使ってできることや信託受益権の評価方法を教えてください。

　次世代後継者への株式の条件付生前贈与（種類株式制度の代用）や後継ぎ遺贈型の受益者連続型信託を用いることで，次世代以降の後継者をあらかじめ定めておくことができます。その際に法人課税信託に該当しない信託設計が必要となります。信託設定時は，委託者が個人で受益者等が法人となる信託の場合にはみなし譲渡所得課税の適用が，また，信託期間中は，信託損失規制に対する配慮が必要となります。信託受益権は，原則として財産評価基本通達202（信託受益権の評価）の定めに従って評価することとなります。ただし，受益者連続型信託の場合で信託受益権を複層化している場合の信託受益権の評価には注意を要します。

☑ キーワード

後継ぎ遺贈型の受益者連続型信託，受益者等課税信託，法人課税信託，信託損失規制，収益受益権，元本受益権，信託受益権の複層化

解　説

1　信託の基本的な仕組みと税制上の区分

(1) 信託税制の基本的な考え方

　信託税制上，信託財産に係る経済的利益を実質的に享受する者に課税することを基本として，通常受益者に対して課税することとされます。信託財産の形

式的な所有者である受託者には原則として課税が生じません。また，信託財産に属する資産・負債は受益者が有するものとみなされ，また，信託財産から生ずる収益・費用は受益者の収益及び費用とみなして課税関係が生ずることとなります（所税13条1項，法税12条1項）。

したがって，信託設定時に受益者である個人が信託受益権を委託者から無償で取得した場合には所得税，贈与税又は相続税が，法人である場合には受贈益として法人税が課されることとなります（相税9条の2，法税22条）。

また，信託税制を理解するうえで重要なのが自益信託と他益信託の考え方です。委託者＝受益者となる自益信託の場合には財産の形式的な所有者は受託者となりますが，当該財産に係る実質的な経済的利益の受領者は信託後も変わらず委託者であることから特に課税関係は生じないところ，委託者≠受益者となる他益信託においては，実質的な経済的利益の受領者は信託後に委託者から受益者に移転（信託譲渡）するため課税関係が生ずることとなります。

(2) 税制上の区分

信託は，法形式や目的の違いによっていくつかの類型に分類されますが，ここでは税制上の課税区分に基づいて区分してみたいと思います。

(a) 受益者等課税信託

受益者等課税信託とは，信託発生時に受益者等に対して課税する類型のものをいい，受託者を単なる導管とするいわゆるパススルー課税が適用されます。なお，受益者等とは受益者のほか，信託の変更をする権限（軽微なものを除きます。）を現に有し，かつ受益者以外で信託財産の給付を受けることとされている者を合わせたものをいいます。平成19年度税制改正において設けられた，受益者が転々と移転する信託契約がなされたいわゆる後継ぎ遺贈型の受益者連続型信託も，基本的には受益者等課税信託の類型に該当することとなります。

(b) 集団投資信託等

いわゆる集団投資信託等とは証券投資信託，退職年金等信託及び特定公益信託等を総称したもの（法税2条29号）で，信託設定段階で課税が生じず，また信託財産から生じた収益・費用についてパススルー課税がなされないことを特徴とします。証券投資信託などは，受益者が信託財産を所有することを前提として課税関係を構築することが事実上不可能であるため，信託設定時点ではなく受益者に対し具体的に信託収益が分配された時点で課税することとされます。

事業承継の局面においては，通常集団投資信託等が用いられることはありません。

　(c)　**法人課税信託**

　法人課税信託とは，受益者の定めのない信託（目的信託）等を総称したもので，その一例として受益者等となり得ないペットである愛犬の飼育などを目的として設定される信託などがあります。この場合には債権者保護等の観点から信託が実在することを証明できるよう公正証書等による信託設定（信託宣言）が必要となります。

　法人課税信託では，受益者が存在しない，もしくは受益者が特定できないこと等により租税回避の可能性があることから信託財産そのものを法人とみなし，受託者に法人税が課税されることとなります（法税2条29号の2）。事業承継の局面においては通常法人課税信託が用いられることはありません。

　(3)　**信託の基本的な課税の仕組み**

　本設問では信託を事業承継の場面において活用することを前提としているため，通常利用される受益者等課税信託のうち，委託者が個人，受益者等が個人，法人の場合に限定して解説することとします。

　(a)　**各場面での課税**

　(ア)　**信託設定時**　受益者等課税信託において信託設定に係る資産譲渡時に重要となるのが，当該信託が自益信託か他益信託かという点です。自益信託は，信託前後において信託受益権が依然委託者であることから，資産信託による課税関係は生じません。一方で，他益信託は信託財産の信託受益権が受益者に移転することから資産信託に際し適正な対価の授受がなされない場合には，受益者が信託受益権を委託者から遺贈又は贈与されたものとみなされ相続税又は贈与税が課税されることとなります。また，受益者等が法人となる場合で信託財産が譲渡所得税の対象となるものである場合，時価の2分の1を下回る価額で贈与又は低額譲渡したときには，委託者である個人は当該信託財産を時価で譲渡したものとみなして譲渡所得税が課されることとなります（所税59条1項，みなし譲渡課税）。なお，受益者等である法人については時価＝譲渡対価でない場合には，両者との差額部分につき受贈益課税がなされることとなります。

　(イ)　**信託期間中**　受益者等課税信託においては，信託期間中，信託財産に

属する資産・負債は受益者等が有しているものとみなされ，また，信託財産に帰せられる収益・費用は受益者等に帰属するものとみなされます。

なお，受益者等課税信託においては個人受益者，法人受益者に対して次のような損失制限規定（信託損失規制）があります。すなわち，受益者等が個人である場合で信託財産から不動産所得が生ずる場合，当該不動産所得に係る損失はなかったものとみなされ，その損失額全額が切り捨てられることとなります（租特41条の4の2）。一方，受益者等が法人の場合には不動産賃貸事業に係る所得に限らず，すべての所得から生じた信託損失で信託財産額を超過する部分につき，損金算入規制されることとなります（租特67条の12）。ただし，個人の場合のように所得区分の違いを利用した租税回避の心配がないことから信託損失は切り捨てられず繰り延べられるにとどまり，翌期以降収益発生時等に順次損金算入可能となります。

(ウ)　信託終了時　　受益者等課税信託においては信託終了時には原則として特に課税関係は生じないこととなります。

(b)　**信託受益権の評価**

信託受益権の評価については財産評価基本通達202において次のとおり定められています。すなわち，受益者等が1人である場合には，その信託財産は受益者等が所有しているものとみなし，その信託財産の価額そのものが信託受益権の評価額となります。受益者等が2名以上の場合には，上記の信託受益権評価額に受益者等の受益割合を乗じたものがそれぞれの評価額となります。

一方で，信託受益権は，信託から収益を受ける権利（収益受益権）と収益を生ずる元本部分（元本受益権）に分離することができます（信託受益権の複層化）。例えば，賃貸用不動産を信託受益権化する際，不動産そのものは元本受益権とし，家賃収入を収益受益権とします。収益受益権の評価は将来収益の現在価値合計額とされ，元本受益権の評価は信託財産評価額から収益受益権評価額を控除した金額とされているため（財基通202），信託受益権を複層化した場合，まず将来生ずることが想定される利益額を推算し，当該利益額をそれぞれの期間に応ずる基準年利率による複利現価率を乗じて算出した金額を合計して収益受益権の価額を算定します。元本受益権は，信託受益権の価額から収益受益権の価額を控除したものとなります（差額概念）ので，信託設定時の元本受益権は低額で評価されることが多く，相続対策として信託設定時に元本受益権のみを

子供等に生前贈与されることがあります。ただし，信託受益権を複層化した場合にはその評価上，収益受益権の評価には相当の恣意性が介入し，租税回避の余地が生ずることとなるため，その評価には注意が必要となります。なお，下記の受益者連続型信託で信託受益権を複層化させた場合には上記とは異なる評価方法によることとなります（相基通9の3－2）。

2　事業承継における信託活用

(1)　株式の条件付生前贈与（種類株式制度の代用）

　創業者の中には，株式そのものは次世代後継者に早々に贈与したいが，その議決権行使は留保しておきたいという方がよく見受けられます。この場合，会社法に定める種類株式制度（具体的には無議決権株式や拒否権付株式の発行等）などを用いることとなりますが，その種類は9種類に限定されてしまい自由な制度設計が困難となる場合があります。このような場合には議決権行使の際の指図権を先代に留保しておくことを条件とした信託設定をすることで，オーダーメイド型の種類株式のような承継設定が可能となります。また，信託終了事由も「後継者が成人した際に終了する」等の，先代の死亡事由によらない自由な設計が可能となります。またこの場合，他益信託に該当し信託設定時に課税が生ずるため，現在の株価が相対的に安く次世代後継者に承継後，株価上昇が見込まれるような場合には，早々に株式を信託受益権の形で次世代後継者に生前贈与することで税務上も有利になることもあります。

(2)　受益者連続型信託（遺言制度の代用）

　事業承継では次世代後継者は決まっているものの，その後継者に子供がいないために承継を躊躇せざるを得ないケースも想定されます。そのような場合，後継者である受益者が死亡した場合にその次の受益者をあらかじめ定めることができる後継ぎ遺贈型の受益者連続型信託（相税9条の3）を利用して回避する方法が考えられます。例えば，息子がいない社長夫婦で次世代後継者が配偶者の場合，配偶者の次の後継者を姻族である配偶者の兄弟姉妹でなく，あらかじめ社長の兄弟姉妹として定めておくことも可能となります。ただし，この場合には相続税が通常のケースの2割増（相続税額の2割加算）の対象となる点に注意が必要です。また，受益者連続型信託には最初の信託開始から30年経過後に新たに受益権を取得した受益者が死亡した時点で信託は終了することとなるた

め，相続を機に事業承継することを想定する場合には受益者連続型信託の利用は，せいぜい2世代先までが限界ということになります。なお，受益者連続型信託で新たに取得した信託受益権の相続税評価を行う場合には，受益者連続型信託に関する制約は，付されていないものとみなされます（受益者連続型信託の特例）。したがって，特に通常の受益者課税信託で信託受益権が複層化されている場合に信託期間の設定条件により元本受益権の評価額がゼロとならないケースであっても，受益者連続型信託の場合には当該信託期間の設定等の制約はないものとみなされるため，結果として元本受益権はゼロになります（相基通9の3-1）。つまり，贈与・相続税の負担は，収益受益権をもつ人に集約されることになりますので，信託受益権が複層化された受益者連続型信託を設定する場合には注意が必要となります。

〔佐野 比呂之〕

63 小規模宅地等の特例

　小規模宅地等の特例とはどういう制度でしょうか。小規模宅地等の特例の適用を受けるために注意しておくべきことがありますか。例えば，相続時精算課税制度を利用して，生前に事業用の宅地の贈与を受けた場合，その宅地に小規模宅地等の特例を適用できますか。

　個人が，相続又は遺贈により取得した財産のうち，その相続の開始の直前において被相続人等の事業の用や居住の用に供されていた宅地等のうち，選択により一定の部分（以下「小規模宅地等」といいます。）は，相続税の課税価格の計算上，一定の割合を減額されます。この特例を「小規模宅地等の特例」といいます（租特69条の４）。
　特例に係る限度面積及び減額割合は，対象となる宅地等の区分によりますが，合計で最大730㎡まで，80％の減額が可能です。
　小規模宅地等の特例を適用できる事業用の宅地等が複数ある場合や貸付事業用宅地等がある場合だけではなく，その宅地等を取得する相続人の状況，さらには第二次相続までを想定すると，誰がどの宅地等を取得して，適用を受けるかにより，相続税額が大きく異なる場合がありますので，生前に検討しておく方がよいと思います。また，相続時精算課税に係る贈与により取得した宅地等や相続開始前３年以内に贈与により取得した宅地等については，小規模宅地等の特例の適用を受けることはできません。

☑ キーワード

小規模宅地等の特例，事業用宅地等，特定同族会社事業用宅地等，貸付事業用宅地等，特定居住用宅地等，相続時精算課税，相続開始前３年以内贈与

解 説

1 小規模宅地等の特例とは

小規模宅地等の特例とは，相続又は遺贈により取得した財産のうち，その相続の開始の直前において被相続人等の事業の用や居住の用に供されていた宅地等のうち，選択により一定の部分について，相続税の課税価格の計算上，一定の割合を減額する制度です。

特例に係る限度面積及び減額割合は，対象となる宅地等の区分によりますが，合計で最大730㎡まで，評価額を80％減額するというように，節税効果は大きく，相続財産に土地が含まれているときには，必ずその適否を検討すべき制度です。

2 小規模宅地等の特例の対象宅地等

(1) 相続又は贈与により取得した宅地等であること

小規模宅地等の特例の対象となる宅地等は，相続人が相続又は遺贈により取得した被相続人等の事業の用に供されていた宅地等又は被相続人等の居住の用に供されていた宅地等です。

「相続又は遺贈により取得」をしていない「贈与により取得」した宅地等には適用がありませんので，相続開始前3年以内に贈与を受けた宅地等又は相続時精算課税を適用した宅地等は相続税額の計算上は相続財産に加算されるとしても，この特例を適用することはできません。

また，「宅地等」は，土地又は土地の上に存する権利（借地権など）で，建物又は構築物の敷地の用に供されているものをいい，棚卸資産及びこれに準ずる資産は含まれません。

(2) 被相続人等の事業又は居住の用に供されたこと

ここでいう，「被相続人等」とは，被相続人のほか，被相続人と生計を一にしていた被相続人の親族も含まれます。

対象宅地等が，事業用か居住用か，事業が貸付事業用か，それ以外の事業用かのいずれかに応じ，次のとおり区分されます。

なお，日本郵便株式会社に貸し付けられている一定の郵便局舎の敷地の用に

供されている宅地等は貸し付けられていても，下記(a)の宅地等として本特例の対象となります（郵政民営化法180条）。

(a) **特定事業用宅地等**

相続開始の直前において，被相続人等の貸付事業以外の事業の用に供されていた宅地等で，次表の区分に応じた事業承継要件，継続保有要件のすべてに該当する被相続人の親族が相続又は遺贈により取得したものをいいます（租特69条の4第3項1号，租特令40条の2第6項・7項。事業の用に供されていた宅地等の範囲については，租特通（相続関係）69の4-4）。

■図表1　特定事業用宅地等の要件

区　分		要　件
被相続人の事業の用に供されていた宅地等	事業承継要件	その宅地等の上で営まれていた被相続人の事業を相続税の申告期限までに引き継ぎ，かつ，申告期限まで営んでいること
	継続保有要件	その宅地等を相続税の申告期限まで有していること
被相続人と生計を一にしていた親族の事業の用に供されていた宅地等	事業承継要件	相続開始の直前から相続税の申告期限まで，その宅地等の上で事業を営んでいること
	継続保有要件	その宅地等を相続税の申告期限まで有していること

(b) **特定同族会社事業用宅地等**

相続開始の直前から相続税の申告期限まで，一定の法人（被相続人及び被相続人の親族〔生計を一にする親族に限られません。〕等が発行済株式又は出資の50％超〔議決権に制限のある株式等は含みません。〕を保有している法人で，相続税の申告期限において清算中でないものをいいます。）の貸付事業以外の事業の用に供されていた宅地等で，次の要件のすべてに該当する被相続人の親族が相続又は遺贈により取得したものをいいます（租特69条の4第3項3号，租特令40条の2第13項・14項，租特則23条の2第5項。法人の事業の用に供されていた宅地等の範囲については，租特通（相続関係）69の4-23）。一定の法人がその貸付事業の用に供していた宅地等は，(c)貸付事業用宅地等に該当します。

第3章◇事業承継と税法

■図表2　特定同族会社事業用宅地等の要件

要　件	内　　容
法人役員要件	取得者が相続税の申告期限においてその法人の役員（清算人を除きます。）であること
継続保有要件	その宅地等を相続税の申告期限まで保有していること

(c)　貸付事業用宅地等

　相続開始の直前において，被相続人等の貸付事業の用に供されていた宅地等で，次表の区分に応じ，それぞれに掲げる要件のすべてに該当する被相続人の親族が相続又は遺贈により取得したものをいいます（租特69条の４第３項４号）。上記(b)の一定の法人の貸付事業の用に供されていたものも含まれます。

　「貸付事業」は，不動産貸付業，駐車場業，自転車駐輪場業のほか，事業と称するに至らない不動産の貸付その他これに類する行為で相当の対価を得て継続的に行われる準事業も含まれます。

　なお，平成30年度税制改正により，金融資産を不動産に変換することによる節税策に対応するため，相続開始前３年以内に新たに貸付用不動産を取得した場合には，貸付事業用宅地等の特例は適用できないこととされました。

■図表３　貸付事業用宅地等の要件

区　　分		要　件
被相続人の貸付事業の用に供されていた宅地等	事業承継要件	その宅地等に係る被相続人の貸付事業を相続税の申告期限までに引き継ぎ，かつ，申告期限までその貸付事業を行っていること
	継続保有要件	その宅地等を相続税の申告期限まで有していること
被相続人と生計を一にしていた親族の貸付事業の用に供されていた宅地等	事業承継要件	相続開始の前から相続税の申告期限まで，その宅地等に係る貸付事業を行っていること
	継続保有要件	その宅地等を相続税の申告期限まで有していること

(d)　特定居住用宅地等

　相続開始の直前において，被相続人等の居住の用に供されていた宅地等で，被相続人の配偶者，同居親族，同居親族以外の親族のいずれが取得するかに応じ，次表（被相続人と生計を一にする被相続人の親族の居住の用に供されていた宅地等に関するものは省略しています。）の区分に応じ，それぞれに掲げる要件のすべて

に該当する被相続人の親族が相続又は遺贈により取得したものをいいます（租特69条の4第3項2号。居住の用に供されていた宅地等の範囲については，租特通（相続関係）69の4－7）。

構造上区分された二世帯住宅であっても，区分所有建物登記がされていないなど一定の要件を満たす場合は敷地全体について本特例の適用ができます。また，被相続人が相続開始の直前において要介護認定又は要支援認定等を受け，老人ホーム等に居住していた場合でも，居住の用に供さなくなった後に事業の用又は被相続人等以外の者の居住の用に供していない場合は本特例の適用ができます（租特令40条の2第2項）。

■図表4　特定居住用宅地等の要件

区　分		要　件
配偶者	なし	
相続直前に被相続人と同居をしていた親族	継続居住要件	相続税の申告期限まで，その家屋に居住していること
	継続保有要件	その宅地等を相続税の申告期限まで有していること
上記以外の親族	人的構成要件	被相続人の配偶者又は被相続人と同居の親族に相続人である者がいないこと＊1
	不所有等要件	相続開始前3年以内に日本国内にある自己又は自己の配偶者の所有する家屋に居住したことがないこと＊2
	継続保有要件	その宅地等を相続税の申告期限まで有していること

＊1　相続又は遺贈により取得した国内財産のみに課税される者など一定の者は除かれます。
＊2　平成30年4月1日以降は，「配偶者」は「3等身内の親族又はその親族と特別の関係のある一定の法人」が加わり，持ち家がない状況を作出して本特例を適用することや，孫に遺贈するケースには適用されなくなりました。

3　小規模宅地等の限度面積と減額割合

本特例に係る宅地等の区分に応じた限度面積及び減額割合は，■図表5のとおりです（租特69条の4第2項）。

■図表5　限度面積と減額割合

区　分		限度面積	減額割合
(a)	特定事業用宅地等	400㎡	80%
(b)	特定同族会社事業用宅地等	400㎡	80%
(c)	貸付事業用の宅地等	200㎡	50%
(d)	特定居住用宅地等	330㎡	80%

(注)　限度面積及び減額割合は平成27年1月1日以後に開始した相続について適用されるものです。

　小規模宅地等の特例については，複数の宅地等について本特例の適用を選択することができます。その場合の限度面積の計算は，■図表6のとおりです（租特69条の4第2項3号）。特定事業用宅地等及び特定同族事業用宅地と居住用宅地等とで，それぞれの限度面積内で併用して適用できます。

■図表6　特例を適用する宅地等が複数ある場合の限度面積

特例適用宅地等	限度面積
貸付事業用宅地等がない場合 (a)　特定事業用宅地等 (b)　特定同族会社事業用宅地等 (c)　特定居住用宅地等	(1)　(a)＋(b)≦400 (2)　(c)≦330 （併用可能：(1)と(2)で最大730㎡）
貸付事業用宅地等がある場合 (a)　特定事業用宅地等 (b)　特定同族会社事業用宅地等 (c)　貸付事業用宅地等 (d)　特定居住用宅地等	((a)＋(b))×200/400＋((d))×200/330 ＋((c))≦200㎡

4　小規模宅地等の特例の適用を受けるための手続

　本特例の適用を受けるためには，相続税の申告書にこの特例の適用を受ける旨を記載し，相続税申告書に小規模宅地等に係る計算の明細書や遺言書又は遺産分割協議書の写し，遺産分割協議書に押印した相続人全員の印鑑証明書，相続人を明らかにする戸籍謄本のほか，特例対象宅地等の区分に応じ，次の書類を添付して提出します（租特69条の4第6項，租特則23条の2第8項）。

■図表7　特例の適用を受けるための添付書類

区　　分	添付書類
(b) 特定同族会社事業用宅地等	①法人の定款 ②相続開始直前の発行済株式総数又は出資総額と，被相続人及びその親族等が有する株式の総数又は出資の総額を記載した書類でその法人が証明したもの
(d) 特定居住用宅地等	①住民票の写し（全員） ②戸籍の附票の写し（一定の取得者） ③居住していた家屋が自己等所有家屋でないことを証する書類（一定の取得者） ④被相続人の介護保険被保険者証の写し等及び施設等の入所契約書など（被相続人が老人ホーム等に居住していた場合）

5　未分割の場合と特例対象宅地等の選択替え

(1) 遺産が未分割の場合

　小規模宅地等の特例は，相続税の申告時において，まだ分割が行われていない場合には適用することができません（租特69条の4第4項）。この場合は，相続税の期限内申告書に「申告期限後3年以内の分割見込書」を添付して提出し，その後，申告期限から3年以内に分割された場合には，その分割の日の翌日から4か月以内に，更正の請求をすることにより，特例の適用を受けることができます（同項ただし書）。

　また，相続等に関する訴えが提起されているなど一定のやむを得ない事由がある場合には，申告期限後3年を経過する日の翌日から2か月を経過する日までに「遺産が未分割であることについてやむを得ない事由がある旨の承認申請書」を提出し，所轄税務署長の承認を受けることにより，判決の確定の日など一定の日の翌日から4か月以内に更正の請求をすることにより，本特例の適用を受けることができます（租特69条の4第5項）。

　なお，相続財産の全部が未分割の場合は，小規模宅地等の特例を適用することができませんので，小規模宅地等の特例を勘案することなく，納付すべき相続税額を算定することになりますが，特例対象宅地等について一部分割をすることができれば，少なくともその一部分については，小規模宅地等の特例を適用することができるので当初申告にて納付すべき相続税額を軽減させることが

できます。そのため，納税資金に不安があるときは，特例対象宅地等についてのみ遺産分割を先行させるなどすることも検討の対象となります。

(2) 小規模宅地等の選択替えによる更正の請求

当初申告において小規模宅地等の特例の適用対象とした宅地等を，その後に，評価額が誤っていたことなどを理由に選択替えすることは許されないと解されています。

しかしながら，遺留分減殺請求があった場合など相続固有の後発的事由が生じたため，①新たに特例の対象となる宅地等を取得することになった場合にその宅地等について特例の適用を受ける場合や，②当初選択した対象宅地等を取得できないこととなった場合に他の宅地等に特例を適用する場合も想定されます。このような場合まで当初申告における特例適用宅地等の選択替えができないというのは相当ではないことから，当初申告と異なる相続人や異なる宅地等について小規模宅地等の特例を適用して更正の請求をすることは認められると考えられています[*1]。

6 特例対象宅地等の選択に係る有利判定

前記**3**のとおり，小規模宅地等の特例については，特定事業用宅地等及び特定同族会社事業用宅地等と特定居住用宅地等のそれぞれについて，限度面積の範囲内で併用して適用できます。したがって，通常は，特定事業用宅地等及び特定同族会社事業用宅地等が複数ある場合には，単価の高い土地から小規模宅地等の特例を適用することで，相続税の課税価格を極小化できることになります。

また，貸付事業用宅地等がある場合は，対象となる宅地等の限度面積及び減額割合に換算した後の単価を比較して，最も有利な減額となる宅地等に適用することが相続税の課税価格を極小化できることになります。

ただし，相続人と対象宅地等の組み合わせ，例えば，配偶者が取得する宅地について小規模宅地等の減額の特例を適用することにより相続税の総額は減少しますが，配偶者の税額軽減の適用があるため，二次相続も考慮すると，他の相続人が取得する宅地について小規模宅地等の減額の特例を適用する方がトータルでの相続税額が少なくなる場合があり，特例が有効に作用しない場合もあることから，選択は慎重に行う必要があります。

また，相続人に配偶者や孫（代襲相続の場合は除く。）がいる場合には，配偶者の税額軽減や相続税の2割加算が適用されることにより，必ずしも単価の高い宅地等に小規模宅地等の特例を適用することが相続税額の極小化となるわけではない点も注意が必要です。

特例対象宅地等や相続人の状況により異なりますので，選択肢に応じたシミュレーションをしてみてください。

〔原木　規江〕

■注　記■

＊1　質疑応答事例「遺留分減殺に伴う修正申告及び更正の請求における小規模宅地等の選択替えの可否」（国税庁ホームページ）。

組織再編と株価評価

合併や会社分割等の組織再編をすると自社株式の評価に大きな影響が生じる可能性があるそうですが,具体的なケースを挙げて教えてください。

合併や会社分割等の組織再編を行うと,株主構成・会社規模・財務内容に変化が生じて自社株式の評価が大きく変わる可能性があります。そのため,組織再編をする際には,組織再編が自社株式の評価に与える影響について確認が必要です。特に,組織再編の前後で株式の移動(相続・贈与・譲渡・増資等)を予定している場合には,同族株主間の価値移転についても留意しなければなりません。

☑ キーワード

組織再編,合併,会社分割,組織再編に係る行為又は計算の否認(法税132条の2)

解 説

 はじめに

合併や会社分割等の組織再編をすると,自社株式評価の算定要素である,会社規模(売上高・総資産・従業員数)・業種・配当・利益・純資産等が変化して株価に大きな影響が生じることがあります。組織再編によって,自社株式の評価が下がるケースと,上がるケースがあるため,自社株式の承継を行う際には,事前に組織再編が株価にどのような影響を与えるかを掌握しておく必要があります。

2 株価が下がるケース

株価が下がるケースとして、次のようなものがあります。

なお、株価を引き下げることのみを目的とした組織再編行為は、租税回避行為として、その行為又は計算が否認される可能性があります（法税132条の2）。

(1) 評価方法の変更

非上場会社の株式は同族株主とそれ以外の株主とで異なる評価方法（原則的評価方式と特例的評価方式）が適用されます*1。

合併の前後で株主の議決権比率が変化する場合には、適用される評価方法が変わる場合があります。

自社株式の評価方法が原則的評価方式から特例的評価方式に変わると、多くのケースで株価が下がります。

例えば、X社（株主A52％〔原則的評価方式〕、株主B48％〔特例的評価方式〕）がY社（株主C100％）と合併（合併比率1：1、発行済株式数は同数、自己株式はないと仮定）した場合で考えてみます。株主Cに対してX社の株式が現在の発行済株式数と同数発行されるため、合併会社（X社＋Y社）の議決権比率は株主A26％、株主B24％、株主C50％となります。合併の結果、株主Cは合併会社においても引き続き同族株主となりますが、株主Aは同族株主に該当しなくなるため、特例的評価方式を適用することができます。このように、合併によって株主の評価方法が原則的評価方式から特例的評価方式に変わることで株価が下がるケースがあります。

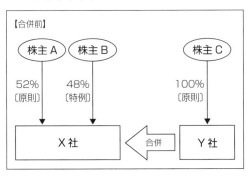
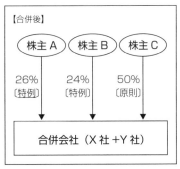

(2) 会社規模の変更

自社株式の評価上、会社規模は、売上高・総資産・従業員数の3要素で判定

します*2。

一般的に,会社規模が大きくなると純資産価額よりも類似業種比準価額を適用する割合が高くなり,株価が下がる傾向にあります*3。

会社規模が変更されるケースとして,次のようなものがあります。

(a) 合　併

合併により,会社規模が大きくなると株価が下がる場合があります。

例えば,株主AがX社(中会社)とY社(小会社)を100%保有しており,両社の合併により会社規模が大会社になると,類似業種比準価額を単独で適用できるために株価が下がる可能性があります。

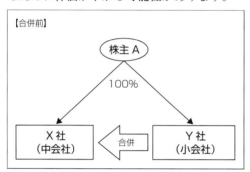
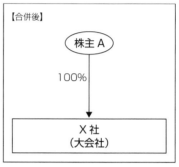

(b) 会社分割

会社分割によっても,合併と同様に株価が下がるケースがあります。

例えば,株主AがX社(中会社)とY社(中会社)を100%保有している場合,Y社の事業をX社に分割することでX社が大会社になると,類似業種比準価額を単独で適用できるために株価が下がる可能性があります。

ただし,Y社の会社規模が小さくなって純資産価額を適用する割合が高くな

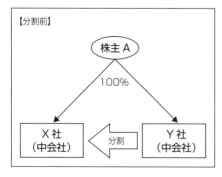
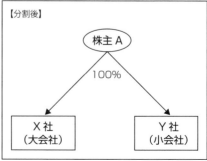

ると，Y社の株価が上がる可能性があります。この結果，X社とY社の株価合計が，会社分割前より高くなってしまうこともあり得るため，留意が必要です。

(3) 債務超過会社との合併

債務超過会社を合併すると，債務超過額が合併存続会社の純資産からマイナスされるので純資産価額が下がります。

さらに，債務超過会社が赤字会社の場合には，1株当たりの利益及び簿価純資産が減少することで類似業種比準価額も下がります。

3　株価が上がるケース

(1) 相続・贈与直前の合併・会社分割等

類似業種比準価額は，配当・利益・純資産の3要素を用いて評価しますが，これらの計数は，2期間の平均値を用いることがあります。合併や会社分割等によって上記3要素が大きく変化する場合には，組織再編前後の計数に連続性がなくなり，その平均値が意味をなさなくなるため，類似業種比準価額の適用に一定期間制限が入る場合があります[4]。

したがって，相続・贈与の直前に合併・会社分割等の組織再編を行う際は，この点を踏まえておかなければなりません。

(2) 株式移転による持株会社化（株主数50人以上のケース）

株式移転を行った結果，少数株主の保有する株式の評価額が上がる場合があります。

少数株主が保有する株式の評価方法である特例的評価方式は，■図表1に示すとおり，算定要素に①「1株（50円）当たりの年配当金額」と②「1株当たりの資本金等の額」が含まれます。

株主が50人[5]以上いる会社が株式移転により持株会社を設立する場合，持株会社の資本金等の額は原則として完全子会社の簿価純資産を引き継ぎます。

通常であれば，株式移転により，会社の資本金等の額が増加したとしても，②の金額の増加に比例して①の金額も減少することから，1株当たりの配当還元価額は変化しません。

例外的に，株式移転後に株式移転前と同額の配当金を支払ったにもかかわらず，株価が上がる場合があります。次の設例をご覧ください。

第3章◇事業承継と税法

■図表1　配当還元価額の計算式

$$\text{1株当たりの配当還元価額} = \frac{\text{①1株(50円)当たりの年配当金額}^{※1}}{10\%} \times \frac{\text{②1株当たりの資本金等の額}^{※4}}{50円}$$

(※1)　年平均配当金額（※2）÷50円基準の資本金等の額（※3）
　　　　※2.5円未満となる場合には2.5円
(※2)　(直前期の年配当金額＋直前々期の年配当金額)÷2
(※3)　直前期末の資本金等の額÷50円
(※4)　直前期末の資本金等の額÷直前期末の発行済株式数（自己株式を除く）

　株式移転により，持株会社の資本金等の額が10倍になると，②の金額が10倍（50円→500円）となります。一方，持株会社の配当を組織再編前の会社と同額にする場合，株式移転後の①の金額は，資本金等の額が株式移転前の10倍になっているため，株式移転前の10分の1の0.25円になります。しかし，①の金額は下限が2.5円と定められていることから，①の金額は2.5円となります。②の金額の増加（50円→500円）に対し，①の金額が減少しない（2.5円→2.5円）ため，結果として株価が上がってしまいます。

〔設例〕　株式移転前後の少数株主の株価
前提：完全子会社及び持株会社の発行済株式総数200,000株
　　　完全子会社の簿価純資産1億円
　　　年平均配当金額50万円

（株式移転前）
　　2.5円（※1）÷10％×50円（※3）÷50円＝25円
　　　（※1）年平均配当金額50万円÷200,000株（※2）＝2.5円
　　　（※2）組織再編前の資本金等の額1,000万円÷50円＝200,000株
　　　（※3）組織再編前の資本金等の額1,000万円÷200,000株＝50円

（株式移転後）
　　2.5円（※4）÷10％×500円（※6）÷50円＝250円
　　　（※4）年平均配当金額50万円÷2,000,000株（※5）
　　　　　　＝0.25円＜2.5円　∴2.5円
　　　（※5）組織再編後の資本金等の額1億円÷50円＝2,000,000株
　　　（※6）組織再編後の資本金等の額1億円÷200,000株＝500円

(3) 合併・会社分割等により不動産の移転があった場合の評価

合併・会社分割等により取得した不動産は取得してから3年間は通常の取引価額（＝時価）で評価しなければなりません（財基通185）。したがって，組織再編で含み益がある不動産を移転した場合には，実施後3年間は合併法人や分割承継法人の純資産価額が増加しますので，株価が上がる可能性があります。

4 株価上昇が抑制されるケース

(1) 持株会社の設立

「オーナー一族は持株会社を通じてグループ全体を掌握し，各事業会社は一族以外の人たちに任せる（いわゆる所有と経営の分離）」「M＆A等により機動的な再編をしやすくする」等の目的で，持株会社を設立するケースがありますが，その副次的な効果として，将来の株価上昇を抑制することができる場合があります。

(2) 自社株式の評価に与える影響

持株会社（「ホールディングカンパニー」と呼ばれることもあります。）は，一般的に株式保有特定会社*6に該当するため，原則として純資産価額で評価します。

持株会社の純資産価額の計算上，持株会社が保有する子会社株式は，持株会社設立後の値上がり益に対して37％の評価減が認められています*7。例えば，持株会社設立後に子会社株式が100上昇しても，持株会社の株価計算上は63（＝100－37）の上昇で算定されますので，次世代以降の自社株承継対策としても有効です。

さらに，持株会社が不動産等，株式以外の投資を行って，株式保有特定会社に該当しなくなると，純資産価額と類似業種比準価額を折衷して評価できるようになるため，更に株価が下がる可能性があります。

5 包括否認規定との関係

以上のように，組織再編を行うと，思わぬところで自社株式の評価に影響が生じるケースがあります。これはあくまでグループ経営上の必要性から組織再編を行った結果，副次的に生じるものであり，もし，当初から自社株式の評価引下げのみを目的として組織再編を行った場合には，租税回避行為と認定され，組織再編に係る行為又は計算の否認規定（法税132条の2）が適用される可

第3章◇事業承継と税法

能性が高いと考えられますので十分留意が必要です☆1。

〔佐藤　順一郎〕

■判　例■

☆1　自社株式の評価が論点ではないが，法人税法132条の2が適用された判決として最判平28・2・29民集70巻2号242頁・判時2300号29頁がある。

■注　記■

＊1　原則的評価方式：類似業種比準価額，純資産価額
　　　特例的評価方式：配当還元価額
　　　詳細は，**Q46**参照。
＊2　詳細は，**Q46**参照。
＊3　一般的には，「業歴が浅く利益率が高いベンチャー企業」，「資産の含み損を多額に有する企業」，「欠損会社」等以外は，「純資産価額＞類似業種比準価額」となるケースが多い。
＊4　香取稔編『株式・公社債評価の実務〔平成27年版〕』(大蔵財務協会，2015) 234頁。
＊5　組合方式の従業員持株会は，従業員持株会自体を1人として数えるのではなく，従業員持株会に所属する人をそれぞれ1人と数える。
＊6　**Q55**参照。
＊7　値上がり益に対する評価減は，法人税率を基礎に決定されるため，法人税率の改正に伴って変化する。

キャッシュアウトの各手法と課税関係の相違点

キャッシュアウトの手法にはどういったものがあるでしょうか。一般的なキャッシュアウトの方法と税務上の取扱いについて教えてください。

　従前は全部取得条項付種類株式が利用されるケースが多かったようですが、近年の会社法改正による新制度や少数株主への配慮規定の整備、税制改正による課税関係の明確化により、全部取得条項付種類株式に代わり特別支配株主の株式売渡請求制度や株式併合による手法が利用されることが多くなってきました。いずれの方法によるかはキャッシュアウトする側の事前の保有議決権数やキャッシュアウトされる側で適用される税制を考慮して実施することがポイントとなります。特に個人株主の場合には相続の発生時点で行うことが可能かどうか、法人株主の場合にはみなし配当に係る受取配当等の益金不算入規定の適用が可能かどうかが検討のポイントとなります。また、平成29年度税制改正では少数株主を排除し完全子会社化することを目的としたキャッシュアウトにつき、新しいキャッシュアウト税制が適用されることになっており、従来利用されることがほぼ皆無だった合併・株式交換を含め、幅広くキャッシュアウト手法の選択肢が広がるものと思われます（平成29年10月1日以後に適用）。

☑ キーワード

全部取得条項付種類株式、株式併合、特別支配株主の株式売渡請求、反対株主の買取請求、端数株式の買取請求、みなし配当、受取配当等の益金不算入

第3章◇事業承継と税法

解 説

1 キャッシュアウトをめぐる手法の変遷と課税上の区分──近年の法改正と手法の変化

　通常，企業を買収する場合に税務上，組織再編行為として位置づけられている合併・株式交換とそれ以外の全部取得条項付種類株式等を用いた手法で課税関係は大きく異なっていました。合併・株式交換以外の手法ではまず株式の公開買付（TOB）により議決権の3分の2超を取得して株主総会での特別決議を単独で可決できる議決権を取得した後，全部取得条項付種類株式の手法により交渉に応じない少数株主に対して金銭等を交付することにより強制的に退場（キャッシュアウト）させるという二段階買収が一般的でした。ただし，平成26年の会社法改正により株式併合に係る反対株主の買取請求や価格決定申立制度，そして特別支配株主の株式等買取請求制度の制定がされ，一段階目の公開買付により対象会社の総株主の議決権の90％以上を取得した株主（特別支配株主）が，対象会社の承認を受けたうえで，他の株主（少数株主）等が有する対象会社の株式等の全部を強制的に取得できることとなり，一方で90％未満の場合には株式併合が用いられるケースが多くなりました。合併や株式交換はこれまでは非適格組織再編該当時の税務リスクへの懸念から，キャッシュアウトの手法として用いられることはほぼ皆無でした。

　平成29年度税制改正により平成29年10月1日以降，完全子会社化を目的とした全部取得条項付種類株式，株式併合に伴う端数処理，株式等売渡請求は株式交換と同様の効果をもつ組織再編行為として位置づけられ，従来の合併・株式交換に係る課税関係と平仄を合わせる改正がなされることとなりました。

　そこで，「キャッシュアウト」を税制面から従来の手法の概要及び課税関係を概観したうえで新しいキャッシュアウト税制の改正項目を整理し，各キャッシュアウトスキームの課税関係を解説していきます。

2 特別支配株主の株式売渡請求制度による場合の課税関係

(1) 制度概要

　特別支配株主の株式売渡請求は特別支配株主から発行会社へ売渡対価や取得日を通知し，その通知に基づき発行会社側での取締役会等の承認を経て特別支

配株主が少数株主から株式を買い取ることとなります。今までの株式併合等を利用したキャッシュアウトの手法による場合，別途株主総会決議を経る必要があったところ，本制度は取締役会等の決議で足りるため，その実施期間が短縮できることに大きなメリットがあるといえます。また，法形式的には少数株主から特別支配株主への株式譲渡という形をとることとなります。

(2) 少数株主側での課税関係

税務上，特別支配株主の株式売渡請求制度は株主間での株式譲渡とされるため，発行会社の株主等のうち個人株主については株式等に係る譲渡所得等として申告分離課税による譲渡所得課税が，法人株主については株式譲渡損益が損金又は益金として法人税課税されることとなります。

3 反対株主の買取請求による場合の課税関係

(1) 株式併合による場合

株式併合に係る反対株主の買取請求制度は平成26年度の改正会社法で制定され，平成27年5月1日から施行されることとなりました。また，この改正に併せて，株式併合に反対する株主の買取請求について，みなし配当の対象となる自己株式の取得事由から除外する税制改正がされました（法税令23条3項9号）。すなわち，通常，法人の株主等が発行法人の合併等により金銭等の交付を受けた場合，当該金銭等のうち利益積立金に相当する部分につき，実質的な利益還元とみなしてみなし配当課税がなされますが，一定の自己株式の取得についてはみなし配当課税の対象外とされており，株式併合に反対する株主に交付される金銭等についても，みなし配当課税の対象となる自己株式の取得事由から除外されることとなりました。したがって，交付金銭等の対価金額が個人株主については株式等に係る譲渡所得等として申告分離課税による譲渡所得課税が，法人株主については株式譲渡損益が損金又は益金として法人税課税されることとなります。なお，株式を買い取る発行法人側は資本等取引に該当するため特に課税は生じません。

(2) 全部取得条項付種類株式による場合

全部取得条項付種類株式に反対する株主の買取請求は上記(1)の場合と違い，みなし配当課税の対象となる自己株式の取得事由とされていることから，交付金等のうち，発行法人の利益積立金に相当する部分につき，みなし配当課税が

なされ，法人株主については収益計上された後，受取配当等の益金不算入制度が，個人株主については配当所得として総合課税された後，配当控除制度の適用があります（所税25条1項4号，法税24条1項4号）。それ以外の部分については個人株主については株式等に係る譲渡所得等として申告分離課税による譲渡所得課税が，法人株主については株式譲渡損益が損金又は益金として法人税課税がなされることとなります（租特37条の10第3項4号，法税61条の2第1項）。なお，株式を買い取る発行法人側は資本等取引に該当するため特に課税は生じません。

4 新しいキャッシュアウト税制

(1) 改正内容

平成29年度税制改正により，株式交換と同様の経済的効果を生ずるキャッシュアウトを組織再編行為として位置づけ，課税関係が整理されていくこととなります。具体的には，時価評価課税制度の創設，対価要件の見直し，株主のみなし配当課税を主な内容としています。

(2) 時価評価課税制度の創設

全部取得条項付種類株式・株式併合に伴うキャッシュアウト及び株式売渡請求が企業グループ内の株式交換と同様の適格要件を充足しない場合には，従来の非適格株式交換と同様，完全子会社となった法人の有する一定の資産の時価評価損益につき，課税関係が生ずることとなりました。

(3) 対価要件の見直し

吸収合併及び株式交換に係る対価に関する適格要件につき，従来は株式以外の対価交付の場合には非適格扱いとなっていましたが，合併法人又は株式交換完全親法人が被合併法人又は株式交換完全子法人の発行済株式の3分の2を所有している場合には，その他少数株主に対して金銭等を交付した場合も対価要件を満たすこととなりました。そのため，少数株主のスクイーズアウトのためキャッシュ等を交付しても税制適格要件を満たすこととなりました。同様に，組織再編行為と位置づけられる全部取得条項付種類株式，株式併合，株式等売渡請求における反対株主の買取請求，価格決定申立て，株式売渡請求に基づく金銭交付は，そもそも対価要件から除外されることとなりました。

Q 65 ◆キャッシュアウトの各手法と課税関係の相違点

(4) 全部取得条項付種類株式の反対株主の買取請求に係るみなし配当課税の見直し

従来，全部取得条項付種類株式に係る定めを設ける旨の定款変更決議に反対する株主の株式買取請求に対し発行法人が金銭交付をした場合には自己株式の取得としてみなし配当課税がされていましたが，新しいキャッシュアウト税制ではみなし配当課税の適用除外事由に含められることとなりました。

5　非上場会社の事業承継におけるキャッシュアウト

(1) 相続財産としての非上場会社株式

中小企業である非上場会社のオーナーの相続では，当該非上場会社の株式が相続財産の大半を占めることが多い一方で，遺留分等の関係から先代，もしくは先々代からの相次ぐ相続によって事業を承継する本家ファミリー以外のファミリーに株式が分散してしまっているケースが多く見受けられます。特別支配株主がいる状況であれば売渡請求制度を用いて分散した株式をキャッシュアウトにより買取りすることも可能ですが，親族間で安易に強制的に株式を買い取ることにより後に遺恨により事業承継とは別の問題を残すこととなります。一方で，将来的な少数株主権の濫用等を考えると，株式が分散していくことを看過することは適切ではありません。これらを考慮すると，一番適切な方法は時間をかけて慎重に相手方と交渉していくこととが必要となりますが，その交渉材料の一つに買取りスキームに応じた課税関係を説明することが挙げられます。

(2) 買取りのタイミング

非上場会社株式を相続により取得した者が当該株式をその発行法人に対して譲渡した場合には，相続により取得した非上場株式を発行会社に譲渡した場合の課税の特例（租特9条の7）の適用及びその非上場株式を相続又は遺贈により取得したときに課された相続税額のうち，その株式の相続税評価額に対応する部分の金額を取得費に加算（加算される金額は，この加算をする前の譲渡所得金額が限度となります。）して収入金額から控除することができます（租特39条，取得費加算の特例）ので，相続時は絶好のタイミングといえます。また，本規定に関しては会社法上，他の株主の売主追加請求もされず，発行法人側でも買い取りやすいといえますが，本規定はあくまで発行法人に買い取ることができるだけのキ

429

ャッシュがある場合に限られます。発行法人が買取困難な場合に，その事情を伝えたうえで特別支配株主の買取請求制度を利用することも想定できます。

(3) 法人株主における受取配当等の益金不算入規定の適用

　法人株主においてはみなし配当部分につき受取配当等の益金不算入制度の適用があるため（法税23条），単純に株式を譲渡するよりも全部取得条項付種類株式に係る反対株主等の買取請求により自己株式として取得された方が有利な場合も考えられます。特に二段階買収の場合，法人株主は第一段階のTOBに応じるとその対価が譲渡損益と処理され，第二段階で買取請求を受けた方がみなし配当課税となり受取配当等の益金不算入規定の適用により有利となるため，買収側は買取りスキーム策定にあたっては，事前に，ターゲット株主は個人株主が多いのか法人株主が多いのか等の見定めが必要になることとなります。

〔佐野　比呂之〕

66 公益法人等の設立タイミングと事業承継への影響

事業承継対策の一環で公益法人等の設立及び寄附を検討しています。設立及び寄附にあたり，税務上注意すべきポイントを教えてください。

　公益法人等の生前の設立にあたってはみなし譲渡所得税の非課税規定の適用に留意する必要があります。また，相続時の相続財産の寄附にあたり相続税の非課税規定の適用を受けるためには，相続開始前に非営利型の一般社団・財団法人以外の公益法人等をあらかじめ設立したうえで，併せてみなし譲渡所得税の非課税規定の適用も併せて受けられるように留意が必要となります。公益法人等の利用に際しては，贈与者の親族等の贈与税又は相続税の負担を不当に減少させる場合の租税回避防止規定の適用に留意が必要となります。

　なお，平成30年度税制改正において，一定の一般社団・財団法人を利用した相続税・贈与税課税の見直し措置が講じられました。

☑ **キーワード**

公益法人等，非営利型の一般社団・財団法人，みなし譲渡所得課税，みなし譲渡所得の非課税規定，相続税の非課税規定，寄附金控除

解　説

1　事業承継における公益法人等設立の意義

　旧来より事業承継対策の大きな柱の一つとして，公益法人等設立が挙げられてきました。その理由として承継ファミリーにおける相続税節税のほか，事業承継される法人側での安定株主確保や社会貢献活動の一環としての受け皿とし

て適していたことが挙げられます。特に，上場会社においては昨今企業の社会的責任（CSR）が強く求められる中で，自社株保有を第一義的な目的としつつ，当該自社株式からの配当等を財源として社会貢献を果たすことは大きな意義を有することとなっています。そのような活動を税制面からも後押しすべく，寄附する側，寄附される側にそれぞれ税制優遇措置が講じられています。一方で，非計画的な公益法人等の設立による将来的な税制優遇措置の取消事由への該当のおそれなどにも十分注意する必要があります。

2 法人税法上の公益法人等の種類

　平成20年12月1日からの公益法人制度改革関連三法施行により今後，公益法人制度は大きく2段階のプロセスを経ることとなりました。すなわち，法人設立そのものはその設立根拠法を「一般社団法人及び一般財団法人に関する法律」に委ね，いわゆる準則主義による設立がされることとなりました。一方，公益性の認定に関しては法人の設立そのものとは別個に「公益社団法人及び公益財団法人の認定等に関する法律」に委ね，旧来の主務官庁の裁量制であったものから法律に則った形式的な審査がされることとなりました。

　法制度上は公益認定未済の一般社団・財団法人と公益認定済の公益社団・財団法人の2区分になったのに対して，法人税法上はこのうち一般社団・財団法人につき税制独自の基準により非営利型法人等とそれ以外の法人に分類し3区分化されることとなりました。なお，法人税法上は，公益社団・財団法人及び非営利型等の一般社団・財団法人とその他の公益性を有する法人（宗教法人等）を総称して公益法人等と定義することとしています。

3 公益法人等に対する寄附税制の概要

(1) 寄附をするタイミング

　個人が事業承継の一環で公益法人等に財産を寄附するタイミングとして次の2つのケースが想定されます。すなわち，相続開始以前に寄附する場合と相続開始後に寄附する場合です。前者の場合には生前贈与及び遺贈（死因贈与を含む。以下「贈与等」といいます。），後者の場合には相続開始後の相続財産の贈与が該当します。それぞれのタイミングによって課税関係や適用を検討すべき特例制度も異なり，また，寄附する財産が土地や株式等の譲渡所得税の対象となる

ものか否かによっても検討すべき税制が大きく異なることとなります。
(2) 寄附をした個人側の課税関係
(a) 相続開始以前の贈与
　贈与等をした財産が譲渡所得税の対象となるものであり，かつ含み益を有している状態である場合，贈与等をした個人側での含み益相当額を清算することを目的として，当該財産を個人が法人に対して時価で譲渡したものとみなして当該個人に所得税を課税する，いわゆるみなし譲渡所得課税がなされることとなります（所税59条）。

　ただし，贈与等が教育又は科学の振興等，公益の増進に著しく寄与するものとされることその他一定の要件を満たすものとして国税庁長官の承認を受けた場合には，みなし譲渡所得税の非課税規定が適用され譲渡所得課税はされません（租特40条）。

(b) 相続開始後の贈与
　相続又は遺贈により，相続税の課税対象となる財産を取得した場合には原則として財産を取得した者に相続税が課税されます。

　ただし，その取得した者がその相続財産を一定の公益法人等に贈与し一定の要件を満たす場合には相続税の非課税規定が適用され，贈与した財産を相続税の課税価格に算入せず相続税課税されません（租特70条）。

　また，贈与をした相続財産が譲渡所得課税の対象となるものであり，かつ含み益を有している場合には，被相続人に対してみなし譲渡所得課税がなされることから，上記の相続開始前の贈与の場合と同様，みなし譲渡所得税に係る非課税規定の適用の検討も併せて必要となります。

(c) 寄附金控除
　個人が一定の公益法人等に対して財産を寄附をした場合，所得税及び住民税の寄附金控除制度の適用が可能となります。

　所得税法上，一定の公益法人等に対する寄附は特定公益増進法人に対する寄附として特定寄附金に該当し，所得控除制度としての寄附金控除制度の適用を受けることができます。また，その特定寄附金が一定の公益社団・財団法人に対するものである場合には上記の寄附金控除制度との選択により，税額控除制度としての寄附金特別控除の適用が可能となります。

　一方，住民税においてはこの寄附先の公益社団・財団法人が地方公共団体条

例で指定されたものである場合には住民税における寄附金控除制度の適用を受けることができます。ただし、この条例指定が都道府県や市区町村単体でされたものであるのか、もしくは両方においてされたものであるのかによって個人市民税及び個人県民税での適用範囲が変わってくる（地税37条の2・314条の7）ので実務上は事前に所在する都道府県及び市区町村に適用の是非を確認することとなります。

(3) 寄附を受けた公益法人側の課税関係

　公益法人等に対しては、法人税法上の収益事業から生じた所得以外の所得は非課税とするいわゆる収益事業課税がなされ、個人からの寄附による受贈益相当額は、原則として法人税課税されないこととなります。また、公益法人等は法人であることから、原則として個人を対象として課される相続税や贈与税の納税義務者にはなりませんが、贈与者の親族等の贈与税の負担を不当に減少すると認められる場合は当該公益法人等を個人とみなして贈与税課税するという租税回避防止措置が講じられている（相税66条4項）ため注意が必要となります。公益法人等の私的支配により、贈与した財産を贈与後も私的に利用している場合は公益性に欠けた形式的な財産の移転であり典型的な課税対象例とされます。

(4) 相続開始時に公益法人等を新設する場合の留意点

　譲渡所得税の非課税規定及び相続税の非課税規定の適用上、譲渡所得税の非課税規定はその対象公益法人等が新設か既存かを問わず、また、非営利型の一般社団・財団法人も含むこととされています。一方で、相続税の非課税規定はその対象相手が租税特別措置法施行令40条の3に限定列挙されており、結果的に公益法人等のうち、非営利型の一般社団・財団法人は対象外とされています。また、本規定は既存の公益法人等のみを対象としていることから、相続を機会に財産を現物出資により設立するような場合は適用対象外となる点、注意を要します。したがって、相続税の非課税規定の適用を想定する場合には非営利型の一般社団・財団法人以外の公益法人等をあらかじめ計画的に設立しておく必要があります。

4　公益法人等に対する株式等の寄附

(1) 寄附によるメリット

　株式等を公益法人等に寄附するメリットの一つに安定株主効果があります。事業承継において全株式を相続等により承継させると莫大な相続税が算出される場合，一部を自己株式として発行法人に買い取らせる方法があります。ただ，この場合には株主に対してみなし配当課税され，特に非上場会社株式に係る場合で，かつ，個人株主の場合には配当所得として総合課税の対象となります。通常は，みなし配当課税を敬遠して相続時に実行されることが多く，生前の対策としては適当でない場合もあります。この点，公益法人等が買い取った場合には譲渡所得の非課税規定の適用により寄附をした個人株主は譲渡所得が非課税となり，また，寄附金控除を受けることができ，寄附を受けた公益法人等も収益事業から生じた所得以外の所得（受贈益）として課税が生じません。

(2) 寄附によるデメリット・リスク

　株式等を公益法人等に寄附するデメリット・リスクとして，寄附をした株式等が将来的に国庫に帰属するかもしくは他の公益法人等に寄附しなければならない点が挙げられます。税務上，公益法人等に該当するためには，解散時にその残余財産が国もしくは地方公共団体又は公益社団法人・公益財団法人等に帰属する旨の定めを置く必要があるからです。また，寄附財産が株式等の場合には公益目的事業を行うための主たる資金は株式等の配当等ということになりますので，発行法人は継続して配当することが必要となり☆1，そのためには公益法人等に寄附した株式以外の株主に対する株式に対しても原則として配当しなければならない点，配当財源の確保や分配可能限度額規制への配慮が随時必要となります。

〔佐野　比呂之〕

■判　例■

☆1　配当がなく租税特別措置法70条の特例が取り消された例として大阪高判平13・11・1判タ1098号148頁。

Q67 非上場株式についての贈与税・相続税の納税猶予制度

非上場株式についての贈与税・相続税の納税猶予制度とは，どういう制度ですか。そのメリットとデメリットを教えてください。

　非上場株式についての贈与税・相続税の納税猶予制度とは，中小企業の後継者が先代経営者から非上場株式を贈与又は相続により取得した場合に，取得した株式に対応する贈与税の全部又は相続税の一部（80％）の納税を猶予するという制度です（事業承継税制ともいわれます。）。
　あくまで納税の猶予であり，基本的には終局的な税の免除ではありませんが，後継者が当面の買取資金・納税資金を用意することなく，一定規模以上の非上場株式を取得することができるという点にメリットがあります。
　他方で，納税猶予を受けるための適用要件及び手続が複雑であり，猶予期間の確定事由が生じたときには，猶予されていた贈与税・相続税に加えて利子税の納付が求められます。また，そのような猶予期間の確定事由には，従業員の雇用維持や株式交換による完全子会社化などが含まれているため，その後の事業展開や事業承継対策の選択肢が制限される点がデメリットです。
　なお，平成30年度税制改正により，適用範囲が拡大されるとともに，時限特例措置として，さらに適用範囲及び猶予割合が拡大されています。

☑ キーワード

納税猶予と免除，価格固定効果，相続時精算課税制度との併用，猶予期間の確定，特別受益・遺留分

Q67 ◆非上場株式についての贈与税・相続税の納税猶予制度

解　説

1　非上場株式等の納税猶予制度

(1)　制度の概要

非上場株式についての贈与税・相続税の納税猶予制度(以下では「非上場株式の納税猶予制度」といいます。)とは，中小企業の後継者が先代経営者から非上場株式を贈与又は相続により取得した場合に，その贈与税の全部又は相続税の一部(80％)の納税を，猶予するという制度です(租特70条の7～70条の7の8)。

非上場株式の納税猶予制度は，基本的には，納税を「猶予」するだけであって，「免除」するものではありません。贈与者(先代経営者)又は受贈者・相続人(後継者)の死亡等の事由が発生した場合は猶予されていた贈与税が免除されますが(租特70条の7第15項・70条の7の2第16項)，贈与者(先代経営者)の死亡の場合は，死亡した贈与者(先代経営者)の相続に係る相続税を算定する際に，猶予の対象となった非上場株式の贈与時点での価額(時価)が課税価格に加算をされるので(租特70条の7の3第1項。ただし，相続税の納税猶予は可能。租特70条の7の4第1項)，後継者への非上場株式の贈与について課税を免れるわけではありません(受贈者・相続人〔後継者〕が死亡等したときは，贈与税が免除されます。)。

(2)　非上場株式についての納税猶予制度のメリット

(a)　当面の資金手当ては不要

非上場株式の納税猶予制度のメリットは，当面の買取資金・納税資金を用意することなく，後継者に非上場株式を承継させることができる，という点にあります。暦年贈与，相続時精算課税制度に基づく一括贈与を用いて，課税を受けることなく又は相対的に低い税負担で，先代経営者から後継者に非上場株式を承継させることは広く行われています。しかし，承継の対象となる非上場株式の価額(時価)が高額になると，暦年贈与(基礎控除額110万円)，相続時精算課税制度に基づく一括贈与(特別控除額2500万円)では，承継できる株式数には限界があります。非上場株式の納税猶予制度にも，適用対象となる株式数が発行済株式(議決権に制限のない株式等に限る。)の総数の3分の2まで，という制限はありますが，金額的な上限はありません(平成30年度の税制改正で導入された時限特例措置では，適用対象となる株式数の上限は撤廃されています〔租特70条の7の5第1項・

第3章◇事業承継と税法

70条の7の6第1項]。)。そのため，非上場株式の価額（時価）が高額であったとしても，当面の資金負担を避けながら，後継者に非上場株式を取得させることができます。

　(b)　**納税猶予の利用自体は租税回避ではない**

　また，非上場株式の納税猶予制度自体が，事業承継に伴う贈与税・相続税の負担軽減を企図しているので，租税回避として否認される可能性は低いということもメリットです。株式の評価の引下げなど事業承継対策の多くは，その程度の大小はあれ，不当な租税回避として，否認される可能性があります。納税猶予制度についても，贈与者等の相続税又は贈与税の負担が不当に減少する結果となると認められる場合には，その行為又は計算を否認できる旨の規定はありますが（租特70条の7第14項・70条の7の2第15項），納税猶予による当面の税負担の回避自体は法律が当然に予定したされた結果なので，これにより「不当に減少する結果となると認められる」ことにはなりません。

　ただし，納税猶予を受けることのみを目的として現預金等の資産を法人に出資し，それにより取得した株式を贈与するなど，形式的には要件を充足しても，要件・制度の趣旨に反し，制度の濫用と認められる場合には，当該否認規定が適用される可能性はあると思われます。

　(c)　**贈与時点での価格固定効果**

　さらに，贈与税の納税猶予制度については，「価格固定効果」があります。贈与税の納税猶予期間中に贈与者に相続が生じた場合，相続税の課税価格に非上場株式の価額（時価）が加算されますが，ここで加算される価額は，相続時の時価ではなく，贈与時の時価です（租特70条の7の3第1項）。したがって，株価が上昇局面にあるときには，贈与税の納税猶予制度を利用することで，相続税の課税価格の上昇を抑止することができます。ただ，逆をいえば，結果として贈与後に株価が下落した場合には，贈与時の高い価額で相続税の課税価格を計算するので，何もしないときよりも，かえって相続税の課税価格が増加することになります。

(3)　**非上場株式の納税猶予制度のデメリット**

　(a)　**確定事由が生じたときは多額の納税が必要**

　まず，非上場株式の納税猶予制度は，基本的には，納税を猶予するものであり，終局的に免除するものではありません。猶予期間が確定した場合には，

猶予された贈与税，相続税に加えて，利子税の納付が必要となります（租特70条の7第27項・70条の7の2第28項）。特に，贈与税の最高税率は相続税よりも高く，基礎控除額も小さいことから，贈与税の納税猶予制度を利用したものの，早期に猶予期間が確定してしまった場合には，非上場株式をそのまま相続した場合の相続税以上の多額の贈与税について納税が必要となってしまいます。

ただ，この点については，平成29年度税制改正によって，相続時精算課税制度との併用が可能となったので，これまでよりはリスクを軽減することが可能となりました（平成29年度改正前租特3条参照。さらに平成30年度改正により，新設された特例措置では，後述のとおり，併用できる範囲が拡張されています。）。すなわち，相続時精算課税制度を併用することで，2500万円の特別控除と20％の特別の税率を利用することができるので，結果として猶予期間が確定しても，そのまま相続税が課された場合と比較して，トータルの税負担がそれほど大きく変わらない事例が増えると思われます。

(b) 事業再編に対する障害

また，納税猶予を維持するためには，後述のとおり，経営（贈与）承継期間内においては①対象会社において，非上場の維持（上場会社等に該当しないこと），財産構成の維持（金融資産等の割合が増加すると資産保有型会社に該当するおそれ）に，雇用維持，株式交換を用いた完全子会社化の禁止などが，②後継者において，代表権・過半数の議決権・承継した株式の保持などがそれぞれ求められます（租特70条の7第3項各号）。また，経営（贈与）承継期間の経過後においては，①対象会社において，同完全子会社化の禁止，②後継者において，承継した株式の保持などがそれぞれ求められます（同条5項）。そのため，対象会社において積極的な事業展開や業態の変更が行われる可能性がある場合には，非上場会社の納税猶予制度を利用することは難しいと思われます。

ただ，この点については，平成29年度税制改正で，①雇用維持要件の緩和（端数を切上げから切捨てに変更），②贈与者が死亡した場合の相続税の課税特例に関して，相続税の納税猶予を受ける際の中小企業要件，非上場株式要件の撤廃など，一定の手当が行われました。さらに，平成30年度税制改正によって，新設された特例措置においては，上記の雇用維持要件を満たさなくても下回った理由等を記載した報告書を都道府県知事に提出して確認を受ければ猶予期間は確定しないこととされるとともに，一定期間において利益金額が赤字になる

など経営の変化を示す一定の要件を満たす場合に株式の譲渡等が行われた際には，譲渡等の対価の額で猶予税額を再計算して，当初の納税猶予税額と再計算後の猶予税額の差額は免除されることになりました（当該計算によって当初の猶予税額を下回るときに限ります。）。

(c) 管理コストが小さくない

さらに，要件・手続が複雑で，かつ，納税猶予を受けた後も，所定の届出をし続けなければならないという負担があります。さらに，猶予期間の確定が生じないようにするためには管理監督が必要となってきます。小規模な会社の場合，このような管理コストを負い続けることができるかという問題があります。

2 非上場株式の納税猶予制度の適用要件

非上場株式の納税猶予制度のメリット・デメリットは以上のとおりです。以下では，その適用要件等を簡単に説明します。

(1) 非上場株式の納税猶予制度の適用要件

非上場株式の納税猶予制度の適用要件は概ね次のとおりです（資産保有型会社，資産運用型会社など細かい定義や，細かい要件は，ここでは省略します。）。

(a) 対象会社の主な要件
  (ア) 経済産業大臣の認定を受けた中小企業者
  (イ) 常時使用する従業員が原則1人以上
  (ウ) 資産保有型会社・資産運用型会社で一定のものに該当しない
  (エ) 株式等（特定特別関係会社のものを含む。）が非上場株式
  (オ) 風俗営業会社ではない（特定特別関係会社を含む。）
  (カ) 特定特別関係会社が中小企業者であること
  (キ) 直前事業年度の総収入金額（営業外利益及び特別利益以外）が零を超える
  (ク) 後継者以外が拒否権付株式を有していない
  (ケ) 直近3年以内（贈与は2年以内）の現物出資等資産の割合が総資産の70％未満

(b) 先代経営者の主な要件 *
  (ア) 代表権（制限なし）を有していたことがある
  (イ) 直近で先代経営者及び特別関係人で議決権の過半数を保有＋先代経営者がその中で筆頭株主

(ウ)　(贈与の場合) 贈与の時までに代表権を有していない
　＊ただし，いったん納税猶予制度の適用を受けた後継者に対する贈与等については，(ア)～(イ)は不要。
 (c)　後継者の主な要件
　　(ア)　後継者及び特別関係人で議決権の過半数を保有することになる＋その中で筆頭株主（時限特例措置で拡張。後述）
　　(イ)　申告期限まで対象となる非上場株式等のすべてを保有
　　(ウ)　(相続の場合) 直近で役員（先代経営者が60歳未満で死亡した場合を除く）
　　(エ)　(相続の場合) 承継の翌日から５か月間は代表権（制限なし）を保有
　　(オ)　(贈与の場合) 代表権を保有
　　(カ)　(贈与の場合) 20歳以上
　　(キ)　(贈与の場合) 役員等に就任して３年以上経過

(2)　必要な手続

納税猶予を受けるためには，次の手続が必要となります。
　(a)　贈与税については翌年１月15日までに，相続税については相続開始後８か月以内に，原則として，「経済産業大臣の認定」の申請を行い，認定を受けます。
　(b)　期限内申告を行い，かつ，適用を受けるための明細書及び所定の書類を添付します。
　(c)　申告書の提出期限までに，猶予される税額及び利子税の額に見合った担保を提供します。ただし，猶予の対象となる非上場株式等の全部を担保として提供した場合には，猶予される税額及び利子税の額に見合った担保を提供したものとみなされます。

3　猶予期間の確定（猶予税額の納付）

　次の確定事由が生じた場合には，猶予期間が確定し，猶予税額の納付が必要となります。なお，経営贈与承継期間・経営承継期間（通常は贈与税の申告期限の翌日から５年を経過する日までの期間）の経過後は，確定事由はかなり制限されますが，贈与の納税猶予制度を利用した後に先代経営者が死亡し，その相続税の課税の特例について，再度，相続税の納税猶予制度を利用するためには，前記**2**(1)の要件を充足する必要があるので，相続税の納税猶予を利用することを想

定するのであれば，確定事由に該当しなくても，これらの事由が生じないように注意する必要があります。

> (a) 経営贈与承継期間・経営承継期間と当該各期間後で共通の確定事由
>   (ア) 後継者が猶予を受けた非上場株式等の全部又は一部を譲渡等
>   (イ) 対象会社が資産保有型会社又は資産運用型会社で一定のものに該当
>   (ウ) 対象会社の事業年度における総収入金額（営業外収益・特別利益以外）が零
>   (エ) 対象会社が解散（みなし解散含む。）
>   (オ) 対象会社が資本金・準備金を減少
>   (カ) 一定の会社分割・組織変更，一定の株式交換による株式交換完全子会社化
>   (キ) 継続届出の不提出・不実記載
>   (ク) 税務署長の担保変更命令に応じない
>   (ケ) （贈与の場合）納税猶予の取止めの申請
> (b) 経営贈与承継期間・経営承継期間中の確定事由
>   (ア) 後継者が代表権を喪失（やむを得ない場合を除く）
>   (イ) 5年間の平均で雇用の8割を維持できず（時限特例措置で拡張。後述）
>   (ウ) 後継者・特別関係者で議決権過半数を下回る
>   (エ) 後継者・特別関係者の中で後継者以外が筆頭株主に
>   (オ) 対象会社が上場会社に
>   (カ) 対象会社・特定特別関係会社が風俗営業会社に
>   (キ) 後継者以外の者が拒否権付株式を取得
>   (ク) 定款変更して株式を議決権制限株式に
>   (ケ) （贈与の場合）先代経営者が代表権を有する
>   (コ) 上記(ア)から(ケ)以外で会社の円滑な事業の運営に支障を及ぼすおそれがある事由

4　平成30年度税制改正による特例措置

　平成30年度税制改正によって，非上場株式の納税猶予制度の適用を受けようとする者が，平成30年4月1日から平成35年3月31日までに特例承継計画を提出した場合には，平成30年1月1日から平成39年12月31日までの贈与・相続に関して，特例措置を受けることが可能となりました。
　当該時限特例措置の主な内容は次のとおりです。

■図表1　平成30年度改正による時限特例措置

	本則	時限特例措置
後継者要件	後継者及び特別関係者中で筆頭株主	後継者が2人又は3人の場合は，上位3位以内で，議決権の10％以上保有
対象株式	総株式数の3分の2まで	全株式
納税猶予割合	贈与は100％，相続は80％	100％
雇用維持要件	5年間は平均8割の雇用維持が必要	5年間で平均8割の雇用を維持できなくても可
相続時精算課税との併用	60歳以上の者から20歳以上の推定相続人・孫への贈与	60歳以上の者から20歳以上の者への贈与
事業継続困難時の売却等	なし	売却額等を基に納税額を再計算

5　特別受益又は遺留分侵害の問題

　非上場株式の納税猶予制度を利用すると，後継者は当面の買取資金・納税資金を用意することなく，先代経営者から贈与又は相続により非上場株式を取得することができます。

　ただ，贈与税又は相続税の納税が猶予されたからといっても，後継者は贈与又は相続により取得したことには違いはありません。そのため，納税猶予の対象となった非上場株式の贈与又は相続であっても，遺留分算定の基礎となります（新民1043条・1044条）。

　そのため，中小企業における経営の承継の円滑化に関する法律で認められた，固定合意，除外合意（**Q18**参照）を併せて利用することも検討すべきです。

〔石井　亮〕

第3章◆事業承継と税法

  延納・物納の利用

　被相続人の財産は自らが経営していた会社の非上場株式がほとんどで他の資産がとても少ない状況です。また，相続人は，キャッシュフローはある程度ありますが，一時に相続税を納付するのは困難な状況です。このような場合に，延納のほか，物納という他の税目にはない制度があるとのことですが，非上場株式を物納できますか。また，これらの制度を利用するための要件や注意点はありますか。

　　延納は，相続税額又は贈与税額が10万円を超え，納期限又は納付すべき日までに金銭で納付することが困難な場合，その困難な金額を限度として，年賦で納めることができる制度です。延納期間中は利子税が課されるほか，延納の申請書の提出，担保の提供が求められます。
　　物納は，相続税について，延納によっても金銭で納付することが困難な場合に，その困難な金額を限度として，一定の相続財産で納付する制度です。この適用を受けるには，物納申請書の提出のほか，物納手続に必要な関係書類を提出することが求められます。また，物納できる財産には要件と順位があります。
　　本設問では，キャッシュフローがあるとのことですので，延納制度の利用も想定されますが，安易に延納を選択して利子税を支払うより物納を選択する方がトータルで納税者にとって最も有利となる場合が多いです。また，延納又は物納の対象となるのは本税のみで，これに附帯する加算税，利子税，延滞税等は対象とはなりません。非上場株式であっても優良法人の場合は物納適格財産となる可能性も高いため，納税資金が不足する場合は物納の検討もされるとよいでしょう。
　　いずれも申請から許可までに期間を要しますので，相続開始前から検討をしておくことをお勧めします。

☑ キーワード

延納，物納，利子税，非上場株式

解　説

1　延納について

　税金は金銭での一時納付が原則です。一時に多額の税額を納付しなければならない場合には納付が困難となる場合があるため，一定の要件に該当すると，延納が認められます。

(1) 相続税の延納

(a) 延納の要件

　下記の要件に該当する場合には，納付を困難とする金額を限度として年賦により納付する相続税の延納制度を利用できます（相税38条1項）。ただし，③の要件については，延納税額が100万円以下で延納期間が3年以下の場合は，不要です（同条4項）。④の担保提供関係書類*1を期限までに提出できない場合は特例があります。

① 申告による納付税額が10万円超であること
② 金銭で一時に納付することが困難な事由があり，その納付を困難とする金額の範囲内であること
③ 担保を提供すること
④ 延納申請書に担保提供関係書類を添付して提出期限までに提出すること

(b) 延納の手続と審査

　延納の手続は，相続税の納期限（通常は相続開始の日の翌日から10か月を経過する日）又は納付すべき日（期限後申告や修正申告の場合の提出日）までに，延納申請書に担保提供関係書類を添付して所轄税務署長に提出しなければなりません（相税39条1項）。担保に供することができる財産は，不動産及び有価証券又は税務署長が認める保証人の保証等で，相続又は遺贈により取得した財産に限られません。相続人固有の財産，共同相続人又は第三者が所有している財産であっても担保として提供することができます。取引相場のない株式についても，①相続又は遺贈により取得した財産のほとんどが取引相場のない株式であり，か

445

つ，当該株式以外に延納の担保として提供すべき適当な財産がないと認められること，②取引相場のない株式以外に財産があるが，当該財産が他の債務の担保となっており，延納の担保として提供することが適当でないと認められること，という要件を満たす場合には担保として提供することが認められています（相基通39-2）。

(c) **延納期間と利子税率**

延納が許可された場合の延納期間及び利子税の税率は，相続財産の価額のうちに不動産等*2の価額の占める割合及び延納税額に応じ，財産の種類ごとに定められています。本設問のように，取引相場のない非上場株式も特定同族会社の株式であれば不動産等に含まれますので，延納期間や利子税の割合に特例が適用されます。

例えば，特定同族会社の株式の価額が相続財産の価額の75％であった場合，当該株式に係る延納期間は最高20年，利子税の延納特例割合*3は，平成30年1月1日以降の期間については，0.7％となります（租特70条の10第1項・70条の11・93条）。

(d) **延納の申請の提出期限の延長**

延納申請書に添付する担保提供関係書類の全部又は一部を申請期限までに提出できない場合には，「担保提供関係書類提出期限延長届出書」を提出することにより，1回につき3か月を限度として，再延長の届出により最長6か月まで延長することができます（相税39条6項）。

(e) **延納申請関係書類**

延納申請があった場合，税務署長が審査をして，必要があれば，担保の変更を求めることや書類の訂正又は添付書類の不備の是正等を求めることもでき，書面により通知します（相税39条2項・3項・4項）。

延納申請者は，担保の変更を求められた場合には，その通知を受けた日の翌日から起算して20日以内にその変更に係る担保提供書類を提出する必要があり，これをしない場合は税務署長は延納を却下することができます（相税39条5項）。また，是正等を求められた場合に申請者が20日以内にこれを是正できない場合は，同日までに「担保提供関係書類補完期限延長届出書」を提出して，訂正又は提出期限を延長しなければ，延納申請を取り下げたものとみなされます（相税39条12項・13項）。担保提供関係書類補完期限の延長期限は1回に

つき３か月以内で，再延長の届出により最長６か月まで延長できます（同条14項・15項）。

(2) 贈与税の延納

贈与税についても，相続税と同様の延納制度があります。贈与税は，下記の要件に該当する場合には，納付を困難とする金額を限度として５年以内の年賦により納付する延納制度を利用できます（相税38条３項）。ただし，③の要件については，贈与税の延納税額が100万円以下で延納期間が３年以下の場合は，不要です（同条４項）。

① 申告による納付税額が10万円超であること
② 金銭で一時に納付することが困難な事由があること
③ 担保を提供すること
④ 延納申請書に担保提供関係書類を添付して期限までに提出すること

延納の手続は，贈与税の納期限（通常は贈与を受けた年の翌年３月15日）又は納付すべき日（期限後申告や修正申告の場合の提出日等）までに，延納申請書に担保提供関係書類を添付して所轄税務署長に提出しなければなりません（相税39条１項・29項）。

延納申請書の提出後の税務署長による審査や通知，担保の変更又は書類の訂正もしくは補完等の手続については，相続税の場合と同じです（相税39条29項）。取引相場のない株式を担保とすることについても上記(1)の相続税の場合と同様です（相基通39-2）。

延納が許可された場合，延納の税額に対し，利子税がかかります（相税52条）。なお，事業承継に係る非上場株式については，贈与税の納税猶予の特例（**Q67**）がありますので，特例の利用を検討する方が有効と考えます。

2　物納について

相続税については，延納によっても金銭で納付することが困難な場合は，その困難な金額を限度として，一定の要件の下で，相続財産による物納が認められます。物納財産の収納価額は，原則として，相続税の課税価格計算の基礎となった物納財産の価額（小規模宅地等の減額などの特例を適用している場合は特例適用後の価額）ですが，収納時までに著しい変化があったと認められる場合は収納時の現況により評価した価額となります。

(1) **物納の要件**

物納の要件は下記のとおりです（相税41条1項，相税令17条）。物納に充てる財産は，その申請に係る相続財産のうち一定のものに限られます。また，申請の対象となる相続税に係る加算税，延滞税，利子税及び連帯納付義務に係る相続税は対象外です。

① 延納によっても金銭納付が困難な理由があり，申請額がその納付を困難とする金額を限度としていること
② 物納申請財産が定められた種類の財産で，物納申請の順位に沿っていること
③ 下記(2)の要件を備えた物納に充てることができる財産であること
④ 物納申請書に物納手続関係書類を添付して期限までに提出すること

したがって，相続により取得した財産のほとんどが非上場株式で，その株式以外に物納に充てるべき財産がない場合には，非上場株式であっても下記(2)の財産要件を満たせば物納が認められる場合があります。

(2) **物納財産の要件**

物納財産は次の要件を備えていることが求められます（相税41条2項・4項・5項）。

① 申請者が相続により取得した財産で日本国内にあること
② 管理処分不適格財産でないこと
③ 物納の順位*4に従っていること
④ 物納劣後財産の場合は他に適当な価額の財産がないこと
⑤ 財産の価額が物納申請税額を超えないこと

②について，「管理処分不適格な有価証券」と判定されるものは，一般競争入札により売却する場合に売却見込みがないもの，譲渡制限株式，担保権の目的となっている株式，権利の帰属について争いのある株式，共有株式，暴力団員等により支配等されている会社の株式などが該当します（相税令18条2号，相税則21条10項）。譲渡制限又は権利の帰属に関する争いがある株式については，物納が許可されるまでの間に譲渡について承認や定款の変更等が行われるもの又はその事由が解消されるものは除かれます。④に該当する株式等は事業を休止している法人の株式等が該当します（相税令19条13号）。

発行法人であっても買受希望者（随意契約適格者）となることができることか

ら，物納の選択を積極的に検討することにより，課税上有利となる場合があります。

(3) **物納財産の収納価額**

物納が許可され，国が収納するときの価額は，原則として相続税の課税価格計算の基礎となったその財産の価額です。小規模宅地等の特例の適用を受けた財産を物納する場合には，特例適用後の価額となります。

(4) **物納の手続**

物納申請をする財産の種類に応じ，物納申請期限（相続税の納期限〔相続開始の日の翌日から10か月を経過する日〕又は納付すべき日〔修正申告書又は期限後申告書の提出日〕）までに，「物納手続関係書類」を作成し，物納申請書に添付して，物納財産目録，金銭納付を困難とする理由書，必要に応じ物納劣後財産等を物納に充てる理由書とともに，被相続人の死亡時の所轄税務署長に提出します（相税42条1項，相税則22条）。

申請期限までに書類の全部又は一部が提出できない場合には物納申請書に「物納手続関係書類提出期限延長届出書」を添付することにより，1回の届出につき3か月を限度とし，再延長の届出により最長1年まで提出期限を延長することができます。

物納を申請してから許可又は却下までには3か月から9か月の期間を要します。

申請書等の記載内容に不備や不足書類があった場合には，通知されますので，通知を受けた日の翌日から20日以内（補完期限）に補完します。補完期限までに訂正等できない場合には，「物納手続関係書類補完期限延長届出書」を提出することにより，1回につき3か月以内を限度とし，最長9か月まで延長できますが，この間も利子税が課されます。補完期限内に訂正等しない場合には，物納を取り下げたものとみなされ，納期限から取下日までの利子税と，取下日から納付日までの延滞税が課されます。物納が許可された場合には，法定納期限から収納までの期間については原則として，延滞税・利子税は課されません。ただし，収納のための措置を行う必要がある場合の措置の日までの期間及び却下等が行われた場合の法定納期限から却下等の日までの期間については利子税が課されます。

物納財産について，収納するために必要な措置が通知される場合もありま

す。この場合は，指定された期限までに必要な措置を完了させ，「物納申請財産に関する措置事項完了届出書」を提出します。上記と同様に延長届出書の提出により措置期限を延長できます。措置通知書を発した日から措置完了届出書の提出までの期間も利子税が課されます。

　審査を経て，物納申請が許可された場合は，速やかに所有権移転登記や名義変更の手続を行い，却下された場合は，必要に応じ，延納への変更，他の物納財産の再申請等を行う必要があります。なお，物納が却下された場合は却下の日までの利子税が課されますが，自ら取り下げる場合は取下げの日までの延滞税が課されます。却下された後に，延納への変更や物納の再申請を行う場合は，却下の日までの利子税に加え，却下の日から変更又は再申請の日までは延滞税が課されます。自ら取り下げて変更する場合は法定納期限から取下げの日までの期間の延滞税が課されますので，変更や取下げは却下の判断を待って行う方が有利です。

3　非上場株式の物納申請とその後

　上記**2**(1)(2)のとおり，物納及び物納財産の要件に該当すれば，非上場株式も物納財産とすることができます。なお，相続時精算課税又は非上場株式の贈与税の納税猶予の適用を受けていた場合に，それらの適用対象となっていた財産は，相続又は遺贈により取得した財産ではないため，物納の対象とすることはできません。

　もし，物納及び物納財産の要件に該当する場合には，非上場株式の物納ができるかどうかわからない場合でも，物納を選択し，その後に，申請を撤回して納付することや，延納への切替えを検討することが可能ですので，物納申請は有効です。ただし，自ら物納を取り下げると一般に利子税より高率の延滞税が課されます。

　非上場株式の物納申請には，①登記事項証明書，②直近２年度の決算書，③株主名簿の写し，④物納財産売却手続書類提出等確約書，⑤役員一覧，⑥暴力団員等に該当しないことの誓約書を添付します。その後，物納が許可された場合には，法定納期限から収納までの期間の延滞税は課されません。

　物納申請されると財務局等から１か月以内に物納者に買受意思の照会がされるなどして，物納を許可するか否かが判定されます。買受要望者（随意契約適

格者）がいる場合は随意契約が優先されます。その買受要望者と時期・数量等について調整し，買受時期に応じ，物納者等から発行会社の評価資料を取り寄せ，予定価格（「物納等有価証券（非上場株式等）の処分に係る評価基準について」通達〔平成13年3月30日付財理1300号・同30年1月4日財理第4306号最終改正〕に基づき算定）を作成・買受要望者と見積合せをし（ただし予定価格は提示されません。），合意できれば，「有価証券受払申請書」を提出させ，売却されます（「物納等有価証券に関する事務取扱要領について」通達平成22年6月25日財理第2532号・平成29年4月3日財理第1167号最終改正）。

随意契約適格者から買受希望がない場合や価格について合意できなかった場合等は，速やかに一般競争入札により処分されます（前掲財務省理財局長通知）。

株式の買受予定者を発行法人とすると，物納は国への譲渡ですから，相続人の所得税は非課税となり（租特40条の3），相続税以外の課税は生じません。したがって，相続開始後，物納手続を経ずに相続人が発行法人に譲渡する場合と比べ，手続は煩雑ですが，課税上有利となる場合があります。ただし，物納によらない直接譲渡の場合もみなし配当課税がされないほか（租特9条の7），相続税の取得費加算の特例（租特39条）が利用できますので，手続の煩雑さも含めた有利不利を判定するとよいと思います。

4　延納から物納への変更（特定物納制度）

平成18年4月1日以後の相続開始に係る相続税については，相続税の延納の許可を受けた後に，延納を継続することが困難となった場合には，申告期限から10年以内に限り，分納期限が未到来の税額分について，一定の要件の下で物納に変更することができます（相税48条の2）。これを特定物納制度といいます。

特定物納に係る財産の収納価額は，相続開始時の財産の価額ではなく，特定物納申請書の提出時の価額となります（相税48条の2第5項）。

5　物納から延納への変更

物納が選択できる場合には，物納申請をしておくことで，その後に，申請を撤回して，株式の譲渡による資金で納付することや，延納に切り替えることが可能です。

6　延納の却下又は物納の取消しと連帯納付義務

　相続税は，相続人間で連帯納付義務がありますので（相税34条），延納の許可や納税猶予を受けた場合など一定の場合を除き，本人分の納税が済んでいるとしても，他の相続人が相続税を納付していない場合には，連帯納付義務が課される場合があります。

　贈与税についても，受贈者が納付していない場合，贈与者に連帯納付義務が課されています（相税34条4項）。

　納税者の延納が却下された場合や物納が取消しとなった場合なども納付していないことになりますので，他の相続人や贈与者に連帯納付義務が生じ，その場合は延納や物納を申請できないので注意が必要です。

　なお，連帯納付義務者に対して納付を求めるには，本来の納付義務者に対し督促状が発せられて1か月を経過しても完納されない場合に，連帯納付義務者に対しても完納されていない旨等のお知らせが送付され，その後，納付すべき金額や納付場所等を記載した納付通知書が送達されます（相税34条5項・6項）。その後，2か月以内に納付されない場合には，連帯納付義務者に対しても督促状が送付されます（同条7項）。

〔原木　規江〕

■注　記■

*1　提供する担保の種類に応じ，提供する書類や提供手続及び解除手続が異なります。譲渡等に制限のあるものや担保に供することに制限のあるものは担保にできません。
　　延納申請書を提出すると，所轄税務署長は担保財産等を審査し，提出期限の翌日から3か月以内に，延納の許可又は条件つきで許可もしくは却下の通知を書面でします（審査期間は最長6か月まで延長される場合もあります。）。通知がされない場合は，申請は許可されたものとみなされます。

*2　不動産等とは，不動産，立木，不動産の上に存する権利，事業用の減価償却資産並びに特定同族会社の株式及び出資をいいます（相税令13条）。

*3　延納特例割合は下記の計算式で計算します（租特93条）。計算式中の延納特例基準割合は，前々年の10月から前年の9月における短期貸付けの平均利率の割合として財務大臣が告示する割合に1％を加算した割合です。延納利子税割合は遺産のう

Q 68 ◆延納・物納の利用

ちに占める不動産等や立木の割合及び延納期間に応じ，1.2％から5.4％の間で定められています。

$$延納特例割合 = 延納利子税割合 \times \frac{延納特例基準割合}{7.3\%}$$

＊4　物納財産の順位は，①国債，地方債，不動産，船舶，上場株式等（以前は不動産及び国債等が第1順位でしたが，平成29年4月1日以降の物納申請分からは上場株式等も第1順位の物納財産となりました。），②不動産及び上場株式のうち物納劣後財産，③非上場の社債，非上場株式等，④非上場株式等のうち物納劣後財産，⑤動産の順になります。

国外財産調書・財産債務調書

　国外財産調書・財産債務調書とは，どういうものですか。どういう人が提出する必要があるのでしょうか。また，提出する際の注意点も教えてください。

　国外財産調書・財産債務調書とは，一定規模以上の国外資産・国内資産を有する者に対して，その資産の状況を記載した調書の提出を義務づけるという制度です。国外財産調書は5000万円を超える国外財産を有する者が，財産債務調書は3億円以上の財産又は1億円以上の有価証券等を有する者（所得要件もあります。）が，それぞれ提出義務を負います。国外財産調書又は財産債務調書の記載事項は，重点管理富裕層の抽出，税務調査その他の課税事務に利用されることが想定され，質問検査権の対象ともなり得るので，財産の帰属を慎重に検討したうえで記載すべきです。

☑ **キーワード**

過少申告加算税・無申告加算税の特例，質問検査権，不提出等と重加算税，見積価額の記載，共通報告基準に基づく自動的情報交換

解　説

1　国外財産調書及び財産債務調書

(1)　制度の概要

　各年の12月31日時点で，所得税法上の居住者（非永住者は除きます。）に該当する者が，5000万円を超える国外財産を有する場合には，国外財産調書を，その

翌年の3月15日までに，税務署長に提出する必要があります（国外送金等調書法5条1項）。

また，所得税に係る確定申告書を提出すべき者が，各年分の総所得金額及び山林所得金額の合計額が2000万円を超え，かつ，各年の12月31日時点において，その価額の合計額3億円以上の財産又はその価額の合計額が1億円以上の有価証券等を有する場合には，その翌年の3月15日までに，財産債務調書を税務署長に提出する必要があります（国外送金等調書法6条の2第1項）。

このように，一定の規模以上の国外資産・国内資産を有する者は，所得税，相続税の確定申告とは別に，毎年，国外財産又は財産債務の状況を記載した調書を提出しなければなりません。

(2) 過少申告加算税・無申告加算税の優遇・加重

国外財産調書制度及び財産債務調書制度では，提出義務を遵守するインセンティブを付与するために，所得税，相続税に係る過少申告加算税及び無申告加算税について，軽減措置及び加重措置が設けられています。

国外財産調書・財産債務調書を期限内に提出した場合には，調書に記載された財産に関して生ずる所得（当該財産から生ずる利子所得・配当所得，当該財産の貸付けによる所得，当該財産の譲渡による所得等）又は当該財産に対する相続税に係る過少申告加算税又は無申告加算税が5％軽減されます（国外送金等調書法6条1項・6条の3第1項）。

他方，国外財産調書・国内財産調書を期限内に提出していない場合又は記載事項のうち重要なものの記載が不十分であると認められる場合には，過少申告加算税又は無申告加算税が5％加算されます（国外送金等調書法6条2項・6条の3第2項。重要なものの記載が不十分であると認められるときの解釈については，国外送金等調書通達6-3）。

ただ，これらの軽減措置及び加重措置は，過少申告加算税又は無申告加算税に関するものなので，期限内に国外財産調書・財産債務調書を提出しない場合であっても，所得税，相続税を適正に申告していれば，加重措置は適用されません。また，調査通知前に更正を予知しないで修正申告を行うなど過少申告加算税が課されない場合にも，加重措置は適用されません。それゆえ，この軽減措置又は加重措置が国外財産調書・財産債務調書を提出するインセンティブとして十分に機能しないとの指摘もあります。

注意が必要なのは，国外財産調書に関しては，過少申告加算税又は無申告加算税の加重措置とは別に，刑罰の定めがあることです。国外財産調書に偽りの記載をして税務署長に提出した者，又は正当な理由なく国外財産調書をその提出期限までに提出しなかった者は，1年以下の懲役又は50万円以下の罰金に処せられます（国外送金等調書法10条1項・2項）。所得税，相続税を適正に申告しても，偽りの記載をした国外財産調書を提出したり，提出義務があることを知りながら国外財産調書を提出しない場合には，構成要件に該当することになります（不提出の場合は情状によって，その刑が免除されます。国外送金等調書法10条2項）。

　また，提出義務があることを知りながら国外財産調書又は財産債務調書を提出しないこと，又は提出したものの特定の財産を記載しないことが，重加算税の賦課要件である隠ぺい仮装に該当するか（税通68条1項），という問題もあります。所得税については，納税者自らが調書の提出義務を負っていることから，調書の不実記載，提出懈怠が納税者による隠ぺい仮装に該当するという余地がありそうです。他方，相続税については，納税者である相続人は，調書の提出義務を負っていたわけではないので，調書の不実記載，提出懈怠が直ちに納税者による隠ぺい仮装とはいえないと思われます。

(3)　質問検査権の行使

　国外財産調書制度又は財産債務調書制度には，所得税，相続税に関する調査とは別に，各調書の提出に関する調査について必要があるときは，当該国外財産調書もしくは財産債務調書を提出する義務がある者に対して，課税当局が質問検査権を行使することが認められています。

　「調書の提出に関する調査について必要があるとき」の意義は通達等でも明示されていません。ただ，国税通則法74条の2でいう「調査について必要があるとき」と特に区別をする理由はないので，調査の目的，調査すべき事項，調書の内容等の具体的事情に鑑み，客観的な必要性があるか否かを判断すべきでしょう。

　なお，国外送金等調書法でいう質問検査権の行使に関して，国税通則法74条の9以下の規定が準用されていません。基本的には文書照会を想定しており，「実地の調査」による質問検査権の行使を基本的には想定していないからでしょうか。もし，実地の調査を行うというのであれば，実務の運用としては，国税通則法と同様の手続を遵守することが望ましいと思われます。

2 国外財産調書・財産債務調書の提出義務者

(1) 国外財産調書の提出義務者

　国外財産調書の提出義務を負う者は，①その年の12月31日における居住者で，かつ，非永住者に該当せず，かつ，②同日時点で国外財産の価額の合計額が5000万円を超える国外財産を有する者です（国外送金等調書法5条1項）。

　まず，①ですが，ここでいう居住者，非永住者は，所得税法2条1項3号及び4号に定めるものをいうとされています。そのため，その判定基準も所得税法の居住者，非永住者と同じであり，住所に係る推定規定（所税令14条・15条）の適用もあります。また，日本国籍を有しない者については，仮に日本に住所を有していたとしても，過去10年以内において国内に住所又は居所を有していた期間の合計が5年を超えないのであれば，非永住者となり，国外財産調書の提出は不要です（住所の認定に関しては，**Q40**参照）。

　次に，②ですが，国外財産の判定については，原則，相続税法10条の定める所在判定の基準に従うこととされています。ただ，金融機関で口座管理をする有価証券，預託金・委託保証金，組合契約等に基づく出資に関しては，特に異なる定めがあるので，注意が必要です（国外送金等調書法施行令12条の2第6項・同法施行規則10条2項）。

【財産の所在の判定例】
　①預貯金：当該預貯金の受入れをした営業所の所在
　②保険金：保険契約締結に係る保険会社等の本店等の所在
　③退職手当金に関する権利：給与支払者の住所・本店等の所在
　④金融機関で口座管理をする有価証券等：口座開設された営業所の所在
　⑤社債・株式（④以外）：発行法人の本店等の所在
　⑥ストック・オプション（④以外）：発行法人の本店等の所在地

(2) 財産債務調書の提出義務者

　財産債務調書の提出義務を負うのは，①その年分の所得税の提出義務を負う者で，②退職所得を除く総所得金額及び山林所得金額の合計額が2000万円を超え，③その年の12月31日時点において，その価額の合計額が3億円以上の財産又はその価額の合計額が1億円以上の有価証券等を有する者です（国外送金等調

書法6条の2第1項)。

　まず、①ですが、給与の収入金額が2000万円以下等の要件を満たし、年末調整で所得税額が確定する者については、この要件を満たさないので、財産債務調書の提出は不要です。逆に、いわゆる準確定申告 (所税124条1項)、年の中途において出国する際の申告 (所税127条1項)、恒久的施設を有する非居住者の申告 (所税166条) の提出義務を負う者も含まれます。

　次に、②ですが、3億円以上又は1億円以上の判定を行う際に、借入金等の負債を控除することができません (国外送金等調書法6条の2第1項)。したがって、借入金で不動産・有価証券を購入する場合のように、資産と負債双方の金額を膨らませる際には注意が必要です。ただ、未決済信用取引・未決済デリバティブ取引に関しては、通達上、その年の12月31日時点で決済したものとみなして算出した利益の額又は損失の額とされていることから (国外送金等調書通達6－2－9(7)・(8))、含み損の金額を控除できると解されています。

3　国外財産調書・財産債務調書の記載事項

(1)　各調書の記載事項

　国外財産調書及び財産債務調書の主な記載事項は基本的に共通しており、次のとおりです (下記以外に、提出者の氏名、住所、マイナンバー等も記載が必要です。)。このうち、「所在」として、金融機関名のみならず、支店名の記載が求められていることに注意が必要です。なお、法律には明示的な定めはないのですが、その種類ごとに合計した金額を記載した「財産債務調書合計表」の提出も必要とされています (国外送金等調書法施行規則別表第四備考4)。

【国外財産調書・財産債務調書の主な記載事項】
・区分 (土地、建物、山林、預貯金、有価証券等の別)
・種類 (預貯金であれば当座預金、普通預金、定期預金等)
・用途 (一般用、事業用の別)
・所在 (国名、所在地のほか、氏名、名称 (金融機関名及び支店名等))
・数量 (有価証券であれば株数、預貯金であれば不要)
・価額 (預貯金であれば年末時の預入高等)

　他方、財産の「価額」として記載が求められているのは、各年の12月31日

における時価又は見積価額です（国外送金等調書法5条2項，同法施行令10条4項，同法施行規則12条5項等）。ただ，通達において，見積価額として，建物については減価償却後の取得価額，非上場株式についてはいわゆる簿価純資産価額のみならずそれが困難な場合には取得価額を用いることも認められているので（国外送金等調書通達5－8(2)・(5)），そもそも「価額」の記載として厳密な時価の記載が求められているわけではありません。

(2) 不提出又は記載誤りがあった場合

国外財産調書又は財産債務調書を期限内に提出していない場合であっても，記載すべき財産に係る所得税又は相続税について調査があったことにより，当該所得税又は相続税について更正等を予知してされたものではないときは，期限内に提出されたものとして，過少申告加算税又は無申告加算税の軽減措置又は加重措置が適用されます（国外送金等調書法6条4項・6条の3第3項）。

しかも，このような措置は，期限内に提出がない場合だけではなくて，期限内に提出があったが，その記載内容に誤りがあった場合も，同様とされています*1。

他方，このような措置が適用できなくなるのは，記載すべき財産に係る所得税又は相続税について調査があったことにより，当該所得税又は相続税について更正等を予知してされた場合なので，国外財産調書又は財産債務調書について調査のために質問検査権が行使された後に，各調書を提出したとしても，期限内提出とみなす措置は適用できるものと思われます。

(3) 税務事務での活用

課税当局による富裕者層に対する管理体制の強化が進んでいますが，重点管理をする富裕層（重点管理富裕層）を抽出する際に，国外財産調書，財産債務調書の記載が用いられているようです。また，税務調査の場面においても，財産の帰属・移動を把握・認定する手段として，国外財産調書，財産債務調書が活用されることは，間違いありません。さらに，重加算税を賦課する場合の論拠として，国外財産調書，財産債務調書の記載等が用いられる可能性があります。したがって，国外財産調書，財産債務調書を記載するにあたっては，財産の帰属関係について，慎重な検討が必要だと思われます。

4 共通報告基準に基づく自動的情報交換

　外国の金融機関等を利用した国際的な租税回避に対処するために，共通報告基準（CRS）に基づく自動的情報交換が新設され，平成30年以降は，外国に開設された日本の居住者の平成29年末時点の金融機関情報が課税当局に提供される予定です。したがって，これまで国外財産調書・財産債務調書の不提出が看過されていたとしても，それが発覚する可能性が高いことは十分に認識しておく必要があります。

〔石井　亮〕

■注　記■

＊1　「財産債務調書の提出制度（FAQ）」（平成28年11月）Q48（国税庁ホームページ）。

事業承継に関する国際税務

米国に居住している後継者となる長男が，米国子会社の社長として赴任している間に，日本親会社の社長である父が急逝しました。日本の居住者である父が所有していた日本の親会社の株式を長男が承継する場合の日本及び米国における課税関係を教えてください（なお，父も長男も日本国籍のみを有しています。）。

長男が承継する親会社の株式は，日本の相続税の課税対象となります。一方で，長男が居住する米国では，被相続人が米国籍を有さず，かつ，米国非居住者に該当するため，米国の遺産税は，被相続人の遺産のうち米国に所在する財産のみに課税されることから，日本の親会社の株式は課税対象とはなりません。

本設問で特に留意が必要な点は，長男が父の相続開始時点で非居住者であるため，一定の場合，親会社株式について相続開始時点の時価により譲渡があったものとみなして，被相続人に対し所得税が課税され，準確定申告により申告及び納税が必要となることです。なお，当該課税は，長男が一定期間内に帰国し居住者になる場合は取り消すことができ，また，一定の手続により，納税を一時的に猶予することもできます。

☑ キーワード

非居住無制限納税義務者，国外転出（相続）時課税制度，遺産税

解説

1 日本の相続税

本設問の長男は、日本の居住者ではありませんが、相続開始の時点で、被相続人が日本の居住者であるため、非居住無制限納税義務者となります。

非居住無制限納税義務者とは、相続又は遺贈により財産を取得した日本国籍を有する個人で、以下のいずれにも該当する者をいいます（相税1条の3第1項2号）。

① 相続開始の時において日本国内に住所を有していない。
② その個人又はその個人の被相続人のいずれかが相続開始前10年内のいずれかのときにおいて日本国内に住所を有していたことがある。

長男は、相続開始の時において日本国内に住所を有しておらず、被相続人が日本の住所を有していたため、非居住無制限納税義務者に該当することとなります。

非居住無制限納税義務者については、被相続人から取得した財産のすべてが、相続税の課税対象となります（相税2条1項）。したがって、親会社の株式も相続税の課税対象となります。

2 日本の所得税

(1) 国外転出時等課税の概要

1億円以上の有価証券等を所有している居住者が国外に転出（日本に住所及び居所を有しないこととなることをいいます。）する場合に、有価証券等（以下「対象資産」といいます。）の譲渡等が転出する時の時価により行われたものとみなして、対象資産の含み益に対し所得税及び復興特別所得税が課税されます（以下「国外転出時等課税制度」といいます。）。国外への転出には、本設問のように、居住者である被相続人から国外に居住する親族等へ相続により対象資産が移転する場合（以下「国外転出（相続）時課税制度」といいます。）も含まれます。なお、上記の金額基準の1億円には、被相続人が、国内で有している有価証券等のみならず、国外に有しているものも含まれ、さらに、非居住者である相続人等が取得した対象資産のみではなく、居住者である相続人等が取得した有価証券等も含

み，その被相続人が相続開始の時に有していたすべての対象資産の価額が含まれることに留意が必要です（所税60条の2第1項～3項・60条の3第1項～3項）。

(2) **対象資産とみなし譲渡価額の算定**

国外転出（相続）時課税制度の場合，被相続人が，相続開始の時に有する下記に掲げる有価証券等が対象資産に該当します（所税60条の2第1項～3項・60条の3第1項～3項）。

① 有価証券又は匿名組合契約の出資持分
② 相続開始の時において決済していない未決済信用取引等
③ 相続開始の時において決済していない未決済デリバティブ取引

上記①の有価証券のうち本設問で該当する株式の価額の算定方法については次のとおりです（所基通60の2－7・60の3－5・23～35共－9・59－6）。

種　類		算定方法
金融商品取引所に上場されているもの		金融商品取引所の公表する最終価格
上記以外のもの	売買事例のあるもの	最近において売買の行われたもののうち適正と認められるものの価額
	類似会社の株式の価額のあるもの	類似会社の株式の価額に比準して推定した価額
	上記以外のもの	その株式の発行法人の1株当たりの純資産価額等を斟酌して通常取引されるとみとめられる価額（一定の条件の下，財産評価基本通達178から189－7までの例により算定した価額）

(3) **国外転出（相続）時課税制度の申告期限**

国外転出（相続）時課税制度の対象となる被相続人の相続人等が，相続の開始があったことを知った日の翌日から4か月を経過した日の前日までに，当該被相続人に係る各種所得に国外転出（相続）時課税制度による所得を含めて，被相続人の準確定申告により所得税並びに復興特別所得税の納付をすることとなります（所税60条の3第1項～3項・125条1項・129条）。

(4) **準確定申告の期限までに遺産分割協議がまとまらない場合**

被相続人に係る準確定申告期限までに遺産分割協議がまとまらずに法定相続割合で対象資産を取得したものとして準確定申告をした場合など，次の①から⑤までに掲げる事由が生じた場合には，当該事由が生じた日から4か月以内に更正の請求，又は，修正申告により，準確定申告に係る国外転出（相続）時課税が適用される対象資産の調整を行います（所税153条の5・151条の6第1項各

号，所税令273条の２）。

① 相続又は遺贈に係る対象資産について民法の規定による相続分又は包括遺贈の割合に従って非居住者に移転があったものとして国外転出（相続）時課税制度の適用があった場合において，その後，当該対象資産の分割が行われ，当該分割により非居住者に移転した対象資産が民法の規定による相続分又は包括遺贈の割合に従って非居住者に移転したものとされた対象資産と異なることとなったこと。
② 民法の規定により相続人に異動を生じたこと。
③ 遺留分による減殺の請求に基づき返還すべき，又は弁償すべき額が確定したこと。
④ 遺贈に係る遺言書が発見され，又は遺贈の放棄があったこと。
⑤ 上記①から④までの事由に準ずるものとして，次の事由が生じたこと。
　a. 相続又は遺贈により取得した財産についての権利の帰属に関する訴えについての判決があったこと。
　b. 条件付遺贈について，条件が成就したこと。

(5) 対象資産を取得した非居住者である相続人等が帰国等した場合

対象資産を取得した非居住者である相続人等が，相続開始の日から５年（又は10年）以内に帰国をして居住者となった場合，その帰国の時まで引き続き所有している対象資産については，国外転出（相続）時課税制度の適用がなかったものとして，課税の取消しをすることができます（所税60条の３第６項１号）。なお，対象資産を相続した非居住者である相続人等が複数いる場合は，当該非居住者である相続人等の全員が帰国した時に，課税の取消しをすることができます（帰国の時までに譲渡等をした対象資産については課税の取消しをすることはできません）。

ただし，対象資産に係る所得の計算につき，その計算の基礎となるべき事実の全部又は一部について，隠蔽や仮装があった場合には，その隠蔽や仮装があった事実に基づく所得については，課税の取消しをすることはできません（所税60条の３第６項・60条の２第６項ただし書）。

課税の取消しをするためには，相続人等は，対象資産を取得した非居住者である相続人等の全員が帰国等したことにより課税の取消しができる場合に該当することとなった日から４か月以内に更正の請求をしなくてはなりません（所

税153条の3第1項)。

(6) 納税猶予

　国外転出時等課税制度は，未実現の利益に対し譲渡等があったものとみなして課税する制度であるため，納税資金が不足することが考えられることから，納税猶予の仕組みが取り入れられています。特に，本設問のように非居住者である長男が引き継ぐ事業に係る株式が本制度の対象となる場合は，実際に現金化される可能性は低く，また，一般的に，全相続財産の価額に占める当該株式の価額の割合は高いことが想定されることから，納税資金の調達が困難になる場合も多いものと考えられますので，実務にあたっては，相続税の申告期限と申告作業に気をとられ，うっかり，納税猶予の申請手続を失念することがないように留意が必要です。

(a) 納税猶予のための手続

　国外転出（相続）時課税制度の場合，被相続人の準確定申告の提出期限までに，対象資産を取得する非居住者は，所轄税務署へ納税管理人の届出をするとともに，準確定申告書に納税猶予の適用を受けようとする旨を記載し，対象資産に係る明細及び納税猶予分の所得税額の計算に関する明細などの書類を添付して提出する必要があります（所税137条の3第2項・4項）。また，準確定申告書の提出期限までに，納税を猶予される所得税額に相当する担保を提供する必要があります。なお，納税猶予は，上記(4)に記載した遺産分割等があった場合の修正申告により納付すべき所得税の額についても，必要な担保を提供し一定の手続をすることにより適用を受けることができます（所税137条の3第2項，所基通137の3－1）。

　担保に供することができる財産は，不動産や国債等です（税通50条）。財産のほとんどが本設問のような承継される事業に係る会社の株式で，かつ，当該株式が上場されていない場合，納税猶予の担保として認められるかどうかがポイントとなりますが，国外転出（相続）時課税制度の趣旨に鑑みますと，対象資産である当該非上場株式は，一定の条件を満たせば担保として認められるべきものと考えられます。

(b) 納税猶予の継続適用

　納税猶予の適用が認められた場合，原則として，相続開始の日から5年を経過する日，又は，同日前に帰国する場合には同日とその帰国の日とのいずれ

か早い日から4か月を経過する日まで納税が猶予されます（所税137条の3第2項）。さらに届出により，上記の5年は10年まで延長することができます（所税137条の3第3項）。なお，帰国により納税猶予期間が満了する場合には，上記(5)に記載した課税の取消しの手続を，帰国の日から4か月以内に行うことを失念しないよう留意が必要です。

　上記の納税猶予期間中は，各年の12月31日において所有している対象資産について，引き続き納税の猶予の適用を受けたい旨を記載した継続適用届出書を翌年の3月15日までに所轄税務署長へ提出する必要があります（所税137条の3第7項）。なお，納税猶予期間中に，対象資産の譲渡をした場合には，譲渡された対象資産に対応する部分に係る納税が猶予された所得税は，当該譲渡した日から4か月を経過する日までに，利子税と合わせて納付しなくてはなりません（所税137条の3第6項）。ただし，納税猶予期間中に譲渡した価額が，相続開始時の価額より下落しているときは，その下落した価額で相続開始の時に譲渡したものとみなして，譲渡した日から4か月以内に更正の請求をすることにより，国外転出（相続）時課税による準確定申告をした年分の所得税の再計算をすることができます（所税60条の3第8項1号・153条の3第2項）。

(c)　納税猶予の適用と課税の取消し

　納税猶予の適用を受け納税猶予の期限延長の届出をしている場合は，相続開始の日から10年以内に非居住者である相続人等が上記(5)の帰国などをした時に課税の取消しをすることができます（所税60条の3第7項）。

3　米国の遺産税

　米国の遺産税は，遺産課税方式を採用しているため，遺産を取得した相続人ではなく遺産に対して課税されることから，被相続人の死亡時の状況を基にして課税の範囲が決定されます。本設問の父のように，米国非居住者，かつ，非米国市民については，死亡時に所有していた財産のうち米国遺産税の課税対象となるものは，米国内に所在する財産に限られています。株式の場合，米国内で米国法に基づいて設立された法人が発行した株式が米国内財産として米国遺産税の課税対象となります。なお，日本は，米国と日米相続税条約を締結していますが，その3条(1)(d)においても，法人の株式又は法人に対する出資は，その法人が設立され，又は組織された準拠法が施行されている場所にあるものと

する，と同様の規定がなされています。

　本設問では，日本の親会社株式は，被相続人である父の相続財産のうち日本国内に所在するものとなりますので，承継者である長男は米国の居住者ではありますが，米国遺産税の課税対象とはなりません。

　ちなみに，本設問のような場合，父の死後，後継者である長男は日本へ帰国するケースが多いと思われますが，米国居住者のままの状態で長男に相続が開始した場合には，長男が所有する日本親会社株式を含む全世界財産が米国遺産税の課税対象となる可能性がありますので留意が必要です。

〔平野　圭吾〕

キーワード索引

あ行

後継ぎ遺贈型（受益者連続型）信託
　..Q23，Q62
遺　言...Q 2
　——の撤回...Q16
　——の取消事由..................................Q16
　——の無効事由..................................Q16
遺言・贈与に代替する信託（遺言代用信
　託）..Q 4，Q23
遺　産
　——の一部分割..................................Q11
　——の範囲...Q11
遺産税...Q70
遺産分割協議のやり直し・解除 Q15，Q44
意思能力・遺言能力..............................Q 1
著しく低い価額（みなし贈与課税）....Q43
一身専属性..Q13
一般社団法人...Q20
遺留分..Q23，Q67
　——の減殺の順序..............................Q19
　——の放棄...Q18
遺留分減殺請求（遺留分侵害額請求）Q44
　——の期間制限..................................Q19
医療法人..Q45，Q61
受取配当等の益金不算入.....................Q65
延　納...Q68

か行

会計帳簿の閲覧謄写請求権...............Q32
会社分割.......................................Q37，Q64

価格固定効果...Q67
価額弁償..Q19
家事事件手続法の保全処分の要件の緩和
　..Q11
果　実...Q15
貸付事業用宅地等................................Q63
貸家建付地..Q48
過少申告加算税・無申告加算税の特例
　..Q69
過大役員退職給与................................Q54
合　併...Q64
株券発行会社・株券不発行会社........Q28
株式会社...Q20
株式買取請求..Q37
　——の売買価格の決定.....................Q33
株式交換・株式移転...............Q37，Q38
株式譲渡等承認請求............................Q28
株式相互保有..Q55
株式等売渡請求....................................Q33
株式の持合い..Q21
株式併合........................Q33，Q38，Q65
株式報酬型ストック・オプション....Q34
株式保有特定会社（株特外し）
　...Q21，Q55
株式無償割当て....................................Q29
株主総会...Q36
　——の議決権....................................Q26
　——の招集通知.................................Q35
株主総会議事録....................................Q36
　——の閲覧謄写請求権.....................Q32
株主総会決議取消しの訴え・不存在確認の

キーワード索引

訴え・無効の訴え	**Q35**
株主名簿の閲覧謄写請求権	**Q32**
株主割当増資	**Q29**
元本受益権・収益受益権	**Q62**
議決権制限（種類）株式	**Q25**
基礎控除	**Q42**
寄附金控除	**Q66**
キャッシュアウト	**Q38**
吸収合併	**Q37**
教育資金	**Q42**
共通報告基準（CRS）に基づく自動的情報交換	**Q69**
共有株式の権利行使	**Q22**
拒否権付（種類）株式	**Q25**, **Q58**
寄与分	**Q14**
具体的相続分	**Q14**
計算書類の閲覧等請求権	**Q32**
結婚・子育て資金	**Q42**
源泉徴収義務	**Q50**
原則的評価方式	**Q21**
現物出資	**Q31**
現物出資等受入れ差額の除外	**Q51**
現物配当	**Q31**
現物分配	**Q31**
公益法人等	**Q66**
広義の適合性の原則	**Q10**
公正証書遺言	**Q9**, **Q16**
更正の請求	**Q44**
合同会社	**Q20**
——の出資持分	**Q60**
国外財産調書・財産債務調書の不提出等と重加算税	**Q69**
国外送金	**Q59**
国外転出	**Q40**
国外転出（相続）時課税制度	**Q70**
国外の非上場株式の評価	**Q59**
国外不動産の評価	**Q59**

さ行

債権者保護手続	**Q37**
財産の国内外判定	**Q39**, **Q59**
錯誤（表示の錯誤・動機の錯誤）	**Q5**
3年間ルール	**Q48**
残余財産の分配	**Q26**
——についての種類株式	**Q25**
死因贈与	**Q19**
時　価	**Q47**, **Q50**
——と相続税評価額	**Q57**
事業譲渡	**Q37**
事業用宅地等	**Q63**
自己株式	**Q30**, **Q50**
自己株式取得	
——の売主追加請求	**Q30**
——の財源規制	**Q27**
自己信託（信託宣言）	**Q9**
事実婚パートナー	**Q12**
質問検査権	**Q69**
指定相続分	**Q14**
自筆証書遺言	**Q16**
死亡退職金	**Q13**, **Q14**
借家権	**Q48**
社債類似株式	**Q58**
収益受益権	**Q62**
従業員持株会	**Q24**
住所・居所	**Q40**
住宅取得等資金	**Q42**
受益者等課税信託	**Q62**
受益者連続型信託	**Q4**
出資額限度法人（医療法人）	**Q61**
取得条項付株式	**Q25**, **Q58**
取得請求権付株式	**Q25**
取得費加算の特例	**Q60**
主要目的ルール	**Q29**
種類株式	**Q25**, **Q58**
種類株主総会	**Q26**

純資産	Q49
純資産価額	Q61
純資産価額方式	Q46, Q51, Q54, Q55
——における法人税額等相当額の控除	Q51
——における法人税額等相当額の控除をしない場合（所得税法・法人税法）	Q51
小規模宅地等の特例	Q63
条件付権利	Q17
条件付黙示の贈与	Q8
少数株主による株主総会招集許可申立て	Q35
譲渡制限株式	Q25, Q28, Q30, Q34
剰余金の配当	Q26, Q37
——についての種類株式	Q25
除外合意・固定合意	Q18, Q23
所得税の節税メリット	Q52
新株発行差止請求	Q29
親族	Q12
——（親等）	Q12
——（血族・姻族）	Q12
——（直系・傍系）	Q12
——（尊属・卑属）	Q12
信託	Q23, Q58
信託受益権の複層化	Q62
信託損失規制	Q62
人的分割・物的分割	Q37
推定相続人	Q41
ストック・オプション	Q34
税額計算	Q39
生活の本拠	Q40
生前贈与	Q19, Q42
成年後見	Q3
——に代替する信託	Q4
生命保険	Q10, Q13, Q14
積極納税型	Q57
説明義務	Q10, Q52

全部取得条項付種類株式	Q25, Q33, Q65
——の株式取得価格の決定	Q33
占有権	Q13
総会検査役	Q35
相互保有対象議決権	Q21
相続開始前3年以内贈与	Q63
相続クーデター	Q27
相続させる旨の遺言	Q15
相続時精算課税	Q41, Q63, Q67
相続税の非課税規定	Q66
相続により取得した非上場株式を発行会社に譲渡した場合の課税の特例	Q60
相続人等に対する売渡請求	Q27
相続法改正	Q11
総則6項	Q49
贈与	Q2, Q7, Q17, Q39, Q43, Q59
——と消費貸借（貸付）との区別	Q7
贈与税額控除	Q41
贈与税の税率一律20%	Q41
属人的定め	Q26
——の限界	Q26
組織再編に係る行為又は計算の否認（法人税法132条の2）	Q64
損害賠償・損害賠償請求権	Q13, Q57
存続期間不確定の権利	Q17

た行

第三者割当増資	Q29
代償財産	Q15
退職慰労金	Q34
断定的判断の提供（生命保険の勧誘）	Q10
中心的な株主・中心的な同族株主	Q53
中長期の事業承継計画	Q49
長期平準定期保険	Q56
帳簿書類の保存期間	Q51
低額譲渡	Q50

キーワード索引

逓増定期保険	Q56
適格現物出資	Q31
適格現物分配	Q31
デット・エクイティ・スワップ	Q31
同族株主	Q46, Q53
登録免許税等	Q52
特定居住用宅地等	Q63
特定贈与者	Q41
特定同族会社事業用宅地等	Q63
特別寄与料	Q11
特別控除額（2500万円）	Q41
特別支配株主の株式売渡請求	Q65
特別受益	Q14, Q17, Q67
特別代理人	Q2, Q6
取締役会	Q36
取締役会議事録	Q36
——の閲覧謄写請求権	Q32
取締役・監査役の選解任についての種類株式	Q25

な行

内縁配偶者	Q12
日米相続税租税条約	Q59
日本版ESOP	Q24
任意後見	Q3, Q9
認定医療法人	Q45
納税義務者	Q39
納税猶予	Q44
——期間の確定	Q67
——と免除	Q67

は行

配偶者居住権	Q11
配偶者控除	Q42
配偶者短期居住権	Q11
配当還元方式	Q46, Q53
配当優先の無議決権株式	Q58
売買価格の決定	Q27
端数株式	
——の買取請求	Q65
——の売却	Q33
長谷川式簡易知能評価スケール	Q1
反対株主の買取請求	Q65
非営利型法人（非営利型の一般社団・財団法人）	Q20, Q66
非居住無制限納税義務者	Q70
非上場株式	Q46, Q68
——の贈与税の納税猶予	Q50
秘密証書遺言	Q16
負担付（死因）贈与	Q2, Q6
物納	Q68
不動産管理会社	Q57
不動産の共有問題	Q52
分掌変更等に伴う退職（みなし退職）	Q54
変額保険	Q10
邦貨換算	Q59
法人課税信託	Q62
法定遺言事項	Q16
法定後見	Q3
法定相続分	Q14
保佐	Q3
募集株式の発行	Q29
補助	Q3
保証債務	Q13

ま行

孫	Q41
未成年者	Q2, Q6
見積価額の記載	Q69
みなし譲渡所得課税の非課税規定	Q66
みなし贈与	Q43, Q50
みなし配当	Q50, Q65
民法上の組合	Q24
名義変更と重加算税	Q8
名義預金・名義株	Q43

持株会社方式 …………………… **Q57**
持分なし医療法人 ……………… **Q45**

や行

役員報酬 ………………………… **Q34**
養子縁組 ………………………… **Q12**
預貯金債権の仮払い …………… **Q11**

ら行

利　益 …………………………… **Q49**
利子税 …………………………… **Q68**
立証責任
　――（居住者） ……………… **Q40**

――（現物出資等の経緯が不明な場合の評価差額等に対する法人税等相当額の控除） ……………………………… **Q51**
類似業種比準方式・類似業種比準価額
　……………………… **Q46**, **Q54**, **Q61**
レピュテーションリスク
　……………………… **Q48**, **Q49**, **Q55**
老人性認知症 …………………… **Q 1**
路線価 …………………………… **Q48**

A～Z行

LBO ……………………………… **Q38**
MBO ……………………………… **Q38**

判例索引

■大審院

大判明38・5・11民録11輯720頁	**Q1**
大判大3・12・15民録20輯1101頁	**Q5**
大判大9・1・21民録26輯9頁	**Q2**
大判昭4・6・22民集8巻618頁	**Q17**
大判昭10・11・29民集14巻1934頁	**Q13**
大判昭11・5・13民集15巻877頁	**Q13**
大判昭11・8・7民集15巻1630頁	**Q2**
大判昭12・5・18法学6巻1215頁	**Q2**
大判昭13・12・14民集17巻2396頁	**Q13**
大判昭18・9・10民集22巻948頁	**Q13**

■最高裁判所

最判昭29・4・8民集8巻4号819頁	**Q15**
最判昭29・11・26民集8巻11号2087頁	**Q5**
最判昭30・10・20民集9巻11号1657頁	**Q28**
最判昭31・9・18民集10巻9号1160頁・判タ65号78頁	**Q11**
最判昭35・2・25民集14巻2号279頁	**Q2**
最判昭35・10・11裁判集民45号171頁	**Q2**
最判昭37・11・9民集16巻11号2270頁	**Q13**
最判昭37・12・25裁判集民63号953頁	**Q5**
最判昭38・10・29裁判集民68号529頁	**Q5**
最判昭39・10・13民集18巻8号1578頁	**Q13**
最判昭39・10・22民集18巻8号1762頁	**Q5**
最判昭40・2・2民集19巻1号1頁・判タ175号103頁	**Q10, Q13**
最判昭41・7・14民集20巻6号1183頁	**Q19**
最判昭42・4・18民集21巻3号671頁	**Q2**
最判昭45・5・29裁判集民99号273頁・判時598号55頁	**Q5**
最判昭47・5・25民集26巻4号805頁	**Q6**

判例索引

最判昭48・3・27民集27巻2号376頁	Q 8
最判昭48・6・29民集27巻6号737頁・判タ298号218頁	Q13
最判昭48・11・2裁判集民110号399頁	Q 5
最判昭49・12・24民集28巻10号2152頁	Q16
最判昭51・8・30民集30巻7号768頁	Q19,Q44
最判昭51・12・24民集30巻11号1076頁	Q35
最判昭52・9・19裁判集民121号247頁・判時868号29頁	Q15
最判昭52・11・8民集31巻6号847頁	Q22
最判昭53・2・17判タ360号143頁	Q 6
最判昭53・4・14民集32巻3号601頁	Q22
最判昭53・6・16裁判集民124号123頁・判タ368号216頁・判時897号62頁	Q13
最判昭54・2・22裁判集民126号129頁・判タ395号56頁	Q15
最判昭54・7・10民集33巻5号562頁	Q19
最判昭54・11・16民集33巻7号709頁	Q35
最判昭56・11・13民集35巻8号1251頁	Q16
最判昭57・3・4民集36巻3号241頁	Q19
最判昭57・4・30民集36巻4号763頁	Q 6
最判昭57・11・12民集36巻11号2193頁	Q19
最判昭57・11・18民集36巻11号2274頁	Q 2
最判昭62・3・3裁判集民150号305頁・判タ638号130頁・判時1232号103頁	Q13
最判平元・2・9民集43巻2号1頁	Q15
最判平元・2・16民集43巻2号45頁	Q16
最判平元・9・14裁判集民157号555頁・判タ718号75頁・判時1336号93頁	Q 5,Q44
最判平2・9・27民集44巻6号995頁	Q15
最判平2・10・18民集44巻7号1021頁	Q13
最判平2・12・4民集44巻9号1165頁	Q22
最判平3・2・19裁判集民162号105頁・判タ761号160頁・判時1389号140頁	Q22
最判平3・4・19民集45巻4号477頁	Q14
最判平5・9・7民集47巻7号4740頁	Q13
最判平6・7・18民集48巻5号1233頁・判タ863号139頁	Q13
最判平7・4・25裁判集民175号91頁	Q24
最判平7・6・9裁判集民175号549頁・判タ885号154頁・判時1539号68頁	Q19
最判平8・1・26民集50巻1号132頁	Q19,Q44
最判平8・11・26民集50巻10号2747頁	Q17
最判平8・12・17民集50巻10号2778頁	Q11
最判平9・1・28裁判集民181号83頁・判タ936号212頁・判時1599号139頁	Q22
最判平9・2・25民集51巻2号448頁	Q19
最判平9・3・25民集51巻3号1609頁	Q13

判例索引

最判平 9 ・ 9 ・10税資228号506頁	**Q 5**
最判平10・ 1 ・27税資230号順号8064	**Q44**
最判平10・ 2 ・12税資230号順号8081	**Q39**
最判平10・ 2 ・26民集52巻 1 号255頁	**Q13**
最判平10・ 3 ・24民集52巻 2 号433頁	**Q17**, **Q19**
最判平10・ 6 ・11民集52巻 4 号1034頁	**Q19**
最判平11・ 6 ・11民集53巻 5 号898頁	**Q44**
最判平11・12・14裁判民195号716頁・判タ1024号163頁・判時1699号156頁	**Q22**
最判平12・ 9 ・ 7 金法1597号73頁	**Q15**
最決平13・ 4 ・13税資250号順号8882	**Q44**
最判平14・11・ 5 民集56巻 8 号2069頁	**Q10**
最判平14・12・17裁判集民208号581頁	**Q 5**
最判平15・ 3 ・28裁判集民209号347頁・判タ1120号87頁	**Q14**
最判平15・ 3 ・31裁判集民209号397頁	**Q14**
最判平16・ 4 ・20裁判集民214号13頁・判タ1151号294頁	**Q15**
最判平16・10・14裁判集民215号253頁・判タ1173号181頁	**Q14**
最決平16・10・29民集58巻 7 号1979頁	**Q10**, **Q14**
最判平17・ 9 ・ 8 民集59巻 7 号1931頁	**Q15**
最判平17・11・ 8 裁判集民218号211頁・判タ1198号121頁	**Q51**
最判平18・ 1 ・24裁判集民219号285頁・判タ1203号108頁	**Q51**
最判平18・10・ 6 税資256号順号10525	**Q44**
最判平20・ 1 ・24民集62巻 1 号63頁	**Q19**
最判平21・ 2 ・17裁判集民230号117頁・判タ1294号76頁	**Q24**
最判平21・12・18民集63巻10号2900頁	**Q19**
最判平22・ 7 ・16裁判集民234号263頁・判タ1335号57頁	**Q39**, **Q50**
最判平22・10・ 8 民集64巻 7 号1719頁	**Q15**
最判平23・ 2 ・18裁判集民236号71頁・判タ1345号115頁	**Q39**, **Q40**
最決平23・ 4 ・19民集65巻 3 号1311頁	**Q33**
最決平23・ 4 ・26裁判集民236号519頁・判タ1352号135頁・判時2120号126頁	**Q33**
最決平24・ 1 ・26裁判集民239号635頁・判タ1369号124頁	**Q17**
最判平25・ 7 ・12民集67巻 6 号1255頁	**Q39**, **Q50**
最大決平25・ 9 ・ 4 民集67巻 6 号1320頁	**Q14**
最決平26・ 1 ・16税資264号順号12386	**Q24**
最判平26・ 2 ・25民集68巻 2 号173頁	**Q15**
最判平26・12・12裁判集民248号155頁・判タ1410号66頁	**Q15**
最判平27・ 2 ・19民集69巻 1 号25頁	**Q22**
最決平27・ 3 ・26民集69巻 2 号365頁	**Q33**
最判平27・11・20民集69巻 7 号2021頁	**Q16**

判例索引

最判平28・2・29民集70巻2号242頁・判時2300号29頁‥‥‥‥‥‥‥‥‥**Q64**
最判平28・6・3民集70巻5号1263頁‥‥‥‥‥‥‥‥‥‥‥‥‥‥‥‥‥**Q16**
最決平28・7・10民集70巻6号1445頁‥‥‥‥‥‥‥‥‥‥‥‥‥‥‥‥**Q33**
最大決平28・12・19民集70巻8号2121頁‥‥‥‥‥‥‥‥‥‥‥‥‥‥‥**Q15**
最判平29・1・31民集71巻1号48頁‥‥‥‥‥‥‥‥‥‥‥‥‥‥‥‥‥**Q12**
最判平29・4・6裁判集民255号129頁・判タ1437号67頁‥‥‥‥‥‥‥‥**Q15**

■高等裁判所

広島高岡山支決昭35・10・31下民集11巻10号2329頁‥‥‥‥‥‥‥‥‥**Q35**
大阪高判昭45・1・26行集21巻1号80頁・判タ246号228頁‥‥‥‥‥‥**Q5**
東京高判昭57・4・28判時1048号109頁‥‥‥‥‥‥‥‥‥‥‥‥‥‥‥**Q7**
大阪高決昭58・10・27高民集36巻3号250頁・判タ515号155頁・判時1106号139頁
‥‥‥‥‥‥‥‥‥‥‥‥‥‥‥‥‥‥‥‥‥‥‥‥‥‥‥‥**Q23,Q24**
大阪高判昭61・9・25訟月33巻5号1297頁・税資153号817頁‥‥‥‥‥**Q40**
東京高判平元・1・23税資169号5頁‥‥‥‥‥‥‥‥‥‥‥‥‥‥‥‥‥**Q56**
大阪高判平元・8・10高民集42巻2号287頁・判タ708号222頁‥‥‥‥‥**Q12**
札幌高決平2・11・5家月43巻7号93頁‥‥‥‥‥‥‥‥‥‥‥‥‥‥‥**Q15**
東京高判平3・3・14判時1387号62頁‥‥‥‥‥‥‥‥‥‥‥‥‥‥‥‥**Q5**
名古屋高判平3・5・30判タ770号242頁‥‥‥‥‥‥‥‥‥‥‥‥‥‥‥**Q24**
大阪高判平3・9・26税資186号635頁‥‥‥‥‥‥‥‥‥‥‥‥‥‥‥‥**Q40**
名古屋高判平5・6・29判タ840号186頁・判時1473号62頁‥‥‥‥‥‥‥**Q1**
東京高判平7・12・13行集46巻12号1143頁・税資214号順号7626‥‥‥**Q39,Q50**
大阪高判平8・7・25訟月44巻12号2201頁・税資220号順号7759‥‥‥‥**Q44**
東京高判平8・11・7高民集49巻3号104頁・判時1637号31頁‥‥‥‥‥**Q17**
大阪高判平9・1・29税資222号247頁‥‥‥‥‥‥‥‥‥‥‥‥‥‥‥‥**Q5**
東京高判平10・3・30税資231号順号8131‥‥‥‥‥‥‥‥‥‥‥‥‥‥**Q39**
東京高判平12・3・8高民集53巻1号93頁・判タ1039号294頁・判時1753号57頁‥**Q19**
東京高判平12・3・16判タ1039号214頁・判時1715号34頁‥‥‥‥‥‥‥**Q1**
東京高判平12・9・11判タ1049号265頁‥‥‥‥‥‥‥‥‥‥‥‥‥‥‥**Q10**
東京高判平12・9・12税資248号順号8718‥‥‥‥‥‥‥‥‥‥‥‥‥‥**Q39**
大阪高判平12・11・2税資249号順号8764‥‥‥‥‥‥‥‥‥‥‥‥‥‥**Q44**
大阪高判平13・11・1判タ1098号148頁‥‥‥‥‥‥‥‥‥‥‥‥‥‥‥**Q66**
東京高決平13・12・26金判1140号43頁‥‥‥‥‥‥‥‥‥‥‥‥‥‥‥**Q32**
東京高判平14・9・18判時1181号58頁・税資252号順号9193‥‥‥‥‥‥**Q39**
大阪高判平15・3・26金判1183号42頁‥‥‥‥‥‥‥‥‥‥‥‥‥‥‥‥**Q10**
広島高判平15・4・10税資253号順号9319‥‥‥‥‥‥‥‥‥‥‥‥‥‥**Q39**
東京高判平16・4・7税資254号順号9620‥‥‥‥‥‥‥‥‥‥‥‥‥‥**Q39**

判例索引

大阪高判平16・9・3（平成16年（ネ）第1337号）判例集未登載	**Q7**
広島高岡山支決平17・4・11家月57巻10号86頁	**Q14**
東京高決平17・10・27家月58巻5号94頁	**Q10**
東京高判平18・1・25税資256号順号10283	**Q8**
高松高判平18・2・23訟月52巻12号3672頁	**Q5**, **Q44**
福岡高判平19・2・2税資257号順号10627	**Q39**
東京高決平19・8・16資料版商事285号146頁	**Q27**
東京高判平20・2・28判タ1278号163頁・税資258号順号10904	**Q40**
東京高判平20・7・10税資258号順号10987	**Q40**
大阪高判平20・11・28判時2037号137頁	**Q22**
福岡高決平21・6・1金判1332号54頁	**Q32**
東京高決平22・5・24金判1345号12頁	**Q33**
大阪高判平24・2・16訟月58巻11号3876頁・税資262号順号11882	**Q24**
東京高決平24・7・12金判1400号52頁・金法1969号88頁	**Q24**, **Q29**
東京高判平24・12・12判タ1391号276頁・判時2182号140頁	**Q8**
東京高判平25・2・28税資263号順号12157	**Q21**
名古屋高判平25・4・3訟月60巻3号618頁・税資263号順号12192	**Q39**, **Q40**
東京高決平25・6・25判タ1392号218頁	**Q3**
東京高決平26・3・20判タ1410号113頁・判時2244号21頁	**Q15**
東京高判平27・4・22税資265号順号12654	**Q50**, **Q53**
東京高判平27・9・29税資265号順号12727	**Q50**
広島高判平28・7・27判例集未登載	**Q50**

■地方裁判所

金沢地判昭34・9・23下民集10巻9号1984頁	**Q35**
京都地判昭45・4・1行集21巻4号641頁・判タ251号227頁	**Q5**
東京地判昭49・10・1判時772号91頁	**Q32**
東京地判昭55・5・26行集31巻5号1194頁	**Q54**
東京地判昭56・4・27行集32巻4号661頁・税資117号331頁	**Q5**
東京地判昭57・3・30判タ471号220頁	**Q8**
札幌地判昭58・5・27行集34巻5号930頁	**Q54**
福井地判昭60・3・29判タ559号275頁	**Q24**
神戸地尼崎支決昭61・7・7判タ620号168頁	**Q35**
長野地判昭62・4・16訟月33巻12号3076頁	**Q56**
京都地判平元・2・3判時1325号140頁	**Q24**
東京地決平元・6・22判タ700号155頁・判時1315号3頁	**Q32**
東京地決平元・7・25判タ704号84頁・判時1317号28頁	**Q29**

判例索引

神戸地判平3・1・28判タ763号266頁・判時1385号125頁 …………………………… **Q24**
横浜地判平3・4・19判タ768号227頁・判時1397号114頁 …………………………… **Q32**
東京地判平4・11・18判タ843号232頁 ……………………………………………………… **Q 7**
大阪地判平6・10・26税資206号66頁 ……………………………………………………… **Q 5**
神戸地判平7・4・24訟月44巻12号2211頁・税資209号順号7507 ……………………… **Q44**
東京地判平7・7・20行集46巻6・7号701頁・税資213号順号7556 ………………… **Q39**
那覇地判平7・9・27税資213号743頁 ……………………………………………………… **Q59**
大阪地判平7・12・20税資214号981頁 …………………………………………………… **Q 5**
東京地判平7・12・26判時1576号51頁 …………………………………………………… **Q 5**
東京地判平8・2・23判タ922号246頁 …………………………………………………… **Q10**
東京地判平8・3・26判タ922号236頁 …………………………………………………… **Q10**
東京地判平8・12・13訟月44巻3号390頁・税資221号順号7830 ……………………… **Q39**
札幌地判平9・2・4資料版商事156号148頁 …………………………………………… **Q32**
東京地判平9・6・9判タ972号236頁 …………………………………………………… **Q10**
東京地判平10・8・31判時1689号148頁 ………………………………………………… **Q24**
大阪地判平11・3・24判タ1063号188頁・判時1741号150頁 …………………………… **Q32**
東京地判平11・3・25訟月47巻5号1163頁・税資241号345頁 ………………………… **Q47**
東京地判平11・3・30判時1700号50頁 …………………………………………………… **Q10**
札幌地判平11・12・10判タ1046号112頁 ………………………………………………… **Q54**
大阪地判平12・2・23税資246号順号8594 ……………………………………………… **Q44**
千葉地判平12・3・27訟月47巻6号1657頁 ……………………………………………… **Q 5**
千葉地判平12・3・27税資247号1頁 ……………………………………………………… **Q 5**
京都地判平13・10・10（平成12年（ワ）第2475号）裁判所HP ………………………… **Q 1**
札幌地判平14・2・15労判841号5頁 ……………………………………………………… **Q24**
神戸地判平14・10・7税資252号順号9209 ……………………………………………… **Q40**
東京地判平16・3・2訟月51巻10号2647頁 ……………………………………………… **Q53**
大阪地判平16・8・27税資254号順号9727 ……………………………………………… **Q47**
東京地決平17・11・11金判1245号38頁 …………………………………………………… **Q22**
東京地決平18・2・10判時1923号130頁 ………………………………………………… **Q32**
東京地判平18・6・23（平成15年（ワ）第16667号，平成17年（ワ）第6176号）判例秘書
………………………………………………………………………………………………… **Q16**
東京地判平18・6・26判タ1240号273頁・判時1958号99頁 …………………………… **Q24**
東京地判平18・7・25判時1958号109頁 ………………………………………………… **Q 1**
横浜地判平18・9・15判タ1236号301頁 ………………………………………………… **Q 1**
東京地決平18・12・19資料版商事285号154頁 ………………………………………… **Q27**
東京地判平19・1・31税資257号順号10622・TAINS ………………………………… **Q43**
東京地判平19・7・3判時1992号76頁 …………………………………………………… **Q24**
東京地判平20・2・5（平成19年（ワ）第32198号）WLJ ……………………………… **Q 5**

480

判例索引

京都地判平20・5・28金判1345号53頁 ··· **Q22**
東京地判平20・6・27判タ1292号161頁 ··· **Q54**
佐賀地決平20・12・26金判1312号61頁 ··· **Q36**
東京地判平21・2・27判タ1355号123頁 ······················· **Q5**,**Q21**,**Q44**
大阪地判平23・3・17訟月58巻11号3892頁・税資261号順号11644 ············· **Q24**
東京地判平23・6・10税資261号順号11700・LEX/DB ································ **Q8**
東京地判平23・7・22税資261号順号11721 ·· **Q8**
東京地判平24・3・2判時2180号18頁・税資262号順号11902・TAINS····· **Q21**,**Q39**,**Q55**
高知地判平24・3・29判タ1385号225頁 ··· **Q1**
東京地決平24・7・9金商1400号45頁 ··· **Q24**
東京地判平24・8・22判タ1407号279頁 ··· **Q5**
東京地判平25・5・30判時2208号6頁 ··· **Q40**
東京地判平25・6・12（平成23年（ワ）第13944号ほか）判例秘書 ················· **Q22**
東京地立川支判平25・9・25金判1518号54頁 ··· **Q26**
東京地判平25・10・24判時2215号118頁 ··· **Q16**
山口地判平27・4・15税資265号順号12648 ·· **Q50**
東京地判平27・10・13（平成25年（ワ）第31971号ほか）WLJ ····················· **Q22**
東京地判平27・12・11税資265号順号12769 ·· **Q51**
東京地判平27・12・25（平成27年（ワ）第1308号ほか）WLJ ······················ **Q22**
東京地判平28・2・10判時2325号52頁 ·· **Q23**
東京地判平28・3・24（平成27年（ワ）第1284号）LEX/DB ·························· **Q1**
東京地判平28・4・22（平成25年（行ウ）第5号）LEX/DB ··························· **Q54**
東京地判平28・5・31（平成27年（ワ）第13289号）判例秘書 ························ **Q22**
東京地判平28・6・8（平成28年（ワ）第930号）判例秘書 ····························· **Q22**
東京地判平28・7・6（平成27年（ワ）第32343号）判例秘書 ························· **Q22**

■家庭裁判所

大阪家審昭53・9・26家月31巻6号33頁 ·· **Q14**
大阪家堺支審昭59・5・28家月37巻2号154頁 ·· **Q15**
東京家審平12・1・24家月52巻6号59頁 ··· **Q13**

■国税不服審判所

国税不服審判所裁決平9・7・4裁決事例集54集451頁 ·································· **Q53**
国税不服審判所裁決平23・7・1 TAINS ·· **Q48**
国税不服審判所沖縄事務所裁決平24・12・18 ·· **Q54**
国税不服審判所裁決平25・12・10裁決事例集93集299頁 ···························· **Q43**

481

判例索引

国税不服審判所裁決平27・10・2裁決事例集101集68頁 ……………………………… **Q8**
国税不服審判所裁決平28・4・19裁決事例集103集26頁 ……………………………… **Q8**
国税不服審判所裁決平29・5・23裁決事例集107号101頁・TAINS ………………… **Q47**

〔編著者紹介〕

和田倉門法律事務所

　　髙　田　　剛（弁護士）

　　石　井　　亮（弁護士・税理士）

事業承継の法律相談　　　　　　　　最新青林法律相談⑲

2018年8月30日　初版第1刷印刷
2018年9月20日　初版第1刷発行

	©編著者	和田倉門法律事務所
廃 検		髙　田　　剛
止 印		石　井　　亮
	発行者	逸　見　慎　一

発行所　東京都文京区　株式　青林書院
　　　　本郷6丁目4の7　会社
振替口座　00110-9-16920／電話03(3815)5897〜8／郵便番号113-0033

印刷・星野精版印刷㈱／落丁・乱丁本はお取替え致します。

Printed in Japan　　ISBN978-4-417-01747-9

〈JCOPY〉〈(社)出版者著作権管理機構 委託出版物〉

本書の無断複写は著作権法上での例外を除き禁じられています。複写される場合は，そのつど事前に，(社)出版者著作権管理機構（電話 03-3513-6969，FAX 03-3513-6979，e-mail:info@jcopy.or.jp）の許諾を得てください。

■最新青林法律相談シリーズ

*定価は税込みです。

1	リフォーム工事の法律相談	犬塚浩編著	2015.07	4644円
2	秘密保持・競業避止・引抜きの法律相談	髙谷知佐子・上村哲史著	2015.07	4428円
3	景品表示法の法律相談〔改訂版〕	加藤公司ほか編	2018.07	4752円
4	IT・インターネットの法律相談	TMI総合法律事務所編	2015.12	7236円
5	著作権の法律相談Ⅰ	TMI総合法律事務所編	2016.01	4860円
6	著作権の法律相談Ⅱ	TMI総合法律事務所編	2016.01	4860円
7	ペットの法律相談	堀龍兒ほか編著	2016.02	4860円
8	不正競争の法律相談Ⅰ	小野昌延ほか編	2016.04	5616円
9	不正競争の法律相談Ⅱ	小野昌延ほか編	2016.04	5616円
10	独占禁止法の法律相談	小林覚ほか著	2016.05	7344円
11	学校事故の法律相談	古笛恵子編著	2016.06	4860円
12	損害保険の法律相談Ⅰ〈自動車保険〉	伊藤文夫ほか編著	2016.06	5292円
13	コーポレート・ガバナンスの法律相談	竹内朗ほか編著	2016.09	6264円
14	スポーツの法律相談	菅原哲朗ほか監修	2017.03	4212円
15	個人情報保護法の法律相談	三宅弘・小町谷育子著	2017.06	5400円
16	商標の法律相談Ⅰ	小野昌延ほか編	2017.09	6480円
17	商標の法律相談Ⅱ	小野昌延ほか編	2017.09	5616円
18	時効の法律相談	鈴木銀治郎ほか編著	2018.09	4428円
19	事業承継の法律相談	髙田剛・石井亮編著	2018.09	5616円